KB043768

원큐패스는 수험생들이 **한번에 합격**하기를 응원합니다.

네트워크 관리사 1·2급

필기+실기

권소라 저

다락원

머리말

이번에 출간하는 〈원큐패스 네트워크관리사 1·2급 필기+실기〉는 네트워크관리사를 준비하고 있는 수험생들에게 꼭 필요한 내용만을 엄선하여 수록하였습니다. 네트워크관리사는 네트워크 입문자를 대상으로 시행되는 시험으로 특정 분야에 대한 전문성보다는 분야별 개념이나 개요적 특성을 명확히 알고 있느냐에 초점을 맞추고 있습니다. 따라서 다양한 통신 분야의 특성을 학습해야 하는 '네트워크관리사'는 결코 쉬운 시험은 아닙니다.

네트워크 종사자들은 크게 시스템 관리자, 서버 관리자, 보안 관리자로 구분됩니다. 일반적으로 시스템 관리자들은 네트워크를 구성하는 물리적 시스템들의 원활한 운영을 담당하며, 서버 관리자와 보안 관리자는 이러한 시스템을 기반으로 하여 사용자들에게 다양하고 안정된 인터넷 서비스를 제공하는 일을 담당합니다.

'네트워크관리사'는 이러한 협업 구조를 시험에 그대로 반영하고 있습니다. '네트워크관리사' 1급과 2급 시험 과목을 통합하여 정리하면 'TCP/IP', '네트워크 일반', 'NOS', '네트워크 운영기기' '정보 보호 개론'으로 구분됩니다.

'TCP/IP'와 '네트워크 일반'은 네트워크들의 구성 요소 및 IP 주소 체계와 같은 네트워크의 기본적이면서도 타 과목들을 학습하기 이전에 선행되어야 하는 내용, 'NOS'는 다양한 서버들의 기능 이해, '네트워크 운영기기'는 케이블 또는 라우터와 같은 네트워크 장비들의 특성과 설정에 관한 내용입니다. 1급에 추가되는 '정보 보호 개론'은 방화벽과 같은 보안 시스템 및 다양한 보안 프로토콜들의 특성에 대한 내용입니다.

〈원큐패스 네트워크관리사 1·2급 필기+실기 특징〉

포인트 ➊ 불필요한 내용을 과감히 삭제하고 '키워드 중심'으로 간단 명료하게 요약정리하였다.

포인트 ➋ 기술들의 포함 관계와 기술적 차이점을 명확하게 나타내기 위해 '표'로 도식화하여 한눈에 이해할 수 있도록 구성하였다.

포인트 ➌ 실전 감각을 익힐 수 있도록 '암기하면 유용한 출제 예상 문제'와 '기출 문제'를 수록하였다.

네트워크관리사를 공부하고 있는 모든 수험생들에게 〈원큐패스 네트워크관리사 1·2급 필기+실기〉가 시험장까지 가지고 갈 수 있는 교재가 되기를 바랍니다. 끝으로 이 책이 나오기까지 도와주신 모든 분들께 감사드립니다.

1. 개요

네트워크관리사는 서버 구축, 보안 설정, 시스템 최적화 등 네트워크 구축 및 이를 효과적으로 관리할 수 있는 인터넷 관련 기술력에 대한 자격이다.

2. 검정 기준

자격 명칭	급수	검정 기준
네트워크관리사	1급	네트워크 관리에 관한 전문지식을 토대로 네트워크 보안기술, Design, Traffic 분산 기술 등 네트워크 전문기술자로서 필요한 IT 기술 및 네크워크 실무 관리 능력 검정
	2급 (국가공인)	네트워크 관련 업무수행을 위한 일반적인 운용지식과 구축기술 NOS 운영, Packet 분석, Monitoring, 인터넷 기술, Protocol 등 기초 이론과 실무 능력 검정

3. 자격 기준

구분	급수	자격 기준
필기	1급	• 당협회 시행 해당 종목 2급 자격 소지자 • 전기, 전자, 통신, 정보처리 직무 분야 국가 기술 자격 취득자 중 아래 해당자 　– 기술사, 기사, 산업기사 자격증 소자자 　– 기능사 자격 최득한 후 동일 직무 분야에서 2년 이상 실무에 종사한 자 • IT 관련 사업장에서 5년 이상 종사한 자 상기 1항 이상 해당자
	2급	제한 없음(연령, 나이)
실기	1급/2급	해당 등급 필기 합격자로서 합격일로부터 2년 이내의 응시자

4. 시험 과목

구분	급수	검정 과목	내용	유형
필기	2급	네트워크 일반	네트워크 개요, 데이터 통신 관련 기술, 통신망, 표준과 네트워크, 네트워크 설계/구축, 고속 LAN 기술 및 광대역 통신, 각종 통신 기술, 기타	택일형
		TCP/IP	TCP, IP, IP Address, Subnet Mask, IP Routing, Packet 분석, 기본 프로토콜, 응용 프로토콜, 기타	
		NOS (Network Operating System)	File, Print, IIS, DNS, FTP 등, Activity Director, 사용자 관리 및 권한, 시스템 운영 관리, Linux Server 설치, Linux 명령어, 기타	
		네트워크 운용기기	NIC, SCSI, RAID, Router, Switch, VLAN, Gateway, 전송 매체, 최신 통신기기, 기타	
	1급	정보 보호 개론	보안의 기본 개념, Windows Server 보안, Linux Server 보안, Network 보안, 암호화, 서비스별 보안 기술, 정보 보호 제도, 기타	
실기	1급/2급	• LAN 전송 매체 • NOS	• 네트워크 설계/구축 • TCP/IP • 네트워크 운영 기기	작업/서술/선택형

▼ 필기 : 1급 – 2급 과목 + 정보 보호 개론   ▼ 실기 : 1급 100분 / 2급 80분

5. 합격 기준 및 검정료

❶ 합격 기준

1급 필기(60문제) / 실기(1SET, 1~20) – 100점 만점에 60점 이상

2급 필기(50문제) / 실기(1SET, 1~20) – 100점 만점에 60점 이상

❷ 검정료

1급 필기 – 43,000원 / 실기 – 100,000원

2급 필기 – 43,000원 / 실기 – 78,000원

6. 기타

1. 검정 원서 접수 방법 : 인테넷 접수 & 방문 접수 → 원서 접수 기간 동안 가능

2. 검정 장소 : 검정일 1주일 전 홈페이지에 공고

3. 실기 시험 : 시행처에서 개발한 에뮬레이터 프로그램을 통해 실시함

4. 합격자 발표 : 검정 일정 참조

5. 시험 일정 및 기타 사항 : https://www.icqa.or.kr/cn/page/accept

(사) 한국정보통신자격협회 | 02-7450-500

목차

필기

PART 01 TCP/IP

PLUS ❶   저자 직강 무료 동영상으로 핵심이론 학습하기
이론 중 핵심적인 파트를 저자 직강으로 익혀보세요.

PLUS ❷   최종 점검! 모바일 모의고사로 기출문제 풀기
모바일로 간편하게 다시 한 번 최신 기출문제를 풀어보세요.

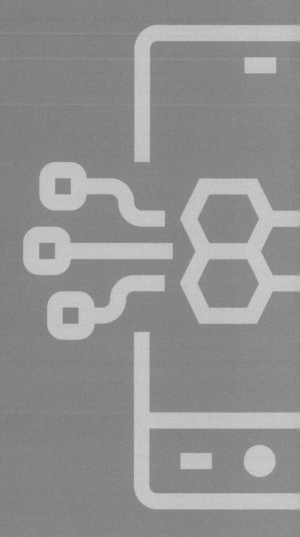

PART 01

TCP/IP

Chapter 1 OSI 참조 모델

- ISO(국제 표준 기구)에서는 이기종 시스템 간의 통신을 허용하기 위해 호환성 있는 네트워크 프로토콜 개발 지침서인 OSI(Open System Interconnection) 모델을 정의하였다.

- 프로토콜(Protocol)은 컴퓨터나 원거리 통신 장비 사이에서 메시지를 주고 받는 양식과 규칙 체계이다.

- 프로토콜의 3가지 기본 요소는 구문(Syntax), 의미(Semantics), 시간(Time)이다.

구문(Syntax)	전송하고자 하는 데이터의 형식(Format), 부호화(Coding), 신호 레벨(Signal Level) 등을 규정한다.
의미(Semantics)	두 기기 간의 효율적이고 정확한 정보 전송을 위한 협조 사항과 오류 관리를 위한 제어 정보를 규정한다.
시간(Time)	두 기기 간의 통신 속도, 메시지의 순서 제어 등을 규정한다.

- OSI 참조 모델은 엔드포인트(Endpoint) 간에 데이터를 전송하기 위해 필요로 하는 통신 기능 7개를 계층별로 정의하고 해당 기능을 수행하기 위한 프로토콜들을 정의하고 있다.

  - 엔드포인트는 더 이상 연결되는 것이 없는 끝단의 시스템을 의미하며 PC 또는 서버가 포함된다.

- OSI에서 7개 계층은 아래 그림과 같다. 최상위 계층은 응용(Application) 계층이며, 최하위 계층은 물리(Physical) 계층이다.

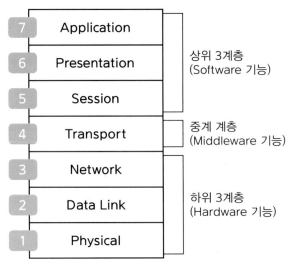

[OSI 7계층]

01 OSI 계층별 기능

① 상위 3계층은 통신에 필요한 소프트웨어 기능들과 프로토콜들을 정의한다.

계 층		기 능
7	응용 계층	• 인터넷의 관련 특정 서비스(웹, 메일, 파일전송 서비스 등)에 대한 사용자 인터페이스를 제공 • 프로토콜 : HTTP, FTP, SMTP, Telnet 등
6	표현 계층	• 데이터의 부호화(encoding), 암호화/복호화, 압축 • 프로토콜 : JPEG, GIF, ASCII, EBCDIC 등
5	세션 계층	• 송수신지 간의 응용 프로그램 사이의 연결 설정, 유지 및 해제 담당 • 프로토콜 : NetBIOS, NetBEUI 등

② 전송 계층은 미들웨어(시스템 소프트웨어) 계층으로 상위 계층과 하위 계층을 연결하는 중계 계층 기능들과 프로토콜들을 정의한다.

계 층		기 능
4	전송 계층	• 양 종단 간(end-to-end) 호스트 사이의 연결 설정, 유지 및 해제 담당 • 신뢰성 있는 데이디 전송을 위한 연결 및 흐름 제어 기능을 가짐 • 프로토콜 : TCP, UDP, SPX 등

③ 하위 3계층은 통신에 필요한 하드웨어 기능들과 프로토콜들을 정의한다.

계 층		기 능
3	네트워크 계층	• 호스트들의 주소체계를 설정 • 경로 선택 및 라우팅 기능 수행 • 프로토콜 : IP, IPX 등
2	데이터링크 계층	• 전송, 형식 및 운영에서의 오류 제어 검색 • 흐름 제어를 통하여 링크 관리 및 트래픽 제어 • 데이터 충돌을 막기 위한 매체 접근 제어 기능 • 프로토콜 : IEEE 802.2, IEEE 802.3, HDLC, PPP, X.25 등

1	물리 계층	• 전송 매체에 해당하는 층
		• 유선/무선에서 전송하는 데이터의 기계적, 기능적, 절차적 특성에 대해 정의
		   – 기계적 특성 : 커넥터의 크기, 핀의 개수 및 위치 등의 규격
		   – 전기적 특성 : 전송 매체에 통하여 전달되는 전류 및 전압의 특성, 전송 속도, 최대 전송 거리 등을 규정
		   – 기능적 특성 : 커넥터의 각 핀의 기능 규정
		   – 절차적 특성 : 각 핀의 송수신호 순서 규정
		• 구조화되지 않는 비트 스트림을 물리적 매체를 이용해 전송
		• RS-232C, ITU-T V.21 등

④ 데이터 링크(Data Link)는 LLC(Logical Link Control)와 MAC(Media Access Control)으로 구분된다.

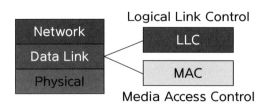

[데이터 링크의 서브 계층]

- LLC는 상위 계층과 통신하는 소프트웨어로 오류검출과 제어기능을 갖는다.
- MAC은 하위 계층과 통신하는 하드웨어로 호스트 간에 전송 기회를 공평하게 부여하여 충돌 현상을 제어한다.

⑤ 기타 주요기능은 아래와 같다.

단편화 (Fragmentation)	• 송신 데이터를 망 특성에 따라 일정 크기의 블록으로 나누는 것
재조립 (Reassembly)	• 단편화에 의해 분할된 데이터를 원래의 데이터로 복원하는 것
캡슐화 (Encapsulation)	• 데이터 전송에 필요한 제어 정보를 추가하는 것
역캡슐화 (De-encapsulation)	• 데이터에 부착된 제어 정보를 제거하는 것
연결제어 (Connection Control)	• 송수신 노드 사이에 신뢰성 있는 데이터 전송을 위해 노드 사이에 연결에 대한 설정, 유지 해제 등을 제어
흐름제어 (Flow Control)	• 송수신지 사이에 전송되는 데이터 양과 통신 속도를 제어하여 통신 라인의 혼잡 방지
순서제어 (Ordered Delivery)	• 비연속적으로 수신지에 도착한 데이터들의 순서를 조정하는 것 • 송신측에서 미리 정한 데이터의 순서대로 수신측에 전달
에러제어 (Error Control)	• 데이터의 전송 시 오류 발생 여부를 검출하고 정정 • 전송되는 데이터의 신뢰성 부여
동기화 (Synchronization)	• 송수신 간에 전송 작동주기 등 여러 가지 상태를 일치화 시키는 작업
주소부여 (Addressing)	• 송신측과 수신측을 식별시키기 위한 주소를 할당하에 데이터 전송
다중화 (Multiplexing)	• 하나의 회선을 기반으로 다수 개의 통신 업무를 가능하도록 하는 것

02 계층별 상호 관계

① 각각의 계층은 고유한 기능을 가지며 계층 간에는 상호 의존적이다.

② 계층 구조에서는 통신 기능을 수직적 계층으로 분할하여 각 계층마다 다른 시스템과 통신하는 데 필요한 기능들을 수행하도록 한다.

③ 데이터를 전달하기 위해 그림과 같이 송수신지의 각 계층은 수신지와 동등한 계층과 통신한다.
- 송신지의 4계층은 수신지의 동일 계층인 4계층과 통신한다.

④ 각 계층은 다른 계층의 변화가 있더라도 전혀 영향을 받지 않는다.
- 4계층은 3계층의 서비스, 3계층은 2계층의 서비스, 2계층은 1계층의 서비스를 사용한다.

⑤ 각 계층은 다른 계층의 변화가 있더라도 전혀 영향을 받지 않는다.

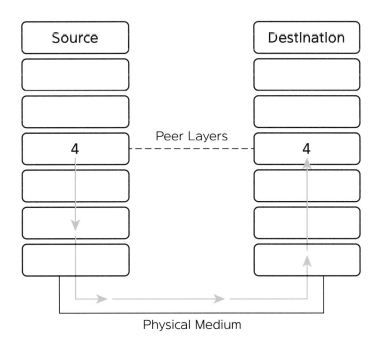

[송/수신기 계층별 상호 관계]

03 📘 PDU(Protocol Data Unit)

① PDU는 계층별 데이터 전송 단위이며 OSI 모델의 정보처리 단위이다.

② PDU의 세부 단위 정보는 아래와 같다.
- 서비스 데이터 단위(SDU ; Service Data Unit) : 상위 계층에서 전송을 원하는 데이터
- 프로토콜 제어 정보(PCI ; Protocol Control Unit) : 프로토콜 제어에 필요한 정보
- 프로토콜 데이터 단위(PDU ; Protocol Data Unit) : PCI+SDU

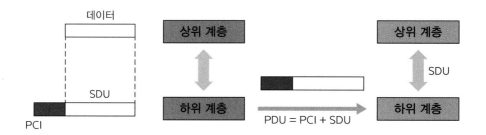

③ PDU를 생성하기 위해서는 캡슐화(Encapsulation) 작업이 수행한다.
- 캡슐화는 데이터 전송에 필요한 제어정보를 데이터 앞 또는 뒷부분에 추가하는 것이다.
  - 전송 데이터를 중심으로 데이터 앞에 붙는 제어정보는 헤더(Header)이다.
  - 전송 데이터 뒤에 붙는 제어정보는 트레일러(Trailer)이다.
- 계층별 PDU(Protocol Data Unit) 및 주요 헤더 정보는 아래와 같다.

계층	PDU	주요 주소 정보
7/6/5계층	메시지 또는 데이터	없음
4계층	세그먼트(Segment) 또는 데이터스트림(Data Stream)	송수신지 Port 번호
3계층	패킷(Packet) 또는 데이터그램(Data Gram)	송수신지 IP 주소
2계층	프레임(Frame)	송수신 MAC 주소
1계층	비트(Bit)	없음

01 프로토콜 계층 구조상의 기본 구성 요소 중 실체(Entity) 간의 통신 속도 및 메시지 순서를 위한 제어 정보는?

① 타이밍(Timing) ✓
② 의미(Semantics)
③ 구문(Syntax)
④ 처리(Process)

해설

프로토콜을 구성하는 요소는 구문, 타이밍, 의미이다. 구문(Syntax)은 형식, 부호화(Coding), 신호 레벨(Signal Level) 등을 정의하며, 타이밍(Timing)은 통신 속도의 조정, 메시지의 순서 제어 등을 정의한다. 의미(Semantics)는 정보 전송 제어와 오류 관리를 위한 제어 정보를 정의한다.

02 OSI 7 Layer에서 암호/복호, 인증, 압축 등의 기능이 수행되는 계층은?

① Transport Layer
② Data Link Layer
③ Presentation Layer ✓
④ Application Layer

해설

① Transport Layer : 연결 지향 데이터 스트림 지원, 신뢰성, 흐름 제어, 그리고 다중화와 같은 편리한 서비스를 제공한다.
② Data Link Layer : 인접한 네트워크 노드끼리 데이터를 전송하는 기능과 신호가 전달되는 동안 오류가 포함되는지를 감지한다. 오류가 감지되면 데이터 링크 계층은 해당 데이터를 폐기한다.
④ Application Layer : 웹이나 이메일과 같은 서비스를 제공하는 계층이다. 각 서비스는 자신만의 독자적인 프로토콜을 가지고 있다.

03 OSI 7 Layer 중 세션 계층의 역할로 옳지 않은 것은?

① 대화 제어
② 에러 제어 ✓
③ 연결 설정 종료
④ 동기화

해설

에러 제어는 데이터 전송 중 에러를 검출, 정정하는 메커니즘이다. 에러 제어 기능은 4계층과 2계층에서 진행된다. 세션 계층의 에러 복구 기능은 중단된 부분부터 다시 전송을 하는 것으로 이것을 오류 제어 기능이라 볼 수는 없다.

04 OSI 7계층 중에서 응용프로그램 사이의 연결 설정, 유지, 해제 역할을 수행하는 계층은?

① 응용 계층
② 프리젠테이션 계층
③ 세션 계층 ✓
④ 네트워크 계층

해설

세션 계층은 송수신 간의 응용 프로그램의 연결 설정, 유지, 해제 기능을 갖는다. 그 외 동기화 및 대화 제어 기능도 담당한다.

05 네트워크 계층(Network Layer)에 대한 설명으로 옳지 않은 것은?

① 호스트들의 주소 체계를 설정한다.
② 경로 선택 및 라우팅 기능을 수행한다.
③ 데이터의 흐름을 제어한다. ✓
④ 네트워크 계층에서 전달하는 데이터는 패킷이라 불린다.

해설

데이터의 흐름을 제어하는 것은 전송 계층의 TCP가 수행한다.

06 OSI 7 Layer 중 논리 링크 제어(LLC) 및 매체 액세스 제어(MAC)를 사용하는 계층은?

① 물리 계층
② 데이터 링크 계층 ✓
③ 네트워크 계층
④ 응용 계층

해설
데이터 링크 계층은 두 개의 서브 계층인 논리 링크 제어와 매체 액세스 제어 계층으로 구성되어 있다.

07 OSI 7 Layer에서 Data Link 계층의 기능으로 옳지 않은 것은?

① 전송 오류 제어 기능
② Flow 제어 기능
③ Text의 압축, 암호 기능 ✓
④ Link의 관리 기능

해설
Text의 압축, 암호 기능은 프리젠테이션 계층의 기능이다.

08 OSI 7 Layer 중 데이터 링크 계층의 기능으로 옳지 않은 것은?

① 통신 프로토콜을 정의한 OSI 7 Layer 중 세 번째 계층에 해당한다. ✓
② 비트를 프레임화 시킨다.
③ 전송, 형식 및 운용에서의 에러를 검색한다.
④ 흐름제어를 통하여 데이터 링크 개체 간의 트래픽을 제어한다.

해설
통신 프로토콜을 정의한 OSI 7 Layer 중 두 번째 계층에 해당한다.

09 OSI 7계층 중 수신된 데이터의 오류를 검출하는 계층은?

① 트랜스포트 계층
② 네트워크 계층
③ 데이터 링크 계층 ✓
④ 물리적 계층

해설
데이터 링크 계층은 FCS 정보를 이용하여 전송된 데이터의 오류를 검출한다.

10 인접한 개방 시스템 사이의 확실한 데이터 전송 및 전송 에러 제어 기능을 갖고 접속된 기기 사이의 통신을 관리하고, 신뢰도가 낮은 전송로를 신뢰도가 높은 전송로로 바꾸는데 사용되는 계층은?

① 물리 계층(Physical Layer)
② 네트워크 계층(Network Layer)
③ 전송 계층(Transport Layer)
④ 데이터 링크 계층(Data Link Layer) ✓

해설
데이터 링크 계층에서 서브 계층인 LLC는 수신한 데이터의 오류를 검출하는 기능을 갖고 있다.

11 전송을 받는 개체에서 발송지로부터 오는 데이터의 양이나 속도를 제한하는 프로토콜의 기능을 나타내는 용어는?

① 에러 제어   ② 순서 제어
③ 흐름 제어 ✓   ④ 접속 제어

해설
① 에러 제어 : 데이터 전송 중 발생되는 에러를 검출, 보정한다.
② 순서 제어 : 데이터 전송과정에서 먼저 전송된 패킷이 나중에 도착되어 수신측 노드에서 패킷의 순서를 바르게 제어하는 것이다.
④ 접속 제어 : 접근 제어 또는 액세스 제어는 누군가가 무언가를 사용하는 것을 허가하거나 거부하는 기능이다.

12 프로토콜의 기본적인 기능 중 정보의 신뢰성을 부여하는 것으로, 데이터를 전송한 개체가 보낸 PDU(Protocol Data Unit)에 대한 애크널러지먼트(ACK)를 특정시간 동안 받지 못하면 재전송하는 기능은?

① Flow Control
② Error Control
③ Sequence Control
④ Connection Control

해설
① Flow Control : 수신측에서 송신측 발송 데이터의 양이나 속도를 제한한다.
③ Sequence Control : 데이터 전송과정에서 먼저 전송된 패킷이 나중에 도착되어 수신측 노드에서 패킷의 순서를 배치한다
④ Connection Control : 데이터를 교환하기 전에 송수신지 간에 논리적 연결절차를 정의한다.

13 데이터 전송에 필요한 제어정보를 추가하는 프로토콜의 기능은?

① 다중화
② 캡슐화
③ 동기화
④ 역캡슐화

해설
캡슐화는 송신측에서 최상위 계층에서 최하위 계층으로 내려가면서 데이터 전송에 필요한 제어정보를 추가하는 반면, 역캡슐화는 수신측에서 최하위 계층에서 최상위 계층으로 올라가면서 부착된 제어정보를 제거한다.

14 송수신 간에 전송 작동 주기 등 여러 가지 상태를 일치화 시키는 작업은?

① 동기화
② 다중화
③ 단편화
④ 주소부여

해설
② 다중화는 하나의 회선을 기반으로 다수 개의 통신 업무를 가능하게 하는 것이다.
③ 단편화는 송신 데이터를 일정 크기의 블록으로 나누는 것이다.
④ 주소부여는 송수신측을 식별하기 위한 것이다.

15 네트워크 계층의 데이터 단위를 나타내는 용어는?

① 세그먼트
② 패킷
③ 프레임
④ 비트

해설
네트워크 계층의 계층별 데이터 단위를 PDU(Protocol Data Unit)라 한다.
① 세그먼트 : 4계층 데이터 단위
③ 프레임 : 2계층 데이터 단위
④ 비트 : 1계층 데이터 단위

16 OSI 7계층의 통신 계층별 PDU(Protocol Data Unit)의 명칭으로 올바른 것은 무엇인가?

① 7계층 : 세그먼트
② 4계층 : 패킷
③ 3계층 : 비트
④ 2계층 : 프레임

해설
① 7계층 : 메시지 또는 데이터
② 4계층 : 세그먼트
③ 3계층 : 패킷

17 TCP/IP 프로토콜 계층 구조에서 전송 계층의 데이터 단위는?

① Segment
② Frame
③ Datagram
④ User Data

해설
② Frame : 데이터 링크 계층의 데이터 단위
③ Datagram : 네트워크 계층의 데이터 단위
④ User Data : Data 또는 메시지는 애플리케이션 층의 데이터 단위

TCP/IP 모델

Chapter 2

01 OSI 모델과 TCP/IP 모델

- TCP/IP 모델은 OSI 통신 모델을 간략화시킨 것이다.

- OSI 모델과 TCP/IP 모델의 유사점과 차이점은 다음과 같다.

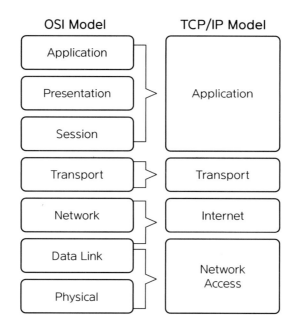

유사점	차이점
• OSI와 유사한 계층 구조를 가짐 • 서로 다른 서비스를 하지만 응용 계층을 가짐 • 전송 계층과 네트워크 계층을 가짐 • 패킷들은 동일 목적지에 도달하기 위해 다른 경로 사용 가능	• 표현과 세션을 묶어 응용 계층에 포함 • 데이터 링크와 물리를 묶어 네트워크 액세스 계층에 포함 • 계층이 상대적으로 적어 간단 • 인터넷 표준 프로토콜로 신뢰성 획득

02 TCP/IP 프로토콜 스택

- TCP/IP 프로토콜 스택은 인터넷에서 컴퓨터들이 서로 정보를 주고 받는 데 쓰이는 프로토콜의 모음이다. 아래 그림은 TCP/IP 모델에서 각 계층별 프로토콜을 정의한 스택이다.

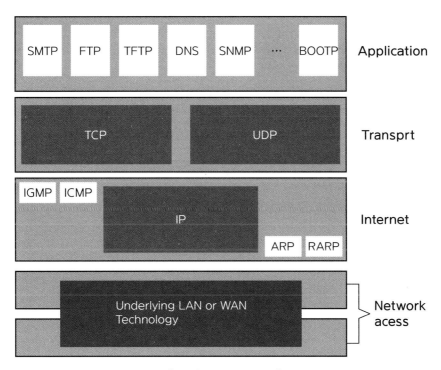

[TCP/IP 프로토콜 스택]

1 응용 계층 프로토콜

- 네트워크 이용자의 업무를 처리하는 데 필요한 모든 기능을 정의하고 처리한다.
- 응용 계층 프로토콜은 기반이 되는 전송 계층 프로토콜을 사용하여 호스트 간 연결을 확립한다.

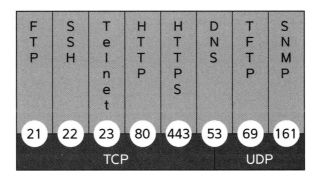

[응용 계층 프로토콜과 포트 번호]

① 포트 번호
  - 컴퓨터 안에서 작동하는 서비스 프로그램들을 식별하기 위해 사용하는 번호이다.
  - 포트 번호는 0 ~ 65535 범위 내에 사용되며, 용도가 정해져 있다.

잘 알려진 포트	• Well-known Port, 1 ~ 1023 • 서버용 애플리케이션에 부가되는 번호
등록 포트	• Registered Port, 1024 ~ 49151 • 제조업체별 서버 또는 애플리케이션에 부가되는 번호
동적 포트	• Dynamic Port, 49152 ~ 65535 • 클라이언트 애플리케이션 부가되는 번호

② TCP 계열의 응용 계층 프로토콜

	주요 기능	포트 번호
HTTP	• WWW를 이용 시 서버와 클라이언트 간의 정보 교환 담당 • 하이퍼 텍스트 전송 담당	80
HTTPS	• HTTP Secure • SSL을 사용하는 HTTP 프로토콜의 보안 버전	443
SMTP	• Simple Mail Transfer Protocol • 전자우편을 송신 할 때 사용하는 서버 프로토콜	25
POP	• Post Office Protocol • 전자우편을 수신, 보관하기 위해 사용되는 메일 서버 프로토콜 • 사용자는 주기적으로 서버에 있는 자신의 메일 수신함을 점검하고, 수신된 메일이 있으면 클라인트 쪽으로 다운로드 시킴	110
Telnet	• CUI 기반의 원격지 컴퓨터 접속 지원 인터넷 표준 프로토콜 • 호스트에 접속하기 위해서는 도메인명, 주소 또는 IP 정보가 필요 • 특정 호스트를 사용할 수 있는 사용자 ID와 암호를 알아야 함	23
SSH	• Telnet의 보안 기능을 강화 • 원격 호스트 접속 시 암호화된 패스워드를 이용하여 안전하게 접속	22
FTP	• 대량의 데이터를 고속으로 전송하는 서버/ 클라이언트 프로토콜 • 접속에는 계정 접속과 익명(Anonymous) FTP 계정 접속이 있음	20, 21

③ UDP 계열의 응용 계층 프로토콜

프로토콜	기능	포트 번호
SNMP	• Simple Network Management Protocol • 네트워크 장비들의 데이터를 수집하여 관리 감시하여 망의 상태 파악 • 네트워크 관리자가 네트워크 성능을 관리하고 네트워크 문제점을 찾아 수정하는 데 도움을 줌 • NMS(Network Management Solution)을 운영하기 위해 반드시 필요	161, 162
TFTP	• Trivial File Transfer Protocol • 신속한 파일 전송이 필요한 경우 FTP보다 큰 효과를 얻을 수 있음 • UDP 기반으로 데이터 전송 과정에서 데이터 손실될 가능성이 있음	69
DHCP	• Dynamic Host Configuration Protocol • 유동 주소 체계를 사용하는 호스트들에게 통신에 필요한 환경 설정 • 정보(IP 주소, 게이트웨이 주소, DNS 주소 등)를 할당	67, 68
BOOTP	• DHCP 전에 개발된 호스트 구성 프로토콜	

④ TCP 또는 UDP 두 가지 방식을 사용하는 응용 계층 프로토콜

프로토콜	주요 기능	포트 번호
DNS	• 도메인에 대하여 IP 주소를 매핑하거나(정방향 조회) 또는 IP 주소에 대하여 도메인을 매핑하는 기능 • 계층적 이름 구조를 갖는 분산형 데이터베이스로 구성되고 클라이언트·서버 모델을 사용	53

2 전송 계층 프로토콜

프로토콜	주요 기능
TCP	• 연결 지향, 전송 전에 송수신지 사이에 연결이 설정되어 있어야 함 • 신뢰성 있는 전송 제공, 전송되는 모든 데이터에 대한 승인이 있음 • 신뢰할 수 있는 방법으로 데이터를 송신해야 하는 업무에 적합 • 전송 속도는 빠르지만 UDP만큼은 아님 • FTP, Telnet, SMTP, DNS, HTTP, POP 등
UDP	• 비연결 지향, 송수신지 사이에 연결 설정 없이 데이터 송신이 가능 • 비신뢰성, 수신측의 승인 없이도 연속된 데이터 전송이 가능 • 매우 빠른 전송 속도를 가짐 • 데이터의 안정성보다 전달 속도가 중요하고, 소량의 데이터를 송신 • 멀티캐스트/브로드캐스트를 사용하는 업무에 적합 • 멀티미디어 애플리케이션, DNS, BOOTP, DHCP , TFTP, SNMP 등

3 인터넷 계층 프로토콜

프로토콜	기능
IP	• TCP에 의해 패킷으로 변환된 데이터를 데이터 링크에 전달 • 비신뢰성, 비연결형 서비스 지원, 호스트의 논리 주소 지정 • MTU(최대 전송 단위)를 초과하는 데이터에 대해 단편화 및 재조립 수행
ICMP	• Internet Control Message Protocol • 망 내 교환 장비들이 오류 상황에 대한 보고를 할 수 있게 하고, 예상하지 못한 상황이 발생할 경우 이를 알릴 수 있도록 지원하는 프로토콜 • IP 패킷을 처리할 때 발생하는 에러 보고 및 진단 등의 기능을 수행 • 호스트 사이의 연결 신뢰성을 테스트하기 위해 반향과 회답 메시지를 지원
IGMP	• Internet Group Management Protocol • 로컬 네트워크 상의 멀티캐스팅, 그룹 제어 수행 • 라우터 및 호스트들이 어떤 멀티캐스트 그룹에 속하는지를 알리기 위한 그룹 관리용 • 비대칭 프로토콜이며 TTL(Time to Live)가 제공 • 최초의 리포트를 잃어버리면 갱신하지 않고 그대로 진행 처리
ARP	• Address Resolution Protocol • IP 주소를 기반으로 네트워크 인터페이스 카드의 하드웨어 주소를 변환
RARP	• Reverse Address Resolution Protocol • 네트워크 인터페이스의 하드웨어 주소를 기반으로 IP 주소를 변환

4 네트워크 액세스 계층

표준규정		규격
오류 제어	IEEE 802.2	• LLC(Logical Link Control) • 수신된 데이터 오류 제어 기능
매체 접근 제어	IEEE 802.3	• CSMA/CD • 이더넷 LAN 상의 매체 접근 제어 기술
	IEEE 802.4	• Token bus • 버스형/트리형 토폴로지의 토큰 기반 매체 접근 제어
	IEEE 802.5	• Token ring • 링형 토폴로지의 토큰 기반 매체 접근 제어
	IEEE 802.11	• CSMA/CA • 무선 LAN상의 매체 접근 제어 기술
	IEEE 802.15	• 블루투스

① IEEE 802.3

- CSMA/CD(Carrier Sense Multiple Access /Collision Detection)
- 통신 채널의 상태를 파악하여 통신 채널이 데이터 전송을 하지 않을 때 정보를 전송하는 방식이다.
- CSMA/CD(Carrier Sense Multiple Access /Collision Detection)의 동작 과정은 다음과 같다.

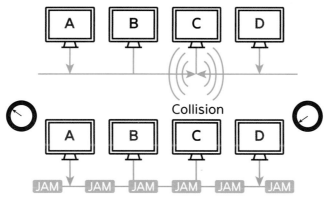

[CSMA/CD 운영 예시]

단계 1	전송을 원하는 호스트는 네트워크 캐리어를 감지해 전송이 가능한지 검사
단계 2	호스트는 전송이 가능할 경우 전송을 시작
단계 3	콜리전이 감지 될 경우 잼 신호를 브로드캐스트
단계 4	Back-off 알고리즘에 따라 랜덤한 시간이 지난 후에 다시 전송 시도

② IEEE 802.4

- 허가권(Token)이 각 단말기를 순차적으로 옮겨 다니는 방식으로 아래 그림의 번호순서와 같다.

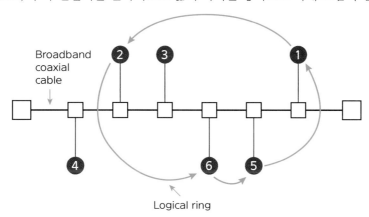

[토큰 링 운영 예시]

- 하나의 단말기에는 토큰이 이동해야 단말기의 정보를 전송할 수 있다.
- 버스형이나 트리형에 적합하다.

③ IEEE 802.5
- 링을 따라 순환하는 토큰을 이용하는 방식으로 토큰 버스의 토큰과는 차이가 있다.
- 자유 토큰(Free Token)과 바쁜 토큰(Busy Token)으로 운영된다.
㉠ 자유 토큰(Free Token) : 회선에 어떠한 데이터도 전송되지 않는 것을 나타내는 제어신호
㉡ 바쁜 토큰(Busy Token) : 특정 컴퓨터에 의해 데이터가 전송되어 회선을 사용할 수 없는 상태를 나타내는 제어신호

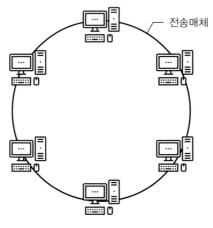

[토큰 링 운영 예시]

단계 1	송신자는 제어신호가 Free Token인지 Busy Token인지를 확인한다.
단계 2	Free Token인 경우 송신자는 Free Token을 Busy Token으로 변환하고 데이터를 전송한다.
단계 3	송신자는 데이터 전송이 완료되면 Busy Token을 Free Token으로 전환 후 데이터 전송을 완료한다.

[TCP/IP 모델]

01 TCP/IP 모델과 OSI 모델을 대한 설명으로 올바른 것은?

① TCP/IP은 3계층으로 구성되어 있다.

② TCP/IP의 네트워크 액세스 계층은 OSI 모델의 네트워크 계층과 데이터 링크 계층 기능을 포함한다.

③ OSI 모델과 TCP/IP 모델의 응용 계층 기능은 동일하다.

✔ TCP/IP의 인터넷 계층은 OSI 모델의 네트워크 계층이다.

해설
① TCP/IP 모델은 4계층으로 구성되어 있다.
② 네트워크 액세스 계층은 OSI의 데이터 링크 계층과 물리 계층을 묶어 놓은 것이다.
③ TCP/IP 모델의 응용 계층은 OSI의 표현 계층과 세션 계층의 기능도 갖는다.

02 TCP/IP 프로토콜 4 Layer 구조를 하위 계층부터 상위 계층으로 올바르게 나열한 것은?

✔ Network Access – Internet – Transport – Application

② Application – Network Access – Internet – Transport

③ Transport – Application – Network Access – Internet

④ Internet – Transport – Application – Network Access

해설
TCP/IP 프로토콜 계층은 4계층으로 구성되어 있다. Network Access 계층은 OSI의 1계층과 2계층, Internet 계층은 OSI의 3계층, Transport 계층은 OSI 4계층, Application 계층은 5계층, 6계층, 7계층 기능과 매핑된다.

03 TCP/IP 계층 모델에 포함되지 않는 것은?

① 응용 계층

✔ 세션 계층

③ 인터넷 계층

④ 네트워크 액세스 계층

해설
응용 계층, 전송 계층, 인터넷 계층, 네트워크 액세스 계층으로 구성된다.

[TCP 계열의 응용 계층 프로토콜]

04 서버 내 서비스들은 서로가 다른 문을 통하여 데이터를 주고받는데 이를 '포트'라고 한다. 서비스에 따른 기본 포트 번호로 옳지 않은 것은?

① FTP – 21

② Telnet – 23

③ SMTP – 25

✔ WWW – 81

해설
www – 80

05 서버를 관리하는 Kim 사원은 회사지침으로 기존 홈페이지를 http 방식에서 https 방식으로 변경하라고 지시가 내려져서 https의 특징에 대하여 알아보고 있는 중이다. 다음 보기 중에서 https의 특징으로 옳은 것은?

✔ 기존 http보다 암호화된 SSL/TLS를 전달한다.

② TCP/80번 포트를 사용한다.

③ UDP/443번 포트를 사용한다.

④ 인증이 필요하지 않아 사용하기가 간편하다.

해설
https는 TCP/443번 포트를 사용한다. SSL기반의 암호화이기 때문에 인증이 반드시 필요하다.

06 전자메일을 전송하거나 수신할 때 사용되는 프로토콜로 옳지 않은 것은?

① SMTP
(Simple Mail Transfer Protocol)
② MIME
(Multi-purpose Internet Mail Extensions)
③ POP3
(Post Office Protocol 3)
☑ SNMP
(Simple Network Management Protocol)

해설
SNMP는 IP 네트워크상의 장치로부터 정보를 수집 및 관리하며 또한 정보를 수정하여 장치의 동작을 변경하는데 사용되는 인터넷 표준 프로토콜이다.

07 다음은 TCP/IP 환경에서 사용하는 Protocol에 대한 설명이다. 올바른 Protocol을 고르시오.

> 메일 서버 간에 E-mail 전송 시 사용되는 프로토콜이며, TCP 기반의 신뢰성 있는 통신을 제공하고 클라이언트가 메일 서버에게 전송 시 사용한다.

① SNMP
② POP3
☑ SMTP
④ NNTP

해설
① SNMP : 네트워크 관리를 위해, 관리 정보 및 정보 운반을 위한 프로토콜
② POP3 : 이메일을 수신하기 위한 프로토콜
④ NNTP : 뉴스 전송 프로토콜로 뉴스 서버 간에 기사 전송, 뉴스 서버에서 사용자들에게 애플리케이션으로 뉴스 기사를 구독, 게시

08 네트워크를 관리하는 Kim 사원은 스위치에 원격접속 시 Telnet을 이용하여 작업을 주로 진행하였지만 신규로 도입되는 스위치에는 SSH로 접속 방법을 교체하고자 한다. 다음 중 SSH의 특징을 검토 중 내용이 옳지 않은 것은?

① Telnet에 비하여 보안성이 뛰어나다.
② SSH1은 RSA 암호화를 사용한다.
③ SSH2는 RSA 외 더 다양한 키교환 방식을 지원한다.
☑ TCP/23번을 이용한다.

해설
TCP/22번을 이용한다.

09 원격에 있는 호스트 접속 시 암호화된 패스워드를 이용하여 보다 안전하게 접속할 수 있도록 rlogin과 같은 프로토콜을 보완하여 만든 프로토콜은?

☑ SSH
② SNMP
③ SSL
④ Telnet

해설
② SNMP : 네트워크 장비들을 관리, 감시하여 특정 망의 상태를 파악하는 프로토콜
③ SSL : 웹 사이트와 브라우저 사이(또는 두 서버 사이)에 전송되는 데이터를 암호화하여 인터넷 연결을 보호하기 위한 암호화 기반 보안 프로토콜
④ Telnet : 원격지 컴퓨터 접속 지원 인터넷 표준 프로토콜

10 원격 컴퓨터에 안전하게 액세스하기 위한 유닉스 기반의 명령 인터페이스 및 프로토콜이다. 기본적으로 22번 포트를 사용하고, 클라이언트/서버 연결의 양단은 전자 서명을 사용하여 인증되며, 패스워드는 암호화하여 보호되는 것은?

☑ SSH 　　　　② IPSec
③ SSL 　　　　④ PGP

> **해설**
> ② IPSec : IP 패킷을 암호화하고 인증하는 3계층 프로토콜
> ③ SSL : 웹 보안 프로토콜로 RSA 암호화 기법을 이용하여 암호화된 정보를 전송
> ④ PGP : 전자 우편 보안을 위한 프로토콜

11 인터넷의 잘 알려진 포트(Well-known Port) 번호로 옳지 않은 것은?

☑ 23번 - FTP 　　② 25번 - SMTP
③ 80번 - WWW 　④ 110번 – POP

> **해설**
> FTP는 20번과 21번 포트를 사용하고 있다. 20번은 일반 데이터 전송용 포트, 21번은 제어 데이터 전송용 포트이다.

[UDP 계열의 응용 계층 프로토콜]

12 NMS(Network Management Solution)을 운영하기 위해서 반드시 필요하며, 각종 네트워크 장비의 Data를 수집하고 대규모의 네트워크를 관리하기 위해 필요한 프로토콜은?

① Ping 　　　　② ICMP
☑ SNMP 　　　④ SMTP

> **해설**
> ① Ping : 컴퓨터 네트워크 상태를 점검, 진단하는 명령
> ② ICMP : IP 패킷 처리 시 발생되는 문제를 알리거나 진단을 위해 사용되는 3계층 프로토콜
> ④ SMTP : 이메일 송신 프로토콜

13 SNMP에 대한 설명으로 옳지 않은 것은?

① 사용자가 네트워크 문제점을 발견하기 전에 시스템 관리 프로그램이 문제점을 발견할 수 있다.
② 데이터 전송은 UDP를 사용한다.
☑ IP에서의 오류 제어를 위하여 사용되며, 시작지 호스트의 라우팅 실패를 보고한다.
④ 네트워크 장비로부터 데이터를 수집하여 네트워크 관리를 지원하고 성능을 향상시킨다.

> **해설**
> IP에서의 오류 제어를 위하여 사용되며, 시작지 호스트의 라우팅 실패를 보고하는 프로토콜은 ICMP(Internet Control Message Protocol)이다.

14 네트워크 장비를 관리 감시하기 위한 목적으로 TCP/IP상에 정의된 응용 계층의 프로토콜로, 네트워크 관리자가 네트워크 성능을 관리하고 네트워크 문제점을 찾아 수정하는 데 도움을 주는 것은?

① IGP
② RIP
③ ARP
☑ SNMP

> **해설**
> ① IGP : AS 내에서 운영되는 라우팅 프로토콜들로 RIP, OSPF, EIGRP 등이 있다.
> ② RIP : 거리백터 라우팅 프로토콜이다.
> ③ ARP : IP 주소를 기반으로 물리적 주소를 조회/바인딩 하는 프로토콜이다.

15 TFTP 프로토콜에 대한 설명 중 옳지 않은 것은?

① Trivial File Transfer Protocol의 약어이다.
② 네트워크를 통한 파일 전송 서비스이다.
☑③ 3방향 핸드 셰이킹 방법인 TCP 세션을 통해 전송한다.
④ 신속한 파일의 전송을 원할 경우에는 FTP보다 훨씬 큰 효과를 얻을 수 있다.

해설
TFTP 프로토콜은 UDP 계열의 애플리케이션이다.

[TCP 또는 UDP 계열의 응용 계층 프로토콜]

16 다음의 응용 계층 프로토콜 중에 전송 계층의 프로토콜 TCP, UDP를 모두 사용하는 프로토콜은 무엇인가?

① FTP
② SMTP
☑③ DNS
④ SNMP

해설
FTP와 SMTP는 TCP 기반의 응용 계층 프로토콜이며, SNMP는 UDP 기반의 응용 계층 프로토콜이다.

17 DNS 서버가 호스트 이름을 IP Address로 변환하는 역할을 수행하도록 설정하는 것은?

☑① 정방향 조회
② 역방향 조회
③ 양방향 조회
④ 영역 설정

해설
DNS는 정방향 조회와 역방향 조회를 수행한다. 역방향 조회는 IP Address를 호스트 이름으로 변환하는 역할을 수행한다.

18 DNS에 대한 설명으로 옳지 않은 것은?

① 도메인에 대하여 IP Address를 매핑한다.
② IP Address를 도메인 이름으로 변환하는 기능도 있다.
☑③ IP Address를 효율적으로 관리하기 위한 서비스로 IP Address 및 Subnet Mask, Gateway Address를 자동으로 할당해 준다.
④ 계층적 이름 구조를 갖는 분산형 데이터 베이스로 구성되고 클라이언트·서버 모델을 사용한다.

해설
IP Address를 효율적으로 관리하기 위한 서비스로 IP Address 및 Subnet Mask, Gateway Address를 자동으로 할당해 주는 것은 DHCP이다.

[전송 계층 프로토콜]

19 TCP와 UDP의 차이점을 설명한 것 중 옳지 않은 것은?

① TCP는 전달된 패킷에 대한 수신측의 인증이 필요하지만 UDP는 필요하지 않다.
② TCP는 대용량의 데이터나 중요한 데이터 전송에 이용이 되지만 UDP는 단순한 메시지 전달에 주로 사용된다.
③ UDP는 네트워크가 혼잡하거나 라우팅이 복잡할 경우에는 패킷이 유실될 우려가 있다.
☑④ UDP는 데이터 전송 전에 반드시 송수신 간의 세션이 먼저 수립되어야 한다.

해설
송수신 간의 세션이 먼저 수립되어야 하는 것은 TCP이며 UDP 특성은 다음과 같다.
① 전송 계층 프로토콜이다.
② 비신뢰성 있는 전송을 제공한다.
③ 비연결 지향형 프로토콜이다.

20 높은 신뢰도나 제어용 메시지를 필요로 하지 않고, 비연결형 서비스에 사용되는 프로토콜은 무엇인가?

① UDP
② TCP
③ ARP
④ ICMP

해설
② TCP : 두 개의 호스트를 연결하고 정해진 순서대로 데이터를 전달하는 것을 보장한다.
③ ARP : IP 주소를 기반으로 물리적 주소를 조회/바인딩 하는 프로토콜이다.
④ ICMP : IP 패킷을 전송 시 에러보고 및 진단을 전달해 주는 메시지 프로토콜이다.

21 UDP에 대한 설명 중 올바른 것은?

① 응용 계층 프로토콜이다.
② 신뢰성 있는 전송을 제공한다.
③ 연결 지향형 프로토콜이다.
④ 비 연결성 데이터그램 서비스를 제공한다.

해설
UDP는 전송 계층 프로토콜로, 비신뢰성과 비연결 지향형 프로토콜이다.

[인터넷 계층 프로토콜]

22 다음 보기들 중 같은 계층에서 동작하지 않는 것은?

① SMTP   ② RARP
③ ICMP   ④ IGMP

해설
SMTP는 7계층 프로토콜이며 RARP, ICMP, IGMP는 3계층 프로토콜들이다.

23 TCP/IP Protocol 군에서 네트워크 계층의 프로토콜로만 연결된 것은?

① TCP – UDP - IP
② ICMP – IP – IGMP
③ FTP – SMTP - Telnet
④ ARP – RARP – TCP

해설
① TCP(4계층) – UDP(4계층) - IP(3계층)
③ FTP(7계층)– SMTP(7계층) - Telnet(7계층)
④ ARP(3계층) – RARP(3계층)– TCP(4계층)

24 TCP/IP 프로토콜 중에서 IP 계층의 한 부분으로 에러 메시지와 같은 상태 정보를 알려주는 프로토콜은?

① ICMP(Internet Control Message Protocol)
② ARP(Address Resolution Protocol)
③ RARP(Reverse Address Resolution Protocol)
④ UDP(User Datagram Protocol)

해설
② ARP : IP 주소를 기반으로 물리적 주소를 매핑하는 프로토콜
③ RARP : 물리적 주소를 기반으로 IP 주소를 매핑하는 프로토콜
④ UDP : 지접속형 서비스를 제공하는 프로토콜

25 IGMP 프로토콜의 주된 기능은?

① 네트워크 내에 발생된 오류에 관한 보고 기능

② 대용량 파일을 전송하는 기능

✔ 멀티캐스트 그룹에 가입한 네트워크 내의 호스트 관리 기능

④ 호스트의 IP Address에 해당하는 호스트의 물리 주소를 알려주는 기능

해설
① ICMP : 네트워크 내에 발생된 오류에 관한 보고 기능
② FTP : 대용량 파일을 전송하는 기능
④ ARP : 호스트의 IP Address에 해당하는 호스트의 물리 주소를 알려주는 기능

26 멀티캐스트 그룹을 로컬 네트워크의 멀티캐스트 라우터들에게 알리는 수단을 제공하는 인터넷 프로토콜은?

✔ IGMP

② ICMP

③ DHCP

④ BOOTP

해설
② ICMP : 네트워크 내에 발생된 오류에 관한 보고 기능
③ DHCP : 호스트의 IP 주소와 각종 TCP/IP 프로토콜의 기본 설정을 클라이언트에게 자동적으로 제공해 주는 프로토콜
④ BOOTP : 부팅 호스트가 사용자의 관리 없이 동적으로 구성할 수 있게 해주는 UDP/IP 기반의 프로토콜

27 인터넷 그룹 관리 프로토콜로 컴퓨터가 멀티캐스트 그룹을 인근의 라우터들에게 알리는 수단을 제공하는 인터넷 프로토콜은?

① ICMP

✔ IGMP

③ EGP

④ IGP

해설
① ICMP : 네트워크 내에 발생된 오류에 관한 보고 기능
③ EGP : AS(Autonomous System) 사이에서 라우팅 정보를 교환해 주는 라우팅 프로토콜
④ IGP : AS(Autonomous System) 내에서 라우팅 정보를 교환해 주는 라우팅 프로토콜

28 ARP와 RARP에 대한 설명으로 옳지 않은 것은?

✔ ARP와 RARP는 전송 계층에서 동작하며, 인터넷 주소와 물리적 하드웨어 주소를 변환하는데 관여한다.

② ARP는 IP 데이터 그램을 정확한 목적지 호스트로 보내기 위해 IP에 의해 보조적으로 사용되는 프로토콜이다.

③ RARP는 로컬 디스크가 없는 네트워크상에 연결된 시스템에 사용된다.

④ RARP는 MAC 주소를 알고 있는 상태에서 그 MAC 주소에 대한 IP Address를 알아낼 때 사용한다.

해설
ARP와 RARP는 네트워크 계층에서 동작하며, 인터넷 주소와 물리적 하드웨어 주소를 변환하는 데 관여한다.

29 보기의 프로토콜 중에서 지문에 제시된 내용과 같은 일을 수행하는 프로토콜은?

> 인터넷에 접속한 호스트는 인터넷 주소에 의해서 식별되지만 실질적인 통신은 물리적인 네트워크 주소를 얻어야 가능하다. 이 프로토콜은 IP Address를 이용하여 물리적인 네트워크 주소를 얻는 데 사용된다.

① DHCP   ② IP
③ RIP   ④ ARP

해설
① DHCP : 호스트의 IP 주소와 각종 TCP/IP 프로토콜의 기본 설정을 클라이언트에게 자동적으로 제공해 주는 프로토콜
② IP : 송/수신 호스트가 패킷 교환 네트워크에서 정보를 주고받는 데 사용하는 정보의 프로토콜
③ RIP : 거리벡터 기반의 라우팅 프로토콜

30 ARP에 대한 설명으로 올바른 것은?

① IP Address를 장치의 하드웨어 주소로 매핑하는 기능을 제공한다.
② Dynamic으로 설정된 내용을 Static 상태로 변경하는 ARP 명령어 옵션은 '-d'이다.
③ ARP가 IP Address를 알기 위해 특정 호스트에게 메시지를 전송하고 이에 대한 응답을 기다린다.
④ ARP Cache는 IP Address를 도메인(Domain) 주소로 매핑한 모든 정보를 유지하고 있다.

해설
② Dynamic으로 설정된 내용을 Static 상태로 변경하는 ARP 명령어 옵션은 '-s'이다.
③ ARP가 수신지 물리적 주소를 알기 위해 특정 호스트에게 메시지를 전송하고 이에 대한 응답을 기다린다.
④ ARP Cache는 IP Address를 물리적 주소로 매핑한 모든 정보를 유지하고 있다.

31 ARP에 대한 설명으로 올바른 것은?

① Ethernet 주소를 IP Address로 매핑시킨다.
② ARP를 이용하여 IP Address가 중복되어 사용되는지 찾을 수 있다.
③ ARP 캐시는 일정한 주기를 갖고 갱신된다.
④ 중복된 IP가 발견된 경우 ARP 캐시는 갱신되지 않는다.

해설
① Ethernet 주소를 IP Address로 매핑시키는 것은 RARP이다.
③ ARP 캐시는 송수신지 사이에 전송되는 ARP Request와 Reply를 통해 갱신된다.
④ 중복된 IP가 발견된 경우 ARP 캐시는 오버랩핑된다.

32 RARP에 대한 설명 중 올바른 것은?

① TCP/IP 프로토콜에서 데이터의 전송 서비스를 규정한다.
② TCP/IP 프로토콜의 IP에서 접속 없이 데이터의 전송을 수행하는 기능을 규정한다.
③ 하드웨어 주소를 IP Address로 변환하기 위해서 사용한다.
④ IP에서의 오류(Error) 제어를 위하여 사용되며, 시작 지 호스트의 라우팅 실패를 보고한다.

해설
① TCP : TCP/IP 프로토콜에서 데이터의 전송 서비스를 규정한다.
② UDP : TCP/IP 프로토콜의 IP에서 접속 없이 데이터의 전송을 수행하는 기능을 규정한다.
④ ICMP : IP에서의 오류(Error) 제어를 위하여 사용되며, 시작 시 호스트의 라우팅 실패를 보고한다.

33 (A) 안에 들어가는 용어 중 옳은 것은?

> 클라이언트–서버 시스템에서 터미널(단말 장치) 서버와 통신하기 위하여 LAN 환경 내 Diskless 시스템이 (A)를 이용하여 자신의 물리적 주소에 대한 IP 주소를 획득하기 위해 사용되었다.

① ARP
② Proxy ARP
③ Inverse ARP
✔ Reverse ARP

① ARP : IP 주소를 물리적 네트워크 주소로 변환(bind)하는 프로토콜
② Proxy ARP : 라우터는 호스트에서 보내온 ARP Request를 보고 목적지 IP가 자기 자신이 아니더라도 자신의 MAC 주소로 ARP 응답을 수행하는 프로토콜
③ Inverse ARP : IP 주소를 DLCI 주소로 변환하는 프로토콜로 DLCI(Data Link Connection Identifier)는 프레임 릴레이 환경의 2계층 주소임

[네트워크 액세스 계층]

34 매체 접근 제어 방식에 속하지 않는 것은?

① 토큰 패싱
✔ POSIX
③ CSMA/CA
④ CSMA/CD

POSIX(포직스)는 유닉스 운영체제 기반을 두고 있는 표준 운영체제 인터페이스이다.

35 IEEE 802 프로토콜의 연결이 올바른 것은?

① IEEE 802.3 : 토큰 버스
② IEEE 802.4 : 토큰 링
✔ IEEE 802.11 : 무선 LAN
④ IEEE 802.5 : CSMA/CD

① IEEE 802.3 : CSMA/CD
② IEEE 802.4 : 토큰 버스
④ IEEE 802.5 : 토큰 링

36 CSMA/CD의 특징으로 옳지 않은 것은?

① 충돌 도메인이 작을수록 좋다.
② 충돌이 발생하면 임의의 시간 동안 대기하므로 지연 시간을 예측하기 어렵다.
✔ 네트워크상의 컴퓨터들이 데이터 전송을 개시하기 위해서는 반드시 '토큰'이라는 권한을 가지고 있어야 한다.
④ 컴퓨터들은 케이블의 데이터 흐름 유무를 감시하기 위해 특정 신호를 주기적으로 보낸다.

토큰 버스에서는 네트워크상의 컴퓨터들이 데이터 전송을 개시하기 위해서는 반드시 '토큰'이라는 권한을 가지고 있어야 한다.

37 다음에서 설명하는 전송 방식은?

> LAN의 매체 접근 제어 방식 중 버스구조에서 사용하고, 데이터를 전송하려면 채널이 사용 중인지 검사하고, 채널이 사용 중이지 않으면 모든 노드가 채널을 사용할 수 있으며, 동시에 데이터 전송이 이루어지면 충돌이 일어나고 데이터는 폐기되며 일정시간 대기 후 다시 전송한다.

① Token Ring
② Token Bus
③ CSMA/CD
④ Slotted Ring

해설

① Token Ring : 두 가지 토큰(Free Token과 Busy Token)을 이용하여 데이터 전송 제어
② Token Bus : 토큰 링과 버스 방식의 장점을 포함하는 방식으로 토큰이 각 단말기를 순차적으로 옮겨 다니면서 데이터 전송 제어
④ Slotted Ring : 각 슬롯마다 토큰을 사용하여 데이터 전송 제어

38 다음과 같은 매체 접근 제어 절차를 갖는 전송 방식은?

> • 전송을 원하는 호스트는 네트워크 캐리어를 감지해 전송이 가능한지 검사
> • 호스트는 전송이 가능할 경우 전송을 시작
> • 콜리전이 감지될 경우 잼 신호 브로드캐스트
> • 일정한 시간이 지난 후에 다시 전송 시도

① Token Ring
② CSMA/CA
③ CSMA/CD
④ Token Passing

해설

CSMA/CD는 이더넷(Ethernet)랜의 매체 접근 제어 방식으로 데이터 충돌 발생 시 Back-off 알고리즘만큼 대기후 재전송한다.

39 CSMA/CD 의 설명으로 옳지 않은 것은?

① 무선 랜의 사용 방식으로 ACK 프레임을 사용하여 전송 하기 전에 충돌이 일어나지 않도록 한 후 전송을 시작한다.
② 송신을 원하는 호스트는 송신 전에 다른 호스트가 채널을 사용하는지 네트워크 캐리어를 감지한다.
③ 채널을 감시하여 충돌이 발생하는지를 조사한다.
④ 송신측에서는 충돌 발생 여부를 확인하게 되면 Back-off 알고리즘에서 지정한 시간만큼 지연 후 충돌이 발생한 데이터를 재전송한다.

해설

무선 랜에서의 매체 접근 제어 방식은 CSMA/CA(Carrier Sense Multiple Access/Collision Avoidance)이다.

40 IEEE 802.11 WLAN(무선 랜) 접속을 위해 NIC에서 사용하고 있는 다중 접속 프로토콜은?

① ALOHA
② CDMA
③ CSMA/CD
④ CSMA/CA

해설

① ALOHA : 가장 오래된 임의 매체 접근 방법으로 각 지국은 전송할 프레임이 있으면 언제든지 전송
② CDMA : 서로 다른 코드를 사용하여 하나의 셀에 다중의 사용자가 접속할 수 있도록 하는 기술
③ CSMA/CD : IEEE 802.3 유선 랜 접속을 위해 NIC에서 사용하고 있는 다중 접속 프로토콜

Chapter 3 — Packet 분석

01 DNS 헤더

1 DNS 메시지 포맷

5개의 필드(Header, 질의, 응답, 책임, 부가정보)로 구성된다.

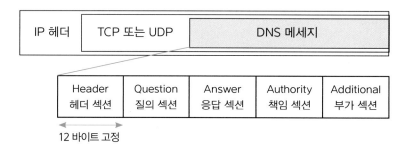

2 DNS Zone(또는 영역)

도메인 네임 스페이스의 하위 단위이며, 도메인 주소를 관리하는 실질적인 단위이다. 영역은 크게 2가지로 구분된다.
- 주 영역 : 읽고 쓰기가 가능한 영역
- 보조 영역 : 읽기 전용 영역
  - 주 영역의 데이터를 전부 복사하여 가지고 오며, 주 영역이 다운되면 주 영역 대신 사용할 수 있다.
  - 주 영역 없이 사용자 요청에 응답이 가능하다.

3 DNS 레코드 종류

레코드	설명
SOA(Start of Authority)	• 권한 시작 지정하고, 권한이 있는 서버를 가리킴 • DNS 영역의 시작을 알림 • Zone에 대한 동기화 설정
A(Host Record)	• FQDN과 32비트의 IPv4 주소 연결
AAAA(IPv6호스트)	• FQDN과 128비트의 IPv6 주소 연결
PTR (Pointer)	• 요청된 IP 주소의 도메인 주소
CNAME(Alias Record)	• 실제 도메인 이름과 연결되는 가상 도메인 이름(별칭)
MX(Mail Exchane Record)	• 주어진 사서함에 도달할 수 있는 라우팅 정보 제공
SRV(Service Resources)	• 비슷한 TCP/IP 서비스를 제공하는 다수의 서버 위치 정보 제공
NS(Name Servers)	• 도메인 서버 목록 지정

4 SOA 레코드 예제

```
$TTL 86400          ; 1 day
@           IN SOA    ns1.test.com. root.test.com.(
                      2020072501  ;serial
                      21600       ;refresh (6시간)
                      1800        ;retry (30분)
                      1209600     ;expire (2주)
                      86400       ;minimum (TTL, 1일)
                      )
```

필드	설명
$TTL	캐시에 DNS 영역 정보를 저장하는 시간(초단위)
@	영역 데이터에 대한 도메인 네임을 지칭
IN	클래스 이름, 일반적으로 IN(Internet)을 사용
SOA	레코드 유형
ns1.test.com.	마스터 네임 서버의 도메인 주소
root.test.com.	관리자 이메일 주소
serial	영역 정보의 갱신 여부를 표기, 갱신될 때마다 1씩 증가
refresh	보조 네임 서버에서 마스터 네임 서버의 영역 정보의 갱신 여부 체크 간격
retry	갱신 여부 체크가 실패했을 경우 재시도까지의 시간 간격
expire	갱신 여부 체크가 연속으로 실패 시 보조 네임 서버의 영역 정보를 삭제시키기까지의 간격
minimum	영역 정보의 TTL 값(유효 기간)

02 TCP 헤더

- TCP 헤더는 기본이 20바이트이며 옵션을 포함한 경우 최대 60바이트로 증가될 수 있다.

- 한 대의 호스트에서 여러 응용 프로그램 프로세스가 동시에 TCP 전송 서비스를 사용할 수 있게 하는 다중화(Multiplexing) 기능을 지원한다.

- 데이터를 양방향으로 동시에 전송할 수 있는 전이중(Full Duplex) 서비스를 가능하게 한다.

• 신뢰성 있는 데이터 전송을 제공하기 위해 데이터의 송수신 여부 및 오류 발생 시 오류가 발생한 데이터의 재전송을 요구하거나 취소하는 메커니즘이 존재한다.

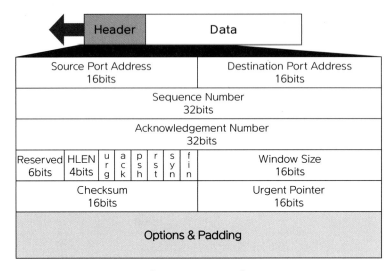

[TCP Header 구조]

필드	설명
포트 번호(Port Number 또는 Port Address)	• 송수신지 포트 번호 • 송/수신 호스트 응용 프로세스가 사용하는 번호
순차 번호 (Sequence Number)	• 신뢰성 있는 데이터 전송을 위해 모든 바이트마다 일련 번호 설정 • 세그먼트들이 수신지 호스트에서 재구성 되어야 할 순서를 가리킴
응답 번호 (Acknowledgement Number)	• 수신 세그먼트의 확인 응답을 위한 필드
헤더 길이 (HLEN, Header Length)	• TCP 헤더 길이는 기본이 20바이트이며 옵션을 포함한 경우 최대 • 60바이트로 구성될 수 있음
예약 비트 (Reserved)	• 차후를 대비해 남겨둔 필드

플래그
(Flag)
	• 각 필드 흐름제어, 종료, 데이터 전송 모드용으로 사용
	  – URG : 긴급하게 처리해야 하는 데이터가 있는 경우 표시
	      Urgent Point가 유효한 것인지를 나타냄
	      1로 설정되면 순서에 상관 없이 먼저 송신
	  – RST(Reset) : 연결 확립된 회선에 대한 비정상적인 세션 연결을 끊음
	  – ACK : Acknowledgement Number가 유효함
	      1로 셋팅되면 확인 번호가 유효함을, 0로 셋팅되면 확인번호가 미포함
	  – PSH(Push) : 수신측은 버퍼가 찰 때까지 기다리지 않고 수신 즉시
	      애플리케이션에 전달
	  – SYN(Synchronize) : 순서 번호(일련 번호)를 동기화 – [연결시작, 회선개설]
	  – FIN(Finish) : 송신기가 데이터 보내기를 끝마침 – [연결해제, 회선종결]

윈도우 사이즈 (Widows Size)	• 응답 확인을 받기 전에 보낼 수 있는 데이터의 양을 설정하는 필드 • 현재 상태의 최대 버퍼 상태 크기를 나타냄
체크섬 (Checksum)	• TCP 세그먼트의 변형 여부 확인 • TCP 세그먼트 송신 도중 발생될 수 있는 비트 오류를 검출하기 위해 사용
긴급 포인트 (Urgent Point)	• 세그먼트가 긴급 데이터를 포함하고 있을 경우 사용되는 필드
옵션 (Option)	• 최대 세그먼트 크기(MSS ; Maximum Segment Size)로 목적지에서 수신할 수 있는 최대 세그먼트 크기를 의미

1 3-Way Handshaking

- TCP 클라이언트와 서버 간에 데이터를 전송하기 위해 데이터를 전송하기 전 통신 을 개시할 것을 상호 확인하는 과정이다.
- 송수신지 간에 연결성을 보장한다.

> **[처리 과정]**
> 단계 ❶ 클라이언트 연결 요구 Flag=SYN=ON, ISN(100) → 서버에 전달
> 단계 ❷ 서버는 클라이언트 연결 요구에 대한 응답 → ACK=클라이언트 ISN+1(101)과 서버에 대한 연결 요구인 SYN, ISN(300)을 클라이언트에게 송신
> 단계 ❸ 최종 클라이언트는 서버의 SYN에 대한 응답인 ACK와 ACK 번호 ISN+1(301)을 서버에 송신

아래 TCP 헤더 제어 정보는 그림에서 Host B가 Host A와 연결 설정을 위한 ❷단계 과정을 나타낸 것이다.

Sour.port	Dest. Port	SEQ No	ACK No	Flag			
				ACK	PSH	SYN	FIN
23	10040	300	101	1	0	1	0

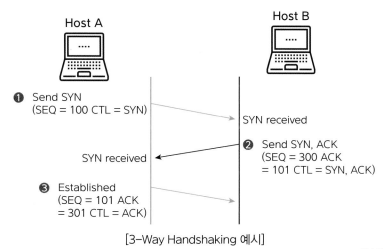

[3-Way Handshaking 예시]

❷ Window Size를 이용한 흐름제어(Flow Control)

- 흐름 제어(Flow Control)는 수신 장치의 용량 이상으로 데이터가 넘치지 않도록 송신 장치를 제어하는 기술이다.
- 흐름 제어에는 징지-대기(Stop-and Wait) 기법과 슬라이딩 윈도우(Sliding Window) 기법이 있다.

정지&대기	• 송신장치에서 하나의 프레임을 한번에 전송하는 방식 • 프레임 전송 후 수신 장치로부터 ACK 신호를 받을 때까지 다음 프레임을 보낼 수 없는 방식 • 간단하지만 패킷마다 ACK 응답을 받아야하기 때문에 데이터 전송 속도가 느려짐
슬라이딩 윈도우	• 한 번에 여러 개의 프레임을 보낼 수 있는 방식 • 송신측에서 수신측의 ACK 응답을 받지 안고도 일정 수의 패킷을 전송 • Window Size : ACK 응답 없이 보낼 수 있는 패킷의 수

- 아래 그림은 슬라이딩 윈도우 기법을 이용한 흐름 제어 과정이다. 이때 Window Size는 3이다. 여기서 3은 ACK 응답 없이 동시에 보낼 수 있는 패킷의 수이다.

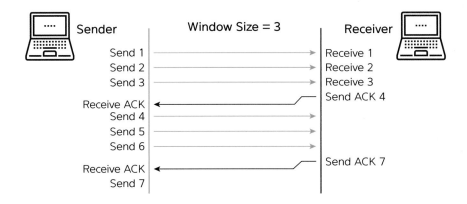

- TCP 혼잡 제어는 송/수신자 사이에 설정된 연결 상태를 파악하고 상태 변화에 따라 송신자의 전송 속도 제어를 위해 윈도우 크기(Window Size)를 조정한다. 이것은 트래픽 혼잡으로 인한 폭주(Congestion Collapse)를 방지하고 손실된 패킷에 대한 복구 메커니즘을 수행한다.
- Congestion Collapse는 패킷의 폐기를 발생시키고, 패킷 폐기는 패킷 지연을, 패킷 지연은 응답 시간을 길게 만든다.

❸ 연결 종료(4WHS ; 4-Way Handshaking)

- TCP 클라이언트와 서버 사이에 모든 데이터 전송이 완료되고 난 후 세션을 종료하는 과정이다.

[처리 과정]

단계 ❶ 클라이언트 연결 종료 요구 시 Flag=FIN을 서버로 전송
단계 ❷ 서버는 클라이언트로부터 Flag=FIN을 수신했다는 ACK Flag전송
단계 ❸ 서버는 클라이언트에게 Flag=FIN을 송신하여 서버 측 연결을 종료할 것을 요구
단계 ❹ 클라이언트는 최종적으로 서버로부터 Flag=FIN을 수신 받았다는 ACK Flag 메시지 전송

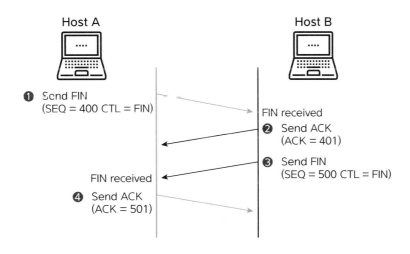

03절 UDP 헤더

- 비연결형 서비스로 데이터의 순서화가 없다.
- 데이터 전송의 신뢰성을 보장하지 못하며, TCP와 같은 윈도우를 이용한 흐름 제어는 불가능하다.
- 오류 제어 기능은 선택사항으로 반드시 포함하지 않아도 된다.
- UDP 헤더는 총 8바이트의 고정길이를 가진다.

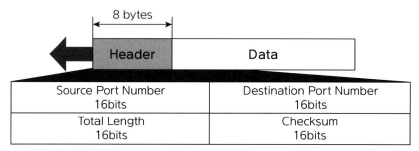

[UDP 헤더 구조]

필 드	설 명
포트 번호 (Port Number)	65535에 해당하는 포트 번호를 이용해 응용프로그램들을 식별
전체 길이 (Total Length)	UDP 헤더와 데이터를 합친 전체 길이를 바이트로 표시
체크섬 (Checksum)	TCP 헤더에서는 반드시 필요한 필드지만 UDP에서는 선택사항

04절 IP 헤더

- IP(Internet Protocol)은 Network Layer의 핵심 프로토콜이다.
- TCP/UDP는 모두 IP에서 제공한 서비스를 사용한다.
- 전송 계층으로부터 세그먼트를 받아 인접한 네트워크가 요구하는 크기의 패킷으로 분할 전송하는 단편화 및 재조립 기능을 제공한다.
- 논리적 주소를 이용하여 목적지로 향하는 최적의 경로를 제공한다.
- 흐름 제어나 오류 제어 기능은 없다.

• IP 헤더를 구성하는 필드는 다음과 같다.

VER 4bits	HLEN 4bits	Service Type 8bits	Total Length 16bits	
Identification 16bits			Flags 3bits	Fragmentation Offset 13bits
Time to live 8bits		Protocol 8bits	Header Checksum 16bits	
Source IP Address				
Destination IP Address				
Option				

[IP 헤더 구조]

필드	설 명
버전(VER)	• 현재 사용하는 IP의 버전 정보로 4의 값을 가짐
헤더 길이(HLEN)	• 헤더의 길이가 가변적이므로 헤더 길이를 명시하는 항목
서비스 타입(Service Type)	• 데이터의 처리량, 전달 지연, 신뢰성 및 우선 순위를 지정
전체 길이(Total Length)	• 데이터그램의 전체 길이로 데이터 부분을 추출하기 위해 필요
식별자 (Identification)	• 단편화 시 분할되는 데이터들을 구별하기 위한 식별자
플래그 (Flages)	• 1번째 비트는 사용되지 않음 • 2번째 비트값이 1이면 데이터그램을 단편화하지 않음 • 3번째 비트값이 1이면 데이터그램의 마지막 단편, 00이면 마지막 단편
오프셋 (Fragmentation Offset)	• 단편화되는 데이터들의 상대적 위치를 나타냄
TTL (Time to Live)	• 라인상에 체류할 수 있는 시간을 홉 카운트로 라우터를 지날 때마다 1씩 감소
프로토콜(Protocol)	• IP 계층의 서비스를 사용하는 상위 프로토콜을 정의
헤더 체크섬 (Header Checksum)	• 에러 확인을 위한 16bit 필드 IP 헤더와 데이터의 완전성을 검사
IP 주소(IP Address)	• 송수신지 시스템의 IP 주소

1 단편화(Fragmentation)

- MTU가 큰 네트워크에서 MTU가 작은 네트워크로 데이터그램이 전송될 경우 데이터그램은 나누어서 보내져야 하며 이것을 '단편화'라 한다.
- MTU(Maximum Transfer Unit)는 해당 네트워크 프로토콜마다 하나의 데이터그램을 송신할 때 보낼 수 있는 최대 사이즈로 네트워크 형태에 따라 다르다.

망 형태	MTU
Ethernet	1500
FDDI	4352
Token Ring(16Mbps)	17914
Token Ring(4Mbps)	4464
PPP	296

- 데이터그램의 재조립은 최종 목적지 호스트에 의해서만 수행한다.
- 단편화와 관련된 필드는 Identification, Flag, Fragmentation Offset이다.
- 아래 그림은 단편화 과정을 나타낸 것이다.

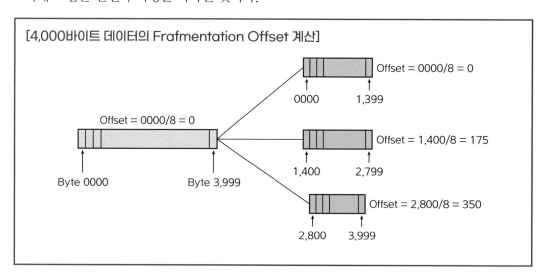

- Fragmentation Offset은 13비트로 구성되며 단편의 상대적 위치를 나타내며 8비트 단위로 계산된다. 단편화하기 전 데이터의 Identification은 14,567이며 데이터 크기는 4,020바이트이다. 4,020바이트의 데이터는 1,420바이트 크기의 데이터 두 개, 1,220 바이트 크기의 데이터 1개로 분할된다.
- 플래그의 3번째 비트 값이 '1'이면 현재 단편화 데이터 이외에도 단편화된 데이터가 더 있음을 의미하고, 비트값이 '0'이면 현재 단편화 데이터 이외에 더 이상 단편화된 데이터가 없음을 의미한다.

2 헤더 체크섬

- IP 헤더가 생성되거나 수정될 때마다 IP 헤더 내 비트를 검사한다.

- IP 패킷이 전송되고 계산 결과가 똑같이 나타나면 IP 헤더의 모든 비트는 정확하게 전송된 것이다. 결과가 다르게 나타나면 이는 전송 중에 IP 패킷이 일부가 손상되거나, 조작되었다는 것을 의미한다.

- 라우터를 지나갈 때마다 재계산을 하기 때문에 속도가 떨어진다.

- IP 헤더 체크섬 계산 방법
  - IP 헤더의 영역만을 가지고 체크섬을 계산한다. 2바이트씩 IP 헤더를 모두 잘라 더한 후에 발생한 올림 영역까지 더해 준 후, 1의 보수(비트 반전)을 시켜주면, IP 헤더의 체크섬 값이 계산된다.

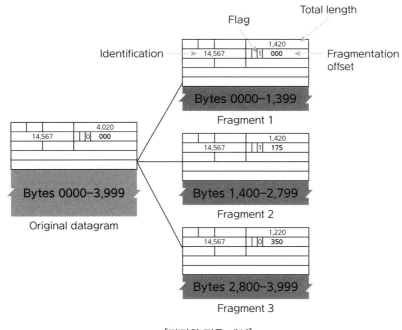

[단편화 적용 예시]

05 ICMP 헤더

- IP 프로토콜(Protocol)은 송신 시스템과 수신 시스템 사이의 패킷을 최적의 경로를 통해 전달하는 것이 목적이다.

- IP 프로토콜(Protocol)은 신뢰성이 없고 비연결형 프로토콜(Protocol)이기 때문에 IP 프로토콜(Protocol)은 에러 발생 원인이나 진단 기능 및 상황 정보를 지원하지 않는다.

- ICMP는 이와 같은 IP의 단점을 보안하기 위해 만든 3계층 프로토콜이다.
  - 이 프로토콜은 송신 시스템에게 IP 전달에 대한 다양한 메시지를 전달한다.

- ICMP 메시지 포맷은 다음과 같다.
  - 오류 보고 메시지(Error Reporting Massage)와 질의 메시지(Query Message)로 구성된다.
  - 오류 보고 메시지는 IP 패킷 처리 도중 발생하는 문제를 보고한다.
  - 질의 메시지는 다른 호스트로부터 특정 정보를 획득하거나 네트워크 문제를 진단한다.

Type	Code	Checksum
Rest of header		
Data section		

  - ICMP 메세지는 IP Data에 부분에 포함되어 전송된다.

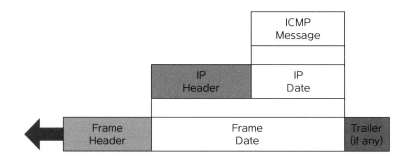

[ICMP 헤더 구조와 PDU]

  - 메시지 타입은 다음과 같다.

메시지 타입		메시지	설명
질의	0	Echo Reply	Echo Request의 응답(ping의 응답)
	8	Echo Request	Echo 메시지의 요청(ping의 요청)
	17	Address Mask Request	서브넷 마스크를 요구
	18	Address Mask Reply	서브넷 마스크 질의에 대한 응답
	30	Traceroute	해당 라우터까지 가는 경로 점검
오류 보고	3	Destination Unreachable	목적지 도착 불가능 알림
	4	Soure Quench	혼잡으로 데이터그램의 폐기를 알림
	5	Redirect	라우터가 최적 경로를 사용하지 않는 호스트 발견 시 대체 경로를 알림
	11	Time Exceeded	IP 헤더의 TTL 필드값 만료를 나타냄

06강 이더넷 프레임 헤더

• 이더넷 LAN 환경에서의 2계층 PDU의 구조는 다음과 같다.

Preamble	SFD	Destination Address	Source Address	Type	Data and Padding	FCS
7bytes	1byte	6bytes	6bytes	2bytes		4bytes

필드	설명
Preamble	• Physical 계층에서 전송된 비트 패턴으로 송신자와 수신자의 동기를 맞추는 데 사용
SFD	• 프레임의 시작을 알리는 비트 패턴
Destination Address	• 프레임을 수신할 호스트의 주소(MAC 주소)
Source Address	• 프레임을 송신한 호스트의 주소(MAC 주소)

Type	• 상위 계층의 프로토콜
	  − 0x0800 : IPv4 이더넷
	  − 0x86dd : IPv6 이더넷
	  − 0x0806 : ARP
	  − 0x8100 : VLAN−tagged Frame(IEEE 802.1Q)
	  − 0x8137 : NetwareIPX
	  − 0x8191 : NetBIOS

Data and Padding	• 상위 계층으로부터 전달받은 데이터
FCS	• Frame Check Sequence의 준말 • CRC32 값으로 발신자와 수신자 각각의 주소, 타입 필드, 데이터, 패딩값에 대해 연산하여 얻은 체크섬 값 • 이더넷이 비록 데이터 전송을 보장해 주지는 못하지만 적어도 훼손된 값이 전달되지 않게 해주는 필드

[DNS Header]

01 DNS에서 사용될 때 TTL(Time to Live)의 설명으로 올바른 것은?

① 데이터가 DNS 서버 존으로부터 나오기 전에 현재 남은 시간이다.

✔② 데이터가 DNS 서버 캐시로부터 나오기 전에 현재 남은 시간이다.

③ 패킷이 DNS 서버 존으로부터 나오기 전에 현재 남은 시간이다.

④ 패킷이 DNS 서버 네임서버 레코드로부터 나오기 전에 현재 남은 시간이다.

> **해설**
> DNS의 TTL은 다음 레코드 변경 사항이 적용될 때까지 걸리는 시간(초)을 결정하는 DNS 레코드 값이다. 즉, 레코드의 현재 TTL은 변경 사항이 적용될 때까지 걸리는 시간을 결정한다.

02 DNS 서비스에서 사용되는 레코드의 설명이다. 올바른 것은?

> DNS 서비스 구성 시 모든 영역 파일의 첫 번째 레코드를 의미한다. 또한 관련된 도메인의 이름 필드 값을 포함하며, 시리얼 값을 통해 영역 파일의 갱신 여부를 확인할 수 있다.

① A 레코드
② PTR 레코드
✔③ SOA 레코드
④ MX 레코드

> **해설**
> ① A 레코드 : IP 주소와 도메인 주소를 매핑 시 사용하는 레코드
> ② PTR 레코드 : IP 주소에 대한 도메인 주소를 확인할 수 있는 레코드
> ④ MX 레코드 : 메일 교환 레코드로 메일을 수신할 서버를 지정하는 레코드

03 DNS 레코드에 대한 설명으로 옳지 않은 것은?

① A : DNS 이름과 호스트의 IP Address를 연결한다.

② CNAME : 이미 지정된 이름에 대한 별칭 도메인이다.

✔③ AAAA : 해당 도메인의 주 DNS 서버에 이름을 할당하고 데이터를 얼마나 오래 캐시에 저장할 수 있는지 지정한다.

④ MX : 지정된 DNS 이름의 메일 교환 호스트에 메일 라우팅을 제공한다

> **해설**
> 레코드 AAAA 는 주어진 호스트에 대해 IPv6 주소를 알려준다.

[TCP와 UDP Header]

04 TCP가 제공하는 기능으로 옳지 않은 것은?

① 종단 간 흐름 제어를 위해 동적 윈도우(Dynamic Sliding Window) 방식을 사용한다.

✔② 한 번에 많은 데이터의 전송에 유리하기 때문에 화상 통신과 같은 실시간 통신에 사용된다.

③ 송수신되는 데이터의 에러를 제어함으로서 신뢰성 있는 데이터 전송을 보장한다.

④ Three Way Handshaking 과정을 통해 데이터를 주고받는다.

> **해설**
> 한 번에 많은 데이터의 전송에 유리하기 때문에 화상 통신과 같은 실시간 통신에 사용되는 프로토콜은 UDP이다.

05 TCP 헤더의 플래그 비트로 옳지 않은 것은?

① URG   ✔ UTC

③ ACK   ④ RST

> **해설**
> ① URG : Urgent Pointer 필드에 값이 채워져
> 있음을 알리는 플래그
> ③ ACK : 확인 응답 필드에 확인 응답 번호 값
> 이 셋팅되었음을 알리는 플래그
> ④ RST : 연결 확립(Established)된 회선에 강
> 제 리셋 요청 플래그

06 다음 TCP 패킷의 플래그 중에서 연결이 정상적으로 끝남을 의미하는 것은?

✔ FIN   ② URG

③ ACK   ④ RST

> **해설**
> ② URG : 송신측 상위 계층이 긴급 데이터라고
> 알리는 플래그
> ③ ACK : 확인 응답 필드에 확인 응답 번호 값
> 이 셋팅되었음을 알리는 플래그
> ④ RST : 연결 확립(Established)된 회선에 강
> 제 리셋 요청하는 플래그

07 TCP 프로토콜에서 사용하는 흐름제어 방식은?

① GO-Back-N

② 선택적 재전송

✔ Sliding Window

④ Idle-RQ

> **해설**
> 슬라이딩 윈도우는 수신측에서 설정한 윈도우
> 크기만큼 송신측에서 확인 응답(ACK) 없이 전
> 송할 수 있게 하여 흐름을 동적으로 조절하는 제
> 어 알고리즘이다.

08 TCP 헤더에는 수신측 버퍼의 크기에 맞추어 송신측에서 데이터의 크기를 적절하게 조절할 수 있게 해주는 필드가 있다. 이 필드를 이용한 흐름 제어 기법은?

✔ Sliding Window   ② Stop and Wait

③ Xon/Xoff   ④ CTS/RTS

> **해설**
> ② Stop and Wait : 전송한 패킷에 대해 확인 응
> 답(ACK)을 받으면 다음 패킷을 전송하는 제
> 어 기법이다.
> ③ Xon/Xoff : 수신측에 n개의 데이터 블록을
> 수신할 수 있는 버퍼 저장공간을 확보하고
> 수신측은 확인 신호 없이 n개의 데이터 블록
> 을 전송하며, 수신측은 버퍼가 찬 경우 제어
> 정보를 송신측에 보내서 송신을 일시 정지시
> 키는 흐름제어이다.
> ④ CTS/RTS : 802.11 무선 네트워크 프로토콜
> 에서 선택적으로 사용할 수 있는 통신 매커
> 니즘이고, RTS/CTS는 은닉 노드 문제로 알
> 려진 프레임 충돌을 막기 위해 사용한다.

09 다음 그림은 TCP 기능 중 3Way-hand shake를 설명한 그림이다. Host 간 연결 성립(Established)을 위한 Process에서 Host B에서 HOST A에 전달하는 Flag bit는 무엇인가?

Host A   Host B

1

2

3

Connection Established

✔ SYN - ACK   ② ACK - FIN

③ SYN - FIN   ④ PSH - ACK

> **해설**
> 3Way-handshake의 송수신 플래그는 아래와
> 같다.

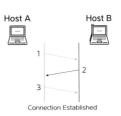

Host A   Host B

Send SYN

Send SYN, ACK

Send ACK

10 TCP 3Way-handshaking 연결수립 절차의 1,2,3단계 중 3단계에서 사용되는 TCP 제어 Flag는 무엇인가?

① SYN
② RST
③ SYN, ACK
✔ ACK

> **해설**
> 3Way-handshaking의 송수신 플래그는 아래와 같다.

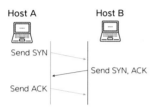

Host A   Host B

Send SYN

Send SYN, ACK

Send ACK

11 UDP 헤더의 필드들에 대한 설명으로 올바른 것은?

① Source Port : 출발지의 포트 번호를 표시한다. 출발지가 클라이언트일 경우 일반적으로 1024 미만으로 설정된다.
② Destination Port : 목적지의 포트 번호를 표시한다. 목적지가 서버일 경우 일반적으로 1024 이상으로 설정된다.
③ Length : 헤더의 길이를 바이트 단위로 표시한다.
✔ Checksum : 헤더와 데이터의 에러를 확인하기 위한 필드이다.

> **해설**
> ① Source Port : 출발지가 클라이언트일 경우 일반적으로 1024 이상으로 설정된다.
> ② Destination Port : 목적지가 서버일 경우 일반적으로 1024 미만으로 설정된다.
> ③ Length : 헤더와 데이터를 포함한 전체 길이를 바이트 단위로 표시한다.

12 UDP 헤더 구조에 대한 설명으로 옳지 않은 것은?

① Source Port - 송신측 응용 프로세스 포트 번호 필드
✔ Destination Port - 선택적 필드로 사용하지 않을 때는 Zero로 채워지는 필드
③ Checksum - 오류 검사를 위한 필드
④ Length - UDP 헤더와 데이터 부분을 포함한 데이터 그램의 길이를 나타내는 필드

> **해설**
> Destination Port는 필수 필드로 반드시 수신지 포트가 명시되어 있어야 한다.

13 UDP 패킷의 헤더에 속하지 않는 것은?

① Source Port
② Destination Port
✔ Window
④ Checksum

> **해설**
> UDP 헤더의 필드는 4개로 송수신지 포트 번호, 전체 길이(Total Length), 체크섬(Checksum)이다.

14 UDP 헤더에 포함이 되지 않는 항목은?

✔ 확인 응답 번호(Acknowledgment Number)
② 소스 포트(Source Port) 주소
③ 체크섬(Checksum) 필드
④ 목적지 포트(Destination Port) 주소

> **해설**
> UDP 헤더의 필드는 4개로 송수신지 포트 번호, 전체 길이(Total Length), 체크섬(Checksum)이다.

[IP Header]

15 IPv4의 헤더 필드에 대한 설명으로 옳지 않은 것은?

① VER 필드는 IP 프로토콜의 버전을 나타낸다.

② HLEN 필드는 헤더의 길이를 표시한다.

③ Identification 필드는 수신 호스트에 의해 생성되는 유일한 식별자이다.

④ Protocol 필드는 패킷이 전송되어져야 할 트랜스포트 프로토콜의 ID를 담는다.

> **해설**
> Identification 필드는 송신 호스트에 의해 생성되는 패킷의 식별자이다.

16 IP 데이터그램 헤더 구조의 Field Name으로 옳지 않은 것은?

① Destination IP Address

② Source IP Address

③ Port Number

④ TTL(Time to Live)

> **해설**
> Port Number는 4계층 프로토콜인 TCP와 UDP 헤더에 포함되는 필드명이다.

17 IP 헤더에 포함이 되지 않는 필드는?

① ACK

② Version

③ Header Checksum

④ Header Length

> **해설**
> TCP 프로토콜에 TCP 필드가 포함된다.

18 IP Header의 내용 중 TTL(Time to Live)의 기능을 설명한 것으로 옳지 않은 것은?

① IP 패킷은 네트워크상에서 영원히 존재할 수 있다.

② 일반적으로 라우터의 한 홉(Hop)을 통과할 때마다 TTL 값이 '1' 씩 감소한다.

③ Ping과 Tracert 유틸리티는 특정 호스트 컴퓨터에 접근을 시도하거나 그 호스트까지의 경로를 추적할 때 TTL 값을 사용한다.

④ IP 패킷이 네트워크상에서 얼마동안 존재 할 수 있는가를 나타낸다.

> **해설**
> TTL이 0이 되면 전송하는 IP 패킷은 폐기된다.

19 IP 패킷은 네트워크 유형에 따라 전송량에 있어 차이가 나기 때문에 적당한 크기로 분할하게 된다. 이때 기준이 되는 것은?

① TOS(Tape Operation System)

② MTU(Maximum Transmission Unit)

③ TTL(Time-to-Live)

④ Port Number

> **해설**
> MTU(최대 전송 단위)는 헤더와 데이터를 포함하여 네트워크 계층 프로토콜에서 지원되는 최대 패킷 크기(바이트)이다. MTU를 초과하는 데이터들은 분할되어 전송된다.

20 각 패킷마다 고유하게 부여하는 일련 번호로서 패킷이 너무 길어 분할하여 전송시 수신측에서 분할된 패킷을 원래대로 재조립할 때 이 필드가 동일한 패킷들을 조립한다. 이 필드는 무엇인가?

① TOS(Type of Service)
② Identification
③ TTL(Time to Live)
④ Protocol

> **해설**
> 단편화 및 재조립과 관련된 IP 필드는 Identification, Flag, Fragmentation Offset이다.

[ICMP Header]

21 ICMP 메시지 내용으로 옳지 않은 것은?

① 호스트의 IP Address가 중복된 경우
② 목적지까지 데이터를 보낼 수 없는 경우
③ 데이터의 TTL 필드 값이 '0'이 되어 데이터를 삭제 할 경우
④ 데이터의 헤더 값에 오류를 발견한 경우

> **해설**
> IP 주소 충돌은 nbtstat 명령어로 찾을 수 있다. ICMP는 네트워크를 전달되는 데이터의 오류나 상태 정보를 전달해 주는 메시지 프로토콜이다.

22 ICMP의 Message Type 필드의 유형과 질의 메시지 내용을 나타낸 것이다. 타입에 대한 설명으로 옳지 않은 것은?

① 3 - Echo Request 질의 메시지에 응답하는데 사용된다.
② 4 - 흐름 제어 및 폭주 제어를 위해 사용된다.
③ 5 - 대체경로(Redirect)를 알리기 위해 라우터에 사용한다.
④ 17 - Address Mask Request 장비의 서브넷 마스크를 요구하는 데 사용된다.

> **해설**
> ICMP에서 Echo Request의 Type은 8, Code는 0이다.

23 ICMP의 Message Type에 대한 설명으로 옳지 않은 것은?

① 0 - Echo Reply
② 5 - Echo Request
③ 13 - Time Stamp Request
④ 17 - Address Mask Request

> **해설**
> 타입 0은 Echo Reply이며, 타입 8이 Echo Request의 타입 번호이다.

24 ICMP 메시지의 타입 번호와 설명으로 옳지 않은 것은?

① 타입 0 : Echo Request(에코 요청)
② 타입 3 : Destination Unreachable(목적지 도달 불가)
③ 타입 5 : Redirect(경로 재지정)
④ 타입 11 : Time Exceeded(시간 초과)

> **해설**
> 타입 0은 Echo Reply이며, 타입 8이 Echo Request의 타입 번호이다.

25 ICMP의 Message Type 필드의 유형과 질의 메시지 내용을 나타낸 것이다. 타입에 대한 설명으로 옳지 않은 것은?

① 3 - Echo Request 질의 메시지에 응답하는 데 사용된다.
② 4 - 흐름 제어 및 폭주 제어를 위해 사용된다.
③ 5 - 대체경로(Redirect)를 알리기 위해 라우터에 사용한다.
④ 17 - Address Mask Request 장비의 서브넷 마스크를 요구하는 데 사용된다.

> **해설**
> 타입 8이 Echo Request의 타입 번호이며, 타입 3은 Destination Unreachable (목적지 도달 불가)이다.

네트워크 주소 체계

01 IPv4 주소체계

• IPv4 주소는 4개의 옥텟(Octect)으로 구성된다.

• 각 옥텟은 8비트이므로 IPv4는 총 32비트이다.

• IP 주소는 총 5개의 클래스로 구분한다.
  – 사용 가능한 IP주소로 네트워크 주소와 브로드캐스트 주소는 제외한다.

A 클래스	주소	1.0.0.0 ~ 126.255.255.255
	서브넷 마스크	255.0.0.0
	사용 가능한 IP 개수	$2^{24}-2=16,777,214$개
B 클래스	주소	128.0.0.0 ~ 191.255.255.255
	서브넷 마스크	255.255.0.0
	그룹별 호스트 개수	$2^{16}-2=65,534$개
C 클래스	주소	192.0.0.0 ~ 223.255.255.255
	서브넷 마스크	255.255.255.0
	사용 가능한 IP 개수	$2^{8}-2=254$개
D 클래스	주소	224.0.0.0 ~ 239.255.255.255
	용도	멀티캐스트용
E 클래스	주소	240.0.0.0 ~ 254.255.255.255
	용도	미래에 사용할 IP로 예약되어 있음

• IP 주소는 네트워크 ID(네트워크 주소)와 호스트 ID(호스트 주소)로 구성되어 있다.

• 클래스별 시작 마킹 비트와 네트워크 ID 및 Host ID 구성은 아래와 같다.

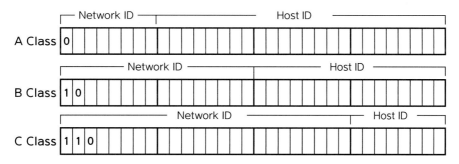

- 서브넷 마스크는 네트워크 부분과 호스트 부분을 구분해 주는 값이다. 이것은 효율적인 네트워크 분리를 가능하도록 한다.
- 네트워크 특수 주소들은 다음과 같다.

Network 주소	• 호스트 ID(호스트 비트)가 모두 0인 주소 • 네트워크를 대표하는 주소
Direct Broadcast 주소	• 호스트 ID(호스트 비트)가 모두 1인 주소 • 특정 망 내부에 있는 모든 호스트들에게 패킷을 전달할 목적으로 사용되는 브로드캐스트 주소 **예** 192.168.1.255 → 192.168.1.0 그룹의 모든 호스트들에게 패킷 전달
Local Broadcast 주소	• 255.255.255.255 • 지정된 LAN의 모든 호스트들에 패킷을 전달할 목적으로 사용되는 브로드캐스트 주소 • LAN 밖으로 벗어나지 못 함 • DHCP 클라이언트가 DHCP 서버를 찾을 경우 사용
Loopback 주소	• 127.0.0.0 ~ 127.255.255.255 • Network 부분의 값이 Class A에 속한 127 • 호스트 부분의 값은 지정되지 않은 값 • 패킷 송수신 과정에 대한 시스템 내부 시험 시 주로 사용

02 IPv6 주소 체계

- IP 주소 수요의 급격한 증가로 인해 메이저 네트워크를 할당하는 것은 낭비가 너무 심하였다.
- 1990년대 초반 IETF에서는 IP 주소 고갈 문제의 해결책인 CIDR, 사설 IP 주소, DHCP, NAT 와 더불어 새로운 주소 체계의 도입에 관한 논의를 시작하였다.
- 새로운 주소 체계가 도입을 위한 논의가 시작된 이후 CATNIP(Common Architecture for the Next Generation Internet Protocol), SIPP(Simple Internet Protocol Plus), TUBA(TCP/UDP with Bigger Addresses) 등이 이때 발표하였지만 IPng 기준 (RFC 1726)에 미달되어 새로운 방식인 IPv6가 도래하게 되었다.

⬛ IPv6 주요 특징

① 헤더 형식의 단순화
  - IPv4에서의 복잡한 헤더 형식을 IPv6에서는 단순화시켰다.
  - 중요하지 않은 필드와 옵션 필드를 IPv6 헤더 다음에 있는 확장 헤드로 옮겨 오버 헤드를 최소화한다.
  - 이러한 이유로 IPv4 헤더와 IPv6 헤더는 상호 운용이 안되며 연결 호스트나 라우터가 IPv4와 IPv6 모두를 구현 가능해야 한다.

② 주소 공간의 확대
  - 주소 공간이 IPv4의 32bit에서 IPv6에서는 128bit로 확대. 이에 따라 멀티캐스트 주소뿐만 아니라 애니캐스트 주소도 가능하게 된다.

③ Flow Labeling
  - Flow Label 필드로 트래픽 처리 및 확인이 가능하다.

④ 스테이트풀(Stateful) 주소 구성과 스테이트리스(Stateless) 주소 구성
  - IPv6에서는 DHCP 서버가 있을 때의 주소 구성인 스테이트풀(Stateful) 방식과 DHCP 서버가 없을 때의 주소 구성인 스테이트리스(Stateless) 방식이 있음. 현재 스테이트리스(Stateless) 주소 구성만 가능하다.

⬛ IPv4 주소 체계와 IPv6 주소 체계의 차이점

	IPv4	IPv6
IP 주소 비트 수	32비트	128비트
표시 방법	8비트 4부분(10진수 표시)	16비트씩 8부분(16진수 표시)
IP 주소 유형	유니캐스트(Unicast) 멀티캐스트(Multicast) 브로드캐스트(Broadcast)	유니캐스트(Unicast) 멀티캐스트(Multicast) 애니캐스트(Anycast)
IP 헤더 길이	20바이트(기본 헤더)에서 60바이트(옵션필드 사용 시)	40바이트(기본 헤더)와 확장 필드 이용
보안기능	IPSec 프로토콜 별도 설치	IPSec 자체 지원
Plug & Play	불가	가능
QoS	제한적 품질 보장	가능

3 IPv6 주소 표기

① 128 비트이며, ':'로 구분된 16진수 8자리로 표현한다.

② 대소문자는 구별하지 않는다.

X : X : X : X : X : X : X : X
[16진수] 21DA : 00D3 : 0000 : 2F3B : 02AA : 00FF : FE28 : 9C5A
[단순화 형식] 21DA : D3 : 0 : 2F3B : 2AA : FF : FE28 : 9C5A
→ '0'이 생략된 단순화된 주소 표기를 사용한다.

FDEC : BA95 : 0074 : 3210 : 000F : BBFF : 0000 : FFFF

FDEC : BA95 : 74 : 3210 : F : BBFF : 0 : FFFF

③ IPv6는 IPv4처럼 소수점으로 표현되는 서브넷 마스크 양식을 사용하지 않는다.

IPv6는 주소 표현에서 Prefix 길이만 표시한다.
[형식] IPv6 Prefix 표현 = IPv6 / Prefix 길이
[예제] 21DA : 00D3 : 0000 : 2F3B : 02AA : 00FF : FE28 : 9C5A/64
→ 1DA : 00D3 : 0000 : 2F3B ::/64

④ IPv6 주소의 표현에서 '0'이 연속적으로 표현한다.

연속적인 '0'field는 '::'기호로 대체 가능하다.

FDEC : 0 : 0 : 0 : 0 : BBFF : 0000 : FFFF

FDEC :: BBFF : 0 : FFFF

'::'기호는 하나의 주소에서 한번만 사용한다.
[예제] 2001 : 2B8 : 0 : 0 : 0 : 0 : 0 : AC1 2001 : 2B8 :: AC1
→ 2031 : 0000 : 130F : 0000 : 0000 : 90C : 876A : 130B
→ 2031 : 0000 : 130F :: 90C : 876A : 130B (O)
→ 2031 :: 130F :: 90C : 876A : 130B (×)

⑤ Unspecified 주소는 '0:0:0:0:0:0:0:0' 또는 '::'로 IPv4의 0.0.0.0과 동일한 의미하다.

⑥ Loopback 주소는 '0:0:0:0:0:0:0:1' 또는 ' :: 1'로 IPv4의 127.0.0.1과 같다.

4 IPv6의 3가지 전송 모드

• IPv6에서는 브로트캐스트 전송 모드가 없어졌다.

전송 모드	특 징
유니캐스트 (Unicast)	• One to one • 정보를 송수신할 때 송신 노드와 수신 노드에게 데이터 전송
멀티캐스트 (Multicast)	• One to a many • 정보를 송수신할 때 하나의 송신 노드가 네트워크에 연결된 하나 이상의 수신 노드에 데이터 전송
애니캐스트 (Anycast)	• One to nearest • 정보를 송수신할 때 송신 노드가 네트워크에 연결된 수신 가능한 노드 중에서 가장 인 접한 노드에 데이터 전송

5 IPv6 기본 헤더 구조

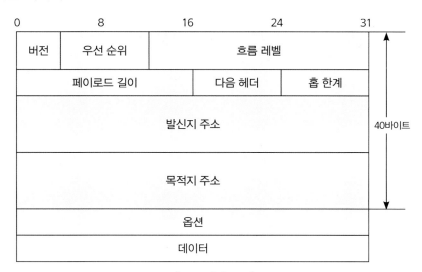

[IPv6 헤더 구조]

• IP 헤더는 패킷 처리에 대한 오버헤드를 최소로 줄이기 위해 IPv4의 헤더에 비해 명확하고 단순하게 구성하였다.

• IPv6 헤더는 40바이트의 고정 크기를 갖는다.

• 헤더를 고정 길이로 변경하였다. 헤더의 길이를 고정하여 시스템에서 헤더의 길이를 예측하기가 용이해져서 하드웨어를 이용한 빠른 처리가 가능해졌다.

필드	크기(비트)	기능
버전	4	• IP의 버전을 나타냄(IPv6.0의 경우 6)
트래픽 클래스	8	• IPv6 패킷의 클래스나 우선순위를 나타냄(IPv4의 TOS필드와 유사)
플로우 레이블	20	• 네트워크 상에서 패킷들의 어떤 특성한 흐름에 대한 특성을 나타내는 필드 • 기본적으로 0으로 되어 있고, 음성이나 화상 등의 실시간 데이터의 트래픽을 나타내기 위해 0 이 아닌 값으로 설정
페이로드 길이	16	• 페이로드의 길이를 바이트 단위로 표시 • 필드의 길이가 16비트이므로 216(65,536)바이트까지 표시 • 더 큰 데이터그램을 보내기 위해서는 홉-바이-홉(Hop-by-Hop) 확장헤더의 점보 페이로드(Jumbo Payload) 옵션을 이용
다음 헤더	8	• IPv6 기본 헤더 다음에 어떠한 종류의 확장 헤더가 오는지를 나타내는 필드
홉 제한	8	• IP 패킷이 전송되는 거리를 홉(hop) 단위로 제한할 때 사용하는 필드 (IPv4.0의 TTL필드와 같은 역할) • 헤더 생성 시 임의의 초기값으로 설정되고 각 라우터를 지날 때마다 이 값을 1씩 감소시키며 홉 제한값이 0이 되면 패킷을 폐기 • 라우팅 루프가 발생하는 것을 방지하는 것 외에 멀티캐스트 그룹 내에서 가장 가까운 서버를 찾는 것에도 이용
주소	각 128	• 패킷을 보내는 호스트의 주소와 패킷이 도착해야 할 송수신지 주소를 나타냄

• IPv4에서 별로 사용되지 않았던 일부 헤더 필드를 삭제하고 확장 헤더를 도입하여 선택적인 사용을 가능하게 하였다. 패킷을 중계하는 라우터들의 부하를 줄이기 위한 것이다.

• 기존 IPv4의 가변 길이 패킷과의 호환을 위해 IPv6에서는 선행 헤더의 뒤에 확장 헤더를 사용할 수 있게 하였다.

• 패킷 단편화 관련 필드가 삭제되었다. 패킷을 단편화 시키는 기능을 라우터에 많은 부담을 주고 네트워크의 효율적인 이용을 방해하기 때문에 IPv4에서 사용하던 식별자 필드와 단편 오프셋 필드를 삭제하였다.

• 체크섬 필드가 삭제되었다. 체크섬 필드는 패킷의 정확한 전송 가부를 검사하기 위한 필드이지만 체크섬을 계산하기 위한 부하가 많고 이미 데이터 계층에서 체크섬의 계산이 행해지고 있으므로 삭제되었다.

⑥ IPv6 확장 헤더

- 일반적인 IPv6 패킷에는 확장 헤더가 없다. 중간 라우터나 대상에서 특수한 처리를 필요로 하면 전송 호스트에서 하나 이상의 확장 헤더를 추가한다.

- 확장 헤더는 64비트(8바이트) 이내로 구성되어야 한다.

- 각 포인터는 상위 계층 프로토콜이 확인될 때까지 아래 그림과 같이 중간 헤더 다음에 오는 헤더 종류를 나타낸다.

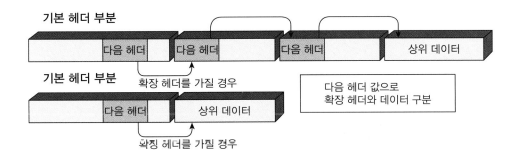

- 확장 헤더는 기본 헤더에서 제공하는 기능회에 추가적인 기능들을 지원하기 위하여 사용된다.

- 확장 헤더의 맨 앞의 1바이트는 다음 확장 헤더 값을, 다음 1바이트는 해당 확장 헤더의 길이를 표시한다.

- 확장 헤더는 존재하는 순서대로 처리된다.

- 아래 표는 Next Header 값에 따른 확장 헤더이다.

값(10진수)	헤더
2	Internet Control Message Protocol(ICMP)
4	Internet Protocol(IP)
6	Transmission Control Protocol(TCP)
17	User Data Protocol(UDP)
41	Encapsulated Ipv6 Header
44	Fragment Header
50	Encapsulating Security Payload
51	Authentication Header
58	Internet Control Message Protocol v6

03절 사설 IP 주소와 NAT

1 사설 IP 주소

- 사설 IP 주소는 인터넷과 연동되지 않은 사적인 독립 네트워크(Private IP Network)에서 사용되는 사적인 주소이다. 인터넷상에서는 사용할 수 없음을 의미한다.

- IETF RFC 1918에 정의된 사설 IP 주소 대역은 다음과 같다.

A 클래스	10.0.0.0 ~ 10.255.255.255
B 클래스	172.16.0.0 ~ 172.31.255.255
C 클래스	192.168.0.0 ~ 192.168.255.255

2 NAT(Network Address Translation, 네트워크 주소 변환)

- NAT는 외부 네트워크에 알려진 것과 다른 IP 주소를 사용하는 내부 네트워크에서, IP 주소를 변환한다.

- NAT는 IP 주소 고갈문제를 줄이기 위한 방법으로 RFC 1631의 일반 협약에 설명되어 있다.

- NAT는 공식적으로 알려진 IP 주소와 사설 IP 주소를 분리함으로써, 많은 양의 공인 IP 주소가 필요한 것을 줄여준다.

- NAT는 SNAT(Souce NAT)와 DNAT(Destination NAT)가 있다.
  - SNAT는 송신지 주소 필드가 변환되는 것이며, DNAT는 수신지 주소 필드가 변환되는 것이다.
  - 그림(a)는 송신지 주소가 192.168.1.10에서 172.16.1.10으로 변환된다.
  - 그림(b)는 수신지 주소가 200.10.10.10에서 10.10.10.10으로 변환된다.

[(a) SDNA]   [(b) DNAT]

• 다수의 주소 변환이 진행시 변환 순서는 라운드 로빈 방식을 사용한다.

• 네트워크 관리자들은 공인 IP 주소에서 사설 IP 주소로, 사설 IP 주소에서 공인 IP 주소로 사상하기 위한 NAT 표를 만든다.

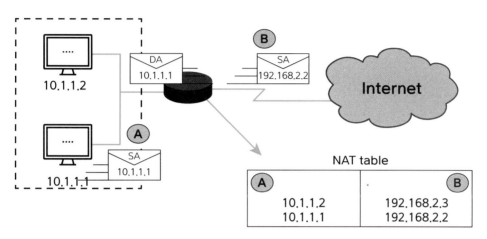

[NAT 적용 예시]

– NAT 테이블을 기반으로 하여 송신지 주소 10.1.1.1은 망 외부로 나갈 때 192.168.2.2로, 송신지 주소 10.1.1.2외부로 나갈 때 192.168.2.3으로 변환한다.

– 주소 변환 시 공인 IP주소는 다른 공인 IP 주소로 변환이 가능한데 이때 변환 목적은 내부 IP 주소를 외부로 유출하기 않기 위한 것이다(보안용임).

[IPv4]

01 IPv4의 IP Address 할당에 대한 설명으로 옳지 않은 것은?

① 모든 Network ID와 Host ID의 비트가 '1'이 되어서는 안 된다.

② Class B는 최상위 2비트를 '10'으로 설정한다.

✔③ Class A는 최상위 3비트를 '110'으로 설정한다.

④ '127.x.x.x' 형태의 IP Address는 Loopback 주소를 나타내는 특수 Address로 할당하여 사용하지 않는다.

> **해설**
> Class C가 최상위 3비트를 '110'으로 설정한다.

02 서브넷 마스크(Subnet Mask)에 대한 설명으로 옳지 않은 것은?

✔① A, B, C Class 대역의 IP Address는 모두 같은 서브넷 마스크를 사용한다.

② 하나의 네트워크 클래스를 여러 개의 네트워크로 분리하여 IP Address를 효율적으로 사용할 수 있다.

③ 서브넷 마스크는 목적지 호스트의 IP Address가 동일 네트워크상에 있는지 확인한다.

④ 서브넷 마스크를 이용하면, Traffic 관리 및 제어가 가능하다.

> **해설**
> 클래별 서브넷 마스크는 아래와 같다.
> • A class : 255.0.0.0
> • B class : 255.255.0.0
> • C class : 255.255.255.0

03 서브넷 마스크(Subnet Mask)의 기능은?

① 네트워크에서 각각의 컴퓨터에 IP Address을 지정한다.

✔② 네트워크 ID와 호스트 ID를 구분한다.

③ 네트워크 관리자가 IP 블록(Block)을 중앙에서 제어한다.

④ IPX의 상위에 놓이며 접속 중심의 통신 기능을 제공한다.

> **해설**
> IP Adress는 네트워크 ID와 호스트 ID로 구성되며 이것을 구별해주는 기능을 가진 식별자가 서브넷 마스크다.

04 C Class의 IP Address에 대한 설명으로 옳지 않은 것은?

① Network ID는 '192.0.0 ~ 223.255.255'이고, Host ID는 '1~254'이다.

✔② IP Address가 203.240.155.32인 경우 Network ID는 203.240, Host ID는 155.32가 된다.

③ 통신망의 관리자는 Host ID '0', '255'를 제외하고, 254개의 호스트를 구성할 수 있다.

④ Host ID가 255일 때는 메시지가 네트워크 전체로 브로드캐스트 된다.

> **해설**
> C Class 주소인 경우 203.240.155.32의 Network ID 는 203.240.155, Host ID는 32가 된다.

05 호스트의 IP Address가 '200.221. 100.152'일 때 해당하는 Class는?

① A Class

② B Class

③ C Class ✓

④ D Class

C Class의 시작 주소 대역대는 192 ~ 223이다.

06 IP Address 중 Class가 다른 주소는?

① 191.234.149.32 ✓

② 198.236.115.33

③ 222.236.138.34

④ 195.236.126.35

해설

C Class의 범위는 192.0.0.0 ~ 223.255.255.255 이다. IP 주소 191.234.149.32는 B Class에 포함된다.

07 IPv4 Class 중에서 멀티캐스트 용도로 사용되는 것은?

① B Class

② C Class

③ D Class ✓

④ E Class

해설

D Class의 범위는 224.0.0.0 ~ 239.255.255. 255로 멀티캐스트용으로 사용된다.

08 IP Address '127.0.0.1'이 의미하는 것은?

① 모든 네트워크를 의미한다.

② 사설 IP Address를 의미한다.

③ 특정한 네트워크의 모든 노드를 의미한다.

④ 루프백 테스트용이다. ✓

해설

Local Host는 컴퓨터에서 사용하는 루프백 호스트명으로 자신의 컴퓨터를 의미한다. IPv4에서의 IP 주소는 127.0.0.1이며, IPv6에서는 '::1'로 변환된다.

09 IPv4 주소(Address) 중 네트워크 ID가 '127'로 시작하는 주소의 용도는?

① 제한적 브로드캐스트 주소

② B Class의 멀티캐스트 주소

③ C Class의 사설(Private) IP 주소

④ 루프백(Loop Back) 주소 ✓

해설

루프백 주소는 네트워크에서 입출력을 테스트하기 위한 가상 주소이다. 인터넷 프로토콜(IP)은 IPv4 주소 127.0.0.0/8로 루프백 네트워크를 지정한다.

10 IPv4 Class 중에서 멀티캐스트 용도로 사용되는 것은?

① B Class

② C Class

③ D Class ✓

④ E Class

해설

D Class의 범위는 224.0.0.0 ~ 239.255.255. 255로 멀티캐스트용으로 사용된다.

11 IP Address '11101011.10001111.111 11100.11001111' 가 속한 Class는?

① A Class   ② B Class

③ C Class   ④ D Class ✓

해설

첫 번째 옥텟 11101011를 10진수로 변환하면 235이다. 이것은 224 ~ 240 사이의 포함되므로 D 클래스의 주소이다.

[IPV6]

12 다음 중에서 IPv6의 특징이 아닌 것은?

① 128bit로 구성된다.

② Broadcast를 사용한다. ✓

③ 모바일 IP, IP Sec 프로토콜 사용이 가능하다.

④ IP가 1234::12FB:3:89A0:034C처럼 표시된다.

해설

IPv6는 유니캐스트, 멀티캐스트, 애니캐스트를 사용한다.

13 아래 내용에서 IPv6의 일반적인 특징만을 나열한 것은?

A. 주소의 길이가 128비트이다.
B. 4개의 클래스로 구분된다.
C. IPv4에 비하여 헤더가 단순하다.
D. IPv4에 비하여 인증 및 보안 기능이 강화되었다.
E. 패킷 전송 시 멀티캐스트를 사용한다.
F. 패킷 전송 시 브로드캐스트를 사용한다.

① A, B, C, D   ② A, C, D, E ✓

③ B, C, D, E   ④ B, D, E, F

해설

IPv6는 클래스 개념이 없으며 브로드캐스트가 아니라 멀티캐스트 방식을 패킷을 전송한다.

14 IPv4와 비교하였을 때, IPv6 주소 체계의 특징으로 옳지 않은 것은?

① 64비트 주소체계 ✓

② 향상된 서비스품질 지원

③ 보안기능의 강화

④ 자동 주소설정 기능

해설

IPv6 주소는 128비트 체계를 갖는다.

15 IPv6의 주소 표기법으로 올바른 것은?

① 192.168.1.30

② 3ffe:1900:4545:0003:0200:f8ff:ff ff:1105 ✓

③ 00:A0:C3:4B:21:33

④ 0000:002A:0080:c703:3c75

해설

① 192.168.1.30 - IPv4 주소 표기

③ 00:A0:C3:4B:21:33 - 이더넷 LAN 카드의 MAC 주소 표기

④ 0000:002A:0080:c703:3c75 - 3개의 필드 가 생략되어 IPv6 표기법으로는 부적합

16 다음 지문에 표기된 IPv6 주소는 요약된 표현이다. 보기 중 요약되기 전 상태는?

2000:AB:1::1:2

① 2000:00AB:0001:0000:0001:0002

② 2000:00AB:0001:0000:0000:0000:00 01:0002 ✓

③ 2000:AB00:1000:0000:1000:2000

④ 2000:AB00:1000:0000:0000:0000:10 00:2000

해설

IPv6에서 '::'는 '0'을 연속적으로 표현할 때 사용한다.

17 IPv6 헤더 형식에서 네트워크 내에서 혼잡 상황이 발생되어 데이터그램을 버려야 하는 경우 참조되는 필드는?

① Version
② Priority ✓
③ Next Header
④ Hop Limit

> **해설**
> ① Version : 버전을 나타냄
> ③ Next Header : 확장된 헤더가 있는 값을 표시해 줌
> ④ Hop Limit : IPv4의 TTL과 같은 역할임

18 IPv6 헤더 형식에서 네트워크 내에서 데이터그램의 생존 기간과 관련되는 필드는?

① Version
② Priority
③ Next Header
④ Hop Limit ✓

> **해설**
> ① Version : IPv4 또는 IPv6인지를 나타냄
> ② Priority : IP 패킷마다 서로 다른 서비스 요구사항을 구분하기 위함, 민감한 실시간 응용 및 긴급하지 않은 데이터 패킷 간의 차별적 구분 가능함
> ③ Next Header : 기본 헤더 다음에 위치하는 확장 헤더의 종류를 표시함

19 IPv6 헤더 형식에서 네트워크 내에서 혼잡 상황이 발생되어 데이터그램을 버려야 하는 경우 참조되는 필드는?

① Version
② Priority ✓
③ Next Header
④ Hop Limit

> **해설**
> ① Version : 버전을 나타냄
> ③ Next Header : 확장된 헤더가 있는 값을 표시해 줌
> ④ Hop Limit : IPv4의 TTL과 같은 역할임

[NAI]

20 다음 중 사설 IP 주소로 옳지 않은 것은?

① 10.100.12.5
② 128.52.10.6 ✓
③ 172.25.30.5
④ 192.168.200.128

> **해설**
> 클래스별 사설 IP 대역대는 아래와 같다.
> • Class A : 10.0.0.0 ~ 10.255.255.255 (10.0.0.0/8)
> • Class B : 172.16.0.0 ~ 172.31.255.255 (172.16.0.0/12)
> • Class C : 192.168.0.0 ~ 192.168.255.255 (192.168.0.0/16)

21 사설 IP 주소를 공인 IP 주소로 바꿔주는 데 사용하는 통신망의 주소 변환 기술로, 공인 IP 주소를 절약하고, 내부 사설망을 이용하여 인터넷에 연결하므로 보안을 강화할 수 있는 것은?

① DHCP
② ARP
③ BOOTP
④ NAT ✓

> **해설**
> ① DHCP : 호스트의 IP 주소와 각종 TCP/IP 프로토콜의 기본 설정을 클라이언트에게 자동적으로 제공해 주는 프로토콜
> ② ARP : IP 주소를 기반으로 물리적 주소를 매칭시켜 주는 프로토콜
> ③ BOOTP : 부팅 호스트가 사용자의 관리 없이 동적으로 구성할 수 있게 해주는 UDP/IP 기반의 프로토콜

22 다음 설명하는 내용에 가장 적합한 기술을 고르시오.

> 네트워크 관리사 Kim 사원은 망 분리를 위해 방화벽과 백본 스위치 중간에 새로운 장비의 도입을 고려한다. IP Address의 고갈 문제를 해결하고, 보안 목적으로 사용하고자 한다.

① SSL   ✓ NAT
③ VPN   ④ IDS

해설
① SSL : 개인정보 보호, 인증, 데이터 무결성을 보장하기 위한 암호화 기반 인터넷 보안 프로토콜
③ VPN :인터넷을 통해 장치 간 사설 네트워크 연결을 생성하는 서비스 프로토콜
④ IDS : 네트워크에서 발생하는 비정상적인 사용과 오용, 남용 등의 행위를 실시간으로 탐지하여 경고 메세지를 보내주고 대응하는 시스템(침입 탐지 시스템)

23 NAT(Network Address Translation)에 대한 설명으로 옳지 않은 것은?

① 사설 IP 주소를 공인 IP 주소로 바꿔주는데 사용하는 통신망의 주소 변환기술이다.
✓ NAT를 사용할 경우 내부 사설 IP 주소는 C Class를 사용해야만 정상적인 동작이 가능하다.
③ 외부 침입자가 공격하기 위해서는 사설망의 내부 사설 IP 주소를 알아야 하기 때문에 공격이 어려워지므로 내부 네트워크를 보호할 수 있는 장점이 있다.
④ NAT를 이용하면 한정된 공인 IP 주소를 절약 할 수 있다.

해설
NAT를 사용할 경우 공인 IP 주소나 사설 IP 주소 또는 클래스와 상관없이 사용 가능하다.

24 IP Address의 부족과 내부 네트워크 주소의 보안을 위해 사용하는 방법 중 하나로, 내부에서는 사설 IP Address를 사용하고 외부 네트워크로 나가는 주소는 공인 IP Address를 사용하도록 하는 IP Address 변환 방식은?

① DHCP 방식
② IPv6 방식
✓ NAT 방식
④ MAC Address 방식

해설
① DHCP 방식 : 조직 내의 네트워크에서 IP 주소를 중앙에서 관리하고 할당하여 IP 주소 부족 문제를 해결한 방안 중 하나이다.
② IPv6 방식 : IP 주소 고갈로 주소 공간을 IPv4의 32비트에서 IPv4의 128비트로 확장시킨 것이다.
④ MAC Address : 네트워크 인터페이스에 할당된 고유한 식별자이다.

25 내부 통신에는 사설 IP 주소를 사용하고 외부와의 통신에는 공인 IP 주소를 사용할 수 있도록 하는 기술은?

① ARP   ✓ NAT
③ ICMP   ④ DHCP

해설
① ARP : IP 주소를 물리적 네트워크 주소로 대응(bind)시키기 위해 사용되는 프로토콜
③ ICMP : IP 패킷 처리 시 발생되는 문제를 알리거나 진단을 위해 사용되는 3계층 프로토콜
④ DHCP : 네트워크에 접속하는 클라이언트에게 자동으로 네트워크 환경 구성정보(IP 주소, 서브넷 마스크, 게이트웨이 주소, DNS 주소)를 분배하기 위해 사용하는 프로토콜

Chapter 5 · 서브넷팅(Subnetting)

01 브로드캐스트 도메인

• 서브넷은 특정 네트워크를 여러 개의 네트워크, 브로드캐스트 도메인을 나누는 것이다.

• 브로드캐스트 도메인 크기가 큰 경우 발생하는 문제들은 다음과 같다.
  - Network에 연결된 모든 장비의 성능 저하
  - 문제해결 어려움
  - 관리비용 증가

• 아래 그림은 192.168.1.0/24 망내에서 호스트들이 처리하게 되는 패킷수를 나타낸 것이다.
  - 호스트 당 최대 253개의 브로드캐스트를 수신하고 처리할 수 있다.

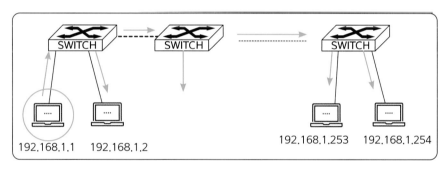

192.168.1.1 송신지 IP	192.168.1.255 수신지 IP

• 이와 같은 문제점을 해결하기 위해 브로드캐스트 도메인 크기를 줄이는 작업이 필요하다.

02 🔡 서브넷팅

- 브로드캐스트 도메인 크기를 줄이는 기술이다.

- IP 주소의 부족 현상을 해소하기 위한 방안이다.

- 기존보다 그룹수가 늘어나지만 그룹 당 포함되는 호스트들의 수는 줄어든다.
  - 대역폭와 장비 사용률 같은 자원 사용을 효율적으로하여 네트워트 성능을 향상시킨다.
    아래 그림은 192.168.1.0/24을 2개의 그룹으로 분할한 것이다.

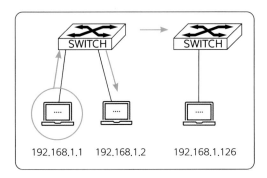
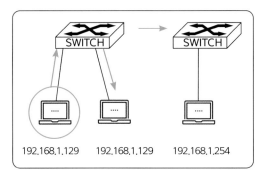

  - 하나의 그룹을 두 개의 그룹으로 분할 시 한 그룹에 포함되어 있는 호스트들은 최대 126개
    의 브로드캐스트 패킷을 수신하고 처리한다.

- 서브넷팅 시 가장 중요한 부분이 바로 Subnet Mask가 된다.
  - 하나의 IP Address는 32bit로 구성되고 Network 주소와 Host 주소가 공준하기 때문에 어
    느 비트(bit)까지가 Network 주소를 나타내고, 어느 비트(bit)부터 Host 주소를 나타내는지
    구분할 방법이 없다. 이때 Subnet Mask를 사용하여 Network 주소 부분과 Host 주소 부분
    을 구분 짓는다.
  - 기준 클래스에서 빌려오는 1의 개수에 따라 Subnet Mask의 값이 달라질 수 있다
  - Borrow bit가 subnet ID 비트 수로 서브넷팅 되는 그룹 수가 된다. 아래 예제의 경우
    Subnet ID 비트가 8이되므로 2^8개, 즉 256개의 그룹으로 분할된다.

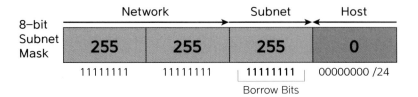

• 아래 그림은 192.168.1.0/24의 망을 4개의 그룹으로 분할한 것을 나타낸 것이다.

	Network ID bit(24개)		Host ID bit(8개)
192	168	1	0
1 1 0 0 0 0 0 0	1 0 1 0 1 0 0 0	1 0 0 0 0 0 0 1	0 0 0 0 0 0 0 0

Subnet ID bit(2개) Host ID bit(6개)

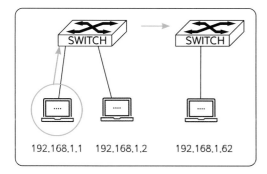

192.168.1.1 192.168.1.2 192.168.1.62

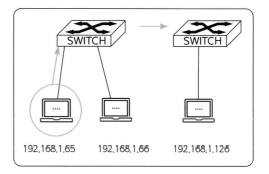

192.168.1.65 192.168.1.66 192.168.1.126

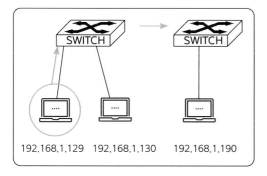

192.168.1.129 192.168.1.130 192.168.1.190

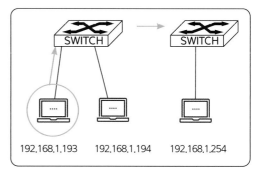

192.168.1.193 192.168.1.194 192.168.1.254

[192.168.1.0/24을 192.168.1.0/26로 분할]

03절 서브넷팅 예제 문제

문제 ❶ IP Address '172.16.0.0'인 경우에 이를 14개의 서브넷으로 나누어 사용하고자 할 경우 서브넷 미스크 값은?

해설

㉠ 전체 서브넷 수를 구한다. 이때 네트워크 그룹 주소와 브로드캐스트 그룹 주소를 고려해서 산출한다.

> 14+2=16 // +2는 네트워크 그룹 주소와 브로드캐스트 그룹 주소

㉡ 서브넷 ID 비트 수를 구한다.

> $2^X ≒ 16$, ∴ X=4 // 4은 subnet ID bit 수

㉢ 전체 네트워크 ID 비트 수를 구한다.

> 16+4=20 // B Class subnet mask bit(16) + subnet ID bit 수(4)

㉣ 네트워크 ID 비트 수가 20일 때 서브넷 마스크는 1111 1111.1111 1111. 11110000. 0000 0000 이므로 255.255.240.0 이다.

문제 ❷ C Class 네트워크에서 6개의 서브넷이 필요하다고 할 때 가장 적당한 서브넷 마스크는?

해설

㉠ 전체 서브넷 수를 구한다. 이때 네트워크 그룹주소와 브로드캐스트 그룹 주소를 고려해서 산출한다.

> 6+2=8 // +2는 네트워크 그룹 주소와 브로드캐스트 그룹 주소

㉡ 서브넷 ID 비트 수를 구한다.

> $2^X ≒ 8$, ∴ X=3 // 3은 subnet ID bit 수

㉢ 전체 네트워크 ID 비트수를 구한다.

> 24+3=27 // C Class subnet mask bit(24) + subnet ID bit 수(3)

㉣ 네트워크 ID 비트 수가 27일 때 서브넷 마스크는 1111 1111. 1111 1111. 11111111. 1110 0000 이므로 255.255.255.224 이다.

문제 ❸ 네트워크 ID '210.182.73.0'을 몇 개의 서브넷으로 나누고, 각 서브넷은 적어도 40개 이상의 Host ID를 필요로 한다. 적절한 서브넷 마스크 값은?

해설

서브넷의 호스트 개수가 40개일 때 서브넷 마스크는

㉠ 40개의 호스트에 IP 주소를 부여하기 위해 요구되는 IP 주소 개수 계산

> 40+2=42 //+2는 네트워크 주소와 브로트캐스트 주소

㉡ 호스트 ID 비트 수 계산

> $2^X ≒ 42$, ∴ X=6

㉢ 네트워크 IP 비트 수 계산

> 32-6=26 // 전체 IP 주소 비트수(32) - 호스트 ID 비트 수(6)

㉣ 네트워크 ID 비트수가 26일 때 서브넷 마스크는 1111 1111 1111 1111 1111 1111.1100 0000 이므로 255.255.255.192 이다.

문제 ❹ 서브넷 마스크가 255.255.255.192 인 경우 서브넷에 최대 할당 가능한 호스트 수?

해설

㉠ 네트워크 ID 비트 수를 계산

> 255.255.255.192를 2진 비트로 나타 낼 경우 1111 1111. 1111 1111. 1111 1111. 1100 0000이다. 이것은 네트워크 네트워크 ID 비트수가 26개임을 의미한다.

㉡ 호스트 ID 비트 수 계산

> '전체 IP 주소 비트수(32) = 네트워크 ID 비트수 + 호스트 ID 비트수'이므로 '호스트 ID 비트 수 (6)= 전체 IP 주소 비트 수(32) - 네트워크 ID 비트 수(26)' 이다. 따라서, 호스트 ID 비트 수는 6개 (32-26)이다.

㉢ 최대 할당 가능한 호스트 수 계산

> 6비트로 나타낼 수 있는 최대 호스트 수는 64개 (2^6)이다.

CHECK UP

여기서 주의해야 할 것은 사용 가능한 호스트와 최대 할당 가능한 호스트 수이다. 사용 가능한 호스트 수에 대해서는 반드시 브로드캐스트 주소와 네트워크 주소를 제외해야 한다. 만일 최대 사용 가능한 호스트 수를 구할 경우에는 62(2^6-2)개로 호스트 수를 산출해야 한다.

서브넷 마스크가 '255.255.255.224' 일 때, 최대 사용 가능한 호스트 수는?

해설

㉠ 네트워크 ID 비트 수를 계산

> 255.255.255.224를 2진 비트로 나타낼 경우 1111 1111. 1111 1111. 1111 1111. 1110 0000이다.
> 이것은 네트워크 ID 비트 수가 27개임을 의미한다.

㉡ 호스트 ID 비트 수 계산

> '전체 IP 주소 비트수(32) = 네트워크 ID 비트 수 + 호스트 ID 비트 수'이므로
> '호스트 ID 비트 수(5) = 전체 IP 주소 비트 수(32) − 네트워크 ID 비트 수(27)' 이다.
> 따라서 호스트 ID 비트 수는 5개 (32−27)이다.

㉢ 사용 가능한 호스트 수 계산

> 5비트로 나타낼 수 있는 최대 호스트 수는 30개 (2^5-2)이다.

CHECK UP

사용 가능한 호스트 수는 반드시 브로드캐스트 주소와 네트워크 주소를 제외해야 한다.

01 IP Address를 관리하기 위한 Subnetting을 하는 이유로 옳지 않은 것은?
① IP Address를 효율적으로 사용할 수 있다.
② Network ID와 Host ID를 구분할 수 있다.
③ 불필요한 Broadcasting Message를 제한할 수 있다.
✓ Host ID를 사용하지 않아도 된다.

해설
서브넷팅 시 네트워크 ID 또는 Host ID를 기준으로 나눈다.

02 네트워크를 관리하는 Kim 사원은 보다 효율적인 관리를 위해서 부산지사의 네트워크를 Subnetting 하였다. Kim 사원이 실시한 Subnetting의 이유와 그 결과로 옳지 않은 것은?
① Host 수량에 맞는 IP의 재분배를 위함
② IP를 효율적으로 사용하여 낭비를 막기 위함
✓ Subnetting을 많이 하여 IP 수량을 늘리기 위함
④ 네트워크를 분리하여 보안성 강화를 위함

해설
서브넷팅 시 서브넷팅된 그룹에 포함되는 호스트 수는 줄어든다.

03 '200.19.10.130/27'의 네트워크 주소는?
① 200.19.10.0 ✓ 200.19.10.128
③ 200.19.10.130 ④ 255.255.255.128

해설

```
  1100 1000. 0001 0011. 0000 1010.1000 0010          200. 19. 10.130(IP Address)
& 1111 1111. 1111 1111. 1111 1111.1110 0000        & 255.255.255.224(Subnet Mask)
───────────────────────────────────────            ────────────────────────────────
  1100 1000. 0001 0011. 0000 1010.1000 0000    →     200. 19. 10.128(네트워크 주소)
```

04 네트워크 주소 210.212.100.0과 서브넷 마스크 255.255.255.224인 네트워크에서 브로드캐스트 주소는 무엇인가?
① 210.212.100.30 ✓ 210.212.100.31
③ 210.212.102.32 ④ 210.212.103.64

해설
호스트 비트가 모두 0인 경우는 네트워크 주소이며, 호스트 비트가 모두 1인 경우는 브로드 캐스트주소이다.

```
  1101 0010. 1101 0100. 0110 0100 .0000 0000          210.212.100.   0(IP address)
& 1111 1111. 1111 1111. 1111 1111 .1110 0000        & 255.255.255.224(SubnetMask)
───────────────────────────────────────            ──────────────────────────────────
  1100 0010. 1101 0100. 0110 0100. 0000 0000    →     210.212.100.   0(네트워크 주소)
  1100 0010. 1101 0100. 0110 0100. 0001 1111    →     210.212.100.  31(브로드캐스트 주소)
```

05 네트워크 주소가 '192.168.100.128'이며, 서브넷 마스크가 '255.255.255.192'인 네트워크가 있다. 이 네트워크에서 사용 가능한 마지막 IP 주소는 무엇인가?

① 192.168.100.129　　　　　　　✓ 192.168.100.190

③ 192.168.100.191　　　　　　　④ 192.168.100.255

> **해설**
> 서브넷 마스크 255.255.255.192은 네크워크 ID 비트가 26개를 의미하므로 네트워크 주소 '192.168.100.128'를 이진 표기법으로 바꾸면 <u>1100 0000. 1010 1000. 0110 0100. 10</u>00 0000이고 이때 밑줄 친 부분이 네트워크 ID 비트이고 나머지는 호스트 ID 비트이다. 해당 그룹의 브로드캐스트 주소는 1100 0000. 1010 1000. 0110 0100. 1011 1111(192.168.100.191)이다. 즉, 네트워크 주소와 브로드캐스트 주소의 범위는 192.168.100.128 ～ 192.168.100.191이므로 사용 가능한 IP 주소는 192.168.100.129 ～ 192.168.100.190이다. 따라서 사용 가능한 마지막 IP 주소는 192.168.100.190이다.

06 C Class의 네트워크를 서브넷으로 나누어 각 서브넷에 4 ～ 5 대의 PC를 접속해야 할 때, 서브넷 마스크 값으로 올바른 것은?

① 255.255.255.240　　　　　　　② 255.255.0.192

✓ 255.255.255.248　　　　　　　④ 255.255.255.0

> **해설**
> 최대 PC 수가 5라 할 때,
> ㉠ 5+2=7(2는 네트워크 주소와 브로드캐스트 주소)
> ㉡ $2^X ≒ 7$, ∴ X=3　　㉢ 32-3=29　　㉣ /29는 255.255.255.248

07 'B Class'를 6개의 네트워크로 구분하여 사용하고 싶을 때, 가장 적절한 서브넷 마스크 값은?

✓ 255.255.224.0　　　　　　　② 255.255.240.0

③ 255.255.248.0　　　　　　　④ 255.255.255.0

> **해설**
> ㉠ $2^X ≒ 6$(X=3, X는 Subnet ID 비트 개수)
> ㉡ 16+3=19(16은 B Class의 Network ID 비트 수, 3는 Subnet ID 비트 개수)
> ㉢ /19을 서브넷 마스크로 변환하면 255.255. 224.0이다.

08 C Class 네트워크에서 6개의 서브넷이 필요하다고 할 때 가장 적당한 서브넷 마스크는?

① 255.255.255.0　　　　　　　② 255.255.255.192

✓ 255.255.255.224　　　　　　　④ 255.255.255.240

> **해설**
> 서브넷의 개수가 6 일 때,
> ㉠ $2^X ≒ 6$, ∴ X=3
> ㉡ 24+3=27(C class의 네트워크 ID 비트 수는 24개이기 때문임)
> ㉢ /27일 경우 서브넷 마스크는 255.255.255.224이다.

09 B Class 네트워크에서 6개의 서브넷이 필요할 때, 가장 많은 호스트를 사용할 수 있는 서브넷 마스크 값은?

① 255.255.192.0　　　　　　　　☑ 255.255.224.0
③ 255.255.240.0　　　　　　　　④ 255.255.248.0

> **해설**
> 서브넷의 개수가 6일 때,
> ㉠ $2^X ≒ 6$, ∴ $X=3$
> ㉡ 16+3=19(B class의 네트워크 ID 비트 수는 16개이기 때문임)
> ㉢ /19일 경우 서브넷 마스크는 255.255.224.0이다.

10 '255.255.255.224'인 서브넷에 최대 할당 가능한 호스트 수는?

① 2개　　　　　　　　　　② 6개
③ 14개　　　　　　　　　　☑ 30개

> **해설**
> 서브넷 마스크가 '255.255.255.224'인 경우 호스트 ID 비트 수는 5개이다. 따라서 최대 사용
> 가능한 호스트 수는 $2^5-2=30$이다.

11 C Class의 네트워크 주소가 '192.168.10.0' 이고, 서브넷 마스크가 '255.255.255.240'일 때, 최대 사용 가능한 호스트 수는?(단, 네트워크 주소와 브로드캐스트 호스트는 제외한다.)

① 10개　　　　　　　　　　☑ 14개
③ 26개　　　　　　　　　　④ 32개

> **해설**
> 서브넷 마스크가 '255.255.255.240'인 경우 호스트 ID 비트 수는 4개이다. 따라서 최대 사용 가능한 호스트
> 수는 $2^4-2=14$이다.

12 C Class인 네트워크의 서브넷 마스크가 '255.255.255.192'이라면 둘 수 있는 서브넷의 개수는?

① 2　　　　　　　　　　　☑ 4
③ 192　　　　　　　　　　④ 1024

> **해설**
> 서브넷 마스크가 '255.255.255.192'인 경우 서브넷 ID 비트 수는 2개이다(26-24=2). 따라서 분할 가능한 서
> 브넷 수는 $2^2=4$개이다.

네트워크 관리 명령어

01 네트워크 관리 명령어

1 명령어 ping

- 대상 컴퓨터를 향해 일정 크기의 패킷을 보낸 후, 대상 컴퓨터가 이에 대한 응답 메세지를 보내면 이를 수신하여 대상 컴퓨터 동작 여부 혹은 네트워크 상태를 파악할 수 있다.

[형식] ping [옵션] [목적지]

```
C:\WINDOWS\system32\cmd.exe                           —    □    ×
C:\>ping google.co.kr

Ping google.co.kr [172.217.25.3] 32바이트 데이터 사용:
172.217.25.3의 응답: 바이트=32 시간=50ms TTL=51
172.217.25.3의 응답: 바이트=32 시간=49ms TTL=51
172.217.25.3의 응답: 바이트=32 시간=48ms TTL=51
172.217.25.3의 응답: 바이트=32 시간=48ms TTL=51

172.217.25.3에 대한 Ping 통계:
    패킷: 보냄 = 4, 받음 = 4, 손실 = 0 (0% 손실),
왕복 시간(밀리초):
    최소 = 48ms, 최대 = 50ms, 평균 = 48ms

C:\>
```

옵션	설명
-l [전송되는 패킷]	전송되는 패킷(데이터가 전송되는 단위)의 크기 지정
-n [횟수]	ping 수행 시 지정된 횟수 만큼 실행
-f	패킷이 라우터 등을 통과할 때 fragmentation 되지 않도록 정함
-i	패킷이 네트워크 상에서 생존할 수 있는 시간 즉, Time to Live를 지정

2 명령어 tracert

• 인터넷을 할 때 목적지까지 패킷이 지나가는 경로의 상의 네트워크 장비들을 보여주고 해당 장비의 IP 주소와 응답속도 등의 정보를 확인해서 표시한다.

[형식] tracert [옵션] [목적지]

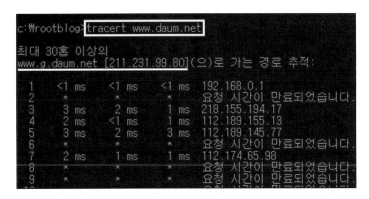

옵션	설명
-d	IP 주소를 호스트 이름으로 해석하지 못하도록 하여 결과가 빨라짐
-h	대상을 검색 할 때 사용할 수있는 최대 홉 수를 지정
-w timeout	제한 시간 전에 각 응답을 허용 할 수있는 시간 (밀리 초)을 지정
-4	IPv4만 사용
-6	IPv6만 사용

• TCP, 라우팅 테이블, 수많은 네트워크 인터페이스(네트워크 인터페이스 컨트롤러 또는 소프트웨어 정의 네트워크 인터페이스), 네트워크 프로토콜 통계를 위한 네트워크 연결을 보여준다.

[형식] netstat [옵션] [목적지]

```
C:\>netstat -an

활성 연결

  프로토콜  로컬 주소              외부 주소              상태
  TCP       0.0.0.0:135           0.0.0.0:0              LISTENING
  TCP       0.0.0.0:445           0.0.0.0:0              LISTENING
  TCP       0.0.0.0:902           0.0.0.0:0              LISTENING
  TCP       0.0.0.0:912           0.0.0.0:0              LISTENING
  TCP       0.0.0.0:5040          0.0.0.0:0              LISTENING
  TCP       0.0.0.0:5357          0.0.0.0:0              LISTENING
  TCP       0.0.0.0:7680          0.0.0.0:0              LISTENING
  TCP       0.0.0.0:8000          0.0.0.0:0              LISTENING
  TCP       0.0.0.0:8089          0.0.0.0:0              LISTENING
  TCP       192.168.219.102:139   0.0.0.0:0              LISTENING
  TCP       192.168.219.102:49628 52.38.7.83:443         ESTABLISHED
  TCP       192.168.219.102:49948 76.76.21.21:443        ESTABLISHED
  TCP       192.168.219.102:49955 76.76.21.21:443        ESTABLISHED
  TCP       192.168.219.102:49970 52.98.51.130:443       ESTABLISHED
  TCP       192.168.219.102:50083 140.82.114.25:443      ESTABLISHED
  TCP       192.168.219.102:50114 199.127.193.108:443    ESTABLISHED
  TCP       192.168.219.102:50162 146.75.50.133:443      ESTABLISHED
  TCP       192.168.219.102:50238 52.182.143.208:443     TIME_WAIT
  TCP       192.168.219.102:50262 40.99.9.194:443        ESTABLISHED
  TCP       192.168.219.102:50267 40.99.9.242:443        TIME_WAIT
  TCP       192.168.219.102:50358 211.115.106.206:80     CLOSE_WAIT
  TCP       192.168.219.102:50359 211.115.106.206:80     CLOSE_WAIT
  TCP       192.168.219.102:50361 211.115.106.208:80     CLOSE_WAIT
  TCP       192.168.219.102:50362 172.64.155.188:80      TIME_WAIT
  TCP       192.168.219.102:50370 204.79.197.239:443     ESTABLISHED
```

옵션	설명
-a	현재 다른 PC와 연결(Established)되어 있거나 대기(Listening)중인 모든 포트 번호를 확인
-r	라우팅 테이블 확인 및 커넥션되어 있는 포트 번호를 확인
-n	현재 다른 PC와 연결되어 있는 포트 번호를 확인
-e	랜카드에서 송수한 패킷의 용량 및 종류를 확인
-s	IP, ICMP, UDP 프로토콜별의 상태 확인
-t	tcp protocol
-u	udp protocol
-p	프로토콜 사용 Process ID 노출
-c	1초 단위로 보여줌

4 명령어 arp

- IP 주소를 하드웨어 주소인 MAC 주소로 변경해 주는 명령어이다.
- arp Cache는 IP 주소와 MAC 주소 목록을 유지하는데 사용되는 메커니즘이다. 서로 간에 맵핑된 정보는 Cache Table에 잠시 동안 보관되는데 최근에 맵핑된 정보를 보기 위해 명령어 arp를 사용한다.

[형식] arp [옵션] [IP주소] [MAC주소]

```
C:\Users\Adity>arp -a

Interface: 192.168.0.100 --- 0x14
  Internet Address      Physical Address      Type
  192.168.0.1           c4-12-fb-73-b0-24     dynamic
  192.168.0.101         b0-95-75-c4-4d-f9     dynamic
  192.168.0.255         ff-ff-ff-ff-ff-ff     static
  224.0.0.22            01-00-b0-00-00-16     static
  224.0.0.251           01-00-b0-00-00-fb     static
  224.0.0.252           01-00-b0-00-00-fc     static
  239.255.255.250       01-00-b0-7f-ff-fa     static
  255.255.255.255       ff-ff-ff-ff-ff-ff     static
```

옵션	설명
-a	현재 arp 캐시에 들어있는 모든 목록 표시
-d [IP 주소]	arp 캐시에 저장된 IP 주소에 대한 MAC 주소를 삭제
-s [IP 주소] [MAC 주소]	정적으로 캐시에 저장된 특정 IP 주소에 대한 MAC 주소를 변경

5 명령어 nbtstat

- NetBIOS를 지원하는 프로토콜로 IP나 컴퓨터 이름을 알고자 할 때 사용한다.
- IP 충돌이 발생하는 경우나 같은 IP를 사용하고 있는지 확인 시 사용한다.

[형식] nbstat [옵션] [IP주소]

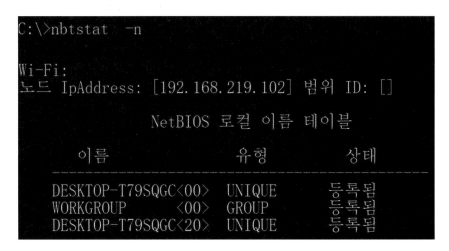

옵션	설명
-a	지정한 컴퓨터 이름을 사용하는 원격 컴퓨터의 이름 테이블을 표시
-A	지정한 IP 주소를 사용하는 원격 컴퓨터 이름 테이블을 표시
-c	IP 주소를 포함한 NetBIOS이름 캐시의 내용 표시
-n	로컬 NetIOS 이름 목록 표시
-R	NetBIOS 이름 캐시에서 모든 이름을 제거한 후 LMHOST 파일을 다시 읽어들임
-r	윈도우 네트워킹 이름 풀기에 대한 이름 풀기 통계를 표시
-S	원격 컴퓨터를 IP 주소로 나열한 클라이언트와 서버 세션을 표시
-s	클라이언트와 서버 세션을 모두 표시

6 명령어 nslookup

· DNS 서버에 질의해서 도메인 이름과 IP 주소를 조회하는 명령어이다.

```
C:\>nslookup
기본 서버:    pcns.bora.net
Address:    61.41.153.2

> wwww.daum.net
서버:        pcns.bora.net
Address:    61.41.153.2

권한 없는 응답:
이름:        wwww.daum.net
Addresses:    211.249.220.24
              121.53.105.193
```

01 **ping에 대한 설명 중 옳지 않은 것은?**

① TCP/IP 프로토콜을 사용하는 응용 프로그램이다.

② 원격 호스트까지의 패킷이 도달하는 왕복 시간을 측정할 수 있다.

☑ 원격 호스트에 네트워크 오류가 있을 경우, 이를 확인하고 오류를 정정해 준다.

④ 원격 호스트와의 연결 상태를 진단할 수 있다.

> **해설**
> 원격 호스트에 네트워크 오류가 있을 경우, 이를 확인하고 오류를 보고하는 프로토콜은 ICMP이다. 하지만 ICMP 역시 오류를 정정 기능은 없다.

02 **네트워크와 서버를 관리하는 Kim 사원은 인터넷이 느려졌다는 민원을 받았다. 이를 해결하기 위해서 해당 ISP 주소쪽으로 명령어(A)를 입력하였더니 다소 지연이 있었음을 발견하였다. 이 사항을 확인하기 위해서 (A)에 들어가야 할 명령어는?(단, 윈도우 계열의 명령프롬프트(cmd)에서 실행하였다.)**

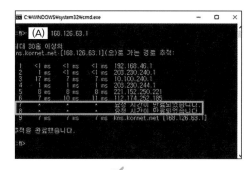

① nslookup

☑ tracert

③ ping

④ traceroute

> **해설**
> tracert 명령어를 사용하면 목적지까지 패킷이 지나가는 경로의 상의 네트워크 장비들을 보여주고 해당 장비의 IP 주소와 응답속도 등의 정보를 확인해서 표시해 준다.

03 **다음 중 ping 유틸리티와 관련이 없는 것은?**

① ICMP 메시지를 이용한다.

② Echo Request 메시지를 보내고 해당 컴퓨터로부터 ICMP Echo Reply 메시지를 기다린다.

☑ TCP/IP 구성 파라미터를 확인 할 수 있다.

④ TCP/IP 연결성을 테스트 할 수 있다.

> **해설**
> TCP/IP 구성 파라미터를 확인 할 수 있는 명령어 혹은 유틸리티는 ipconfig이다.

04 패킷이 라우팅 되는 경로 추적에 사용되는 유틸리티로, 목적지 경로까지 각 경유지의 응답속도를 확인할 수 있는 것은?

① ipconfig
② route
✔ tracert
④ netstat

<u>해설</u>
① ipconfig : 네트워크 인터페이스 카드(NIC)의 설정상황을 보여주거나 편집하는 명령어
② route : 라우팅 테이블을 확인, 추가, 삭제 명령어
④ netstat : 네트워크 접속, 라우팅 테이블, 네트워크 인터페이스의 통계 정보 등을 보여 주는 명령어

05 다음 출력물에 대한 설명으로 옳지 않은 것은?

```
C:\> ping www.icqa.or.kr
Ping www.icqa.or.kr [210.103.175.224] 32바이트
데이터 사용:
210.103.175.224의 응답:     바이트=32         시간=3ms
TTL=55
210.103.175.224의 응답:     바이트=32         시간 2ms
TTL=55
210.103.175.224의 응답:     바이트=32         시간 3ms
TTL=55
210.103.175.224의 응답:     바이트=32         시간 3ms
TTL=55
210.103.175.224에 대한 Ping 통계;
패킷; 보냄=4, 받음=4, 손실=0(0% 손실),
왕복 시간(밀리초);
최소=2ms, 최대=3ms, 평균=2ms
```

① ping 명령어를 이용하여 목적지(www.icqa.or.kr)와 정상적으로 통신되었음을 확인하였다.
② ping 명령어를 이용하여 요청하고 응답받은 데이터의 사이즈는 32바이트이다.
③ ping 명령어를 이용하여 요청하고 응답받은 시간은 평균 2ms 이다.
✔ 패킷의 살아 있는 시간(TTL ; Time to Live)은 55초이다.

<u>해설</u>
TTL은 수신지에 도달하기 위해 걸칠 수 있는 최대 홉 수이지 시간(초)가 아니다.

06 서울 본사에 근무하는 Kim은 신규 부서에 IP를 할당하려고 L3 스위치에 접속하였는데 IP 검색 도중에 허가되지 않은 불법 IP 및 MAC Address를 발견하여 차단조치하였다. Kim이 L3 스위치에서 불법 IP를 검색하기 위해서 내린 명령어(A)를 선택하시오. (단, 불법적으로 사용된 IP는 아래의 그림이며 사용된 L3 스위치는 Cisco 3750G이다.)

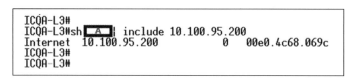

① rarp

② vlan

③ cdp

✔️ arp

해설

위 출력 결과는 지정된 IP 주소에 대한 MAC 주소를 표시한 것이다. 이와 같은 결과는 arp 캐시 정보를 나타낸 것이다.

07 네트워크 및 서버관리자 Kim은 불법적으로 443 포트를 이용하여 52.139.250.253번 IP에서 관리자 Kim의 업무PC에 원격으로 접속시도가 이뤄진 흔적을 발견하게 되었다. 이 사항을 발견하기 위해서 (A)에 들어가야 할 명령어는?(단. 윈도우 계열의 명령 프롬프트(cmd)에서 실행하였다.)

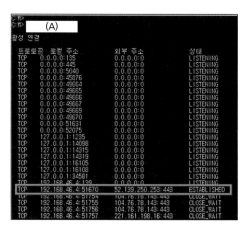

① ping

② tracert

✔️ netstat -an

④ nslookup

해설

netstat는 네트워크 연결상태, 라우팅 테이블, 인터페이스 상태 등을 보여주는 명령어로 옵션 -an은 모든 네트워크 상태 정보와 도메인 정보를 숫자로 표시해준다.

08 네트워크 및 서버 관리자 Kim 사원은 'www.icqa.or.kr'이라는 사이트를 도메인에 IP 등록을 하였다. 해당 IP가 제대로 도메인에 등록되었는지 확인하는 (A)에 들어가야 할 명령어는?(단, 윈도우 계열의 명령 프롬프트(cmd)에서 실행하였다.)

① ping
② tracert
③ nbtatat
④ nslookup

해설

nslookup은 DNS 서버에 질의하여, 도메인의 정보를 조회하는 명령어이다.

09 네트워크 및 서버 관리자 Kim은 총무과 Lee로부터 계속하여 IP가 충돌하여 업무에 지장이 많은 것을 민원으로 접수하게 되었다. 확인결과 사내에서 Lee와 동일한 IP(192.168.1.100)가 입력되어 있는 SUMA-COM2라는 PC가 Lee의 PC와 IP 충돌을 일으키고 있는 것을 확인하게 되었다. 해당 IP의 이름을 확인할 수 있는 (A) 명령어는?(단,윈도우 계열의 명령 프롬프트에서 실행하였다.)

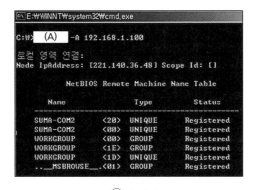

① nslookup
② netstat
③ arp
④ nbtstat

해설

명령어 'nbtstat -A IP 주소'는 해당 IP 주소를 사용하는 컴퓨터이름을 알 수 있어 동일한 주소를 사용하는 컴퓨터를 조회할 수 있다.

PART
02

네트워크 일반

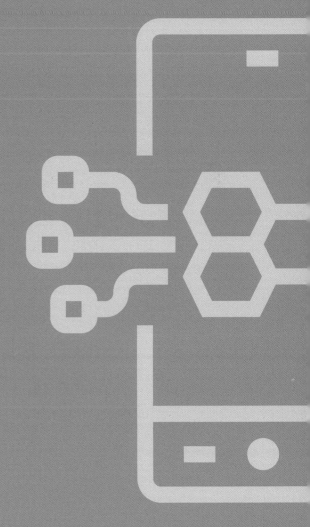

LAN(Local Area Network) 기술

- 통신망은 지역적 범위에 따라 아래와 같이 구분한다.
  - LAN(Local Area Network)
  - MAN(Metropolitan Area Network)
  - WAN(Wide Area Network)

	LAN	MAN	WAN
지역적 범위	빌딩이나 캠퍼스	도시지역	전국적
속도	매우 높음	높음	낮음
에러율	낮음	중간 정도	높음
흐름 제어	간단함	중간 정도	복잡

- LAN은 빌딩 내 혹은 근접한 거리의 빌딩들로 제한된 지역에 설치된 정보 기기들 사이의 고속 통신을 제공하는 통신망이다. LAN의 장점과 단점은 다음과 같다.

장점	단점
• 전송 거리가 짧아 전송로의 비용 부담이 적음 • 패킷 손실 및 지연이 최소화 • 빠른 전송 속도와 낮은 오류 발생률	• 거리의 제한 • 공유 회선 등의 사용으로 도청의 우려 발생 • 매체에 따라 재배치가 어려움

- LAN 기술을 구분하는 항목들로는 토폴로지(Bus, Star, Full Mesh 등), 전송 신호(Baseband, Broadband), 전송 매체(UTP, 동축 케이블, 광섬유 케이블), 매체 접근 제어 방식(CSMA/CD, Tokenpassing) 등이 있다.

01 네트워크 토폴로지(Topology)

• 토폴로지는 호스트 및 장비들의 물리적인 배치 형태이다.

• 토폴로지는 성형(Star), 망형(Full Mesh), 버스형(Bus), 링형(Ring), 트리형(Tree)등이 있다.

1 성형 토폴로지(Star Topology)

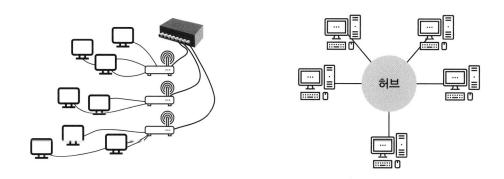

[스위치/허브를 이용한 스타 토폴로지]

• 여러 대의 컴퓨터가 허브 또는 스위치와 같은 장비를 이용하여 별 모양으로 연결된다.

• 중앙 집중식 형태로 네트워크 확장이 용이하다.

장점	단점
• 장애 발견이 쉽고 데이터 베이스 관리가 용이 • 고속의 대규모 네트워크에 적합	• 중계 장비 장애 발생 시 네트워크 전체 네트워크 사용이 불가능 • 설치 비용이 고가

2 망형 토폴로지(Mesh Topology)

• 모든 노드가 서로 일대일로 연결된 형태로 다수의 노드 쌍이 동시에 통신이 가능하다.

• 대량의 데이터를 송수신할 경우 적합하다.

• 노드의 수가 N개인 경우 회선의 수는 N(N-1)/2개이다.

장점	단점
• 특정 노드 장애가 다른 노드에 영향을 주지 않음 • 회선 장애로 인한 통신 중단이 적음	• 회선 길이가 길어 회선 구축 비용이 많이 듦 • 장애 발생 시 장애 위치 추적이 어려움

3 버스형 토폴로지(Bus Topology)

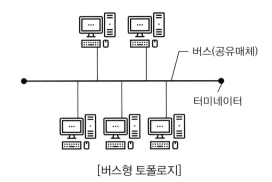

[버스형 토폴로지]

- 공유 배선에 각 노드가 선형적으로 연결된 형태로 특정 노드의 신호가 케이블 전체에 전달된다.
- 터미네이터(Terminator)가 시그널(Signal)의 반사를 방지하기 위하여 사용된다.

장점	단점
• 노드의 추가/삭제가 용이(확장성이 용이) • 설치 비용이 저가	• 노드 수가 증가하면 트래픽이 증가하여 병목 현상이 발생하여 네트워크 성능을 저하 • 문제가 발생한 노드의 위치를 파악하기 어려움

4 링형 토폴로지(Ring Topology)

- 각 노드가 좌우의 인접한 노드와 연결되어 원형을 이룬 형태이다.
- 토큰 링이나 FDDI 등에 사용되는 토폴로지이다.
- 근거리에서 초고속 전송에 유리하며, 양방향 전송과 분산 제어가 가능하다.

장점	단점
• 노드 수가 증가해도 신호 손실이 적음 • 토큰 패싱 제어 방식으로 충돌이 없음 • 신호 증폭이 가능하여 거리 제약이 적음 • 케이블 설치 비용 저렴	• 장애 발생 시 전체 네트워크가 중단 • 결함 진단이 어려움 • 노드의 추가 및 삭제가 용이하지 않음

5 트리형 토폴로지(Tree Topology)

- 버스형과 성형 토폴로지의 확장 형태이며, 백본(backbone)과 같은 공통 배선에 적절한 분기 장치(허브, 스위치)를 사용하여 링크를 덧붙여 나갈 수 있는 구조이다.

장점	단점
• 관리나 네트워크 확장이 용이 • 장비 간의 전송거리를 증가 시킬 수 있음 • 컴퓨터들의 우선 순위를 부여 가능	• 트래픽 양 증가 시 병목 현상의 가능성 증대 • 중앙 제어장치가 다운되면 전체 네트워크의 통신 속도 저하가 발생

02 LAN 전송 매체

• 신호 전송 방식 중 기저대역(baseband)은 디지털 신호를 변조하지 않고 그대로 전송하며, 광대역 (broadband)은 디지털 신호를 아날로그 신호로 변조하여 전송하는 방식이다.

• 기저대역(Baseband)와 광대역(Broadband) 전송 방식
  - 기저대역은 디지털 신호를 변조 않고 전송하는 방식이며, 광대역 방식은 여러 개의 변조 신호를 서로 다른 주파수 대역으로 동시에 전송하는 방식이다.
  - 기저대역은 근거리 전송에 많이 사용되며, 광대역은 장거리 전송 시 기저대역보다 비용이 저렴하다.

	광대역 전송 방식	기저대역 전송 방식
채널 수	20-30 (다중 채널, 주파수 분할 다중화)	1 (단일 채널, 시간분할 다중화)
전송 속도	1-10Mbps	1-10Mbps
신호	아날로그 신호 전송	디지털 신호 전송
전송 방향	단방향	양방향
응용 분야	멀티미디어 전송	데이터 전송
특징	거리에는 민감하지 않으나, 고속통신은 어려움	짧은 거리의 고속 통신에 주로 사용

• 전송 매체를 통해 데이터 전송 시 발생 가능한 현상들은 다음과 같다.

용어	설명
감쇠 현상	데이터 전송 시 거리가 멀어질수록 신호의 세기가 약해지는 현상
지연 왜곡	전송 매체를 통한 신호의 전달속도가 주파수의 가변적 속도에 따라 왜곡되는 현상
누화 잡음	한 신호 채널이 다른 신호채널과 원치 않은 결합을 하여 생성되는 잡음
상호 변조 잡음	서로 다른 주파수들이 똑같이 전송 매체를 공유할 때 서로의 합과 차에 대한 신호를 계산함으로써 발생하는 잡음
임피던스	회로에서 전압이 가해졌을 때 전류의 흐름을 방해하는 값
간섭	둘 이상의 빛살(파동)이 겹쳐질 때(중첩) 나타나는 밝기(강도) 변화

- 회선 표기 방법은 다음과 같이 정의한다.

10   Base   T
❶   ❷   ❸

❶ 전송 속도 : 10Mbps

Ethernet	10Mbps
Fast Ethernet	100Mbps
Gigabit Ethernet	1000Mbps(1Giga)
10Giga Ethernet	10,000Mbps(10giga)

❷ 전송 신호 : Baseband (디지털 회선)
❸ 전송 매체/전송 거리 : UTP / 100M

1 TP(Twisted Pair) 케이블

- 전기적 간섭을 줄이기 위해 여러 꼬임선들을 절연체로 피복하여 구성한 케이블이다.

	UTP(Unshielded TP)	STP(Shielded TP)
피복 여부	꼬임선들이 절연체로 피복되어 있지 않음	꼬임선들이 절연체로 피복(Shield)되어 있음
전송 길이	100M	100M
전송 속도	10~100Mbps	최대 155Mbps
설치 및 유지	설치가 쉽고 취급이 용이	설치가 UTP 보다 조금 어려움
외부 간섭	전기적 간섭에 약함	전기적 간섭 없음
설치 비용	매우 저렴	저렴
용도	이더넷	Token-ring, Appletalk

- FTP(Foil Screened Twist Pair Cable)은 쉴드 처리는 되어있지 않고, 알루미늄 은박이 4가 닥의 선을 감싸고 있는 케이블이다. UTP에 비해 절연 기능이 좋고 공장 배선용으로 많이 사용한다.

- 회선 꼬임 분류를 나타내는 UTP 카테고리(category, CAT)는 구내 케이블 표준이다.

Category	Type	Frequency Bandwidth	Applecations
CAT3	UTP	16MHz	10BASE-T, 100BASE-T4
CAT4	UTP	20MHz	Token Ring
CAT5	UTP	100MHz	100BASE-TX, 1000BASE-T
CAT5e	UTP	100MHz	100BASE-TX, 1001BASE-T
CAT6	UTP	250MHz	1000BASE-T
CAT6e		250MHz	
CAT6a		500MHz	10GBASE-T
CAT7	S/FTP	600MHz	10GBASE-T

② 동축(Coaxial) 케이블

- 중앙 내부의 구리 심섬과 원통형의 외부 도체로 구성되어 있고 그 사이에 절연물로 채워져 있는 형태의 케이블이다.
- 아날로그와 디지털 신호 전송에 사용되는 가장 용도가 다양한 케이블이다.
- 데이터 전송 속도가 빠르고, 전송 용량이 크기 때문에 장거리 전화, 텔레비전 방송, LAN 등에 사용된다.

	Thinnet 케이블(10Base2)	Thicknet 케이블(10Base5)
직경	5mm	10mm
전송 속도	10Mbps	10Mbps
전송 길이	185M	500M
설치 및 유지	설치, 취급이 용이함	설치, 취급이 어려움
외부 간섭	전기적 간섭 없음	전기적 간섭 없음
설치 비용	저렴	고가
커넥터	BNC	AUI

3 광섬유(Optical Fiber Cable) 케이블

- 광 케이블 또는 광섬유 케이블은 구리 케이블과 유사한 일종의 네트워크 케이블이다.
- 다른 구리선(UTP, 동축)에 비해 신뢰도 및 장거리 통신부분에서 유리하다.
- 높은 대역폭, 장거리 통신이 필요한 네트워크 장비통신에 주로 사용된다.
- 케이블 속도는 10Gbps, 40Gbps 및 100Gbps이다.
- 보안성이 뛰어나므로 도청이 어렵다.
- 감쇠율이 적으며 전자기적 누화가 없다.
- 설치 비용이 많이 들지만 내구성이 강하다.

싱글모드	• 하나의 레이저 신호로 가느다란 전송로를 통과 • 광전송로 모드가 단수 • 전송 거리 10~100KM • 비용이 고가 • 전송 손실이 적음 • 케이블 취급이 어려움	**Single Mode Fiber** $125\mu m$ / $8-10\mu m$ **Diameter** 8.3 / 125μm 8.7 / 125μm
멀티모드	• 넓은 광 전송로에 여러 광원이 전송 • 광전송로 모드가 복수 • 비교적 굵은 케이블을 사용하며 광원으로 LED를 사용 • 전송 거리 550M • 비용이 비교적 저가 • 전송 손실이 비교적 많음 • 케이블 취급이 쉬움	**Multi Mode Fiber** $50\mu m$ / $62.5\mu m$ **Diameter** 50 / 125μm 62.5 / 125μm

- 광커넥터는 광섬유가 탈착 가능한 접속부품으로서 광섬유 코드와 통신기기 내에 사용된다.

03절 LAN 종류

• 대표적인 LAN 기술로는 IEEE 802.3 LAN, IEEE 802.4 LAN, IEEE 802.5 LAN 등이 있다.

1 Ethernet/IEEE 802.3 LAN

- 1980년 DEC, Intel, Xerox 회사에 의해 DIX Ethernet 표준 발표하였다.
- Ethernet 의 또 다른 형태가 IEEE에 의해 표준으로 정의되어 있다.
- Ethernet 기술을 구분하는 주요항목들은 아래와 같다.

토폴로지	Bus Topology, Star Topology
전송 방식	Baseband 전송 방식
매체 접근 제어 방식	CSMA/CD(Carrier Sense Multiple Access /Collision Detection)

2 Token Bus/IEEE 802.4 LAN

- 데이터 포인트상의 AcrNet을 근간으로 하는 네트워크이다.
- 토큰 패싱 방식으로 매체에 접근하여 외형상 버스 토폴로지를 구성하고 있지만, 토큰 링 방식과 CSMA/CD의 버스 방식을 결합한 형태이다.
- 전송 매체는 동축 케이블을 사용한다.
- 가변 길이의 데이터 전송이 가능하다.
- 하드웨어 장비가 복잡하여 평균 대기 시간이 높다.

3 Token Ring/IEEE 802.5 LAN

- 1972년 IBM사에 의해 처음 고안하였다.
- 부하 증가에 대한 영향이 작고 낮은 부하에 오버헤드가 발생한다.
- 통신 회선의 길이 제한이 없으며 확장성이 용이하지 않다.
- 토큰 링 기술을 구분하는 주요항목들은 아래와 같다.

토폴로지	Ring Topology
전송 방식	Baseband 전송 방식
매체 접근 제어 방식	Token Passing

- 토큰 패싱은 노드수가 많고 통신량이 적을 때는 CSMA/CD보다 전송효율이 낮다.

01 아래 통신망에 대한 설명 중 빈칸에 들어갈 단어로 올바른 것은?

> (A) : 도시와 국가, 대륙 등 지역적으로 넓은 영역에 걸쳐 구축하는 다양하고 포괄적인 컴퓨터 통신망을 말한다. '인터넷 백 본망'이라고 한다.
> (B) : 인구밀집지역의 대도시를 중심으로 (A)와 (C)망 간을 연결해 주는 통신망을 말한다.
> (C) : 학교나 집에서 사용하는 소규모의 범위가 그리 넓지 않은 일정 지역 내에서 다수의 컴퓨터나 OA 기기 등을 속도가 빠른 통신선로로 연결하여 기기 간에 통신이 가능하도록 하는 근거리 통신망을 말한다.

① A – LAN, B – WAN, C – MAN   ② A – WAN, B – LAN, C – MAN
③ A – LAN, B – MAN, C – WAN   ✅ A – WAN, B – MAN, C – LAN

해설
네트워크 규모는 LAN 〈 MAN 〈 WAN 순서로 커진다.

02 네트워크의 구성(Topology)에서 성형(Star)에 관한 설명으로 옳지 않은 것은?

① Point-to-Point 방식으로 회선을 연결한다.
② 단말장치의 추가와 제거가 쉽다.
✅ 하나의 단말장치가 고장나면 전체 통신망에 영향을 줄 수 있다.
④ 각 단말 장치는 중앙 컴퓨터를 통하여 데이터를 교환한다.

해설
중계장비(허브/스위치)가 고장나면 해당 장비와 연결된 단말장치들의 데이터 전송에 영향을 준다.

03 LAN의 구성형태 중 중앙의 제어점으로부터 모든 기기가 점 대 점(Point to Point) 방식으로 연결된 구성 형태는?

① 링형 구성   ✅ 스타형 구성
③ 버스형 구성   ④ 트리형 구성

해설
① 링형 구성 : 각 컴퓨터가 양쪽의 컴퓨터와 점대점으로 연결되어 고리처럼 순환형으로 구성된 형태
③ 버스형 구성 : 여러 대의 컴퓨터가 멀티포인트로 연결되어 구성된 형태
④ 트리형 구성 : 각 컴퓨터가 계층적으로 연결되어 있는 구성 형태로 나뭇가지가 사방으로 뻗어 있는 것과 유사한 형태

04 전송 매체에서 10Base-T 표기가 의미하는 바가 올바른 것은?

① 전송 속도: 10kbps, 전송 방식: 베이스밴드, 전송 매체: 꼬임선
② 전송 속도: 10Mbps, 전송 방식: 브로드스밴드, 전송 매체: 광케이블
✅ 전송 속도: 10Mbps, 전송 방식: 베이스밴드, 전송 매체: 꼬임선
④ 전송 속도: 10Mbps, 전송 방식: 브로드스밴드, 전송 매체: 꼬임선

해설
10Base-T는 이더넷 초기 표준이다.

05 버스 토폴로지(Topology)에 대한 설명으로 올바른 것은?

① 스타 토폴로지보다 네트워크를 구축하는데 더 많은 케이블이 필요하기 때문에, 배선에 더 많은 비용이 소요된다.

② 각 스테이션이 중앙 스위치에 연결된다.

☑ 터미네이터(Terminator)가 시그널의 반사를 방지하기 위하여 사용된다.

④ 토큰이라는 비트의 패턴이 원형을 이루며 한 컴퓨터에서 다른 컴퓨터로 순차적으로 전달된다.

> **해설**
> ① 버스 토폴로지는 공유 배선에 각 노드가 선형적으로 연결된 형태로 스타 토폴로지보다 배선 설치 비용이 저가이다.
> ② 각 스테이션이 중앙 스위치에 연결되는 것은 스타 토폴로지이다.
> ④ 토큰이라는 비트의 패턴이 원형을 이루며 한 컴퓨터에서 다른 컴퓨터로 순차적으로 전달하는 것은 링 토폴로지이다.

06 데이터 전송 시 전송 매체를 통한 신호의 전달속도가 주파수의 가변적 속도에 따라 왜곡되는 현상은?

① 감쇠 현상   ☑ 지연 왜곡

③ 누화 잡음   ④ 상호 변조 잡음

> **해설**
> ① 감쇠 현상 : 데이터 전송 시 거리가 멀어질수록 신호의 세기가 약해지는 것
> ③ 누화 잡음 : 한 신호 채널이 다른 신호 채널과 원하지 않은 결합을 하여 생성되는 잡음
> ④ 상호 변조 잡음 : 서로 다른 주파수들이 똑같이 전송 매체를 공유 시 서로의 합과 차에 대한 신호를 계산함으로써 발생하는 잡음

07 전송 매체를 통한 데이터 전송 시 거리가 멀어질수록 신호의 세기가 약해지는 현상은?

☑ 감쇠 현상   ② 상호 변조 잡음

③ 지연 왜곡   ④ 누화 잡음

> **해설**
> ② 상호 변조 잡음 :서로 다른 주파수들이 똑같이 전송 매체를 공유 시 서로의 합과 차에 대 한 신호를 계산함으로써 발생하는 잡음
> ③ 지연 왜곡 : 전송 매체를 통한 신호의 전달 속도가 주파수의 가변적 속도에 따라 왜곡되는 현상
> ④ 누화 잡음 : 한 신호 채널이 다른 신호 채널과 원하지 않은 결합을 하여 생성되는 잡음

08 100Base-T라고도 불리는 이더넷의 고속 버전으로서 100Mbps의 전송 속도를 지원하는 근거리 통신망의 표준은?

① Ethernet   ② Gigabit Ethernet

③ 10Giga Ethernet   ☑ Fast Ethernet

> **해설**
> ① Ethernet : 10Mbps
> ② Gigabit Ethernet :1000Mbps(=1Gbps)
> ③ 10Giga Ethernet :10000Mbps(=10Gbps)

09 다음은 네트워크 구축에 필요한 매체에 관한 내용이다. (A)안에 들어가는 용어 중 옳은 것은?

> 네트워크를 관리하는 사원 Kim은 회사 내부에 구축되어 있는 스토리지 에어리어 네트워크(SAN ; Storage Area Network)의 성능이 저하되고 있는 현상에 대한 조사업무를 부여받았다. 관련 사항을 조사하는 중 최근 급증한 업무로 인하여 네트워크의 대역폭 부족이 문제임을 알았다. 이를 해결하기 위하여 기존에 설치된 Gigabit Ethernet 장치를 (A)을/를 활용한 10GBASE-SR나 10GBASE-LRM로 변경하는 방안에 대해 보고를 하였다.

① U/UTP CAT.3 ② Thin Coaxial Cable
③ U/FTP CAT.5 ✔ Optical Fiber Cable

해설
SAN(Storage Area Network)은 여러 스토리지를 하나의 네트워크에 연결시키고, 이 네트워크에 서버를 연결해 스토리지에 접속한다는 개념이다. SAN 환경을 구성하기 위해서는 SAN 스위치라는 기기가 필요하다. 각 서버와 스토리지를 광 케이블로 SAN 스위치와 연결해 데이터를 주고 받는다.

10 다음에서 설명하는 전송 매체는?

> 중심부에는 굴절률이 높은 유리, 바깥 부분은 굴절률이 낮은 유리를 사용하여 중심부 유리를 통과하는 빛이 전반사가 일어나는 원리를 이용한 것으로, 에너지 손실이 매우 적어 송수신하는 데이터의 손실률도 낮고 외부의 영향을 거의 받지 않는 장점이 있다.

① Coaxial Cable ② Twisted Pair
③ Thin Cable ✔ Optical Fiber

해설
구리선 케이블은 페어선으로 수 Mbps 정도, 동축 케이블은 수백 Mbps 정도가 실용상 한도였으나 광섬유 케이블은 Gbps 이상의 폭 넓은 주파수 대역 신호를 전송할 수 있다.

11 사람의 머리카락 굵기만큼의 가는 유리 섬유로 정보를 보내고 받는 속도가 가장 빠르며 넓은 대역폭이 장점이지만 구리선에 비해 가격이 비싸고 설치나 유지보수가 어렵다는 단점이 있는 케이블은 무엇인가?

① Coaxial Cable ② Twisted Pair
③ Thin Cable ✔ Optical Fiber

해설
① Coaxial Cable : 중앙의 절연된 구리선을 관상의 전도체가 둘러싸고 있는 전송 매체
② Twisted Pair : 두 줄의 동선을 꼬아 하나의 도선에 피복한 전송 매체
③ Thin Cable :10Base2이며 이더넷 방식으로 PC들을 직렬로 접속 시 사용하는 전송 매체

12 내부에 코어(Core)와 이를 감싸는 굴절률이 다른 유리나 플라스틱으로 된 외부 클래딩(Cladding)으로 구성된 전송 매체는?

① 이중 나선(Twisted Pair)
② 동축 케이블(Coaxial Cable)
③ 2선식 개방 선로(Two-Wire Open Lines)
✔ 광 케이블(Optical Cable)

해설
광 케이블(광섬유 케이블)은 유리를 원료로 하여 제작된 광섬유를 여러 가닥 묶어서 만든 케이블이다.

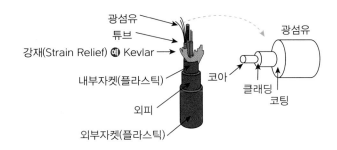

13 전송 매체의 특성 중 Fiber Optics에 해당하는 것은?

① 여러 라인의 묶음으로 사용하면 간섭 현상을 줄일 수 있다.
✔ 신호 손실이 적고, 전자기적 간섭이 없다.
③ 송수신에 사용되는 구리 핀은 8개 중 4개만 사용한다.
④ 수 Km이상 전송 시 Repeater를 반드시 사용해야 한다.

해설
광 케이블(광섬유 케이블)은 감쇠율이 적으며 전자기적 누화가 없다.

광대역 통신 기술

- 데이터 통신망에서 사용되는 회선의 종류에 따라 아래 그림과 같이 전용 회선과 교환 회선으로 분류된다.

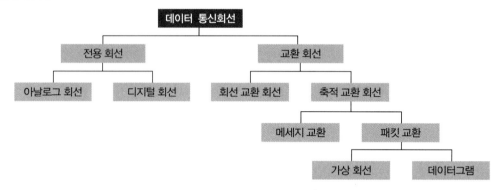

- 전용 회선은 특정 상대방만 접속하는 방법으로 전송 데이터 양이 많은 경우 적합하다. 처리하는 신호의 특성에 따라 아날로그 회선과 디지털 회선으로 분류된다.
- 교환(Switching)은 필요에 따라 단말 장치 사이의 통신로를 확보하여 통신망 전체의 효율성을 높이는 것이 목적이다. 축적 교환 방식은 메시지 교환 방식과 패킷 교환 방식으로 나뉜다.

01 전용 회선

- 원거리 두 지점을 하나의 LAN 구간처럼 음성/데이터를 전송할 수 있도록 연결해 준다.
- 빠른 전송과 보안이 필요한 기업, 공공기관, 금융기관에서 이용되고 있다.

[전용 회선을 이용한 WAN 구성도]

- 가입자와 통신사업자 간에 대역폭을 보장해 주는 서비스를 대부분 전용 회선이라 한다.
- 가입자와 통신사업자 간에는 전용 케이블로 연결되어 있다.

아날로그 전송 회선(음성전송기술 기반)	디지털 전송 회선
• 64kbps 단위로 구분되어 사용 • 속도보다는 신뢰성이 필요할 때 사용	• 대부분 광케이블 기반의 이더넷을 사용 • 가입자와 통신사업자 간의 접속 기술은 이더 넷을 사용

02절 교환 회선

1 회선 교환 방식(Circuit Switching)

- 연결위주 통신 방식으로 데이터 전송하기 전에 근원지와 목적지 사이에 통신 경로가 먼저 설정되어야 한다.
- 회선 교환이란 송수신 단말장치 사이에서 데이터를 전송할 때마다 아래 그림의 화살표와 같이 통신경로를 설정하여 데이터를 교환하는 방식이다.

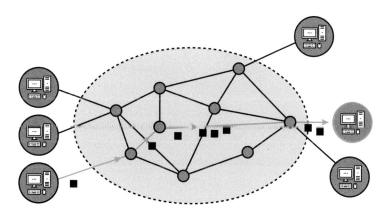

[통신 경로 사전 수립]

- 접속이 이루어지면 해제할 때까지 전용선처럼 사용가능하다.
- 전화망에 주로 사용된다.
- 비교적 길이가 길고 통신밀도가 높은 데이터 통신에 유리하다.
- 데이터 전송이 연속적이지 않은 경우에는 통신 회선이 낭비된다.

2 축적 교환 방식 (Store and Forward Switching)

- 비연결 방식으로 송신측에서 전송한 데이터를 송신측 교환기에 저장시켰다가 이를 다시 적절한 통신 경로를 선택하여 수신측에 전송하는 방식이다.

① 메시지 교환 방식(Message Switching)
  - 교환기는 송신측의 메시지를 받아서 저장한 후에 전송 순서가 되면 수신측으로 전송한다.
  - 메시지는 전자우편과 같이 특정 응용에서 사용하는 데이터의 논리적 단위이다.
  - 각각의 메시지마다 전송 경로를 결정하고, 수신측 주소를 붙여서 전송한다.
  - 전송 지연 시간이 길고, 응답 시간이 느려 대화형 데이터 전송에는 부적합하다.

② 패킷 교환 방식(Packet Switching)
- 모든 메시지를 일정한 크기의 패킷 단위로 전송한다.
- 패킷은 데이터를 일정크기로 분할하고 송신지 주소를 부가하여 만든 데이터 블록이다.
- 장애 발생 패킷 교환기에 일시 저장되었다가 전송(Store-and-Forward)한다.

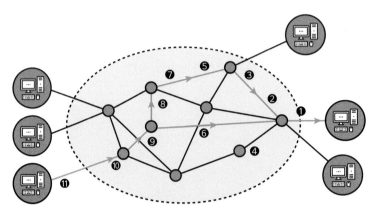

[전송 패킷별 경로 수립]

- 패킷 교환기는 수신된 패킷의 저장 기능, 경로 설정 기능, 최종 목적지 교환기의 순서 제어 기능을 가진다.
- 순서 제어 기능은 송신된 패킷의 순서와 수신된 패킷의 순서가 같지 않을 수 있으므로 이를 재정렬하는 기능으로 수신측에서는 분할된 패킷을 재조립한다.
- 3가지 경로 설정 방법이 있으며 아래와 같다.

고정 경로 설정	전송 경로가 미리 정해져 있는 경로 설정 방법
랜덤 경로 설정	수신된 패킷 경로를 제외하고 하나의 송신 경로를 무작위로 설정하는 방식 라운드–로빈(Round–Robin)방식을 이용
적응성 경로 설정	인접 교환기의 상태 및 패킷 교환망의 상태 등에 따라 매번 전송 경로를 선택하는 방식

- 패킷 교환 방식에는 전송 경로 설정 시 처리되는 방식에 따라 가상 회선 패킷 교환 방식과 데이터 그램 패킷 교환 방식으로 나눠진다.

가상 회선 방식	• 연결지향성 서비스 • 논리 가상 회선을 미리 설정하여 설정된 경로를 따라 패킷들을 순서적으로 전송 • 모든 패킷은 같은 경로로 발생 순서대로 전송 • 송수신 후에는 연결을 해지하기 위한 Clear Request 패킷이 필요
데이터그램 방식	• 비연결지향성 서비스 • 연결 경로를 설정하지 않고 인접한 노드의 트래픽 상황을 감안하여 각각의 패킷들을 순서와 상관없이 독립적으로 전송 • 수신측에서 패킷 순서를 재정리 • 짧은 데이터 전송에 적합

03 📖 광대역 통합망(BcN ; Broadband convergence Network)

· 유선과 무선, 음성과 데이터를 제공하는 망을 IP(인터넷 프로토콜)망으로 통합해 음성·데이터·
영상 등 모든 통신서비스를 융합시킨 고품질의 다양한 부가서비스를 효율적으로 제공하는 통
합 네트워크이다.

- 아래 그림은 BcN의 적용분야를 나타낸 것이다.

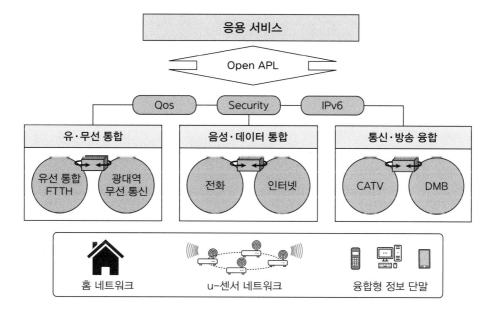

· End-to-End 고품질 서비스가 제공 가능하도록 QoS가 보장되고 SLA에 따른 고객의 서비스
품질 차별화 가능 및 네트워크 전체 계층의 Security 보장한다.

· 망 소유를 하지 않은 제 3자도 손쉽게 서비스의 창출, 제공이 가능한 개방형 통신망(Open
API)이다.

· 유비쿼터스 환경을 위한 광범위한 단말기 주소 수요 충족을 위해 IPv6 사용한다.

· 특정 네트워크나 단말 종류에 구속되지 않고 다양한 접속환경에서 다기능 통합 단말 등을 통해
시간과 공간의 제약을 받지 않고 언제 어디서나 안심하고 사용 가능한 유비쿼터스 환경을 지원
한다.

01 한번 설정된 경로는 전용 경로로써 데이터가 전송되는 동안 유지해야 하는 전송 방식은?

✔ Circuit Switching
② Packet Switching
③ Message Switching
④ PCB Switching

> **해설**
> ② Packet Switching : 전송경로 처리 방식에 따라 가상 회선 패킷 교환 방식과 데이터그램 패킷 교환 방식이 있다.
> ③ Message Switching : 비연결방식으로 송신측 교환기에 저장시켰다가 이를 다시 적절한 통신경로를 선택하여 수신측에 전송하는 방식이다.
> ④ PCB Switching : PCB에 적용되는 스위칭 방식이다. PCB(Printed Circuit Board)는 반도체를 비롯해 다양한 부품을 하나의 판 위에 모아놓은 인쇄회로기판이다.

02 패킷 교환의 특징에 대한 설명 중 옳지 않은 것은?

① 패킷과 함께 오류 제어를 함으로서 고품질/고신뢰성 통신이 가능하다.
② 패킷을 전송 시에만 전송로를 사용하므로 설비 이용 효율이 높다.
③ 패킷 교환 방식으로는 연결형인 가상회선 방식과 비연결형인 데이터그램(Datagram) 방식 2가지가 있다.
✔ 복수의 상대방과는 통신이 불가능하다.

> **해설**
> 패킷 교환기는 여러 목적지에 분할된 패킷을 비순차적으로 전송한다.

03 패킷 교환망의 특징으로 옳지 않은 것은?

① 연결설정에 따라 가상 회선과 데이터그램으로 분류된다.
② 메시지를 보다 짧은 길이의 패킷으로 나누어 전송한다.
✔ 망에 유입되는 데이터의 양이 많아질수록 전송 속도가 빠르다.
④ 블록킹 현상이 없다.

> **해설**
> 망에 유입되는 데이터의 양이 많아질수록 전송속도가 느려진다.

04 (A)안에 들어가는 용어 중 가장 옳은 것은?

> – (A)은 유선망과 무선망을 통합하여 통합 단말기를 통해 최적으로 통신망 간 접속이 이루어지며 끊김없는 광대역 멀티미디어 서비스를 제공한다.
> – 특정 통신망이나 단말기에 구애받지 않고 통신, 방송 및 인터넷 서비스를 통합하며 서비스 품질보장, 광대역화, 고기능화, 보안 보장 및 IPv6 지원 등의 특성이 있다.

① 전력통신망
　(Electric power company's Network)
② 기업통신망
　(Business company Network)
③ 방송통신망
　(Broadcasting and communication Network)
✔ 광대역융합망
　(Broadband convergence Network)

> **해설**
> 광대역융합망(BcN ; Broadband convergence Network)은 유선, 무선 통신, 방송, 인터넷이 하나로 융합된 품질 보장형의 광대역 멀티미디어 서비스를 언제, 어디서나 끊김없이 안전하게 이용할 수 있게 해주는 통합 네트워크. 유비쿼터스 서비스 환경 구현에 있어서 핵심적 요소이다.

Chapter 3 데이터 통신 관련 기술

01 다중화(Multiplexing) 기술

• 다중화는 하나의 전송로로 여러 개의 데이터 신호를 중복시켜서 전송하는 기술이다. 아래 그림 과 같이 몇 개의 단말 장치들이 하나의 전송로를 통하여 신호를 전송하고 이를 수신측에서 다 시 몇 개의 단말 장치 신호로 분리하여 컴퓨터에 입출력할 수 있다.

 − 다중화 장치(MUX)를 사용하여 여러 단말 장치들과 컴퓨터가 하나의 전송로로 이용 가능하 게 함으로써 전송 효율의 극대화, 전송 설비 투자비용 절감, 회선 설비의 단순화 등의 장점 을 갖는다.

 − 역다중화(Demultiplexing)은 역다중화기(Demux)를 이용하여 하나의 전송로에서 들어온 트래픽들을 여러 단말장치나 컴퓨터에 전달해 준다.

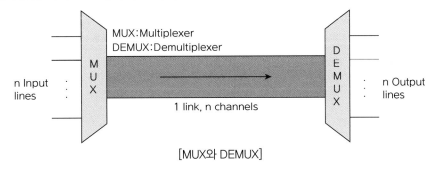

[MUX와 DEMUX]

• 채널(Channel)은 한 쌍의 장치 간에 데이터 전송을 위해 형성된 논리적 경로이다.
• 보호밴드(Guard Band)는 채널 사이의 상호 간섭을 막기 위한 완충지역이다. 이것은 대역폭을 낭비하는 결과를 가져와 채널 이용률을 낮추게 한다.
• 다중화 방식은 시분할, 주파수 분할, 코드 분할, 파장 분할 등이 있다.

1 시분할 다중화 방식(TDM ; Time Division Multiplexing)

 − 하나의 회선을 공유하고 있는 장치들에게 서로 동일한 일정한 시간(타임 슬롯)을 할당하여 주어진 시간 동안에만 데이터를 송수신한다.
 − 복수 데이터나 디지털 음성을 각각 일정한 시간으로 분할하여 전송한다.
 − 시간을 타임 슬롯(Time Slot) 단위로 나누고, 일정 크기의 프레임으로 묶어 채널별 특정 시 간대의 해당 슬롯을 배정한다.
 − 통신 채널에 타임 슬롯을 할당하는 방법에 따라 동기 TDM과 비동기 TDM(또는 통계 TDM) 으로 분류된다.

동기식 TDM	비동기식 TDM
타임 슬롯을 각 채널에 정적으로 할당	실제로 보낼 데이터가 있는 채널에만 타임 슬롯을 할당
전송 데이터가 없는 채널에 슬롯이 할당되어 타임 슬롯의 낭비 가능성이 높음	전송 효율성이 동기식 TDM보다 높음

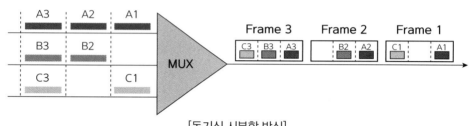

[동기식 시분할 방식]

[비동기식 시분할 방식]

2 주파수 분할 다중화 방식(FDM ; Frequency Division Multiplexing)

- 전송로의 주파수 대역폭을 아래의 그림과 같이 다수의 작은 대역폭으로 분할하여 데이터를 전송한다.

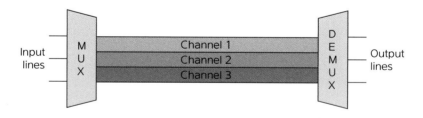

- 전송하려는 신호의 주파수 대역폭보다 전송 매체의 유효 대역폭이 클 때 사용하다.
- 보호 대역(Guard Band)을 사용하여 인접한 채널 간의 간섭을 막는다.
- 광대역(Broad Band)에서는 FDM 방식을 이용하여 데이터를 전송한다.
- 저속의 아날로그 전송에 적합하다.
- 대량의 정보를 처리하기에는 비효율적이며, 비동기 통신에 이용된다.
- TV, 라디오, 통신위성, CATV와 같은 아날로그 전송에 사용된다.

02 절 펄스코드변조(PCM ; Pulse Coded Modulation)

- 인코딩(Encoding)은 아날로그 또는 디지털 데이터를 디지털 신호로 변환하며, 변조(Modulation) 는 아날로그 또는 디지털 데이터를 아날로그 신호로 변환한다.

데이터 신호	아날로그 신호	디지털 신호
아날로그 데이터	AM, FM, PM	PCM
디지털 데이터	ASK, PSK, FSK, QAM	RZ, NRZ, AMI

- 신호 변환 방법은 전송 회선이 아날로그 회선인지 또는 디지털 회선인지에 따라 분류된다.

- 펄스 코드 변조(PCM ; Pulse Coded Modulation)은 아날로그 데이터를 디지털 신호로 변환하 는 기법으로 가장 많이 사용된다. 변환기는 코덱(CODEC ; COder-DECder)이다.
  - 변조 단계는 표본화, 양자화, 부호화 과정을 걸친다.

> [변조단계] 표본화 → 양자화 → 부호화 → 복호화 → 여파화

PAM 표본화(Sampling)	• 아날로그 데이터 신호를 입력받아 PAM 펄스 생성 – 연속적인 아날로그 신호를 일정한 시간 간격으로 진폭을 측정하 여 펄스진폭 변조(PAM, Pulse Amplitude Mod.) 신호를 생성 – 샤논의 표본화 이론을 이용
양자화 (Quantizing)	• PAM을 정량화(정수값으로 근사화)하는 단계
부호화 (Encoding)	• 정수값으로 표현된 데이터를 2진코드로 변환
복호화(Decoding)	• 수신된 디지털 신호를 PAM 신호로 복원
여파화(Filtering)	• PAM 신호를 아날로그 신호로 복원

- 아래 그림은 PCM 과정을 도식화 시킨 예제이다. PCM 펄스 4, 3, 6, 3, 1, 5, 2는 2진수 100 011 110 011 001 101 010로 변화 후 디지털화 된다.

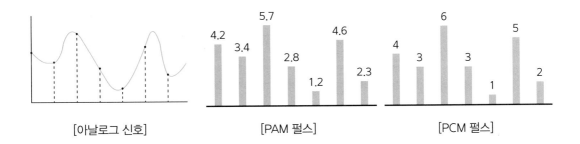

[아날로그 신호]　　　　　[PAM 펄스]　　　　　[PCM 펄스]

03절 데이터 전송 오류 제어

- 데이터 전송 오류 제어는 송수신측이 송수신된 데이터의 오류 발생 여부를 검출하고 문제가 발생할 경우 해결하기 위한 방법이다.
- 오류 제어 방식은 크게 2가지로 분류되며 아래와 같다.

	전진(Forward) 오류 수정	후진(Backward) 오류 수정
특징	오류 발생 시 재전송을 요구하지 않음	오류 발생 시 재전송을 요구
송신지	데이터에 부가정보를 추가하여 송신	데이터에 부가정보를 추가하여 송신
수신지	부가정보를 이용하여 오류 검출 및 정확한 정보를 유출 가능	부가정보를 이용하여 오류 검출 후 송신측에게 데이터 재전송 요구
종류	해밍코드(Hamming Code)	ARQ 방식

1 오류 검출 방식

① 패리티 검사(Parity Check)
- 송신측에서 전송될 프레임에 패리티 비트를 추가하여 전송하고, 수신측에서 수신된 문자의 비트와 패리티 비트를 합하여 1의 총계를 검토하는 방식이다.
  - 짝수 패리티 검사 : 1의 개수가 짝수인지를 검토
  - 홀수 패리티 검사 : 1의 개수가 홀수인지를 검토
- 오류 비트 수가 2개인 경우에는 검출 불가능, 오류가 검출되더라도 위치를 알기 어렵다.

② 블록합 검사(BSC ; Block Sum Check)
- 패리티 검사의 단점을 보완하는 방식이다.
- 수평 패리티 검사(VRC ; Vertical Redundancy Check)와 수직 패리티 검사 (LRC ; Longitudinal Redundancy)를 수행한다.
  - 송신측은 문자당 패리티 검사 비트를 할당하고 프레임 전체 문자에 대해 잉여 패리티 비트 문자(블록합 체크 문자)를 함께 전송한다.
  - 수신측은 수신된 프레임의 문자들에 대해 블록합을 계산한다.
- 송신측이 전송한 블록합 문자와 수신측에서 계산한 문자의 블록합 비교한다.
  - 블록합이 다르면 오류 발생, 1비트 오류에 대해 오류 비트 위치 판단 가능하다.
  - 2비트 이상 오류에 대해 오류 판단은 가능하지만 오류 비트 위치 판단 불가능하다.

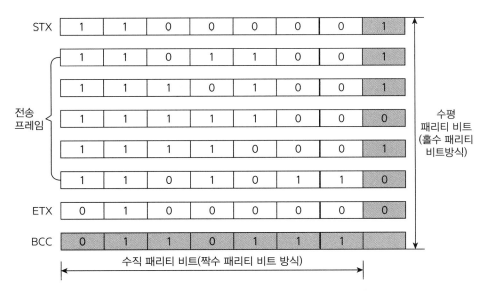

③ 순환잉여검사(CRC ; Cyclic Redundancy Check)

- BSC의 단점을 해결한 방식이다.
  - BSC는 오류가 한꺼번에 많이 발생하는 비트(burst error)들에 대한 검출이 불가능하다.
- 집단 오류를 해결하기 위한 다항식 코드를 사용한 오류 검출 방식이다.
  - 2계층 프레임 끝에 FCS(Frame Check Sequence) 첨부한다.
  - 다항식 코드 이외에도 2산술, 쉬프트 레지스터 및 배타적 OR 게이트를 이용한다.

④ 해밍코드(Hamming Code)

- 데이터의 오류를 검출 후 오류 정정까지 가능하다.
  - 전진 제어 방식으로 재전송 없이 수신측에서 검출된 오류에 대해 자체적 수정한다.
- 데이터 비트와 에러 검출과 수정을 위한 패리티 비트로 구성한다.
  - 데이터의 비트 수에 따라 패리티 비트의 수가 결정된다.
- 잉여 비트 추가로 전송 효율이 떨어진다.

2 검출 후 재전송 (ARQ ; Automatic Repeat Request) 방식

수신측에서 오류를 검출한 후 송신측으로 오류가 발생한 프레임의 재전송을 요구하는 방식이다.

① 정지- 대기(Stop and Wait) ARQ방식

- 송신측에서 한 번에 한 개의 프레임을 송신하고 수신측에서는 수신된 프레임의 오류 유무를 판단하여 송신측에 ACK 또는 NAK로 응답하는 방식이다.
  - 송신측은 ACK 또는 NAK를 받기 전에는 다음 프레임을 송신할 수 없다.
  - ACK를 받으면 다음 프레임을 전송하고, NAK를 받으면 해당 프레임을 재전송한다.

- 구현 방법이 간단하다.
- 송신측이 ACK(또는 NAK)를 수신할 때까지 다음 프레임을 전송할 수 없으므로 전송효율이 떨어진다.

② 연속(Continuous) ARQ 방식
- Go-back-N 방식
  - 정지-대기 ARQ와는 달리 ACK에 관계없이 계속 프레임을 전송하는 방식이다.
  - 송신측은 송수신 가능한 프레임 개수 크기를 프레임들에 '순서번호'를 부여하여 전송한다.
  - 수신측에서는 프레임 오류 검출 후 'NAK+오류 프레임의 순서번호'를 송신측에 송신한다.
  - 송신측에서 NAK를 수신하면, 순서번호의 프레임 이후에 보낸 프레임들을 다시 전송한다.

문제 ① 패킷 F3에서 오류가 발생이 될 경우(단, 패킷 F4와 패킷 F5의 오류가 없음)

해설

패킷 F3에서 오류가 발생하면 수신지로부터 F3의 NAK3이 전달된다. 패킷 F3 이후에 전송된 패킷 F4, F5는 F3와 같이 다시 전송된다.

- Selective Repeat ARQ 방식
  - 오류검출 이후의 프레임들을 모두 보내는 Go-back-N 방식과는 달리 NAK에 해당되는 프레임만 재전송하는 방식이다.
  - 전송효율은 좋으나 송신측에서는 수신측의 수신 상태에 따라 전송한다.
  - 송신순서를 벗어난 전송이 많이 발생 할 수 있으므로 구현방법이 복잡하다.

문제 ❷ 패킷 F3에서 오류가 발생이 될 경우(단, 패킷 F4와 패킷 F5의 오류가 없음)

해설

패킷 F3에서 오류가 발생하면 수신지로부터 F3의 NAK3이 전달된다. 이때 패킷 F4와 F5의 전송 없이 F3만 다시 전송한다.

- 적응성(Adaptive) ARQ 방식
  - 전송효율을 최대로 하기 위해서 프레임의 길이를 동적으로 변경할 수 있는 방식이다.
  - 수신측은 통신 회선의 오류 발생율을 검사하여 송신측에 알림린다.
  - 알림 정보를 받은 송신측은 가장 적절한 프레임의 길이를 결정하여 송신한다.
  - 전송효율은 높으나 각 장치의 제어회로가 매우 복잡해진다.

01 송신측에서 여러 개의 터미널이 하나의 통신 회선을 통하여 신호를 전송하고, 전송된 신호를 수신측에서 다시 여러 개의 신호로 분리하는 것은?

☑ Multiplexing
② MODEM
③ DSU
④ CODEC

해설
② MODEM : 정보 전달(주로 디지털 정보)을 위해 신호를 변조하여 송신하고 수신측에서 원래의 신호로 복구하기 위해 복조하는 장치
③ DSU : 디지털용 회선에 사용하는 장비로 디지털 데이터를 디지털 신호로 변환하는 장치
④ CODEC : 디지털 비디오와 오디오를 위한 압축/복원 기술

02 두 스테이션 간 하나의 회선(전송로)을 분할하여 개별적으로 독립된 신호를 동시에 송/수신할 수 있는 다수의 통신 채널을 구성하는 기술은?

① 데이터 전송(Data Transmission)
② 디지털 데이터 통신(Digital Data Communication)
③ 데이터 링크 제어(Data Link Control)
☑ 다중화(Multiplexing)

해설
다중화(Multiplexing)은 하나의 고속 통신 회선을 다수의 단말기가 공유할 수 있도록 하는 것이다.

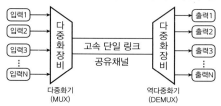

03 Multiplexing 방법 중에서 다중화 시 전송할 데이터가 없더라도 타임 슬롯이 할당되어 대역폭의 낭비를 가져오는 다중화 방식은?

☑ TDM(Time Division Multiplexer)
② STDM(Statistical Time Division Multiplexing)
③ FDM(Frequency Division Multiplex)
④ FDMA(Frequency Division Multiple Access)

해설
동기식 TDM은 전송 데이터가 없는 채널에 슬롯이 할당되어 타임슬롯의 낭비가능성이 높다.

04 PCM 방식에서 아날로그 신호의 디지털 신호 생성 과정으로 올바른 것은?

☑ 음성 – 표본화 → 양자화 → 부호화 → 전송로
② 음성 – 양자화 → 표본화 → 부호화 → 전송로
③ 음성 – 표본화 → 부호화 → 양자화 → 전송로
④ 음성 – 양자화 → 부호화 → 표본화 → 전송로

해설
• 표본화 → 양자화 → 부호화 → 복호화 → 여파화
• PCM은 연속적인 아날로그 신호를 일정한 시간 간격으로 진폭을 측정한다(표본화). 측정된 신호는 정량화 단계(양자화)와 평준화 단계(부호화)를 걸쳐 디지털 전송 신호로 변환된다.

05 전송 매체를 통한 데이터 전송 시 거리가 멀어질수록 신호의 세기가 약해지는 현상은?

❶ 감쇠 현상
② 상호 변조 잡음
③ 지연 왜곡
④ 누화 잡음

해설
② 상호 변조 잡음 : 서로 다른 주파수들이 똑같이 전송 매체를 공유할 때 서로의 합과 차에 대한 신호를 계산함으로써 발생하는 잡음
③ 지연 왜곡 : 전송 매체를 통한 신호의 전달속도가 주파수의 가변적 속도에 따라 왜곡되는 현상
④ 누화 잡음 : 한 신호 채널이 다른 신호 채널과 원치 않은 결합을 하여 생성되는 잡음

06 데이터 흐름 제어(Flow Control)와 관련 없는 것은?

① Stop and Wait
② XON/XOFF
❸ Loop/Echo
④ Sliding Window

해설
Loop/Echo는 네트워크상의 충돌체크를 위한 제어 데이터이다.

07 에러 제어 기법 중 자동 재전송 기법으로 옳지 않은 것은?

① Stop and Wait ARQ
② Go-back N ARQ
❸ 전진 에러 수정(FEC)
④ Selective Repeat ARQ

해설
전진 에러 수정(FEC)은 오류 발생 시 재전송을 요구하지 않는다. 전진 에러 수정 방법으로 대표적인 것은 해밍 코드이다.

08 전송효율을 최대로 하기 위해 프레임의 길이를 동적으로 변경시킬 수 있는 ARQ (Automatic Repeat Request)방식은?

❶ Adaptive ARQ
② Go-back-N ARQ
③ Selective-Repeat ARQ
④ Stop and Wait ARQ

해설
② Go back-N ARQ : 에러가 발생한 블록으로 되돌아가 모든 블록을 재전송
③ Selective ARQ : 프레임의 순서에 관계없이 단지 손실된 프레임만을 재전송
④ Stop-and-Wait ARQ : 송신측은 수신측으로부터 ACK를 수신했을 경우에만 다음 프레임을 전송

09 ARQ 방식 중 에러가 발생한 블록으로 되돌아가 모든 블록을 재전송하는 것은?

❶ Go-back-N ARQ
② Selective ARQ
③ Adaptive ARQ
④ Stop-and-Wait ARQ

해설
② Selective ARQ : 프레임의 순서에 관계없이 단지 손실된 프레임만을 재전송
③ Adaptive ARQ : 데이터 전송 블록을 채널 상태에 따라 동적으로 변경하여 전송
④ Stop-and-Wait ARQ : 송신측은 수신측으로부터 ACK를 수신했을 경우에만 다음 프레임을 전송

무선 네트워크 기술

01 무선 랜(LAN) 기술

- 유선(10/100Base)을 사용하지 않고 라디오 주파수(Radio Frequency)를 이용하여 공중상에서 데이터를 전송, 수신하는 방식이다.

- 유선 랜(LAN)의 확장 또는 대체의 개념으로 구현될 수 있는 데이터 통신이다.

- 유선 랜(LAN)이 트위스트 페어, 동축 케이블, 광(Fiber)등을 전송선로로 이용하는 반면 무선 랜(LAN)은 대기를 통하여 전파를 전송한다.

- 무선 랜(LAN)은 유선 랜(LAN)을 대체하기 보다는 기간망과 이동(Mobile) 사용자 간의 수십 미터 이내의 종단 연결점을 제공한다는 개념으로 Mobility와 Scalability를 발휘할 수 있는 장점이 있다.

- Access Point(액세스 포인트)
  - 기존 유선 랜(HUB나 스위치와 연결)과 무선 랜 연결 시 사용하는 장비이다.
  - Data의 전송 및 Buffering 기능을 제공하며, 하나의 Access Point는 수십 명 ~ 수백 명의 사용자를 지원하고 수 Km까지 지원 가능하다.

- 무선 랜을 구성하는 2가지 모드는 Ad Hoc와 Infrastructure이다.

Ad Hoc Mode	Infrastructure Mode
• Access Point 없이 무선 클라이언트 상호 간의 데이터 전송하는 방식이다. • 유선 네트워크에 대한 접근을 지원하지 않기 때문에 Access Point를 필요로 하지 않다.	• 유선 랜과 무선 랜 간의 통신이 가능한 구조이다. • Access Point를 기반으로 무선 클라이언트 간에 데이터 전송하는 방식이다.

- IEEE 802.11
  - 미국전기전자학회(IEEE)의 작업 그룹에서 개발한 무선 랜(LAN) 규격이다.
  - 규격에는 802.11, 802.11a, 802.11b, 802.11g, 802.11n이 있으며, 이들 모두 경로 공유 프로토콜로서 반송 파 감지다중접속/충돌 예방(CSMA/CA)을 사용하고 있다.

– 무선 랜 표준 규격의 종류별 특징은 다음의 표와 같다.

구분	Wi-Fi (802.11b/g/a)	WiMAX (802.16d)	Mobile WiMAX(802.16e)	
				WiBro
주파수 대역	2.4Ghz/5.0Ghz	2~11Ghz	2.5G/3.5G/5.8G	2.3G
커버리지	100m	3.5~7Km	50Km	1~1.5Km

02 무선 센서 네트워크(WSN ; Wireless Sensor Network)

• WSN은 Sensor Node들과 Sink Node로 구성되며 사람들이 접근하기 어려운 장소의 환경 데이터들을 센싱하여 무선으로 전달해 주는 네트워크다.
  – Sink 노드는 센서 노드들의 센싱 데이터를 수집한다.

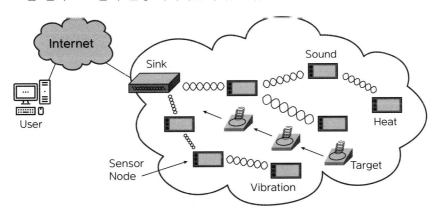

[Sink Node와 Sensor Node로 구성된 WSN]

• 물리적 또는 환경적 조건을 모니터링 하기 위해 센서를 사용하는 독자적인 디바이스로 구성된 무선 네트워크이다.
• 전력망, 가로등, 도시 상수와 같은 공익설비를 위해 무선 센서는 에너지 사용을 줄이고 리소스를 더욱 잘 활용하기 위해 시스템 상태 데이터를 수집하는 저가형 방식을 제공한다.
• WSN 애플리케이션에서 3년의 배터리 수명이 요구되므로 현재 여러 WSN 시스템은 낮은 전력 소모 특징이 있는 ZigBee 또는 IEEE 802.15.4 프로토콜에 기반한다.

03 무선 메시 네트워크(WMN ; Wireless Mesh Network)

• 기존의 무선통신 방식은 점 대 점(Point-to-Point)의 방식인 반면 WMN은 기존의 유선망에서 사용하던 메쉬 형태의 네트워크를 무선망에서도 사용하고자 하는 목적에서 만들어진 것이다.

- 기존 무선 랜(LAN)의 한계는 다음과 같다.
  - AP는 반드시 유선 네트워크에 연결(기반 인프라 필요)해야 한다.
  - AP에서 단말기까지는 한번의 연결(One-hop), 직접 통신만 가능하다.
  - AP와 단말기 사이의 거리가 멀어지면 네트워크 품질 급속히 저하한다.
  - 반드시 AP와 일정한 거리에서만 작동, 타제품과의 로밍 호환 어려움, 유선환경 필요하다.
- WMN은 메쉬 네트워크의 일종으로 메쉬 라우터들과 메쉬 클라이언트라는 노드들로 이루어진 네트워크로 아래 그림과 같이 다양한 장비들로 구성된다.
  - 메쉬 노드들은 메시라우터를 통해 네트워크에 접속될 수도 있고, 단말들 간의 직접 연결을 통해 상호통신할 수도 있다.

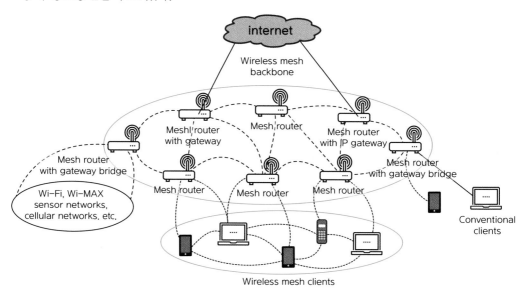

- 신뢰도를 높이고 적은 출력을 가지고 무선망의 확장이 가능하다는 장점을 갖는다.

04 무선 보안 프로토콜

구분	WEP (Wired Equivalent Privacy)	WPA (Wi-Fi Protected Access)	WPA2 (Wi-Fi Protected Access2)
인증	• 사전 공유된 비밀키 사용	• 사전에 공유된 비밀키를 사용하거나 별도의 인증 서버를 이용	• 사전에 공유된 비밀키를 사용하거나 별도의 인증 서버를 이용
암호화	• 고정 암호키 사용 • RC4 알고리즘 사용	• 암호키 동적 변경(TKIP) • RC4 알고리즘 사용	• 암호키 동적 변경 • AES 등 강력한 블록 암호 알고리즘 사용
보안성	• 64비트 WEP 키가 수분 내 노출되므로 취약하여 널리 쓰이지 않음	• WEP 방식보다 안전하나 불안전한 RC4 알고리즘 사용	• 가장 강력한 보안기능 제공

01 Wireless LAN에 대한 설명으로 옳지 않은 것은?

① 유선 랜에 비하여 일정거리 내에서 이동성에 대한 자유로움이 보장된다.

② 무선 랜은 Access Point와 무선 단말기로 구성된다.

③ 무선 랜은 주파수, 속도 및 통신 방식에 따라 'IEEE 802.11 a/b/g/n' 등으로 정의되어 있다.

④ 동일한 Access Point를 사용할 경우 주변 환경에 의한 전송 속도 영향은 없다.

해설

컴퓨터와 Access Point 사이의 거리에 따라 전송 속도가 달라진다.

02 다음에 (A)에 들어갈 알맞은 용어는 무엇인가?

- (A)는 액세스 포인트 없이도 무선 랜(LAN) 카드를 장착한 단말기들 간에 전송 링크의 구성이 가능하다.
- (A)는 중계 기능을 담당하는 노드가 없으므로 통신 가능한 거리가 지극히 제한적이다. (A)에 참여할 모든 단말의 SSID를 동일하게 설정하여야 한다.
- (A)에서는 하나의 무선 통신 채널만을 사용하므로, 모든 단말기들이 같은 통신 채널을 사용하도록 지정해 주어야 한다.

① Ad-hoc Network

② Wireless Mesh Network

③ Virtual Private Network

④ Wireless Sensor Network

해설

② Wireless Mesh Network : 무선 AP와 이동 노드가 혼합된 멀티홉 기반의 무선 Ad-hoc 네트워크

③ Virtual Private Network : 공중망 내에서 마치 단일 회사만 전용선처럼 사용하는 기술

④ Wireless Sensor Network : 물리적 또는 환경적 조건을 모니터링하기 위해 센서를 사용하는 독자적인 디바이스로 구성된 무선 네트워크

03 센서 네트워크에서 센서 노드들의 센싱 데이터를 수집하는 노드는?

① Sink

② Actuator

③ RFID

④ Access Point

해설

② Actuator : 시스템을 움직이거나 제어하는 기계 장치

③ RFID : 전파를 이용해 원거리에서 정보를 인식하는 기술

④ Access Point : 무선 랜을 구성하는 장치중 하나로, 유선 랜과 무선 랜을 연결시켜주는 장치

04 다음 (A)에 들어갈 알맞은 용어는 무엇인가?

- 네트워크를 관리하는 사원 Lee는 Wireless LAN 환경에서 AP가 없는 경우 장치 간의 네트워크를 연결할 수 있는 시스템으로 다음의 기술을 연구 중이다.
- (A)는 무선 액세스 포인트가 없어도 Wi-Fi를 탑재한 장치 간 직접 연결할 수 있도록 하는 와이파이 표준이다. 연결 상태에 따라(Bridge 사용 등) 인터넷 탐색부터 파일 전송에 이르기까지 모든 것에 활용할 수 있으며, 일반적인 와이파이 속도 수준으로 하나 이상의 장치와 동시에 통신(Single Radio Hop Communication)할 수 있다.
- (A) 인증 프로그램은 와이파이 얼라이언스가 개발하고 관리한다. 또한, 기존 무선통신 기술인 블루투스보다 넓은 전송 범위로 100M 이내에 있는 모바일 장치와 프린터, 컴퓨터, 헤드폰 등을 동시에 연결할 수 있으며, 빠른 속도로 전송할 수 있다.

① Software Defined Network ✅ Wi-Fi Direct
③ WiBro ④ WiMAX

해설

Software Defined Network은 소프트웨어를 통해 네트워크 리소스를 가상화하고 추상화하는 네트워크 인프라에 대한 접근 방식이다. Wi-Fi, WiBro와 WiMAX는 무선 인터넷서비스로 주파수 대역과 커버리지로 아래와 같이 구분할 수 있다.

05 다음은 무선 네트워크에 관한 내용이다. (A) 안에 들어가는 용어 중 옳은 것은?

- 네트워크 관리하는 사원 Kim은 최근 회사 내 Wi-Fi 접속에 대하여 접속에 대하여 접수된 불만 사항을 조사하고 있다. 조사 결과 회사 전체에 Wi-Fi 환경을 지원하기 위하여 설치한 AP들 사이의 공간에서 접속 끊김이 발생하는 현상을 찾아냈다. 이를 해결하기 위하여 (A) 기법이 적용된 장치로 업그레이드를 건의하였다.
- (A)는 기존의 유선망으로 연결한 AP로 구성된 환경의 단점을 해결하기 위하여 나온 기술로 인터넷/인트라넷에 연결되지 않은 AP가 인터넷/인트라넷에 연결된 AP에 WDS(무선 분산 시스템, Wireless Distribution System)로 연결하여 네트워크를 사용할 수 있는 시스템으로 네트워크 효율성을 극대화할 수 있는 망이다.

✅ WMN(Wireless Mesh Network)
② UWB(Ultra Wide Band)
③ WPAN(Wireless Personal Area Network)
④ CAN(Campus Area Network)

해설

② UWB : 고주파수에서 전파를 통해 작동하는 단거리 무선 통신 프로토콜
③ WPAN : 개인 근거리 무선통신 산업표준의 하나로 IOT 장치, 센서디바이스 등 저전력 디바이스를 위해 사용되는 기술
④ CAN : LAN보다 크가 다양한 규모에서 사용, 서로 다른 캠퍼스 기관과 사무실 연결

06 다음 (A)에 들어갈 알맞은 용어는 무엇인가?

> – (A)는 고전적인 네트워크 기술 패러다임이 기지국 기반에서 블루투스와 같이 유연한 애드 혹 네트워크
> 로 변화된다. 이러한 애드 혹 네트워크는 각각의 구성 장치들 간에 데이터 통신을 하는 주체가 되고, 같
> 은 네트워크 안의 다른 장치들로부터 받은 트래픽을 다른 장치에 릴레이해 주고 라우팅해 주는 기능을
> 갖는 시스템이다.
> – (A) 기능을 탑재한 무선 LAN AP는 전원 연결만 되면 네트워킹이 가능함으로 설치가 편리하고, 유선망
> 과의 연결없이 망 확장이 용이하다.

① Wireless Sensor Network　　　　　✔ Wireless Mesh Network
③ Software Defined Network　　　　④ Content Delivery Network

해설

① Wireless Sensor Network : 센서를 네트워크로 구성한 것
③ Software Defined Network : 네트워크의 트래픽 전달 동작을 소프트웨어 기반 컨트롤러에서 제어/관
리하는 접근 방식
④ Content Delivery Network : 콘텐츠를 효율적으로 전달하기 위해 여러 노드를 가진 네트워크에 데이터
를 저장하여 제공하는 시스템

> • 차세대 All-IP 기반 서비스　　　　　　　• 저속 환경에서 고속으로 진화
> • 3GPP 계열 : LTE-Advanced　　　　　　• Wi-Max 계열 : IEEE 802.16m
> • LTE Advanced의 경우 최대 1Gbps,
>   시속 60Km 이상 이동시에도 최대 100Mbps의 속도로 데이터 전송

07 다음은 몇 세대 이동 통신인가?

① 5세대 이동 통신　　　　　　② 2세대 이동 통신
③ 3세대 이동 통신　　　　　　✔ 4세대 이동 통신

해설

이동 통신 기술의 발전은 아래 표와 같다.

구분	1G	2G	3G	3.5G	4G
기술표준	아날로그 셀룰러	CDMA, GSM	WCDMA	HSDPA	LTE, Mobile WiMAX
전송속도	–	10.0~144Kbps	153kbps ~ 2.4Mbps	3.1 ~ 14.4Mbps	100Mbps ~ 1Gbps
주요 서비스	음성통화	음성, SMS 저속 데이터	음성, 화상통화 고속 데이터	음성, 화상통화 고속 데이터	초고속 데이터
특징	아날로그	디지털	데이터 서비스 중심	데이터 서비스 중심	All-IP 기반

08 다음 중 무선 LAN 보안을 위해 가장 좋은 방법은?

① WEP(Wired Equivalent Privacy)　　② WPA(Wi-Fi Protected Access)
✔ WPA2(IEEE802.11i)　　　　　　　④ MAC 주소 필터링

해설

무선 랜(LAN) 보안 프로토콜들은 WEP, WPA, WPA2이 있다. 초창기에는 MAC 주소 필터링으로 무선 보안을
보장하기도 하였다. 보안성으로 비교한다면 WPA2, WPA, WEP, MAC 주소 필터링 순으로 WPA2가 가장 강
력한 보안 기능을 제공한다.

Chapter 5 최신 네트워크 기술

01 홈 네트워킹

- 가정 내 다양한 정보기기들 상호 간에 네트워크를 구축하는 것이다.
- 가정 내부에서는 정보 가전 기기들이 유·무선 네트워크를 통해 상호 커뮤니케이션하고 외부에서는 인터넷을 통해 상호 접속이 가능한 환경을 구축하는 것을 의미한다.

유선 기반 홈 네트워킹 기술	무선 기반 홈 네트워킹 기술
• HomePNA • 전력선 통신(PLC) • IEEE 1394	• HomeRF • Wireless 랜(LAN)(802.11x) • WPAN, Blutetooth 또는 Zigbee • IrDA(Infrared Data Association)

1 유선 기반 홈 네트워킹 기술

① Home PNA(Home Phoneline Networking Alliance)
   - 가정에 설치된 전화선을 이용해 적은 추가비용으로 가정 내 정보통신 장비들을 아래의 그림과 같이 하나의 네트워크로 연결하는 기술이다.

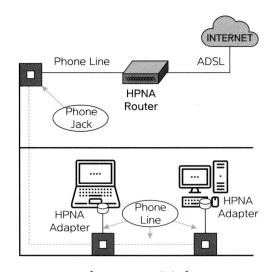

[Home PNA 개념도]

② 전력선 통신(PLC ; Power Line Communication)
- 전력선을 이용하여 정보를 주고 받는 홈 네트워킹 기술이다.
- 아래의 그림과 같이 가정이나 사무실에 설치된 전력선(Power Line)으로 수십 MHz 이상의 고주파 통신 신호를 고속으로 통신하는 기술이다.
- 속도, 안정성, 공유 능력 등의 이유 때문에 비교적 낮은 속도의 홈 오토메이션에만 사용되고 있다. 1Mbps 이상의 대역을 요구하는 네트워크 기술에서는 사용되고 있지 않다.

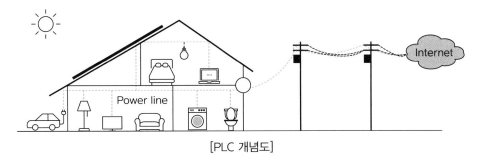

[PLC 개념도]

2 무선 기반 홈 네트워킹 기술

① WPAN(Wireless Personal Area Network)
- 비교적 짧은 거리(약 10m 내)인 개인 활동공간 내의 저전력 휴대기기 간의 무선 네트워크의 구성이다.
- 주요 WPAN 기술들의 비교

구분	Bluetooth	HR–WPAN (High Rate)	LP–WPAN (Low Rate)	Bluetooth 3.0HS
표준	802.15.1	802.15.3	802.15.4	—
주요 기술	블루투스	UWB	Zigbee	UWB
적용 거리	~10m	~10m	10m	(unknown)
전송 속도	1Mbps	11~55Mbps	868MHz : 20kbps 915MHz : 40kbps 2.4GHz : 250kbps	480Mbps
디바이스 크기	소형	소형	초소형	소형
비용 / 복잡성	저비용	저비용	초저비용	저비용
소모 전력	저전력	저전력	초저전력	초저전력
채널 접속 프로토콜	마스터/슬레이브 폴링 시분할 다중화(TDD)	CSMA–CA	CSMA–CA	802.11 프로토콜
물리 계층	FHSS	QPSK, QAM	DSSS	UWB
동작 주파수	2.4GHz	2.402~2.480GHz	2.4GHz	2.4~2.4835GHZ 6~9GHZ

② ZigBee(지그비)

- 소형, 저전력 디지털 라디오를 이용해 개인 통신망을 구성하여 통신하기 위한 표준 기술이다.
- IEEE 802.15 표준을 기반으로 저전력과 저가격을 목표로 하는 저속 근거리 개인 무선 통시의 국제 표준 스팩의 통신기술이다.
- 저전력, 저가격, 저속의 특성을 갖는 센서 네트워크를 위한 무선기술이다.
- 낮은 수준의 전송 속도만 필요로 하면서 긴 배터리 수명과 보안성을 요구하는 분야에서 사용된다.
- 응용 분야에는 무선 조명 스위치, 가내 전력량계, 교통 관리 시스템, 그 밖에 근거리 저속 통신을 필요로 하는 개인 및 산업용 장치 등이 있다.
- 블루투스나 와이파이 같은 다른 WPAN 기술에 비해 상대적으로 더 단순하고 저렴한 기술을 목표로 만들어졌다.
- 아래 표는 Blueethooth, Wi-Fi, Zigbee를 비교한 표이다.

구분	Bluetooth	Wi-Fi	Zigbee
전송 거리	~10m	~100m	~100m
전송 속도	~24Mbps	11M/54Mbps	~250Kbps
최대 채널 수	7	14	32000
소비 전력	중간	높음	매우 낮음
복잡성	낮음	높음	낮음
비용	낮음	높음	낮음

02 IoT(Internet of Things)

- 각종 사물에 센서와 통신 기능을 내장하여 인터넷에 연결하는 기술. 즉, 무선 통신을 통해 각종 사물을 연결하는 기술이다. 사물은 가전제품, 모바일 장비, 웨어러블 디바이스 등 다양한 임베디드 시스템이다.

- 사물인터넷에 연결되는 사물들은 자신을 구별할 수 있는 유일한 IP를 가지고 인터넷으로 연결되어야 한다.

- 센서가 내장되어 있는 사물(디바이스)들이 상호 연결되어 있다.

• 사물인터넷의 기술은 아래와 같이 발전되었다.

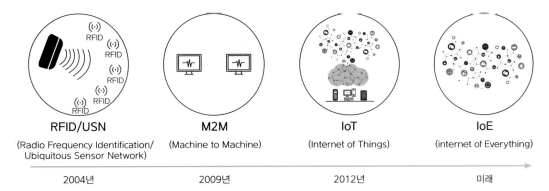

RFID/USN	M2M	IoT	IoE
(Radio Frequency Identification/ Ubiquitous Sensor Network)	(Machine to Machine)	(Internet of Things)	(internet of Everything)
2004년	2009년	2012년	미래

• RFID, USN, M2M의 기술적 차이점은 다음과 같다.

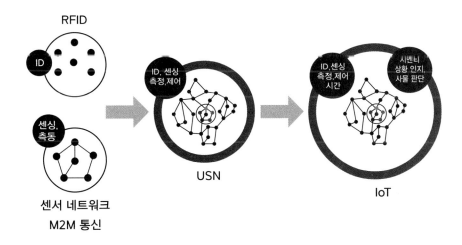

RFID	• Radio Frequency Identification • 모든 개체에 ID를 부여하여 네트워크를 통해 서비스
Sensor Network	• 모든 개체에 센서를 부착하여 정보 교환 및 네트워크를 통해 서비스
M2M	• Machine to Machine, 사물 지능 통신 • 장비나 사물 또는 지능화된 기기들이 사람을 대신해 통신의 양쪽 모두를 맞고 있는 기술 데이터를 다른 장비나 기구 등에 전달하기 위한 통신
USN	• Ubiquotious Sensor Network • 모든 개체에 태그 및 센서를 부탁하여 네트워크를 통해 지식 서비스 제공
IoT	• 사람, 사물, 프로세스 등 모든 것이 인터넷으로 연결되어 정보가 생성, 수집, 공유 활용

- RFID(Radio Frequency Identification)
    - 주파수를 이용해 ID를 식별하는 방식으로 일명 '전자 태그'로 불린다.
    - 전파를 이용해 먼 거리에서 정보를 인식하는 기술을 말하며 전자기 유도 방식으로 통신한다.
    - RFID는 태그와 태그 리더기가 필요하다.
    - 태그는 안테나와 집적 회로로 이루어진다. 집적 회로 안에 정보를 기록하고 안테나를 통해 리더기에 정보를 송신한다. 이 정보는 태그가 부착된 대상을 식별하는 데 이용된다.
    - 사물인터넷에서 RFID는 다양하게 활용된다. 교통카드, 하이패스를 통한 통행료 징수 및 태그가 부착된 상품을 RFID 리더가 자동 인식하여 실시간으로 매장의 재고 현황 파악에도 이용된다.

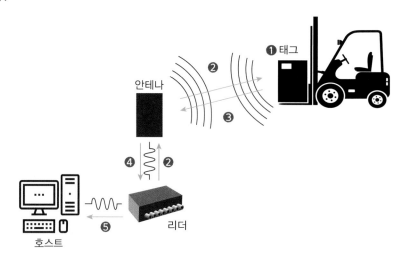

[RFID 시스템 예시]

03 스마트 그리드(Smart Grid)

- 기존의 전력망에 ICT(Information and Communication Technology) 기술을 접속하여 전력 생산 및 소비 정보를 양방향 혹은 실시간으로 교환하면서 에너지 효율을 최적화하는 차세대 전력망이다.

- 전기 공급자와 생산자들이 전기 사용자 정보를 제공해 보다 효과적으로 전기 공급을 관리할 수 있게 해 주는 서비스다.

- 아래의 그림과 같이 스마트 계량기(AMI), 에너지 관리 시스템(EMS), 에너지 저장 시스템(ESS), 전기차 및 충전소, 분산자원, 신재생 에너지, 양방향 정보 통신 기술, 지능형 송·배전 시스템 등으로 구성된다.

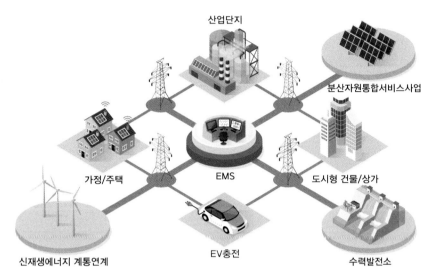

[스마트 그리드 시스템 예시]

- 스마트 그리드 시스템의 핵심적인 기술은 AMI(Advanced Metering Infrastructure, 원격검침 인프라)이다.
    - AMI는 스마트 미터에서 측정한 데이터를 원격 검침기를 통해 측정하여 전력 사용 분석을 자동으로 진행하는 기술이다.
    - 스마트 미터가 집에서 사용되는 전력의 사용량을 자동으로 검침하고 그 정보를 통신망을 통해 전달되는 형태이다.

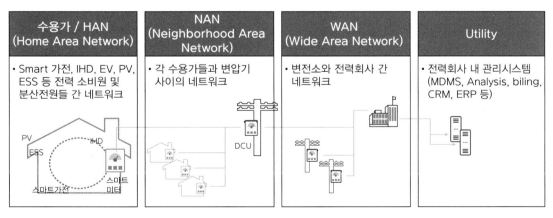

[AMI 구성]

04강 클라우드 컴퓨팅과 엣지 컴퓨팅

1 클라우드 컴퓨팅

- 인터넷 기반의 컴퓨팅으로 인터넷 상의 가상화된 서버에 프로그램을 두고 필요할 때마다 컴퓨터나 스마트폰 등에 불러와 사용하는 서비스이다.
- 서비스 제공 형태에 따른 분류

퍼블릭 클라우드 (Public Cloud)	• 인터넷에 접속 가능한 모든 사용자를 위한 클라우드 서비스 모델 • 클라우드 서비스 제공자(CSP)가 하드웨어, 소프트웨어를 관리
프라이빗 클라우드 (Private Cloud)	• 특정 기업이나 특정 사용자만을 대상으로 하는 서비스 모델 • 서비스의 자원과 데이터는 기업 내부에 저장, 기업이 자원의 제어권을 가짐
하이브리드 클라우드 (Hybrid Cloud)	• 퍼블릭 클라우드와 프라이빗 클라우드를 병행하는 서비스 모델

- 서비스 유형 형태에 따른 분류

IaaS	• Infrasture as a Service, 인프라 수준의 클라우드 컴퓨팅 • 클라우드 서비스 제공 업체(CSP ; Cloud Service Provider)는 데이터센터를 구축해 다수의 물리 서버를 가상화해 제공하며, 네트워크, 스토리지, 전력 등 서버 운영에 필요한 모든 것을 CSP가 책임지고 관리 • Amazon Web Service의 EC2와 Google의 Compute Engine(GCE) 등이 해당
PaaS	• Platform as a Service, 플랫폼 수준의 클라우드 컴퓨팅 • 사용자가 원하는 서비스를 개발할 수 있도록 개발 환경을 미리 구축해 서비스로 제공
SaaS	• Software as a Service, 소프트웨어 수준의 클라우드 컴퓨팅 • 별도의 비용을 들여 소프트웨어 라이센스를 구매할 필요 없이 월간/연간 구독 형태의 사용료를 지불하고 제공 업체의 소프트웨어를 이용 • '슬랙(Slack)', '마이크로소프트 365(Microsoft 365)', '드롭박스(Dropbox)' 등이 해당

2 엣지 컴퓨팅(Edge Computing)

- 기존의 중앙 데이터 처리 방식인 클라우드의 한계를 보완한 가장 첨단화된 컴퓨팅 시스템으로, 데이터가 중앙 서버에서 처리되는 것이 아니라 컴퓨팅 시스템의 맨 끝 단계이자 단말 장치에 가까운 곳에서 데이터가 처리된다고 하여 '엣지 컴퓨팅'이라 붙여졌다.
- 컴퓨팅은 물론 메모리와 대역폭, 그리고 애플리케이션 같은 리소스(Resource)를 네트워크의 주변에 배치함으로써 전송 지연과 대역폭의 제한을 줄여준다.
  - 클라우드 컴퓨팅은 중앙 서버에서만 데이터를 처리하는 반면, 엣지 컴퓨팅은 스마트폰처럼 통신으로 연결된 디바이스에서도 데이터를 처리할 수 있다.

- 최근 5G 통신 기반의 인공지능, 빅데이터, 사물인터넷 등이 널리 사용되면서 기존 클라우드보다 전송 지연과 대역폭 제한을 줄여 더욱 빠르게 컴퓨팅, 사물인터넷 기술을 지원할 수 있다.
  - 엣지 컴퓨팅의 대표적 사례로는 '자율 주행 자동차'이다. 자율 주행 자동차는 실시간으로 도로와 보행자, 그리고 교통상황에 대한 데이터를 분석하고 처리해야 한다.

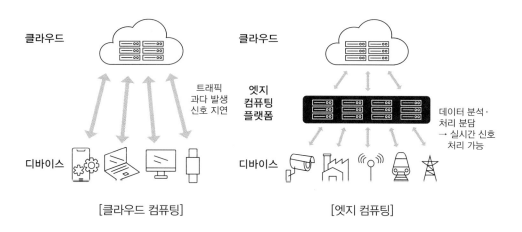

[클라우드 컴퓨팅]　　　　　[엣지 컴퓨팅]

05 SDN(Software Defined Networking) /NFV(Network Function Virtualization)

SDN과 NFV은 네트워크 변화에 효율적으로 대응할 수 있는 방안으로 대두된 기술이다.

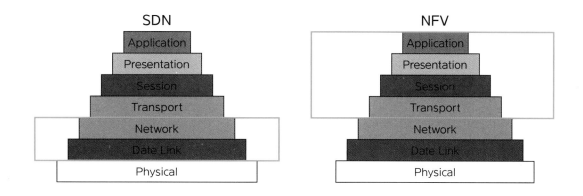

1 SDN(Software Defined Networking)

- SDN은 네트워크 추상화 기술이다.
  - 소프트웨어를 통해 네트워크 리소스를 가상화하고 추상화하는 네트워크 인프라에 대한 접근 방식을 의미한다.

- 네트워크 장비 내의 제어부(Control Plane)와 전송부(Data Plane)의 분리한다.
  - 소프트웨어 애플리케이션과 API를 이용하여 네트워크를 프로그래밍하고, 중앙에서 전체 네트워크를 제어하고 관리하는 것이다.
- Data Plane과 Control Plane을 분리하여 소프트웨어로 NW를 제어할 수 있도록 함으로 신속한 구성과 간편한 트래픽 경로 설정, 인증 및 접속 규칙 적용이 가능하다.

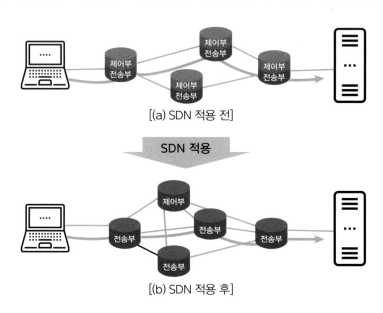

[(a) SDN 적용 전]

SDN 적용

[(b) SDN 적용 후]

2 NFV(NFV ; Network Function Virtualization)

- 기존 NW 하드웨어로 구현되었던 다양한 기능(라우터와 방화벽, IDS, IPS, DNS, 캐싱 등)을 소프트웨어 형태의 가상 Appliance로 구현한 것이다.

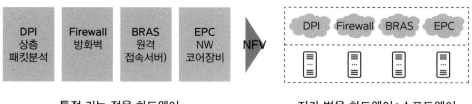

특정 기능 전용 하드웨어   저가 범용 하드웨어+소프트웨어
Function 기능 구현

- 하드웨어와 소프트웨어를 분리한 기술이다.
  - 모든 하드웨어 자원들은 가상화를 통해 각각의 장비가 아닌 하나의 소프트웨어 풀(Pool)로 묶여 필요한 만큼만 필요한 곳에 논리적으로 배치된다.
  - 따라서 새로운 기능을 네트워크에 적용하기 위해 장비 구축부터 시작할 필요가 없어 추가 및 삭제도 쉬워진다.

- 기존 네트워크 장비들은 하드웨어와 소프트웨어가 한 세트로 구성되어 있으나, 하드웨어 사원은 서비스에 따라 여러 종류로 분리되어 있고, 소프트웨어는 하드웨어에 종속되어 있는 구조이다.
- 이러한 구조는 하드웨어 자원 효율이 높지 않고 신규 서비스의 도입 또한 복잡하게 한다.
  - 여유 하드웨어 자원이 있어도 이를 다른 서비스에 활용할 수 없으며, 소프트웨어를 네트워크에 적용하려면 항상 하드웨어 먼저 구축해야 하는 문제가 존재한다.
- 네트워크 기능 가상화(NFV)는 전용 하드웨어 기반에서 동작하는 네트워크 기능을 범용 x86 서버 기반에서 수행하는 것을 의미한다.

06 가상화(Virtualization) 기술

- 가상화란 물리적 자원을 동시에 다수의 논리적인 자원으로 사용하는 것이다.
- 가상화 기술이 주는 이점은 다음과 같다.
  - 효율적인 자원사용이 가능하다.
  - 개발 환경의 휴대화가 가능하다.
  - 설치가 빠르고 간편하다.
- 가상화된 운영 환경은 크게 가상머신과 컨테이너가 있다.
  - 첫 번째는 하이퍼바이저를 이용하여 하드웨어 스택 전체를 가상화하여 가상 머신(VM)으로 제공하는 방법이고, 두 번째는 운영체제 수준에서 프로세스를 컨테이너 형태로 격리하여 제공하는 방법이다.

Virtual Machine(VM)	Container

• 하이퍼바이저를 통한 컴퓨팅 가상화
  – 하이퍼바이저는 VM을 생성, 실행, 관리하기 위한 소프트웨어 플랫폼
• 여러 Guest OS를 동작시킴
  – 각각의 VM마다 Guest OS를 설치해 오버헤드가 큼
• KVM, Zen, VMware, Virtual Box
	• OS를 가상화해 여러개의 고립된 리눅스 시스템을 동작시킴
	• Guest OS가 필요없이 Host OS의 자원을 공유하기 때문에 가상화의 오버헤드가 적음
	• Docker, LCXC

항목	컨테이너	가상 머신
하이퍼바이저	×	○
Guest OS	×	○
커널 자원 분리	×	○
시작 및 종료 시간	빠름	느림
자원 효율성	높음	낮음

01 다음 설명은 홈 네트워크를 구축하기 위해서 사용되는 기술이다. (A), (B), (C)에 들어갈 적합한 용어를 순서대로 나열한 것은 무엇인가?

> – (A)은/는 통신설비를 추가로 설치할 필요 없이 기존에 있는 전화선을 이용하여 통신망을 구축하는 기술이다. 한쌍의 전화선을 이용하여 음성과 데이터를 분리하여 동시 사용 가능하며, 음성 전화를 위한 별도의 장치가 필요 없다. (A) 1.0은 최대 1Mbps의 속도를 제공하며, (A) 2.0은 최대 10Mbps의 속도를 제공한다.
> – (B)의 기술은 기존의 전력선을 기반으로 추가적인 데이터 회선 없이 통신을 지원하는 기술이다. 이는 추가 통신서로의 필요성이 없으나, 전력선을 매체로 활용하다 보니 잡음에 민감하고, 통신 속도도 상대적으로 느려서 현재는 거의 사용되지 않으며, 일부 원격 검침 등의 한정된 애플리케이션에서 사용된다.
> – (C)은/는 현재 가장 널리 사용되는 기술로 IEEE 802.11을 기반으로 한 데이터 통신 전용 네트워크이다. 지원하는 단말 장치의 증가로 기존의 Home Network에 사용되던 기술을 빠르게 대체하고 있다.

☑ HomePNA - PLC (Power Line Communication) – WiFi/Wireless LAN
② Ethernet – ZigBee – WiFi/Wireless LAN
③ HomePNA – PLC (Power Line Communication) – Bluetooth
④ HomePNA – PLC (Power Line Communication) – ZigBee

해설
• ZigBee(지비): 소형, 저전력 디지털 라디오를 이용해 개인 통신망을 구성하여 통신하기 위한 표준 기술
• Bluetooth : 휴대폰, 노트북, 이어폰, 헤드폰 등의 휴대기기를 서로 연결하여 정보를 교환하는 근거리 무선 기술(10M 이내)의 표준

02 다음 지문에서 설명하는 것은?

> 인간, 사물, 서비스 등 모든 것이 인터넷으로 연결되어 새로운 정보가 생성, 수집, 공유되며 사용자에게 새로운 가치와 서비스를 제공하는 것으로 각종 사물에 센서 통신 기능을 내장하여 인터넷에 연결하는 기술이다.

☑ IoT   ② NFC
③ Cloud   ④ RFID

해설
② NFC : RFID 기술 중 하나로 10cm 이내의 거리에서 무선 통신을 하기 위한 기술
③ Cloud : 인터넷을 통해 액세스할 수 있는 서버와 이러한 서버에서 작동하는 소프트웨어와 데이터베이스를 의미
④ RFID : 전파를 이용해 원거리에서 정보를 인식하는 기술

03 다음 지문의 (A)에 알맞은 용어는?

> 각종 사물에 컴퓨터 칩과 통신 기능을 내장하여 인터넷에 연결하는 (A) 기술은 인간의 구체적인 개입이나 지시없이 협력적으로 모든 사물이 정보처리, 네트워킹 수행이 가능하도록 한다.

✔ ① Internet of Things
② Mobile Cloud Computing
③ Big Data
④ RFID

해설

사물인터넷(Internet of Things)은 각종 사물에 센서와 통신 기능을 내장하여 인터넷에 연결하는 기술. 즉, 무선 통신을 통해 각종 사물을 연결하는 기술을 의미한다.

04 다음 (A) 안에 들어가는 용어 중 옳은 것은?

> (A)은/는 일정한 주파수 대역에서 무선 방식으로 데이터를 주고 받을 수 있는 시스템으로서 무선 주파수 인식 시스템을 말하며, '전타 태그' 또는 '스마트 태그' 라고도 한다. 특징으로는 작은 크기에 대용량의 데이터 저장이 가능하고, 컴퓨터와 무선 통신이 가능하여 차세대 인식기술로 불리운다.

① Bar Code
② Bluetooth
✔ ③ RFID
④ Wi-Fi

해설

① Bar Code : 컴퓨터가 판독할 수 있도록 고안된 굵기가 다른 흑백 막대로 조합시켜 만든 코드
② Bluetooth : 휴대폰, 노트북, 이어폰, 헤드폰 등의 휴대기기를 서로 연결하여 정보를 교환하는 근거리 무선 기술(10M 이내)의 표준
④ Wi-Fi : 컴퓨터(노트북, 데스크톱), 모바일 디바이스(스마트폰, 웨어러블) 및 기타 장비(프린터, 비디오 카메라) 등의 디바이스가 인터넷과 통신하는 데 사용할 수 있는 무선 네트워킹 기술

05 다음의 (A)에 들어갈 알맞은 용어는 무엇인가?

> (A)은/는 네트워킹에 필요한 모든 유형의 자원을 추상화하고, 소프트웨어적이고 자동적으로 관리와 제어가 가능하게 하는 가상화 기술을 의미한다. 통신 사업자들은 이러한 (A) 기술을 도입하면서 점점 복잡해지는 네트워크 관리 용이성, 관리 비용 절감, 네트워크 민첩성 등의 장점과 효율성을 얻고자 한다.

✔ ① NFV(Network Functions Virtualization)
② WMN(Wireless Mesh Network)
③ VPN(Virtual Private Network)
④ CDN(Content Delivery Network)

해설

② WMN(Wireless Mesh Network) :무선 인프라를 구축 기술로 네트워크를 구성하는 각 노드들이 다른 노드의 작동 가능/작동 불가능에 상관없이 항상 네트워크를 가동하는 형태의 구조이다.
③ VPN(Virtual Private Network) : 공중망에서 구축되는 논리적인 전용망이다.
④ CDN(Content Delivery Network) : HTML 페이지, Javascript 파일, 스타일시트, 이미지, 동영상을 비롯한 인터넷 콘텐츠를 신속하게 배포하는 서버 네트워크이다.

06 소프트웨어 정의 네트워크(SDN ; Software Defined Networking)에 대한 설명으로 옳지 않은 것은?

❶ 정체를 일으키는 복잡한 구조 기술
② 가상화 기술의 발달에 대응하기 위한 기술
③ 트래픽 패턴의 변화에 따른 대응 기술
④ 네트워크 관리의 문제를 해결하기 위한 기술

해설

SDN은 트래픽 경로를 지정하는 컨트롤 플레인과 트래픽 전송을 수행하는 데이터 플레인이 분리되어 있다. 따라서 네트워크의 세부 구성정보에 얽매이지 않고 요구사항에 따라 네트워크를 관리할 수 있다. 기존 구조를 간단화시킨 기술이다.

07 다음은 무엇에 대한 설명인가?

> 서버, 스토리지, 응용 프로그램 등의 전산 자원을 구매하여 소유하지 않고 인터넷을 기반으로 필요한 만큼만 자신의 컴퓨터나 휴대폰 등에 불러와서 사용하는 웹 기반의 컴퓨팅 기술을 말한다.

① 클라이언트–서버 컴퓨팅　　　❷ 클라우드 컴퓨팅
③ 웨어러블 컴퓨팅　　　④ 임베디드 컴퓨팅

해설

① 클라이언트–서버 컴퓨팅 : 서비스 요청자인 클라이언트와 서비스 자원의 제공자인 서버 간에 작업을 분리해 주는 분산 애플리케이션 구조이자 네트워크 아키텍처
③ 웨어러블 컴퓨팅 : 안경, 시계, 의복 등과 같이 착용할 수 있는 형태로 된 컴퓨터
④ 임베디드 컴퓨팅 : 기계나 기타 제어가 필요한 시스템에 대해, 제어를 위한 특정 기능을 수행하는 컴퓨터 시스템

08 클라우드 컴퓨팅의 서비스들 중 하나의 유형으로서 웹 브라우저를 통하여 소프트웨어를 제공하며, 서비스의 대상자는 주로 일반 소프트웨어 사용자인 것은?

❶ SaaS　　　② PaaS
③ IaaS　　　④ BPaaS

해설

② PaaS : 애플리케이션의 개발, 실행 및 관리를 위한 클라우드 플랫폼 제공
③ IaaS : IT 인프라를 제공하는 형태의 클라우드 플랫폼 제공
④ BPaaS : BPaaS(Business Process as a Service)는 클라우드 서비스 모델을 기반으로 제공되는 BPO(비즈니스 프로세스 아웃소싱)의 한 유형

09 다음에 설명하는 기술은 무엇인가?

- 네트워크를 관리하는 사원 Kim은 최근 폭주하는 전송량으로 데이터 센터의 네트워크 대역 요구사항이 한계치에 다다른 현상을 해결하기 위한 기술을 연구 중이다.
- 네트워크의 전송량을 물리적으로 늘리는 것에는 한계가 있어서 새로운 기술을 연구 중에 클라이언트로부터 오는 요청을 효율적으로 처리하기 위하여 데이터와 프로비저닝을 분산하는 방법이 최선이라고 판단하였다.
- 이 기술은 요청을 처리하기 위한 연산을 데이터 센터로부터 떠나 네트워크 에지 방향으로 옮김으로써, 스마트 오브젝트, 휴대전화, 네트워크 게이트웨이를 이용하여 작업을 수행하고 클라우드를 거쳐 서비스를 제공하는 것이다.
- 이 기술을 적용하게 되면 응답 시간을 줄이고 전송속도를 높일 수 있다.

① 사물인터넷(IoT) ② 유비쿼터스(Ubiquitous)
③ 엣지 컴퓨팅(Edge Computing) ④ 신 클라이언트(Thin Client)

해설
① 사물인터넷(IoT) : 사물인터넷(Internet of Things)은 각종 사물에 센서와 통신 기능을 내장하여 인터넷에 연결하는 기술 즉, 무선 통신을 통해 각종 사물을 연결하는 기술
② 유비쿼터스(Ubiquitous) : 사람을 포함한 현실 공간에 존재하는 모든 대상물들이 연결시켜 사용자에게 필요한 정보나 서비스를 즉시에 제공할 수 있는 기반 기술
④ 신 클라이언트(Thin Client) : 가볍고 날씬한 단말기를 지칭하는 것으로 CPU, 메모리 등 필수적인 하드웨어 장치만 탑재해 네트워크로 연결된 중앙 서버에서 모든 업무를 관리하도록 설계된 업무용 PC

10 다음 설명의 (A)에 들어갈 알맞은 용어는 무엇인가?

- (A)는 스마트 그리드를 구현하기 위해 필요한 핵심 인프라로서 스마트 미터, 통신망, 계량 데이터 관리 시스템과 운영 시스템으로 구성되고 스마트 미터 내에 모뎀을 설치해 양방향 통신이 가능한 지능형 전력 계량 인프라이다.
- (A)는 소비자와 전력회사 간 양방향 통신으로 원격검침, 수요관리, 전력 소비 절감과 전기 품질 향상 등 다양한 융복합 서비스를 제공하게 된다.

① DR(Demand Response)
② EMS(Energy Management System)
③ AMI(Advanced Metering Infrastructure)
④ TDA(Transmission &Distribution Automation)

해설
① DR(Demand Response) : 현재 전력량의 수요에 맞추기 위해 전기 사용자가 사용량을 변화시키는 것
② EMS(Energy Management System) : 에너지가 사용되는 곳과 소비되는 양을 실시간으로 모니터링하고 데이터를 수집
④ TDA(Transmission & Distribution Automation) : 공장 자동화를 위한 분산 데이터 수집 및 분산 제어 명령 시스템

11 **가상화의 장점과 거리가 먼 것은?**

① 가용성이 향상된다.

② 자원을 효율적으로 사용 가능하다.

③ 시스템의 확장이 간단하게 가능하다.

④ 물리적인 구성을 통해 통신흐름을 파악할 수 있다.

해설

가상화는 하드웨어와 무관하게 원하는 운영체제나 그에 맞는 애플리케이션을 실행한다.

12 **아래 지문이 설명하는 용어는 무엇인가?**

> 하이퍼바이저를 사용하거나 게스트 운영체제도 설치하지 않고, 서버 운영에 필요한 프로그램과 라이브러리만 이미지로 만들어 프로세스처럼 동작시키는 경량화된 가상화 방식이며 실행되는 이미지는 '컨네이너'라고 부르며, 가상화 레이어가 존지하지 않고 운영체제도 존재하지 않기 때문에 파일 시스템, 네트워크 속도가 상당히 빠르다.

① VirtualBox

② Vmware

③ Zen

④ Docker

해설

VirtualBox, Vmware, Zen은 하이퍼바이저를 기반한 가상화 기술이다.

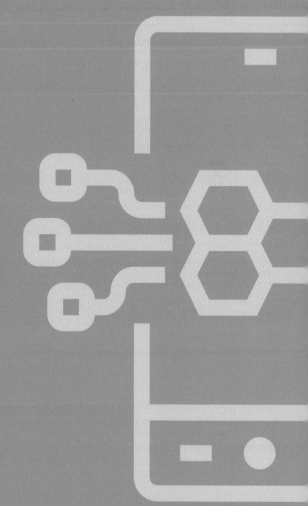

PART
03

NOS

Windows Server 2016

01   사용자 관리와 권한

■ 그룹 계정과 사용자 계정

- Windows는 여러 명의 사용자가 존재할 수 있고, 각 사용자마다 별도의 환경을 구성할 수 있다.
  - 컴퓨터의 자원(Resource)들에 대한 사용 권한을 각 사용자마다 제한할 수 있다.

① 그룹 계정
- 그룹은 '사용자의 집합'으로 여러 명의 사용자를 묶어서 하나의 그룹으로 구성한다.
  - 사용자를 그룹으로 묶는 이유는 권한 관리를 용이하기 하기 위해서이다.
- 독립 실행형 서버의 그룹은 '로컬 그룹 계정(Local Group Account)'이다.
- Windows Server 2016을 설치하면 자동으로 생성되는 그룹이 '기본 로컬 그룹'이다.
- '컴퓨터 관리 > 시스템 도구 > 로컬 사용자 및 그룹> 그룹' 에서는 빌트인(Bulit-in) 그룹 계정 확인과 새로운 그룹을 생성할 수 있다.
- 아래 표는 Windows server 2016에서의 주요 빌트인 그룹 계정들이다.

그룹	설 명
Administrators	• 도메인 자원이나 로컬 컴퓨터에 대한 모든 권한이 존재하는 그룹 • Administrator는 이 그룹에 소속 • 일반 사용자들이 이 그룹에 소속되면 Administrator와 동일한 권한을 갖게 됨
Account Operators	• 사용자나 그룹 계정을 관리하는 그룹
Backup Operators	• 시스템 백업을 위해서 모든 시스템의 파일과 디렉터리에 접근할 수 있는 그룹
Guests	• 도메인을 사용할 수 있는 권한이 제한된 그룹 • 시스템의 설정 변경권한이 없도록 조치된 그룹 • 로그인할 때 임시 프로필을 만들고 로그오프하면 삭제됨 • 기본적으로 사용되지 않도록 설정됨
Users	• 사용자 계정을 생성하면 기본적으로 소속되는 그룹 • 대부분의 응용 프로그램을 수행 할 수 있음 • 시스템 수준의 변경은 할 수 없음 • 도메인과 로컬 컴퓨터를 일반적으로 사용하는 그룹 • 시스템 서비스를 시작하거나 종료할 수 있는 권한이 존재하지 않고 디렉터리 공유 설정을 할 수 없음 • User 그룹의 구성원은 자신의 모든 데이터 파일 및 레지스트리에서 자신의 부분을 완전히 제어할 수 있음

Power Users	• 제한된 관리자 권한 • 디렉터리나 네트워크를 공유할 수 있고 공용 프로그램 그룹을 만들 수 있음 • 컴퓨터의 표준 시간을 조정할 수 있음
RDS Remote Access Server	• Remote Desktop Service의 관리자 작동 관련 서버 권한을 가진 그룹
Hyper-V Administrator	• Hyper-V의 모든 기능에 대한 접근 권한
IIS_IUSERS	• IIS에서 사용되는 그룹 권한
Performance Log Users	• 성능 카운트, 로그 등을 관리하는 권한을 가진 그룹
Replicator	• 도메인에 있는 파일을 복제할 수 있는 권한을 가지고 있는 그룹 • 디렉터리 복사 서비스를 사용하는데 이용

② 사용자 계정

- 독립 실행형 서버에서 생성한 사용자 계정을 '로컬 사용자 계정'이라 부른다.
  - '로컬 시용자 계정'은 Active Directory 도메인에 로그온할 수 없고 현재 컴퓨터의 자원에만 접근할 수 있다.
  - '로컬 사용자 계정'은 Windows Server 2016과 Windows 10에 동일하게 사용된다.
- '컴퓨터 관리 〉 시스템 도구 〉 로컬 사용자 및 그룹〉 사용자' 에서 빌트인(Bulit-in)된 사용자 계정 확인과 새로운 사용자 계정을 생성할 수 있다.
- 독립 실행형 서버의 빌트인된 사용자 계정은 Administrator, Default Account, Guest이다.

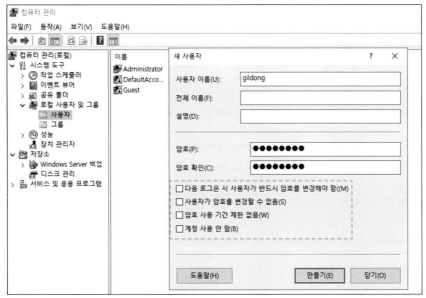

◀컴퓨터 관리

② NTFS(New Technology File System)

• 윈도우 파일 시스템으로, 기존 FAT 파일시스템의 한계를 개선하여 신뢰성, 보안, 대용량 장치 지원을 위해 개발되었다.

① NTFS 주요 기능

USN Journal	• Update Sequence Number Journal or Change Journal • NTFS의 모든 파일 및 디렉터리의 변경사항을 기록하는 로그 파일이다. • 파일 이름 변경 시간, 변경 타입 등 변경사항에 대한 정보를 목록화하여 볼륨의 변경 여부를 확인할 때 사용한다.
EFS	• Encrypting File System • NTFS상의 파일 및 디렉터리를 암호화하는 기능 • NTFS상의 파일 및 디렉터리를 암호화하는 기능으로 Cryp to API와 File System Run-Time Library(FSRTL)를 사용 • 빠른 암호화/복호화를 위해 FEK(File Encryption Key)를 통한 대칭키 방식으로 암호화함
Quotas	• 다중 사용자를 지원하는 환경에서 각 사용자의 디스크 사용량을 제한하는 기능 • 쿼터 기능이 설정된 시스템에서 자신에게 할당된 이상의 공간을 사용할 경우 경고 메시지를 받게 됨
VSS	• Volume Shadow Copy Service • 새롭게 덮여 쓰인 파일 및 디렉터리에 대해 백업 본을 유지하는 기능 • 시스템 재부팅 과정에서 시스템의 저널 정보와 함께 안전한 복구를 도와줌
BitLocker	• 디스크를 암호화하는 도구 • 하드 디스크를 도난당해도 해당 디스크를 읽지 못하게 하는 기술 • TPM 보안 칩과 연동하여 사용 　– TPM(Trusted Platform Module, 신뢰 플랫폼 모듈) : 패스워드나 디지털 인증서, 암호화 키를 저장할 수 있는 공간과 RSA와 SHA-1 등의 암호화 기법이 포함된 하드웨어 보안 칩
동적 배드 클러스터 재할당	• 배드 섹터가 발생한 클러스터는 사용할 수 없으므로, 새로운 클러스터를 할당해 정상 데이터를 자동으로 재할당한 클러스터에 복사하는 기법 • 배드 섹터가 발생한 클러스터는 플래그를 통해 더 이상 사용되지 않도록 관리

② NTFS 기본 권한 6가지
  • 그룹 또는 개별 사용자에 대해 6가지의 권한을 설정할 수 있다.

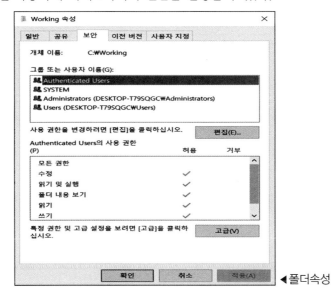
◀ 폴더속성

권한	설명
모든 권한	폴더에 대한 접근 권한과 소유권을 변경하고 하위에 있는 폴더와 파일을 삭제할 수 있음
수정	폴더 삭제 가능, 읽기, 실행, 쓰기 권한이 주어진 것과 같음
읽기 및 실행	읽기를 수행하고 폴더나 파일을 옮길 수 있음
폴더 내용보기	폴더 내의 파일이나 폴더의 이름을 볼 수 있음
읽기	폴더 내용을 읽을 수 만 있음
쓰기	해당 폴더에 하위 폴더와 파일을 생성하고 소유권이나 접근 권한의 설정 내용을 확인할 수 있음

③ 권한 규칙 3가지
  • 접근 권한이 누적된다.
    - 개발 사용자가 여러 그룹에 속하면 특정 파일이나 디렉터리에 대한 접근 권한이 누적되어 속해 있는 그룹에서 받은 권한을 모두 가지게 된다.
  • 파일 접근 권한이 폴더 접근 권한보다 우선한다.
    - 파일을 포함하고 있는 폴더에 대한 접근 권한보다 파일에 대한 접근 권한을 우선한다.
  • '허용'보다 '거부'가 우선한다.
    - 윈도우에서는 허용 권한 없음이 거부를 의미하지 않으며, 허용과 거부 중 반드시 하나만 선택할 필요가 없고 권한이 중첩되어 적용되므로 하나가 거부 설정이 되어 있으면 허용보다 거부를 우선한다.

④ 명령어 Diskpart로 파일 시스템 검색
  • Diskpart로 디스크 파일 시스템 보기
    – 실행 호출(Win + R 누름) 〉 diskpart 〉

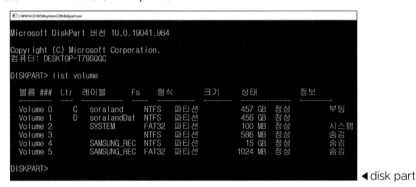

◀ disk part

③ ReFS(Resilient File System, 복원 파일 시스템)
  • Microsoft의 새로운 파일 시스템 ReFS은 Windows Server 2012에 도입되었으며,
    Windows 10에 포함되어 있다.

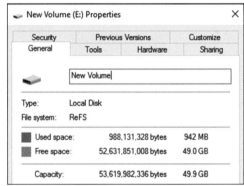

◀ Volume 속성

  • ReFS는 NTFS의 몇 가지 주요 문제를 해결하도록 설계되었다.
    – 손상을 정확하게 감지하고 온라인 상태로 유지되는 동안 이러한 손상을 수정할 수 있는
      새로운 기능을 도입하여 데이터의 무결성 및 가용성을 향상시킨다.

무결성 스트림	• 메타 데이터에 체크섬을 사용하고 필요에 따라 파일 데이터에 체크섬을 사용하여 ReFS 가 손상을 안정적으로 검색할 수 있도록 함
저장소 공간 통합	• 미러 또는 패리티 공간과 함께 사용할 경우 ReFS는 저장소 공간 제공한 데이터의 대체 복사본을 사용하여 검색된 손상을 자동으로 복구할 수 있음
데이터 복구	• 볼륨이 손상되고 손상된 데이터의 대체 복사본이 없는 경우 네임 스페이스에서 손상된 데이터를 제거 • 가장 복구하기 어려운 손상을 처리하는 동안에도 볼륨의 온라인 상태를 유지
자동 관리 오류 수정	• 스크러버 무결성 스캐너 도입 • 주기적으로 볼륨을 검사하여 잠재적 손상을 식별하고 손상된 데이터의 복구를 사전에 트리거함

✔ 암기하면 유용한 출제 예상 문제

01 서버 담당자 Park 사원은 Windows Server 2016에서 사용자 및 그룹을 관리하는 업무를 부여받았다. Windows Server 2016에는 기본적으로 3개의 로컬 사용자 계정이 생성되어 있다. 다음 중 기본적으로 생성되는 계정이 아닌 것은?

① Administrator   ② Default Account

③ Guest   ④ root

해설

root는 리눅스에서 관리자 계정이다. 독립 실행형 서버의 빌트인(Built in) 사용자 계정은 Administrator, Default Account, Guest이다.

02 서버 담당자 Park 사원은 Windows Server 2016를 구축하여 사용자 계정 관리를 하고자 한다. 이때 Windows Server 2016에서 자동으로 생성되는 그룹 계정 중에서 성능 카운터, 로그 등을 관리하는 권한을 가진 그룹으로 알맞은 것은?

① Backup Operators   ② Performance Log Users

③ Power Users   ④ Replicator

해설

① Backup Operators : 파일을 복원하고 복구 할 수 있는 권한을 가진 그룹
③ Power Users : 컴퓨터 액세스, 로컬 로그온 허용, 시스템 시간 바꾸기, 단일 프로세스 프로필, 컴퓨터를 도킹 스테이션에서 제거, 시스템 종료하는 권한을 가진 그룹
④ Replicator : 복제 기능을 지원하는 그룹으로 기본 사용자 권한은 없음

03 Windows Server 2016에서 로컬 사용자 계정 관리에 대한 설명으로 옳지 않은 것은?

① 보안을 위해 관리자 계정인 Administrator 라는 이름을 바꿀 수 있다.
② 관리자도 알 수 없도록 새 사용자의 암호를 첫 로그인 시 지정하도록 할 수 있다.
③ 장기 휴직인 사용자의 계정은 '계정 사용 안함'을 통해 휴면계정화할 수 있다.
④ 삭제한 계정과 동일한 사용자 이름의 계정을 생성하면 삭제 전 권한을 복구할 수 있다.

해설

동일한 계정명이라도 기존 계정 삭제 시 권한도 모두 삭제된다. 따라서 삭제 전 권한을 상속 받을 수 없다.

04 윈도우 기본 파일 시스템(NTFS)에서 그룹 또는 개별 사용자에 대해 설정할 수 있는 권한의 설명이 잘못되어 있는 것은?

① 모든 권한 : 디렉터리에 대한 접근과 소유권을 변경하고 하위에 있는 디렉터리와 파일을 삭제할 수 있다.
② 디렉터리 내용 보기 : 디렉터리 내의 파일은 볼 수 있지만 디렉터리 이름은 볼 수 없다.
③ 개별 사용자가 여러 그룹에 속하면 특정 파일이나 디렉터리에 대한 접근 권한이 누적된다.
④ '허용'보다 '거부'가 우선한다.

해설

디렉터리 내용 보기 : 디렉터리 내의 파일이나 이름을 볼 수 있다.

05 서버 담당자가 Windows Server 2016 서버에서 파일 서버 구축에 NTFS와 ReFS 파일 시스템을 고려하고 있다. NTFS와 ReFS 파일 시스템에 대한 설명으로 옳지 않은 것은?

① NTFS는 퍼미션을 사용할 수 있어서 접근 권한을 사용자별로 설정할 수 있다.

② NTFS는 파일 시스템의 암호화를 지원한다.

③ ReFS는 데이터 오류를 자동으로 확인하고 수정하는 기능이 있다.

☑ ReFS는 FAT 32의 장점과 호환성을 최대한 유지한다.

해설

ReFS(복원 파일 시스템)은 NTFS의 차세대 파일 시스템으로 염두에 두고 윈도우 서버 2012에 도입된 마이크로소프트의 사유 파일 시스템이다

06 서버 담당자 Park 사원은 데이터를 안전하게 보호하는 일을 담당하였다. 도난 발생 시 데이터를 보호하기 위해 강력한 암호화를 사용해 데이터를 보호하는 Windows 기능을 선택하여 로컬 보안이 없는 지사나 데이터 센터의 경우 완벽한 솔루션을 지원할 수 있도록 하고자 한다. 다음 중 이러한 기능을 지원하는 것은?

☑ BitLocker   ② NTLM

③ Encryption   ④ vTPM

해설

② NTLM : NTLM(NT LanMan)은 Windows NT 제품군의 모든 구성원이 사용하는 인증 절차로, 클라이언트의 신원을 확인하기 위해 Challenge/response 절차를 사용

③ Encryption : 전송하고, 수신하고, 저장하는 정보를 해독할 수 없도록 정보를 비밀 코드로 변환하는 기술적 프로세스

④ vTPM : TPM(Trusted Platform Module) 기기의 가상화 버전으로, 시스템에 대한 액세스를 인증하는 데 사용하는 객체(⑩ : 키 및 인증서)를 보호하는 가상의 기기

07 시스템 담당자 Alex는 하드디스크의 정보 유출을 우려하여, 하드디스크가 도난당해도 암호화 키가 없이는 데이터를 읽지 못하도록 하드디스크 자체를 암호화하는 기술을 적용하려고 한다. 해당 기술은?

☑ BitLocker   ② EFS(Encrypting File System)

③ AD(Active Directory)   ④ FileVault

해설

② EFS(Encrypting File System) : 마이크로소프트 윈도우의 NTFS 버전 3.0에서 추가된 파일 시스템 단계 암호화를 하는 기능

③ AD(Active Directory) : 중앙에서 네트워크, 사용자, 그룹에 대한 정보를 통합 관리하는 서비스

④ FileVault : Mac OS에서 자체적으로 제공하는 디스크 암호화 기능

08 서버 담당자 Park 사원은 데이터를 안전하게 보호하는 일을 하기 위해 BitLocker 기능을 사용하고자 한다. BitLocker를 사용하기 위해서 메인보드와 BIOS에서 지원해야 하는 기능은 무엇인가?

① FSRM   ② NTLM
✔ TPM   ④ Heartbeat

해설
TPM(Trusted Platform Module, 신뢰 플랫폼 모듈)은 패스워드나 디지털 인증서, 암호화 키를 저장할 수 있는 공간과 RSA 와 SHA-1 등의 암호화 기법이 포함된 하드웨어 보안 칩으로 BitLocker을 사용하기 위해서는 TPM 보안 칩과 연동해야 한다.

09 Windows Server 2016에서 제공하는 기능으로 허가되지 않은 접근을 보호하고, 폴더나 파일을 암호화하는 기능은?

① Distributed File System   ✔ EFS(Encrypting File System)
③ 디스크 할당량   ④ RAID

해설
① Distributed File System : 네트워크로 공유하는 호스트 컴퓨터들의 파일에 접근할 수 있게 하는 파일 시스템
③ 디스크 할당량 : 사용자별로 사용할 수 있는 디스크 사용량을 제한하는 것
④ RAID : 여러 개의 디스크를 묶어 하나의 디스크처럼 사용하는 기술

10 Windows Server 2016에서 EFS(Encrypting File System) 대한 설명으로 옳지 않은 것은?

① 파일을 암호화하기 위해서는 지정된 파일에 대한 '파일 속성' 중 '고급'을 선택하여 '데이터 보호를 위한 내용을 암호화' 선택한다.
✔ 파일 암호화 키가 없는 경우 암호화된 파일의 이름을 변경할 수 없고 내용도 볼 수 없지만 파일 복사는 가능하다.
③ 백업된 파일 암호화 키가 있는 경우 인증서 관리자(certmgr.msc)를 통해 인증서 키를 '가져오기'하여 암호화된 파일을 열수 있다.
④ 파일 암호화 키 백업을 하여 암호화된 파일에 영구적으로 액세스하지 못하게 되는 것을 방지할 수 있다. 암호화 키 백업은 주로 다른 컴퓨터나 USB 메모리 등의 별도로 저장할 것을 권장한다.

해설
EFS 파일 암호화 키를 보유한 자만이 생성한 암호화 파일에 대해 내용을 확인하거나 복사가 가능하다.

02 가상화 기술

- 가상화(Virtualization)는 하드웨어 리소스를 추상적으로 표현하여 사용하는 것이다.
- Windows 2016 서버에서 지원하는 대표적인 가상화 기술들로는 Hyper-V와 Window Container가 있다.

1 Hyper-V

- Hyper-V란 한 대의 물리적인 서버에서 여러 개의 게스트 OS를 설치하여, 동시에 사용할 수 있는 가상화 기능으로 Windows Server 2008 R2부터 제공되고 있다.
- Hyper-V 가상화 환경의 장점은 다음과 같다.
  - 하드웨어 사용률을 높여 물리적인 서버의 운영 및 유지 관리 비용을 줄일 수 있다.
  - 서버 작업을 실행하는데 필요한 총 하드웨어 양을 줄일 수 있다.
  - 하드웨어 및 소프트웨어를 설정하고 테스트 환경을 재현하는데 소요되는 시간을 줄여 개발 및 테스트 효율성을 향상시킬 수 있다.
  - 물리적 컴퓨터만 사용하는 장애 조치 구성에서 필요한 만큼의 물리적 컴퓨터를 사용하지 않아도 되므로 서버 가용성을 향상시킬 수 있다.
- Hyper-V는 64비트 기반의 CPU에서 실행되어야 하며 해당 CPU는 하드웨어 가상화를 지원해야 한다. 또한 하드웨어 데이터 실행 방지(DEP ; Data Execution Protection)를 사용해야 한다.
- 데이터 실행 방지(DEP ; Data Execution Prevention)는 마이크로소프트 윈도우 운영체제에 포함된 보안 기능으로 코드 악용으로부터 보호하기 위해 메모리에 대한 추가 검사를 수행하는 하드웨어 및 소프트웨어 기술의 집합이다.
- Windows Server 2008,2012와 2012 R2에 포함되어 있는 주요 Hyper-V 기능들은 다음과 같다.

추가 기능	설명
Windows Powershell용 Hyper-V 모듈	• Hyper-V 관리를 위해 160개 이상의 cmdlet 제공 ＊cmdlet : PowerShell 환경에서 사용되는 간단한 명령어
Hyper-V 복제	• 가상 컴퓨터를 다른 서버에 복제
저장소 마이그레이션	• 가상 하드디스크가 실행 중에도 다른 장소로 이동 가능
실시간 마이그레이션	• Windows server 2012 가상머신을 Windows server 2016 가상 머신으로 마이그레이션 가능 • 마이그레이션 중도 압축 기능 제공
공유 가상 하드디스크	• 공유 가상 하드디스크 파일을 사용하여 가상 머신 클러스터링 지원

파일 공유 저장소	• 가상 머신 저장소를 제공하기 위해 SMB 3.0 파일 공유 사용
가상 머신 세대	• 1세대와 2세대 가상 머신 지원 • 1세대 : Windows server 2008에서 Hyper-V를 구성한 가상 머신 • 32비트와 64비트 운영체제 지원 • 2세대 : Windows server 2012부터 생성된 가상 머신 • 64비트 운영체제만 지원

• Windows Server 2016에 추가된 Hyper-V 기능들은 다음과 같다.

추가 기능	설명
중첩 가상화	가상 컴퓨터 안에서 가상 컴퓨터를 생성 실행할 수 있는 기능
Windows 컨테이너	도커 기술을 기반한 Windows 컨테이너와 Hyper-V 컨테이너 제공
암호화 지원	1세대 가상 머신에 BitLocker 드라이버 암호화 사용 가능
연결 대기상태와 호환	AOAC(Always On Always Connected) 전원을 사용하는 컴퓨터에서 Hyper V 설치 시 연결된 대기 상태를 지원
메모리/네트워크 장치 실시간 교체	메모리나 네트워크 장치를 추가 또는 제거 시 가상머신의 중지없이 가능
개별 장치 할당	PCIe 하드웨어 장치에 직접 액세스 가능

2 Windows Container

• 컨테이너는 애플리케이션 수준 구성이며 커널 하나를 공유하는 가상 환경이다.

• 컨테이너는 프로세스가 사용하는 자원을 격리한다.

① VM(Virtual Machine)을 이용한 가상화
  • 기본적으로 하이퍼바이저가 여러 개의 VM을 띄우고 실행한다.
  • 각 VM마다 독립된 실행 환경을 제공한다.
  • VM1과 VM2가 동일한 OS를 사용한다고 하더라도, 데이터는 물론이고 코드도 전혀 공유하여 사용하지 않는다. 이로 인해 각 VM마다 최소 GB 단위의 공간이 필요하며, VM 수에 비례해서 늘어나게 된다.

② Container를 이용한 가상화
  • 독립된 실행환경을 제공하지 않는다.
  • OS의 많은 자원들을 컨테이너들끼리 공유한다하기 때문에 컨테이너 개수가 늘어나더라도 디스크 공간을 많이 차지하지 않는다.
  • 컨테이너가 완전히 독립된 실행환경을 제공하지 않고 공유한다고 하더라도, 각 컨테이너 내의 프로세스들은 이를 감지하지 못하고, 자신이 OS의 모든 자원을 독점하는 방식으로 처리한다.

③ Windows Container
- Windows Container 가상화 기술은 Windows Server 2016에 새로 추가된 기능이다.
- Windows Server 2016에서는 도커기반의 Windows 컨테이너와 Hyper-V 기반의 Windows 컨테이너로 나누어진다.
- Hyper-V 기반 컨테이너는 윈도우 서버 커널상에 별도의 가상화 공간을 할당한 뒤 컨테이너를 생성한다. 컨테이너가 OS 커널을 직접 공유하지 않으므로 높은 보안 등급을 제공한다.
- 도커 기반의 Windows server 컨테이너는 도커와 동일하다. 도커 명령어를 윈도우 서버 컨테이너에서 그대로 사용할 수 있다.

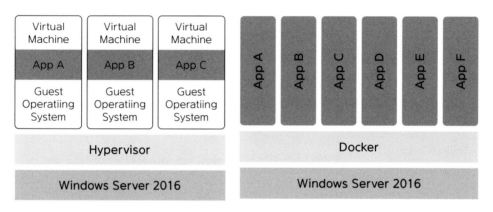

[Hyper-V 기반의 Windows 컨테이너]   [도커(Docker) 기반의 Windows 컨테이너]

- 도커는 2013년에 등장한 컨테이너 기반 가상화 도구이다. 리눅스 도커 명령어를 윈도우 서버 컨테이너에서 그대로 사용할 수 있다.
  - Hyper-V 컨테이너는 윈도우 서버 커널상에 별도의 가상화 공간을 할당한 뒤 컨테이너를 생성하는 방식이다. 컨테이너가 OS 커널을 직접 공유하지 않으므로 높은 보안 등급을 제공한다.
  - 컨테이너는 개발 환경 구성 후 컨테이너만 복제하는 방법을 사용할 수 있다.
  - 컨테이너는 독립된 운영체제 환경과 비슷하게 작동하므로 가상머신과 비슷한 성능을 가지면서도 빠른 배포가 가능하다.

④ 소프트웨어 정의 네트워킹(SDN ; Software Defined Networking)
- SDN은 소프트웨어 기반 컨트롤러를 활용하는 네트워킹에 대한 접근 방법이다. 전용 하드웨어 디바이스(라우터 및 스위치)를 사용하여 네트워크 트래픽을 제어하는 기존 네트워크와는 차이가 있다. SDN은 가상 네트워크를 생성 및 제어하거나 소프트웨어가 포함된 기존 하드웨어 네트워크를 제어한다.
- Windows Server 2016은 System Center Virtual Machine Manager를 사용하여 전체 SDN 스택을 배포하고 관리할 수 있다.
- 도커를 사용하여 Windows Server 컨테이너 네트워킹을 관리하고 가상 컴퓨터뿐만 아니라 컨테이너에도 SDN 정책을 연결할 수 있다.

01 Windows Server 2016에서 새로 추가된 기능으로 Hyper-V와 비슷한 기능을 하지만 가볍게 생성하고 운영할 수 있고, 도커(Docker)라는 이름으로 소개되어 Unix/Linux 기반에서 사용해 오던 기능은 무엇인가?

① 액티브 디렉터리　　　　　　　　② 원격 데스크톱 서비스
③ 컨테이너　　　　　　　　　　　　④ 분산 파일 서비스

> **해설**
> ① 액티브 디렉터리 : 중앙에서 네트워크, 사용자, 그룹에 대한 정보를 통합 관리하는 서비스
> ② 원격 데스크톱 서비스 : 네트워크가 연결되어 있는 원격 컴퓨터나 가상 머신에 사용자가 제어권을 가질 수 있게 하는 서비스
> ④ 분산 파일 서비스 : 여러 위치의 공유 폴더를 모아서 하나로 관리할 수 있는 서비스

02 서버 담당자 LEE 사원은 회사 전산실에 Windows Server 2016을 구축하고, Hyper-V 가상화 기술을 적용하려고 한다. Hyper-V에 대한 설명으로 옳지 않은 것은?

① 하드웨어 사용률을 높여 물리적인 서버 운영 및 유지 관리 비용을 줄일 수 있다.
② 서버 작업을 실행하는데 필요한 하드웨어 양을 줄일 수 있다.
③ 테스트 환경 재현 시간을 줄여 개발 및 테스트 효율성을 향상시킬 수 있다.
④ 장애 조치 구성에서 필요한 만큼 물리적인 컴퓨터를 사용하므로 서버 가용성이 줄어든다.

> **해설**
> 물리적 컴퓨터만 사용하는 장애 조치 구성에서 필요한 만큼의 물리적 컴퓨터를 사용하지 않아도 되므로 서버 가용성을 향상시킬 수 있다.

03 Windows Server 2016에서 한 대의 물리적인 서버에 여러 개의 운영체제를 설치하여 가상의 컴퓨터와 리소스를 만들고 관리하는데 사용할 수 있는 서비스로서, 컴퓨터에서 동시에 여러 운영체제를 실행하여 사용할 수 있는 것을 무엇이라고 하는가?

① Hyper-V　　　　　　　　　　　② 액티브 디렉터리
③ 원격 데스크톱 서비스　　　　　　④ 분산 파일 서비스

> **해설**
> Hyper-V는 한 대의 물리적 서버에서 여러 대의 게스트 OS를 설치하여 동시에 사용함으로써 서버 가용성을 높인다.

04 Windows Server 2016의 Hyper-V에 관한 설명으로 옳지 않은 것은?

① 하드웨어 데이터 실행 방지(DEP)가 필요하다.
② 서버 관리자의 역할 추가를 통하여 Hyper-V 서비스를 제공할 수 있다.
③ 스냅숏을 통하여 특정 시점을 기록할 수 있다.
④ 하나의 서버에는 하나의 가상 컴퓨터만 사용할 수 있다.

> **해설**
> Hyper-V는 한 대의 물리적 서버에서 여러 대의 게스트 OS를 설치하여 동시에 사용함으로써 서버 가용성을 높인다.

05 Hyper-V를 이용한 가상화의 장점에 해당되지 않는 것은?

① 서버의 운영 및 유지관리 비용 절감

② 테스트 환경 재현시간 단축으로 테스트 효율성 향상

③ 서버 가용성 향상

☑ 저사양 하드웨어를 묶어서 고성능의 환경구현

해설

Hyper-V는 한 대의 물리적인 서버에서 여러 개의 게스트 OS를 설치하여 동시에 사용함으로써 서버 가용성을 높인다.

03 Active Directory

- Active Directory는 마이크로소프트 윈도우용 환경에서 제공하는 LDAP 디렉터리 서비스로 대규모 네트워크를 관리하는 운영 기술이다.
  - LDAP(Lightweight Directory Access Protocol, 경량 디렉터리 액세스 프로토콜)은 TCP/IP상에서 조직이나, 개체, 그리고 인터넷이나 기업 내의 인트라넷 등 네트워크상에 있는 파일이나 장치들과 같은 자원의 위치를 찾을 수 있게 해 주는 프로토콜이다.

- 네트워크상에 흩어져 있는 자원들을 중앙의 관리자가 통합하여 관리하는 기술이다.
  - 여러 컴퓨터를 하나로 묶어 통합 관리하여 사용자 계정에 대한 인증 관리를 중앙에서 할 수 있어 보안상 안전성을 높인다.

- Active Directory에서 제공 가능한 주요 기능들은 다음과 같다.
  - 윈도우 기반의 컴퓨터들을 위한 커베로스(Kerberos) 기반의 인증 서비스를 제공한다.
  - 데이터베이스를 사용하여 DNS와 같은 다양한 네트워크 서비스를 제공한다.
  - 관리위임, 디렉터리 정보 복제, DNS와의 통합 관리 등
  - 관리자들에게 정책을 할당하고, 소프트웨어를 배치하고, 중요한 업데이트를 조직에 적용하는 것을 허용한다.

- Windows Server 2016에서는 기존의 Active Directory 기능을 향상시켰다.
  - PAM을 통해 외부 침입에 대한 보안상 문제를 보안하였다.
  - 클라우드 기능을 Azuere 조인을 통해 Windows 10 장치로 확장할 수 있다.
  - Microsoft Passport로 사용자 인증과 암호화 기능을 강화시켰다.
  - 파일 복제 서비스 기능을 더 이상 지원하지 않는다.

1 구조

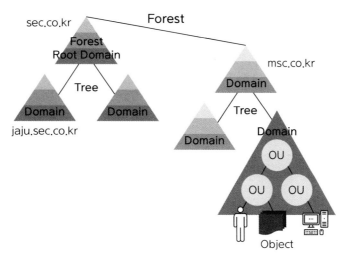

[Active Directory 구성 요소들]

- Active Directory는 논리적인 구조와 물리적인 구조로 구성되어 있다.
  - 논리적인 구조를 구성하는 항목들로는 도메인(Domain), 조직단위(Organizational Unit), 개체 (Object), 트리(Tree), 포리스트(Forest)가 있으며, 물리적인 구조를 구성하는 항목들로는 도메인 컨 트롤러, 사이트, 글로벌 카탈로그 등이 있다.

용 어	설 명
도메인(Domain)	• Active Directory의 가장 기본 단위 – AD의 기본 단위로 AD의 영향이 미치는 범위 – 관리를 위한 범위를 구분 짓는 역할 – 자식 도메인이 구성된 모든 기능은 부모 도메인에서 접근 가능
트리(Tree)	• 도메인의 집합
포리스트(Forest)	• 두 개 이상의 트리로 구성, 도메인 < 트리 ≤ 포리스트의 관계
사이트(Site)	• 사이트는 물리적인 범주로 지리적으로 떨어져 있으며, IP 주소대가 다른 묶인 영역
트러스트(Trust)	• 도메인 또는 포리스트 사이에 신뢰할지 여부에 대한 관계를 나타낸 것
조직 단위 (Organizational Unit)	• 한 도메인 안에서 세부적인 단위로 나누는 것 – 도메인 내에서 AD에 존재하는 개체를 그룹으로 관리하기 위해 사용하는 단위 – 조직 구성단위별로 그룹 정책을 설정하여 컴퓨터들을 관리
도메인 .컨트롤러	• 도메인을 관리하는 서버 – 로그인, 이용 권한 확인, 새로운 사용자 등록, 암호 변경 그룹 등을 처리하는 기능을 하는 서버 컴퓨터 – 도메인 내의 공통 정보를 가지는 역할을 수행 – 도메인당 최소 한 개 이상으로 구성

읽기 전용 도메인 컨트롤러	• RODC(Read Only Domain Controller) – 데이터를 추가하거나 변경할 수 없는 도메인 컨트롤러 – 주 도메인 컨트롤러로부터 데이터를 전송받아서 저장한 후 사용하지만 스스로 데이 터를 추가하거나 변경하지는 않음 – 주 DC로부터 액티브 디렉터리와 관련한 데이터를 전송받아 저장 후 사용 – 본사와 멀리 떨어진 곳에서 DC의 부하를 분담하기 위해 사용 – 소규모로 운영되어서 별도의 서버 관리자를 두기가 어려울 경우 유용
글로벌 카탈로그	• 트러스트 내의 도메인들에 포함된 개체에 대한 정보를 수집하여 저장되는 통합 저장소 – 포리스트 내 모든 도메인에 있는 개체에 대한 정보를 모아 놓은 데이터베이스 – 글로벌 카탈로그를 사용해 자주 사용하는 개체의 사본을 저장하여 효율적인 검색을 수행

2 그룹

- 그룹은 사용자 또는 컴퓨터 집합으로 그룹을 사용하는 목적은 편리한 권한 부여이다.
- Active Directory는 도메일 로컬 그룹, 글로벌 그룹, 유니버셜 그룹으로 분류한다.

① 도메인 로컬 그룹
  - 자원이 있는 컴퓨터에 생성되는 그룹으로 자원이 생성된 곳에 그룹을 생성하고 각 사용자 계정을 관리하기 위해 생성된다.
  - 도메인 로컬 그룹의 구성원은 다른 도메인의 사용자 계정이 될 수 있으나 도메인 로컬 그룹이 접근할 수 있는 자원은 자신의 소속된 도메인에 제한된다.
  - 도메인 기능 수준이 2000 이상으로 설정된 경우 도메인 로컬 그룹을 도메인 로컬 그룹의 구성원으로 가질 수 있다(그룹 중첩 가능). 단, 같은 도메인(영역)에 있어야만 한다.
  - 도메인 사용자 및 로컬 사용자 , 글로벌 그룹 , 유니버셜 그룹, 같은 도메인의 다른 도메인 로컬 그룹을 구성원으로 가질 수 있다.

② 글로벌 그룹
  - 도메인의 사용자 계정을 조직화하기 위해 그룹으로 같은 도메인 사용자 계정을 관리하기 위해 사용된다.
  - 모든 도메인에 위치한 공유폴더나 프린터 등에 권한을 할당할 수 있는 그룹이다.
  - 도메인 내의 모든 로컬 그룹과 유니버셜 그룹의 구성원이 될 수 있다.

③ 유니버셜 그룹
  - 글로벌 그룹과 동일하다. 그러나 유니버셜 그룹은 포리스트 내의 모든 사용자 계정을 포함한다.
  - 도메인 내의 로컬 그룹과 모든 도메인의 글로벌 그룹이 구성원으로 될 수 있다.
  - 성능 저하를 가져 올 수 있으므로 꼭 필요한 경우에만 사용한다.
  - 유니버셜 그룹에는 사용자 계정을 바로 추가 하지 말고 글로벌 그룹을 이용한다. 이것은 글로벌 카탈로그 그룹에 포함된 사용자 계정의 정보가 저장되므로 복수 도메인의 경우 유니버셜 그룹의 사용자 계정 중 하나의 정보를 변경하면 복제 트래픽이 일어나기 때문이다.

01 서버 담당자 Park 사원은 Active Directory를 구성하여 다음과 같은 설정을 하고자 한다. 도메인을 두 개 이상 포함하는 대부분의 조직에서 사용자가 다른 도메인에 있는 공유 리소스에 액세스할 수 있어야 하며, 이 액세스를 제어하려면 한 도메인의 사용자를 인증하고 다른 도메인의 리소스를 사용할 수 있는 권한을 부여해야 한다. 서로 다른 도메인의 클라이언트와 서버 간에 인증 및 권한 부여 기능을 제공 하기 위해 두 도메인 간에 설정해야 하는 것은?

① 도메인   ② 트리
③ 포리스트   ④ 트러스트

해설
① 도메인 : Active directory의 가장 기본 단위로 관리 범위를 구분짓는 역할
② 트리 : 도메인의 집합
③ 포리스트 : 두 개 이상의 트리로 구성
④ 트러스트 : 도메인 또는 포리스트 사이에 신뢰할지 여부에 대한 관계를 나타낸다.

02 서버 담당자 Park 사원은 Windows Server 2016에서 Active Directory를 구축하여 관리의 편리성을 위해 그룹을 나누어 관리하고자 한다. 다음 제시된 조건에 해당하는 그룹은 무엇인가?

[조건]
이 구성원은 다른 도메인의 사용자 계정이 될 수 있으나 도메인 로컬 그룹이 접근할 수 있는 자원은 자신이 소속된 도메인에 제한된다.

① Global Group   ② Domain Local Group
③ Universal Group   ④ Organizational Unit

해설
① Global Group : 자신이 속한 도메인의 다른 그룹 및 계정만 구성원으로 가질 수 있으며 포리스트의 모든 도메인에서 사용권한을 할당 받을 수 있다.
③ Universal Group : 도메인 트리나 포리스트에 있는 모든 도메인의 다른 그룹과 계정을 구성으로 가질 수 있으며 도메인 트리나 포리스트의 모든 도메인에서 사용권한을 할당 받을 수 있다.
④ Organizational Unit : 조직단위로 도메인 내부의 디렉터리 객체이자 그룹 정책 설정을 할 수 있는 가장 작은 구성단위이다.

03 서버 담당자 Park 사원은 Windows Server 2016에서 Active Directory를 구성 중에 있다. 이때 한 도메인 안에서 세부적인 단위로 나누어 관리부, 회계부, 기술부 등의 부서로 구성하고자 한다. 서버 담당자가 설정해야 하는 항목은 무엇인가?

① DC(Domain Controller)

② RDC(Read Only Domain Controller)

✓ OU(Organizational Unit)

④ Site

> **해설**
> ① DC(Domain Controller) : 도메인을 관리하는 서버로 도메인 내의 공통 정보를 가지는 역할을 수행한다. 도메인당 최소 한 개 이상으로 구성해야 한다.
> ② RDC(Read Only Domain Controller) : 데이터를 추가하거나 변경할 수 없는 도메인 컨트롤러로 주 DC 로부터 액티브 디렉터리와 관련한 데이터를 전송받아 저장 후 사용한다. 본사와 멀리 떨어진 곳에서 DC 의 부하를 분담하기 위해 사용한다.
> ④ Site : Active Directory의 논리적 구조인 Domain Forest가 물리적으로 구성된 환경에서 AD Controller 간 Replication 구성 시 사용된다.

04 서버 관리자 Park 사원은 Windows Server 2016의 Active Directory에서 도메인 사용자 계정을 관리하기 위해 도메인 사용자 계정을 생성/수정/삭제하려고 한다. 다음 중 도메인 사용자 계정을 관리하기 위한 명령어가 아닌 것은 ?

① dsadd
② dsmod
③ dsrm
✓ net user

> **해설**
> ① dsadd : 개체 추가 명령어
> ② dsmod : 개체 수정 명령어
> ③ dsrm : 개체 삭제 명령어

04 ❒ 서버 구성

1 IIS(Internet Information Services) 10.0

• 마이크로 소프트 Windows에서는 IIS(Internet Information Services, 인터넷 정보 서비스)로 웹 서버와 FTP 서버를 제공한다.

• Windows Server 2016의 IIS 버전은 10.0이다.

• IIS를 통해 설치 가능한 역할 서비스는 웹 서비스, WAS(Windows Process Activation Service), FTP 서비스, Management 서비스 등이 있다. 이 서비스들은 다양한 여러 항목들의 설치와 설정을 통해 구성된다.

① IIS 10.0 Web Server

- IIS 10.0에서 웹 서버 설치는 '서버 관리자 〉 역할 〉 역할 추가 〉 서버 역할 〉 웹 서버(IIS)' 에서 설치할 수 있다.

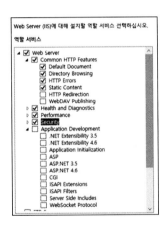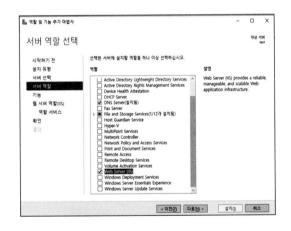

- 기능 설정

기능	설명
HTTP 응답 헤더	• 클라이언트 웹 브라우저에서 웹 페이지를 요청할 때, HTTP 헤더와 함께 응답을 반환 시 헤더 내용에 포함될 수 있는 사용자 정의 헤더를 만들 수 있음
MIME 형식	• MIME(Multipurpose Internet Mail Extensions) • 웹 서버에서 브라우저에 제공할 수 있는 콘텐츠 형식을 나타냄 • 브라우저에서 콘텐츠의 처리 방법이나 표시 방법을 미리 알 수 있도록 IIS에서는 콘텐츠를 반 환하기 전에 HTTP 헤더의 Content_Type 필드로 MIME 형식을 반환
SSL설정	• HTTPS를 설정하기 위해 CSR(Certificate Signing Request) 설정
기본 문서	• 클라이언트에서 문서 이름을 지정하지 않고 웹 사이트나 웹 응용 프로그램에 액세스하는 경우 default.htm 같은 기본 문서를 제공하도록 설정
디렉터리 검색	• 기본 문서 기능을 사용하지 않거나 기본 문서를 사용하지만 기본 문서에 등록된 파일과 일치 하는 파일이 없을 경우 디렉터리 내용이 포함된 페이지가 표시되게 됨 • 기본적으로 디렉터리 검색 기능이 해제되어 있어 디렉터리의 내용을 볼 수 없음 • 디렉터리 검색 기능이 해제된 상태로 두어 보안을 강화하는 것이 좋음
로깅	• Windows 운영체제에서 제공하는 로깅 기능 외 추가적인 로깅 기능을 제공 • 로그 파일 형식을 선택하고 기록을 요청할 수 있음 • 로그에 저장되는 데이터 필드는 사용자의 선택에 의해서 변경 가능

② IIS 10.0 FTP
- FTP(File Transfer Protocol)는 원격 서버에 파일을 주고 받을 때 사용하는 프로토콜이다.
- FTP는 Active Mode(액티브 모드)와 Passive Mode(패시브 모드)로 구분되는데, 이것은 Client와 Server 간의 통신 형태에 따라 다르다.

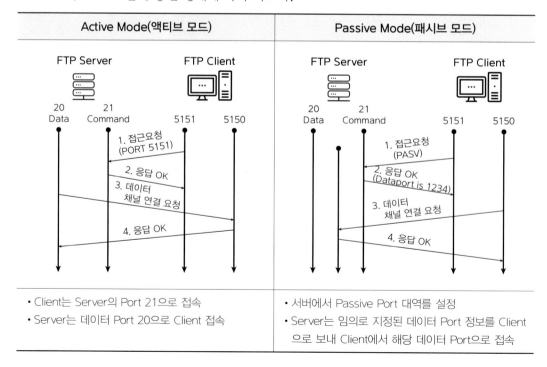

- IIS에서 FTP 서버 설치는 '서버 관리사 〉 역할 〉 역할 추가 〉 서버 역할 〉 FTP'에서 설치할 수 있다.

▲ IIS 10.0 FTP 구성

FTP SSL	• FTP 서버와 클라이언트 간의 컨트롤 채널 및 데이터 채널 전송에 대한 암호화를 관리 • 고급 SSL 정책 대화 상자를 이용하여 암호화 요구 사항을 지정 • SSL을 보안 FTP를 통신하기 위해서 허용을 설정
FTP 권한부여규칙	• 각 콘텐츠에 대한 사용자별 또는 사용자 그룹에 대한 사용 권한을 지정
FTP 방화벽 지원	• 외부 방화벽에 대해 패시브 연결을 수락할지에 대해 서버를 구성
FTP 메세지	• 사용자 지정 환영 메시지, 종료 메시지, 그리고 추가적인 연결이 사용가능 하지 않아 사용자를 거부했을 때의 메시지 설정이 가능
FTP 사용자 격리	• 다른 사용자의 FTP 홈 디렉터리에 대한 접근을 막을 수 있게 함

2 DNS(Domain Name System)

• 도메인 주소를 기반으로 IP 주소를, IP 주소를 기반으로 도메인 주소를 조회하여 변환시킨다.

① 영역(zone)의 종류

정방향 조회 영역	도메인 주소를 기반으로 IP 주소를 변환하는 레코드들의 구성 영역
역방향 조회 영역	IP 주소를 기반으로 도메인 주소를 변환하는 레코드들의 구성 영역

② 레코드(record) 유형

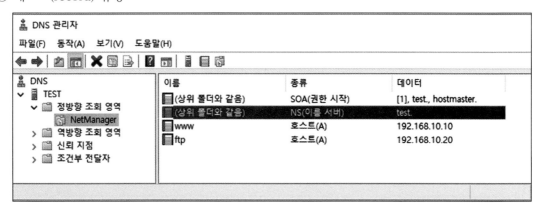

▲DNS 관리자

유형	기능

SOA	• 권한의 시작(Start of Authority)로 영역을 생성할 때 기본적으로 등록
	• 새로 등록하거나 삭제할 수 없고, 정보만 읽고 수정 가능
	   – Serial : Secondary 서버는 Serial 번호를 이용하여 Primary 서버로부터 데이터베이스 업데이트 유무를 판단, Serial 값이 증가되지 않으면 Secondary 서버에 zone이 전송되지 않음
	   – Refresh : 주 서버와 보고 서버의 동기화 주기
	   – Retry : Refresh를 실패할 경우 재시도할 시간 간격
	   – Expire : Secondary 서버가 Primary 서버에 연결되지 않은 경우 역할 해제 시간
	   – TTL : 다른 DNS 서버가 영역파일을 가져간 경우 해당 자료에 대한 유효 기간 설정

A	• 호스트명에 대한 IP 주소를 설정
PTR	• IP 주소에 대한 호스트 명을 설정
CNAME	• A 레코드와 유사하지만 호스트명과 해당 호스트명의 별명(alias)을 설정 • 여러 개의 호스트가 같은 IP 주소로 응답할 때 설정이 용이 • IP 주소가 변경되었을 때 여러 호스트의 IP 주소를 용이하게 바꿀 수 있음
NS	• 주 영역 서버에서 변경된 내용을 보조 영역 서버로 전송할 때 보조 서버 주소 지정
MX	• 전자 메일을 위한 레코드로 메일의 전달 경로를 지정하는 레코드

❸ DHCP(Dynamic Host Configuration Protocol)

- 네트워크 안에 있는 클라이언트 컴퓨터가 부팅될 때 자동으로 IP 주소, 서브넷 마스크, 게이트 웨이 주소, DNS 서버 주소를 할당한다.
- DHCP는 Discover, Offer, Request, Acknowledge의 4개의 프로세스가 브로드캐스트 방식으로 작동된다.

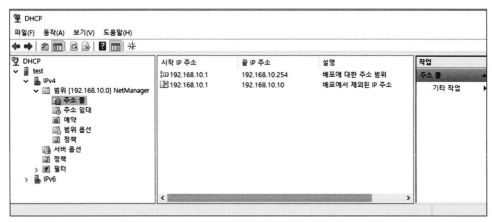

▲DHCP 관리자

❹ 파일 서버

① NTFS를 이용한 파일 서버 구축
- FAT 및 FAT 32는 이전 Windows(Windows 95나 98 등)에서 주로 사용되는 파일 시스템이며 현재는 NTFS 파일 시스템을 기본으로 사용하고 있다.
- 기존 파일 시스템보다 작은 클러스터의 크기를 사용해서 디스크 공간을 효율적으로 사용한다.
- 압축 기능 사용 및 암호화를 지원한다.
- NTFS 퍼미션을 사용할 수 있어서 파일, 폴더 등에 대한 접근 권한을 사용자별로 설정할 수 있다.
- NTFS 쿼터(Quota, 할당량)를 사용할 수 있다.
  - 사용자에게 디스크 사용량의 제한을 두는 것이다.
  - 쿼터는 볼륨 또는 파티션 단위로 설정한다.
  - 파일 서버의 용량을 특정 사용자에 의해 모두 차지하여 시스템에 심각한 문제가 발생할 소지를 해결해 줄 방안이다.

② 분산 파일 시스템을 이용한 파일 서버 구축
- 분산 파일 시스템(Distributed File System, 약자로 DFS)는 여러 대의 컴퓨터에 분산된 공유 폴더를 하나로 묶어서 마치 하나의 폴더인 것처럼 사용한다.
- 사용자들은 네트워크상의 여러 대의 공유 폴더를 찾아서 헤맬 필요가 없으며 한 곳으로 집중해서 사용하는 장점을 갖고 있다.
- '네임스페이스'는 여러 개의 공유 폴더에 대해서 가상의 폴더를 제공한다.

③ FSRM을 이용한 파일 서버 구축

• 파일 서버 리소스 관리자(File Server Resource Manager, 약자로 FSRM)은 '파일 서버'를 제공하기 위해 Windows Server 2008에서 제공하는 기능이다.

• 사용자에게 저장할 수 있는 용량을 제한할 수 있으며, 특정한 파일의 유형은 업로드하지 못하도록 설정할 수도 있다.

• NTFS 쿼터와 FSRM 차이점

NTFS 쿼터	FSRM
볼륨 단위로 용량을 제한	폴더에 용량을 제한
사용자 1명이 사용할 공간을 할당	폴더에 총 얼마를 사용하는지를 제한
할당량 초과 시 이벤트 로그에 기록	할당량 초과 시에 관리자에게 메일을 전송하거나 보고서 출력 또는 이벤트 로그 등의 설정

5 원격 접속 서버

구분	텔넷 서버	SSH 서버	VNC 서버	원격 데스크톱	파워셸
속도	빠름	빠름	느림	빠름	빠름
그래픽 지원	지원 안함	지원 안함	지원함	지원함	지원 안함
보안	취약	강함	취약, SSH와 연동하여 보안 가능	강함	강함
사용가능 명령어	텍스트 모드의 명령어만 사용	텍스트 모드의 명령어만 사용	제한 없음	제한없음	모든 파워셸 명령
클라이언트 프로그램	기본 내장	별도설치 필요	별도설치 필요	기본 내장	기본 내장
라이선스 비용	유료 또는 무료	유료 또는 무료	무료	추가비용 없음 (원격 데스크톱 서버는 별도의 라이선스 필요)	추가비용 없음

✔ 암기하면 유용한 출제 예상 문제

[IIS 서버 설정]

01 Windows Server 2016의 서버관리자를 이용하여 IIS(Internet Information Server)로 설정할 수 있는 서비스로 짝지어진 것은?

☑ HTTP, FTP
② DHCP, DNS
③ HTTP, DHCP
④ HTTP, TELNET

> **해설**
> IIS를 통해 설치 가능한 역할 서비스는 Web 서비스, WAS(Windows Process Activation Service), FTP 서비스, Management 서비스 등이 있다.

02 Windows Server 2016에서 IIS 관리자의 기능으로 옳지 않은 것은?

① 웹 사이트의 기본 웹 문서 폴더를 변경할 수 있다.
② 기본 웹 문서를 추가하거나 기본 웹 문서들의 우선 순위를 조정할 수 있다.
☑ 가상 디렉터리의 이름은 실제 경로의 이름과 동일하게 해야 한다
④ 디렉터리 검색기능을 활성화하면 기본 문서가 없을 때 파일들의 목록이 나타난다.

> **해설**
> 가상 디렉터리는 홈 디렉터리의 별칭으로 실제 파일의 위치를 알지 못하게 하여 보안문제를 해결하고 있다. 따라서 가상 디렉터리 이름은 실제 경로와 달라야 한다.

03 웹 서버 관리자는 아래 지문에서 이야기한 공격에 대응하기 위해 인터넷 정보 서비스 관리자에서 설정하지 않아야 하는 것은?

> 문서의 저장 및 열람이 가능하다면 문서의 취약점(백업 파일 및 소스 코드, 스트립트 파일 등)을 이용해 악의적인 목적을 갖고 있는 사람들에게 탈취 및 웹 서버의 공격이 이루어진다.

① HTTP 응답 헤더
☑ 디렉터리 검색
③ SSL 설정
④ 인증

> **해설**
> 기본적으로 디렉터리 검색기능이 해제되어 있어 디렉터리의 내용을 볼 수 없다. 디렉터리 검색 기능이 해제된 상태로 두어 보안을 강화하는 것이 좋다.

04 서버 담당자 Park 사원은 Windows Server 2016에서 공인 CA에서 새로운 인증서를 요청하기 위해 실행 중인 IIS를 사용해 CSR(Certificate Signing Request)를 생성하고자 한다. 이때 작업을 위해 담당자가 선택해야 하는 애플릿 항목은?

① HTTP 응답 헤더
② MIME 형식
③ 기본 문서
☑ 서버 인증서

> **해설**
> CSR(Certificate Signing Request)은 인증서 발급에 필요한 정보를 담고 있는 인증서 신청 형식의 데이터이다. CSR에 포함되는 내용으로는 공개 키가 포함되며, 인증서가 적용되는 정보 등이 포함된다.

05 서버 담당자 Park 사원은 1대의 서버가 아니라 여러 대의 웹 서버를 운영해서 웹 클라이언트가 서비스를 요청할 경우에 교대로 서비스를 실행하는 방법으로 웹 서버의 부하를 여러 대가 공평하게 나눌 수 있도록 설계하고자 한다. 이에 적절한 서비스 방식을 무엇이라 하는가?

① Round Robin ✔
② Heartbeat
③ Failover Cluster
④ Non-Repudiation

해설
② Heartbeat : 리눅스 운영체제에 고가용성을 제공하는 기술
③ Failover Cluster : 함께 작동하는 독립 컴퓨터의 그룹으로 클러스터 노드 중 하나 이상에 장애가 발생하면 다른 노드에서 서비스를 제공
④ Non-Repudiation : 메시지를 보낸 사람이 보낸 사실을 부인하거나, 받은 사람이 받지 않았다고 부인할 때 증명하는 기술

06 서버 담당자 Park 사원은 IIS(인터넷 정보 서비스)를 설치한 후, IIS 관리자를 실행하기 위해 명령어를 사용하여 서비스를 실행하고자 한다. 이때 사용할 명령어로 올바른 것은?

① wf.msc
② msconfig
③ inetmgr.exe ✔
④ dsac.exe

해설
① wf.msc : 방화벽 설정을 위한 시스템 도구
② msconfig : 시스템 구성 도구
④ dsac.exe : ctive directory 관리 센터 실행 파일

07 Windows Server 2016에서 FTP 사이트 구성 시 옳지 않은 것은?

① IIS 관리자를 통해 웹 사이트에 FTP 기능을 추가할 수 있다.
② 특정 사용자별로 읽기와 쓰기 권한 조절이 가능해 익명 사용자도 쓰기가 가능하다.
③ 폴더에 NTFS 쓰기 권한이 없더라도 FTP 쓰기 권한이 있으면 쓰기가 가능하다. ✔
④ 특정 IP 주소나 서브넷에서의 접속을 허용하거나 막을 수 있다.

해설
FTP 권한보다는 NTFS의 권한이 우선이다. FTP 프로토콜로 쓰기 권한을 얻어도 파일 관리자 NTFS 쓰기 권한이 없으면 쓰기가 불가능하다.

08 FTP는 원격 서버에 파일을 주고받을 때 사용하는 프로토콜이다. FTP는 2가지 Mode로 구분되는데, 서버에서 따로 포트 대역을 설정해 주고 서버는 임의로 지정된 데이터 포트 정보를 클라이언트에 보내 클라이언트에서 해당 포트로 접속하는 방식은 무엇인가?

① Active Mode
② Passive Mode ✔
③ Privileges Mode
④ Proxy Mode

해설
FTP는 Active Mode와 Passive Mode로 구분된다. Active Mode는 서버와 클라이언트 간 데이터 전송용 포트 20번, 신호용 제어용 포트 21번을 사용하는 방식이다.

09 Windows Server 2016에서 FTP 사이트 구성 시 SSL을 적용함으로써 얻어지는 것은?

① 전송 속도 증대   ② 사용자 편의 향상
③ 동시 접속 사용자 수 증가   ☑ 보안 강화

> **해설**
> FTP SSL 설정은 인증서 기반의 FTP를 구성하여 보안을 강화시킨 것이다.

[DNS 서버 설정]

10 Windows Server 2016의 DNS 서버에서 정방향/역방향 조회 영역(Public/Inverse Domain Zone)에 대한 설명으로 올바른 것은?

☑ 정방향 조회 영역은 도메인 주소를 IP 주소로 변환하는 영역이다.
② 정방향 조회 영역에서 이름은 'x.x.x.in-addr.arpa'의 형식으로 구성되는데, 'x.x.x'는 IP 주소 범위이다.
③ 역방향 조회 영역은 도메인 주소를 IP 주소로 변환하는 영역이다.
④ 역방향 조회 영역은 외부 질의에 대해 어떤 IP 주소를 응답할 것인가를 설정한다.

> **해설**
> ② 역방향 조회 영역에서 이름은 'x.x.x.in-addr.arpa'의 형식으로 구성되는데, 'x.x.x'는 IP 주소 범위이다.
> ③ 정방향 조회 영역은 도메인 주소를 IP 주소로 변환하는 영역이다.
> ④ 정방향 조회 영역은 외부 질의에 대해 어떤 IP 주소를 응답할 것인가를 설정한다.

11 Windows Server 2016에 설치된 DNS에서 지원하는 레코드 형식 중 실제 도메인 이름과 연결되는 가상 도메인 이름의 레코드 형식은?

☑ CNAME   ② MX
③ A   ④ PTR

> **해설**
> ② MX : 메일 교환 레코드로 메일을 수신할 서버를 지정하는 레코드
> ③ A : IP 주소와 도메인 주소를 매핑할 때 사용하는 레코드
> ④ PTR : IP 주소에 대한 도메인 주소를 확인할 수 있는 레코드

12 Windows Server 2016의 DNS 서버에서 정방향 조회 영역 설정에서 SOA 레코드의 각 필드에 대한 설명으로 옳지 않은 것은?

① 일련 번호 : 해당 영역 파일의 개정 번호다.
② 주 서버 : 해당 영역이 초기에 설정되는 서버다.
☑ 책임자 : 해당 영역을 관리하는 사람의 전자 메일 주소다. webmaster@icqa.or.kr 형식으로 기입한다.
④ 새로 고침 간격 : 보조 서버에게 주 서버의 변경을 검사하기 전에 대기하는 시간이다.

> **해설** 책임자 필드에는 전자 메일 주소를 등록한다. 메일 주소는 '@'기호 대신에 마침표를 사용한다.

13 DNS에서 지원하는 레코드 형식 중 역방향 조회에 사용되는 레코드는?

① A

☑ PTR

② AAAA

④ SOA

해설

① A : 정방향 조회에 사용되는 레코드

② AAAA : IPv4의 A 레코드와 동일, IPv6의 DNS 리소스 레코드

④ SOA : 영역을 생성할 때 기본적으로 등록되는 레코드로 새로 등록되거나 삭제할 수 없고 정보만 읽고 수정 가능

14 Windows Server 2016의 DNS관리에서 아래 지문과 같은 DNS 설정 방식은?

> WWW.ICQA.COM 서버는 동시에 수십만 이상의 접속이 있는 사이트이다. 여러 대의 웹 서버를 운영, 웹 클라이언트 요청 시 교대로 서비스를 실행한다. ICQA.COM DNS 서버에 IP 주소를 질의하면 설정 순서대로 돌아가면서 IP 주소를 알려준다.

☑ 라운드 로빈

③ 캐시 서버

② 캐시 플러그인

④ Azure Auto Scaling

해설

일반적으로 DNS 서비스 과부하를 줄이기 위한 방법으로 캐시 사용 설정, 외부 캐시 서버 사용, 라운드 로빈 또는 Azure의 Auto Scaling(자동크기조정) 기능을 이용할 수 있다.

15 다음 그림은 Windows Server 2016의 DNS 관리자의 모습이다. 현재 www라는 동일한 이름으로 3개의 레코드가 등록되어 클라이언트가 도메인을 제공하면 IP 주소를 번갈아가며 제공한다. 이처럼 IP 요청을 분산하여 서버 부하를 줄이는 방식을 무엇이라고 하는가?

☑ 라운드 로빈(Round Robin) 방식

③ 스택(Stack) 방식

② 큐(Queue) 방식

④ FIFO(First In First Out) 방식

해설

라운드 로빈 DNS는 별도의 소프트웨어 혹은 하드웨어 로드 밸런싱 장비를 사용하지 않고, DNS만을 이용하여 도메인 레코드 정보를 조회하는 시점에서 트래픽을 분산하는 기법이다.

16 Windows Server 2016의 DNS Server 역할에서 지원하는 '역방향 조회'에 대한 설명으로 옳은 것은?

① 클라이언트가 정규화된 도메인 이름을 제공하면 IP 주소를 반환하는 것

② 클라이언트가 IP 주소를 제공하면 도메인을 반환하는 것

③ 클라이언트가 도메인을 제공하면 라운드 로빈 방식으로 IP를 반환하는 것

④ 클라이언트가 도메인을 제공하면 하위 도메인을 반환하는 것

해설 ②번을 제외한 모든 항목은 정방향 조회를 설명하고 있다.

17 Windows Server 2016에서 DNS 서버기능을 설정한 후에 설정이 제대로 되었는지 확인하기 위하여, 명령어 프롬프트에서 도메인을 입력하면 해당 IP 주소를 보여주는 명령어는?

① ls   ② nslookup

③ show   ④ pwd

해설
① ls : 디렉터리에 있는 내용을 확인하는 리눅스 명령어
③ show : 데이터베이스 또는 스위치/라우터와 같은 네트워크 장비에서 목록 정보를 확인
④ pwd : 현재 디렉터리 위치를 출력하는 명령어

18 네트워크 담당자 Kim 사원은 'www.icqa.or.kr' 의 IP 주소를 이 파일에 저장하여 사이트 접속 시 빠르게 실행하고자 한다. 각각의 컴퓨터에는 IP 주소와 그에 해당하는 컴퓨터 이름을 저장해 놓는 파일이 있다. 이 파일의 저장경로와 파일명으로 올바른 것은?

① C:₩Windows₩System32₩hosts

② C:₩Windows₩System32₩config₩hosts

③ C:₩Windows₩System32₩drivers₩hosts

④ C:₩Windows₩System32₩drivers₩etc₩hosts

해설
hosts 파일은 IP 주소와 도메인을 매핑해 주는 리스트이다.

19 네임 서버 레코드 정보를 변경한지 충분한 시일이 지났지만 특정 기기에서 해당(기존) 도메인으로 접속이 원할한 경우, 컴퓨터에 DNS Cache가 갱신되지 않아 발생할 수 있다. DNS Cache를 초기화하는 명령어는 어느것인가?

① ipconfig /displydns   ② ipconfig /flushdns

③ ipconfig /release   ④ ipconfig /renew

해설
① ipconfig /displydns : DNS 캐시 정보를 확인하는 명령어
③ ipconfig /release : 현재 DHCP 구성 해지 및 IP 주소 구성 정보 제거 명령어
④ ipconfig /renew : DHCP로부터 새로운 IP 주소를 부여받기 위한 명령어

[DHCP 구성]

20 Windows Server 2016에서 자신의 네트워크 안에 있는 클라이언트 컴퓨터가 부팅될 때 자동으로 IP 주소를 할당해 주는 서버는?

✔ DHCP 서버
② WINS 서버
③ DNS 서버
④ 터미널 서버

해설
② WINS 서버 : 네트워크에 있는 컴퓨터와 그룹에 대한 NetBIOS 이름에 대응되는 IP 주소를 찾아 주는 서버
③ DNS 서버 : 웹 사이트의 IP 주소와 도메인 주소를 이어주는 서버
④ 터미널 서버 : 원거리의 동기종 시스템 또는 이기종 시스템 간의 접속을 지원해 주는 서버

21 Windows Server 2016 DHCP 서버의 주요 역할의 설명으로 맞는 것은?

① 동적 콘텐츠의 HTTP 압축을 구성하는 인프라를 제공한다.
② TCP/IP 네트워크에 대한 이름을 확인한다.
✔ IP 자원의 효율적인 관리 및 IP 주소를 자동 할당한다.
④ 사설 IP 주소를 공인 IP 주소로 변환해 준다.

해설
DHCP 서버는 DHCP 클라이언트에게 네트워크 환경 구성정보(IP 주소, 서브넷 마스크, 게이트웨이 주소, DNS 주소)를 자동으로 할당하는 시스템으로 망 내의 IP 자원을 효율적으로 관리한다.

22 DHCP의 장점으로 옳지 않은 것은?

① 클라이언트에게 자동으로 IP Address를 할당해 줄 수 있다.
② IP Address의 관리가 용이하다.
✔ 영구적인 IP Address를 필요로 하는 웹 서버에 대해서는 동적인 주소를 제공한다.
④ 사용자들이 자주 바뀌는 학교와 같은 환경에서 특히 유용하다.

해설 DHCP는 유동 IP Address를 필요로 하는 클라이언트에 대해 동적인 주소를 제공한다.

[파일 서버]

23 서버 담당자 Park 사원은 Windows Server 2016에서 폴더에 저장할 수 있는 용량을 제한하고, 특정한 파일의 유형은 업로드하지 못하도록 설정하고자 한다. 이러한 설정을 통해서 서버 담당자는 좀 더 유연하고 안전한 파일 서버를 구축할 수 있게 된다. 다음 중 서버 담당자가 구축해야 할 적절한 서비스는 무엇인가?

✔ FSRM(File Server Resource Manager)
② FTP(File Transfer Protocol)
③ DFS(Distribute File System)
④ Apache Server

해설
② FTP(File Transfer Protocol) : 서버와 클라이언트 사이 파일을 전송하기 위한 프로토콜
③ DFS(Distribute File System) : 컴퓨터 네트워크를 통해 공유하는 여러 호스트 컴퓨터의 파일에 접근할 수 있게 하는 파일 시스템
④ Apache Server : HTTP 웹 서버 소프트웨어

24 다음 (A)에 해당하는 것은?

> – (A)은/는 여러 대의 컴퓨터에 분산된 공유 폴더를 하나로 묶어서 마치 하나의 폴더인 것처럼 사용할 수 있다.
> – (A)을/를 사용하면 사용자들은 네트워크 상의 여러 대의 공유 폴더를 사용할 필요 없이 한 곳으로 집중해서 사용할 수 있다.

✔ 분산 파일 시스템
② 삼바(SAMBA)
③ ODBC
④ 파일 전송 프로토콜

해설
② 삼바(SAMBA) : 리눅스 파티션에 담긴 자료를 윈도우 기반 컴퓨터가 공유하거나 윈도우 파티션에 담긴 자료를 리눅스 기반 컴퓨터가 공유할 수 있도록 제공하는 서비스
③ ODBC : 마이크로소프트가 만든 데이터베이스에 접근하기 위한 소프트웨어의 표준 규격
④ 파일 전송 프로토콜 : 서버와 클라이언트 사이의 파일 전송을 하기 위한 프로토콜

[원격 접속 서버]

25 Windows Server 2016의 원격 접속 서버 구축에 대한 설명으로 옳지 않은 것은?
① 텔넷 서버는 전통적으로 사용되어 온 원격 접속 방법이며, 보안에 취약하기에 단독으로 사용하지 않는 추세이다.
② SSH 서버는 텔넷 서버와 원격관리 방법의 거의 유사하나 데이터 전송 시 암호화를 진행한다.
✔ 원격 데스크톱 서비스는 그래픽 모드로 원격관리를 지원하여 효과적이고 편리하다. 그러나 원격 데스크톱 서비스는 동시에 2대 이상 접속할 수 없다.
④ 파워셀(Power Shell) 원격접속은 Core로 설치한 윈도우 서버에 별도 외부 프로그램을 설치하지 않고, 보안과 빠른 속도를 보장하는 원격접속 방법이다.

해설
원격 접속 서버의 용도는 기업에서는 지사 직원, 출장 직원, 재택근무자 등이 회사의 네트워크에 접속할 수 있으며 가정에서는 인터넷 서비스 제공자를 통한 원격 접속이 일반적이다. 이와 같은 구축된 원격 서버에는 동시에 2대 이상의 접속이 가능하게 구축되어야 한다.

05절 시스템 운영 관리

1 이벤트 뷰어(Event Viewer)

• 로그는 시스템의 모든 기록을 담고 있는 데이터이다.

• '전역 로그'는 전체 시스템에 적용되는 이벤트를 저장한다.
  - 이전 버전의 Windows에서 사용할 수 있는 응용 프로그램, 보안 및 시스템 로그가 포함한다.
  - '설정'과 '전달된 이벤트(Forwarded Events)' 로그를 포함한다.

• '응용 프로그램 및 서비스 로그'는 시스템 전체에 영향을 줄 수 있는 이벤트가 아닌 단일 응용 프로그램이나 구성 요소의 이벤트를 저장한다.

응용 프로그램	• 윈도우 번들 소프트웨어와 일반 응용프로그램의 활성화 여부를 기록한다. • 기록되는 이벤트는 해당 제품의 개발자에 의해 결정된다.
보안	• 유효하거나 유효하지 않은 로그인 시도, 파일 생성, 열람 삭제 등의 이벤트를 기록한다. • 감사 정책 설정을 통해 다양한 보안 이벤트 저장이 가능하다.
설정	• 애플리케이션 설치 시 발생하는 이벤트를 기록한다. 프로그램이 잘 설치되었는지, 호환성 문제는 없는지 확인 가능하다.
시스템	• 윈도우 시스템에서 로그로 서비스 실행 여부나 파일 시스템 필터, 디바이스 구성요소를 기록한다.
전달된 이벤트 (Forwarded Events)	• 원격 컴퓨터에서 수집된 이벤트를 저장한다. 구독을 사용하고 있다면 전달된 이벤트 로그에 기록한다.

◀ 이벤트 뷰어

- 이벤트 수준은 위험, 경고, 오류, 정보가 있다.
  - '오류'는 이벤트를 트리거한 응용 프로그램 또는 구성 요소 외부에 있는 기능영향을 줄 수 있는 문제가 발생했음을 나타내는 로그이다.
  - '위험'은 이벤트를 트리거한 응용 프로그램 또는 구성 요소가 자동으로 복구할 수 없는 오류가 발생했음을 나타내는 로그이다.

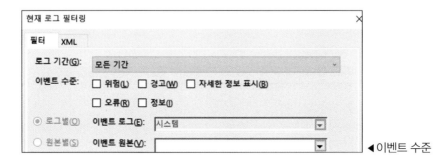

◀이벤트 수준

2 PowerShell

- PowerShell은 대화형 프롬프트와 스크립트의 작성이 가능한 Microsoft사의 명령어 셸이다.

- Windows Server 2008 서버에서 PowerShell 1.0 이 처음 소개된 것으로 UNIX의 shell(셸, 명령어 해석기)과 같은 기능을 제공한다. Windows Server 2016에는 PowerShell 5.1 버전이 설치되어 있다. PC용 운영체제인 Windows 7, 8, 10에서도 PowerShell이 포함되어 있다.

- PowerShell 실행은 '시작' 버튼 〉 Windows Server 〉 Windows PowerShell 순이다.

◀PowerShell

- 서버 관리 시 PowerShell에서 스크립트로 만들어 놓으면 언제든 일관된 재사용이 가능하다.

- PowerShell은 DoS의 배치파일과 VBScript도 실행할 수 있다.

- 유닉스 셸에서 작성된 것도 일부 호환이 가능하다.

- PowerShell 스크립트는 PowerShell 콘솔에서 대화형으로 사용할 수 있다.

- 스크립트 명령은 대소문자를 구분하지 않는다.
- 명령어나 경로의 Tab 자동 완성 기능을 지원한다.
- 기존 DoS 명령을 대부분 사용할 수 있다,
- Cmd Let(Command Let(커맨들릿))은 PowerShell에서 사용되는 기본적인 명령이이다.
- PowerShell에는 수천 개의 내장된 Cmd Let과 Function을 가지고 있다.
- 명령어 Get-host으로 현재 설치된 PowerShell의 버전을 확인 할 수 있다.

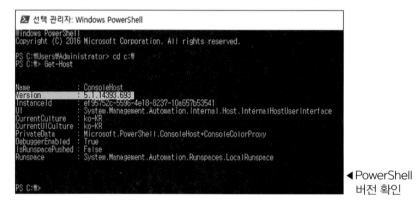

◀ PowerShell
버전 확인

3 Windows 배포 서비스(WDS ; Windows Deployment Services)

- WDS는 회사 내의 PC들의 운영체제를 통일화시켜서 일관적인 작업 환경을 제공한다.
- 대규모 회사에서 USB나 DVD 같은 물리적인 저장 장치가 아니라 네트워크를 통해서 Windows 운영체제를 한꺼번에 설치할 수 있으며, Windows 이미지를 클라이언트에게 배포할 수 있다.
- WDS를 통해 설치할 컴퓨터의 디스크 분할 및 포맷, 운영체제 설치 및 설정, 회사 전체에 일관적인 작업 환경을 제공한다.
- WDS는 자동 설치를 통한 비용 감소와 시간절약을 할 수 있는 장점이 있다.
- '서버 관리자 〉 관리 〉 역할 및 기능 추가 〉 서버 역할 〉 Windows 배포 서비스'를 체크하고 설치를 진행한다.

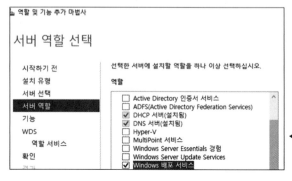

◀ 서버 관리자를 이용한
Windows 배포
서비스 설치

4 상애 조지(Fail Over) 클러스터

- 장애 조치 클러스터는 사용자들에게 중단 없이 서비스의 가용성을 높이기 위해 제공되는 시스템이다.

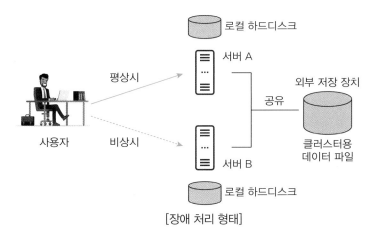

[장애 처리 형태]

- 장애 조치 클러스터링 기능은 기본적으로 활성화되지 않은 기능이다.
  - [서버 관리자]에서 [역할 및 기능 추가] 마법사를 사용해서 기능을 활성화해야 한다.
- 장애 조치 클러스터를 구성하는 컴퓨터 수는 64개까지이다.
- Windows Server 2016에서는 클라우드 감시와 같은 기능이 추가 되었다.

① 클러스터 운영체제 롤링 업그레이드(Cluster Operating System Rolling Upgrade)
  - Hyper-V 또는 스케일 아웃 파일 서버 워크로드를 중지하지 않고 클러스터 노드의 운영체제를 Windows Server 2012 R2에서 Windows Server 2016으로 업그레이드할 수 있다. 이 기능을 사용하면 SLA(서비스 수준 계약)의 가동 중지 시간 위반을 피할 수 있다.

② 클라우드 감시(Cloud Witness)
  - 클라우드 감시는 중재 지점으로 Microsoft Azure를 활용하는 Windows Server 2016에서 새로운 유형의 장애 조치 클러스터 쿼럼 감시 기능이다. 클라우드 감시는 응답을 가져오고 쿼럼 계산에 참여할 수 있다. 클러스터 쿼럼 구성 마법사를 사용하여 쿼럼 감시로 클라우드 감시를 구성할 수 있다.

③ 상태 관리 서비스(Health Service)
  - 상태 관리 서비스는 스토리지 공간 다이렉트 클러스터에서 클러스터 리소스의 일상적인 모니터링, 작업 및 유지 관리 환경을 개선한다.

5 네트워크 스토리지(Network Storage)

① NAS(Network Attached Storage)
  - 저장소를 각 컴퓨터가 아닌 네트워크상에 연결한 후, 이 저장소를 네트워크의 모든 컴퓨터가 공용으로 사용하도록 설정한 장치이다.
  - 구성이 간편하고 저렴하게 네트워크 스토리지 환경을 구성할 수 있다는 장점이 있다.
  - TCP/IP의 속도 이상으로 저장 속도가 떨어질 수 있다.

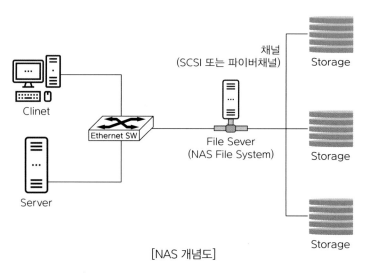

[NAS 개념도]

② SAN(Storage Area Network)
  - 각 Server와 Storage 사이에 광 스위치를 넣어 네트워크의 개념을 도입한 것이다.
  - RJ-45 대신 광 케이블을 사용한다.
  - 빠른 전송속도, 안정적 System으로 구축비용 비싸고 구조가 복잡하다.

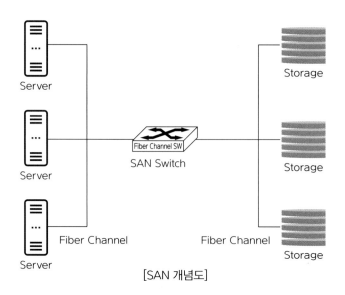

[SAN 개념도]

6 서버 백업

- 사고를 대비하기 위한 방편 중에서 반드시 해야 할 것이 '백업'으로 기존의 폴더 또는 파일을 다른 안전한 장소에 보관해야 한다.
- 문제가 생기면 백업했던 데이터를 원래대로 '복원(Restore) 또는 복구'시키면 된다.
- Windows Server에서는 자체적으로 백업 기능을 제공해주기 때문에 별도의 외부 소프트웨어를 설치하지 않아도 백업 기능을 사용할 수 있다.
- 백업은 별도의 하드디스크나 다른 컴퓨터의 공유 폴더에 하는 것이 필수이다.
- 복구는 삭제된 일부 폴더만 복구할 수도 있고, 볼륨 전체를 복구할 수도 있다.
- Windows Server 2012부터는 NTFS 파일 시스템 외에도 ReFS 파일 시스템도 백업을 할 수 있게 되어 이전 버전에 비해서 기능이 많이 향상되었다.
- Windows Server 백업은 3가지 방법으로 실행할 수 있다.

> 단계 ❶ Windows + R을 누른 후 wbadmin.msc 명령실행
> 단계 ❷ 제어판 〉 시스템 및 보안 〉 관리도구 〉 Windows Server 백업
> 단계 ❸ 컴퓨터 관리 〉 저장소 〉 Windows Server 백업

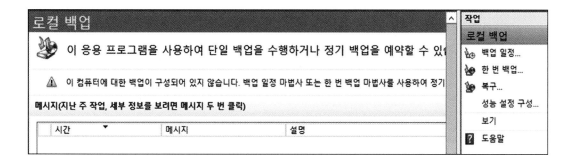

7 명령어 netstat

- TCP, 라우팅 테이블, 수많은 네트워크 인터페이스 네트워크 프로토콜 통계를 위한 네트워크 연결 상태를 보여준다.

[형식] netstat [옵션] [목적지]

```
C:\>netstat -an

활성 연결

  프로토콜  로컬 주소                    외부 주소                   상태
  TCP       0.0.0.0:135                0.0.0.0:0                  LISTENING
  TCP       0.0.0.0:445                0.0.0.0:0                  LISTENING
  TCP       0.0.0.0:902                0.0.0.0:0                  LISTENING
  TCP       0.0.0.0:912                0.0.0.0:0                  LISTENING
  TCP       0.0.0.0:5040               0.0.0.0:0                  LISTENING
  TCP       0.0.0.0:5357               0.0.0.0:0                  LISTENING
  TCP       0.0.0.0:7680               0.0.0.0:0                  LISTENING
  TCP       0.0.0.0:8000               0.0.0.0:0                  LISTENING
  TCP       0.0.0.0:8089               0.0.0.0:0                  LISTENING
  TCP       192.168.219.102:139        0.0.0.0:0                  LISTENING
  TCP       192.168.219.102:49628      52.38.7.83:443             ESTABLISHED
  TCP       192.168.219.102:49948      76.76.21.21:443            ESTABLISHED
  TCP       192.168.219.102:49955      76.76.21.21:443            ESTABLISHED
  TCP       192.168.219.102:49970      52.98.51.130:443           ESTABLISHED
  TCP       192.168.219.102:50083      140.82.114.25:443          ESTABLISHED
  TCP       192.168.219.102:50114      199.127.193.108:443        ESTABLISHED
  TCP       192.168.219.102:50162      146.75.50.133:443          ESTABLISHED
  TCP       192.168.219.102:50238      52.182.143.208:443         TIME_WAIT
  TCP       192.168.219.102:50262      40.99.9.194:443            ESTABLISHED
  TCP       192.168.219.102:50267      40.99.9.242:443            TIME_WAIT
  TCP       192.168.219.102:50358      211.115.106.206:80         CLOSE_WAIT
  TCP       192.168.219.102:50359      211.115.106.206:80         CLOSE_WAIT
  TCP       192.168.219.102:50361      211.115.106.208:80         CLOSE_WAIT
  TCP       192.168.219.102:50362      172.64.155.188:80          TIME_WAIT
  TCP       192.168.219.102:50370      204.79.197.239:443         ESTABLISHED
```

옵션	설명
-a	현재 다른 PC와 연결되어 있거나 대기 중인 모든 포트 번호 확인
-r	라우팅 테이블 확인 및 커넥션되어 있는 포트 번호 확인
-n	현재 다른 PC와 연결되어 있는 포트 번호 확인
-e	랜카드에서 송수한 패킷의 용량 및 종류 확인
-s	IP, ICMP, UDP 프로토콜별 상태 확인
-t	tcp protocol
-u	udp protocol
-p	프로토콜 사용 Process ID 노출
-c	1초 단위로 보여줌

01 Windows Server 2016가 설치된 컴퓨터는 항상 가동하는 것이 일반적인 용도이기 때문에 서버 담당자 Park 사원은 시스템을 종료할 때마다 그 이유를 명확히 하여 더 안정적인 시스템 운영하고자 한다. 다음 중 이전에 종료 또는 재부팅된 기록을 확인할 수 있는 항목은?

① 성능 모니터　　　　　　　　　　✔ 이벤트 뷰어

③ 로컬 보안 정책　　　　　　　　　④ 그룹 정책 편집기

해설
① 성능 모니터 : 윈도우 서버의 성능을 실시간으로 측정 분석
③ 로컬 보안 정책 : 컴퓨터 보안에 영향을 주는 설정들을 모아놓고 설정하거나 관리하는 도구
④ 그룹 정책 편집기 : 윈도우의 시스템 및 소프트웨어 관리 정책을 설정하고 제어

02 Windows Server 2016의 이벤트 뷰어에 대한 설명으로 옳지 않은 것은?

① '이 이벤트에 작업 연결'은 이벤트 발생 시 특정 작업이 일어나도록 설정하는 것이다.

② '현재 로그 필터링'을 통해 특정 이벤트 로그만을 골라 볼 수 있다.

③ 사용자 지정 보기를 XML로도 작성할 수 있다.

✔ '구독'을 통해 관리자는 로컬 시스템의 이벤트에 대한 주기적인 이메일 보고서를 받을 수 있다.

해설
'구독'은 이벤트 로그를 다른 서버나 클라이언트로 전달하는 것을 말하며, 이것을 수행하기 위해서는 구독 대상으로 접속하여 로그를 수집할 수 있는 권한이 필요하다.

03 서버 담당자 Park 사원은 Windows Server 2016에서 시스템을 감시하고자 이벤트뷰어 서비스를 점검하려 한다. Windows Server 2016 이벤트 뷰어에는 시스템을 감시하는 4가지 항목의 Windows 로그가 있다. 다음 중 이벤트 뷰어 Windows 로그에 속하지 않는 항목은?

① 보안　　　　　　　　　　　　　② Setup

③ 시스템　　　　　　　　　　　　✔ 사용자 권한

해설
이벤트 뷰어의 전역 로그는 다음과 같다. 사용자 권한은 Windows 로그에 속하지 않는다.

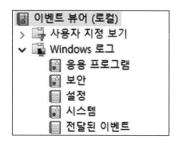

04 Windows Server 2016의 이벤트 뷰어에서 보안 로그 필터링 시 사용할 수 있는 이벤트 수준으로 옳지 않은 것은?

① 중요 ☑

② 경고

③ 오류

④ 정보

> **해설**
> 4가지 윈도우 이벤트 수준은 오류, 경고, 정보, 위험이다.

05 Windows Server 2016의 이벤트 뷰어에서 로그온, 파일, 관리자가 사용한 감사 이벤트 등을 포함해서 모든 감사된 이벤트를 보여주는 로그는?

① 응용 프로그램 로그

② 보안 로그 ☑

③ 설치 로그

④ 시스템 로그

> **해설**
> ① 응용 프로그램 로그 : 윈도우 번들 소프트웨어와 일반 응용프로그램의 활성화 여부 기록
> ③ 설정 로그(설치 로그는 없음) : 애플리케이션 설치 시 발생하는 이벤트 기록
> ④ 시스템 로그 : 윈도우 시스템에서 로그로 서비스 실행 여부나 파일 시스템 필터, 디바이스 구성요소가 기록

06 Windows Server 2016의 시스템 관리를 위해서 설계된 명령 라인 셸 및 스크립팅 언어로, 강력한 확장성을 바탕으로 서버 상의 수많은 기능의 손쉬운 자동화를 지원하는 것은?

① PowerShell ☑

② C-Shell

③ K-Shell

④ Bourne-Shell

> **해설**
> ② C-Shell : 빌 조이가 개발한 유닉스용 셸로 본 셸보다 한층 강력하고 사용하기 쉬운 셸
> ③ K-Shell: Bourne 셸의 상위 버전. Bourne 셸 및 C 셸의 좋은 특성들을 결합한 셸
> ④ Bourne-Shell : 유닉스 시스템 최초의 셸로 프로그래밍 언어의 용도로 개발

07 Windows Server 2016에서 사용하는 Power Shell에 대한 설명으로 옳지 않은 것은?

① 기존 DOS 명령은 사용할 수 없다. ☑

② 스크립트는 콘솔에서 대화형으로 사용될 수 있다.

③ 스크립트는 텍스트로 구성된다.

④ 대소문자를 구분하지 않는다.

> **해설**
> PowerShell은 DOS 명령어 대부분을 사용한다.

08 대화형 프롬프트와 독립적으로 또는 조합해 사용 가능한 스크립팅 환경을 포함하는 새로운 Windows 명령줄 도구는?

① PowerShell ② Server Core
③ Active Directory ④ Terminal Services Gateway

해설

PowerShell은 UNIX 셸과 같은 기능을 제공한다. 서버를 관리 시 PowerShell에서 스크립트를 만들어 놓으면 언제든지 일관된 재사용이 가능하다.

09 서버 담당자 Park 사원은 Windows Server 2016의 배포 서비스를 통하여 전원만 넣으면 Windows가 설치될 수 있도록 구성하고자 한다. 배포 서비스는 회사 내의 일관되고 표준화된 Windows 설치를 사용하여 아주 유용하게 사용할 수 있다. 다음 중 Windows Server 2016 배포 서비스의 장점으로 올바르지 않은 것은?

① 효율적인 자동 설치를 통한 비용 감소 및 시간 절약할 수 있다.
② 네트워크 기반으로 하는 운영체제 설치할 수 있다.
③ 여러 대의 컴퓨터에 분산된 공유 폴더를 하나로 묶어서 사용할 수 있다.
④ Windows 이미지를 클라이언트 컴퓨터에 배포할 수 있다.

해설

배포 서비스는 수동 설치에 비하여 복잡성과 비용을 줄여 Windows 운영체제를 네트워크 기반으로 설치할 수 있다. Windows PE, wim 파일 및 이미지 기반 설치를 포함한 표준 Windows 설치 프로그램 기술을 사용한다. 멀티 캐스트 기능(하나의 송신지에서 동시에 여러 수신자에게 전송하는 기술)을 이용하여 이미지 데이터를 전송한다.

10 서버 담당자 Park 사원은 Hyper-V 부하와 서비스의 중단 없이 Windows Server 2012 R2 클러스터 노드에서 Windows Server 2016으로 운영체제 업그레이드를 진행하려고 한다. 다음 중 작업에 적절한 기능은 무엇인가?

① 롤링 클러스터 업그레이드 ② 중첩 가상화
③ gpupdate ④ Nano Server

해설

② 중첩 가상화 : 가상 컴퓨터(VM) 내에서 Hyper-V를 실행할 수 있는 기능
③ gpupdate(Group Policy Update) : 컴퓨터 정책과 사용자 정책의 변경내용을 업데이트 시도
④ Nano Server : Windows Server 2016에서 새롭게 추가된 설치 옵션으로 사설 클라우드 및 데이터 센터에 최적화된 원격 관리 서버 운영체제

11 서버 담당자 Park 사원은 Windows Server 2016에서 사용할 수 있는 네트워크 스토리지를 구현하고자 한다. 다음 조건에서 설명하는 방식의 네트워크 스토리지로 알맞은 것은?

> 공통으로 사용되는 저장소를 중앙에서 관리함으로써 각각의 컴퓨터에 저장소를 가지고 있을 때보다 여유 공간의 활용도가 높으며, 대규모 이상의 환경에서 주로 구성되고 있다.
> 일반적으로 파이버 채널 연결을 이용하여 데이터 접근이 빠르며 대용량 블로 기반의 데이터 전송 기능으로 LAN에 독립적인 데이터 백업, 복구에 탁월한 기능이 있다.

① NAS(Network Attached Storage)
✓ SAN(Storage Area Network)
③ RAID(Redundant Array of Inexpensive Disks)
④ SSD(Solid State Drive)

해설
① NAS : 네트워크에 연결된 기억 장치로 인터넷을 통해 데이터를 주고 받음
③ RAID : 여러개의 디스크를 묶어 하나의 디스크 처럼 사용하는 기술
④ SSD : 비휘발성 반도체 메모를 사용한 대용량 보조기억장치

12 Windows Server 2016에서 'netstat' 명령이 제공하는 정보로 옳지 않은 것은?

① 인터페이스의 구성 정보
② 라우팅 테이블
✓ IP 패킷이 목적지에 도착하기 위해 방문하는 게이트웨이의 순서 정보
④ 네트워크 인터페이스의 상태 정보

해설
IP 패킷이 목적지에 도착하기 위해 방문하는 게이트웨이의 순서 정보를 알려주는 명령어는 tracert이다.

13 Windows Server 2016의 'netstat' 명령 중 라우팅 테이블을 확인할 수 있는 명령 옵션은?

① netstat -a   ✓ netstat -r
③ netstat -n   ④ netstat -s

해설
① netstat -a : 모든 연결 및 수신 대기 포트를 표시
③ netstat -n : 주소나 포트 형식을 숫자로 표시
④ netstat -s : 프로토콜별로 통계를 표시(기본값으로 IP, ICMP, TCP, UDP)

Chapter 2 Linux

01 디렉터리와 파일

1 디렉터리(Directory)

리눅스 디렉터리는 계층적 트리 구조로 구성된다.

디렉터리	저장 내용
/	• 파일 시스템이 있는 최상위 디렉터리
/boot	• 부트 디렉터리로 부팅 시 커널 이미지와 부팅 정보 파일 저장
/proc	• 현재 실행되는 프로세스와 실제로 사용되는 장치, 커널이 수집한 하드웨어 정보가 저장됨 • 사용자가 /proc이나 하위 파일에 접근할 때마다 커널에서 파일 내용을 동적으로 만들어 냄 • 각 프로세스는 고유의 ID를 가지고 있으며 숫자 아이디를 가진 디렉터리 밑에 각종 정보를 저장함
/lib	• 공유 라이브러리 디렉터리로 프로그램 실행을 지원해 주는 라이브러리 저장
/bin	• 실행 파일이나 기본 명령어 저장
/dev	• 디바이스 드라이버들과 같은 물리적인 장치 등을 파일화하여 관리하는 디렉터리
/etc	• 시스템 환경 설정 파일 저장 디렉터리 • 네트워크에 관련된 설정 파일, 사용자 정보 및 암호 정보 파일, 보안 파일 등
/root	• 시스템 관리자용 홈 디렉터리
/sbin	• 관리자용 시스템 표준 명령 및 시스템 관리와 관련된 실행 명령어 저장
/usr	• 사용자 디렉터리로 사용자 데이터나 애플리케이션 저장
/home	• 사용자 계정 디렉터리 • 각 사용자의 홈 디렉터리가 위치
/var	• 가변 자료 저장 디렉터리 • 로그 파일이나 메일 데이터 저장
/tmp	• 각종 프로그램이나 프로세스 작업할 때 임시로 생성되는 파일 저장
/mnt	• 파일 시스템을 일시적으로 마운트할 때 사용

2 파일 속성

• 허가권(permission)은 디스크에 저장되어 있는 파일과 디렉터리에 대한 사용자나 그룹이 가지고 있는 접근 권한이다.

- 파일 허가권은 파일 종류와 사용자 범주에 따라 부여된다.

- 사용자 범주는 파일이나 디레토리의 소유자 (User), 소유자가 포함되어 있는 그룹(Group), 그 외 그룹(Other)으로 나뉜다.

- 접근 권한 속성은 읽기(read), 쓰기(write), 실행(execution)으로 구분하며, 속성들을 문자로는 r, w, x로 나타나며, 자리값(weight)은 차례대로 4, 2, 1 로 할당한다.

- 지정된 파일 또는 디렉터리에 어떤 권한도 부여하지 않을 경우에는 '-'로 나타낸다. 이때 권한 자리 값은 0이다.

d rw- r-- r--
① ② ③ ④

```
[root@info ~]# ls -l
total 28
-rw-------. 1 root root   764 2012-03-21 10:18 anaconda-ks.cfg
-rw-r--r--. 1 root root 14028 2012-03-21 10:17 install.log
-rw-r--r--. 1 root root  1758 2012-03-21 10:17 install.log.syslog
drwxr-xr-x. 2 root root  4096 2012-03-22 04:36
[root@info ~]# _
```

①	파일 종류	– 일반파일 d 디렉터리 l 링크파일 b 블록 디바이스(디스크 드라이버) c 캐릭터 디바이스(입출력 관련특수파일) s 소켓
②	User 권한	r 쓰기 가능 (4)
③	Group 권한	w 읽기 가능 (2) X 실행가능 (1)
④	Other 권한	– 권한 없음 (0)

CHECK UP

[명령어 적용 예] #ls -l

drw-r--r--	root	root	764	2012-03-21	10:18	anaconda-ks.cfg
①	②	③	④	⑤	⑥	⑦
허가	소유자	그룹명	파일크기	생성일자	시간	파일명

✔ 암기하면 유용한 출제 예상 문제

01 Linux 디렉터리 구성에 대한 설명으로 옳지 않은 것은?

① /tmp : 임시파일이 저장되는 디렉터리
② /boot : 시스템이 부팅될 때 부팅 가능한 커널 이미지 파일을 담고 있는 디렉터리
③ /var : 시스템의 로그 파일과 메일이 저장되는 위치
④ /usr : 사용자 계정이 위치하는 파티션 위치

해설
/usr는 사용자들이 사용하는 디렉터리로 새로 설치되는 프로그램들이 저장된다.

02 Linux 시스템에서 필수적인 실행 파일과 기본 명령어가 포함되어 있는 디렉터리는?

① /boot
② /etc
③ /bin
④ /lib

해설
① /boot : 시스템이 부팅될 때 부팅 가능한 커널 이미지 파일을 저장하는 디렉터리
② /etc : 파일 설정 파일을 저장하는 디렉터리
④ /lib : 커널이 필요로하는 커널 모듈 파일들과 프로그램에 필요한 각종 라이브러리 파일들을 저장하는 디렉터리

03 다음의 내용이 설명하고 있는 Linux 시스템 디렉터리는 무엇인가?

- 시스템을 운영하면서 생기는 각종 임시 파일(시스템, 로그, 스풀, 전자 메일)을 저장하는 디렉터리
- 크기가 계속 변하는 파일들을 저장하는 디렉터리

① /home
② /usr
③ /var
④ /tmp

해설
① /home : 사용자들의 홈 디렉터리가 있는 곳
② /usr : 시스템이 아닌 일반 사용자들이 주로 사용하는 디렉터리
④ /tmp : 시스템을 사용하는 모든 사용자들이 공동으로 사용하는 디렉터리

04 Linux 시스템 디렉터리에 대한 설명으로 옳지 않은 것은?

① /bin : 가장 기본적으로 사용하는 명령어가 들어있다.
② /etc : 각 시스템의 고유한 설정 파일들이 위치한다.
③ /proc : 시스템 운영 중 파일의 크기가 변하는 파일들을 위한 공간이다.
④ /tmp : 임시 파일들을 위한 공간이다.

해설
/proc는 프로세스에 대한 정보가 있는 디렉터리로 실제로는 빈 디렉터리이며 시스템이 부팅되면서 시스템의 프로세스 정보가 저장된다.

05 Linux 디렉터리 구성에 대한 설명으로 옳지 않은 것은?

① /tmp : 임시 파일이 저장되는 디렉터리
② /boot : 시스템이 부팅될 때 부팅 가능한 커널 이미지 파일을 담고 있는 디렉터리
③ /var : 시스템의 로그 파일과 메일이 저장되는 위치
✅ /usr : 사용자 계정이 위치하는 파티션 위치

해설
디렉터리 /usr은 주로 새로 설치되는 프로그램들이 저장한다.

06 Linux 시스템에서 기본적으로 시스템 설정 파일이 위치하는 디렉터리는?

✅ /etc
② /bin
③ /var
④ /dev

해설
② /bin : 기본적인 명령어가 저장된 디렉터리
③ /var : 로그 파일과 같은 가변길이 데이터를 저장하는 디렉터리
④ /dev : 디바이스 드라이버를 저장하는 디렉터리

07 Linux 시스템에서 일반적으로 사용자 암호 정보를 가지는 디렉터리는?

✅ /etc
② /sbin
③ /home
④ /lib

해설
디렉터리 /etc는 다양한 환경 설정 파일들을 저장하다. 그중 파일 /etc/passwd와 /etc/shadow에는 사용자들의 패스워드를 저장하고 있다.

08 Linux 시스템에서 특정 파일의 권한이 '-rwxr-x--x'이다. 이 파일에 대한 설명 중 옳지 않은 것은?

① 소유자는 읽기 권한, 쓰기 권한, 실행 권한을 갖는다.
② 소유자와 같은 그룹을 제외한 다른 모든 사용자는 실행 권한만을 갖는다.
③ 이 파일의 모드는 '751'이다.
✅ 동일한 그룹에 속한 사용자는 실행 권한만을 갖는다.

해설
동일한 그룹에 속한 사용자는 읽기와 실행 권한을 갖는다.

09 Linux 시스템의 'ls −l' 명령어에 의한 출력 결과이다. 옳지 않은 것은?

> −rwxr−xr−x 1
> root root 1369 Aug 8 2012 icqa

① 소유자 UID는 'root' 이다.

② 소유자 GID는 'root' 이다.

③ 소유자는 모든 권한을 가지며, 그룹 사용자와 기타 사용자는 읽기, 실행 권한만 가능하도록 설정되었다.

④ 'icqa'는 디렉터리를 의미하며 하위 디렉터리의 개수는 한 개이다.

해설
'icqa'는 일반 파일이다.

10 Linux에서 'ls − al'의 결과 맨 앞에 나오는 항목이 파일 혹은 디렉터리의 권한을 나타내준다. 즉, [파일 타입] [소유자 권한] [그룹 권한] [그 외의 유저에 대한 권한]을 표시한다. 만약 [파일 타입] 부분에 '−'표시가 되어 있다면 이것의 의미는?

① 파일 시스템과 관련된 특수 파일

② 디렉터리

③ 일반 파일

④ 심볼릭/하드링크 파일

해설
① 파일 시스템과 관련된 특수 파일 : c(입출력관련 특수 파일), b(디스크 드라이버)

② 디렉터리 : d

④ 심볼릭/하드링크 파일 : l (링크 파일)

11 다음은 Linux 시스템의 계정정보가 담긴 '/etc/passwd' 의 내용이다. 다음의 설명 중 옳지 않은 것은?

> user1:x:500:500::/home/user1:/bin/bash

① 사용자 계정의 ID는 'user1' 이다.

② 패스워드는 'x' 이다.

③ 사용자의 UID와 GID는 500번이다.

④ 사용자의 기본 Shell은 '/bin/bash'이다.

해설
패스워드는 히든(hidden)으로 처리되어 있다. 실제 패스워드는 /etc/shadow에 저장되어 있다.

02님 명령어

1 디렉터리 및 파일 관련 명령어

명령어	기능
pwd	• 현재 위치한 작업 디렉터리의 경로를 출력
cd	• 디렉터리 위치 변경
mkdir	• 디렉터리 생성
rmdir	• 디렉터리 삭제
mv	• 파일이나 디렉터리 이동 또는 이름 변경
rm	• 파일 삭제 및 옵션에 따라 디렉터리 삭제
cp	• 파일 또는 디렉터리 복사
find	• 현재 디렉터리에서 하위 디렉터리까지 주어진 조건으로 파일 검색
file	• 파일 종류를 출력
stat	• 디렉터리나 파일의 상세 정보를 표시
grep	• 지정한 파일에서 정규 표현식으로 나타낸 단어를 찾아 그 단어가 있는 라인 출력
ngrep	• network grep의 줄임말 • grep과 비슷한 개념이지만 네트워크 패킷의 내용을 검색한다는 것이 다름
chmod	• 파일이나 디렉터리에 접근 권한을 설정 또는 변경
chown	• 파일이나 디렉터리의 소유권 및 그룹 소유권을 변경 • root만 사용가능한 명령어
ls	• 현재 위치의 파일 목록을 출력
lsattr	• 파일의 속성을 부여하거나, 부여된 속성을 가진 파일 확인
lsblk	• 리눅스 디바이스 정보 출력

2 시스템 관리 명령어

명령어	기능
useradd	• 사용자 계정 생성
userdel	• /etc/passwd 파일 삭제로 사용자 계정 삭제 • 삭제된 계정명과 동일한 계정을 새로 생성하여도 이전 계정과 다른 계정으로 인식
usermod	• 사용자 정보(셸, 홈 디렉터리, 그룹, UID, GID) 변경
chgrp	• 파일이나 디렉터리의 소유자 그룹 변경
groupadd	• /etc/group 파일에 새로운 사용자 그룹 생성
passwd	• 사용자 패스워드를 부여하거나 변경하는 명령어
chage	• 시스템 보안을 위해 사용자 패스워드 만기일을 설정 변경
shutdown	• 시스템 종료 명령어
init	• init 0 : 시스템 종료 모드 • init 1 : 단일 사용자 모드(시스템 복구 시에 사용) • init 2 : 다중 사용자, NFS가 없는 경우(네트워킹이 없는 경우 3과 동일) • init 3 : 전체 다중 사용자 모드(텍스트 로그인) • init 4 : 사용 안함 • init 5 : 다중 사용자 모드(X윈도우 로그인) (X 11) • init 6 : Reboot 모드(재부팅 모드)
free	• 리눅스 시스템 메모리의 전체적인 현황을 확인 • 전체 메모리 크기, 사용 중인 메모리 크기, 공유 메모리, buffer 등의 크기 확인
du	• disk usage의 약자로 파일, 디렉터리 용량을 확인

3 프로세스 관련 명령어

명령어	기능
ps	• 현재 실행되는 프로세스의 상태를 나타내는 명령어
top	• CPU 사용량, 메모리 사용량 등에 관한 정보를 실시간으로 출력
pstree	• 프로세스의 상관관계(부모-자식 관계)를 트리 형태로 출력
kill	• 프로세스에 특정한 signal을 보내는 명령어 • 일반적으로 종료되지 않는 프로세스를 강제로 종료시킬 때 사용
nice	• 프로세스의 우선순위를 변경하는 명령(NI의 기본값은 0, 지정 가능한 범위는 −20 ~ 19)

4 텍스트 관련 명령어

디렉터리	저장 내용
vi	• 편집기 사용 명령어
cat	• 텍스트 파일의 내용을 출력 • 리다이렉션 기호와 함께 파일의 생성하거나 여러 개의 텍스트 파일을 합침
touch	• 0바이트의 빈 파일을 새로 생성 • 기존 파일이 있을 경우 파일의 생성 시간을 변경

5 네트워크 관련 명령어

디렉터리	저장 내용
ifconfig	• 네트워크 인터페이스를 설정하거나 확인하는 명령어 • IP 주소, 서브넷 마스크, MAC 주소, 네트워크 상태 등을 확인, 설정할 수 있음
ping	• 지정된 대상으로의 네트워크상으로 접근이 가능한지 확인
pathping	• ping 및 tracert의 기능과 두 명령에서 제공하지 않는 추가정보를 결합한 경로추적 도구
nbstat	• IP 충돌이 발생할 경우, 충돌된 컴퓨터 검색
netstat	• 네트워크 연결 상태, 라우팅 테이블, 인터페이스 상태 등을 확인
nslookup	• DNS 서버에 질의해서 도메인의 정보를 조회

[디렉터리 및 파일 관련 명령어]

01 Linux에서 '/home' 디렉터리 밑에 'icqa' 라는 하위 디렉터리를 생성하고자 할 때 올바른 명령은?

① ls /home/icqa

② cd /home/icqa

③ rmdir /home/icqa

✔ mkdir /home/icqa

해설

명령어 mkdir은 새로운 디렉터리를 생성한다.

02 Linux 시스템에서 디렉터리를 생성하는 명령어는?

✔ mkdir

② rmdir

③ grep

④ find

해설

② rmdir : 디렉터리 삭제 명령어

③ grep : 특정 파일에서 지정한 문자열이나 정규 표현식을 포함한 행을 출력 명령어

④ find : 파일 검색 명령어

03 Linux 시스템에서 'ls' 라는 명령어 사용법을 알아보는 명령어로 올바른 것은?

① cat ls

✔ man ls

③ ls man

④ ls cat

해설

명령어 man은 명령어들의 사용법이나 매뉴얼을 확인할 때 사용한다.

04 Linux에서 현재 사용 디렉터리 위치에 상관없이 자신의 HOME Directory로 이동하는 명령은?

① cd HOME

② cd /

③ cd ../HOME

✔ cd ~

해설

명령어 cd 형식은 cd [디렉터리 경로]이다. 디렉터리 경로 '.'은 현재 디렉터리로 이동, '~'은 사용자 홈 디렉터리로 이동하는 명령어이다.

05 Linux 명령어 중 현재 디렉터리에서 바로 상위 디렉터리로 이동하는 명령어는?

① cd..

✔ cd ..

③ cd .

④ cd ~

해설

명령어 cd 형식은 cd [디렉터리 경로]이다. 디렉터리 경로 '.'은 현재 디렉터리로 이동, '~'은 사용자 홈 디렉터리로 이동하는 명령어이다.

[파일 시스템 관련 명령어]

06 다음과 같이 파일의 원래 권한은 유지한 채로 모든 사용자들에게 쓰기 가능한 권한을 추가부여할 때, 결과가 다른 명령어는 무엇인가?

> −rw−r−−r−− 1 root root 190 5월 19
> 16:40 file

① chmod 666 file

② chmod a+w file

③ chmod ugo+w file

☑ chmod go=w file

해설
명령어 chmod에서 기호 '+,−,='는 현재 모드에 권한 추가(+), 현재 모드에서 권한 제거(−), 현재 모드로 권한 지정(=)으로 사용한다.

07 다음 중 Linux의 기본 명령어와 용도가 올바른 것은?

① nslookup : 현재 시스템에 접속한 사용자 정보와 프로세스 상태를 확인

② file : 해당 디렉터리를 삭제하고 새로 생성

☑ chown : 파일이나 디렉터리의 소유권을 변경

④ ifconfig : 현재 모든 프로세서의 작동 상황을 실시간으로 확인

해설
① nslookup : DNS 서버에 질의해서 도메인의 정보를 조회
② file : 파일의 종류 확인 및 파일 속성값 확인할 때 사용
④ ifconfig : 네트워크 인터페이스를 설정하거나 확인하는 명령어

08 Linux 시스템 명령어 중 root만 사용가능한 명령은?

☑ chown

② pwd

③ ls

④ rm

해설
명령어 chown은 파일 소유권을 변경하는 것으로 관리자 권한이 반드시 필요하다. 반면 pwd, ls, rm은 기본 명령어로 일반 사용자들도 사용 가능한 명령어이다.

09 Linux에서 'manager'라는 파일을 파일의 소유자가 아닌 사람도 볼 수는 있지만 수정을 못하도록 하는 명령어는?

① chmod 777 manager

② chmod 666 manager

③ chmod 646 manager

☑ chmod 644 manager

해설
명령어 chmod 644 manager는 파일 소유자에 대해서는 읽고 쓰기 권한을 갖지만, 그룹에 속한 사용자와 그 외 사용자들은 파일에 대해 읽기 권한만 갖게 된다.

[시스템 관리 명령어]

10 Linux에서 사용자에 대한 패스워드의 만료기간 및 시간 정보를 변경하는 명령어는?

☑ chage

② chgrp

③ chmod

④ usermod

해설
② chgrp : 파일 또는 디렉터리의 소유 그룹을 변경하는 명령어
③ chmod : 파일, 디렉터리의 권한을 변경하는 명령어
④ usermod : 사용자의 셸, 홈 디렉터리, 그룹, UID, GID 등을 사용자 관련하여 대부분의 정보를 변경하는 명령어

11 Linux 시스템 관리자는 John 사원의 계정인 John의 패스워드 정책을 변경하기 위해 아래 지문과 같이 입력하였다. 10일 전 암호변경 경고를 위한 명령으로 ( ) 안에 알맞은 옵션은?

> $ sudo change − m 2 − M 100 ( )−l 10−E 2021−12−25 John

① −m 10   ② − L 10
③ − i 10   ④ − W 10

해설
① −m 10 : 패스워드 최소 의무 사용일 수를 10일로 지정
② −L 10 : 대문자 L에 대한 옵션은 없음
③ −i 10 : 계정이 비활성화 상태로 전환될 때까지의 유예기간을 10일로 지정

12 Linux 시스템에 새로운 사용자를 등록하려고 한다. 유저 이름은 'Network'로 하고, 'icqa'라는 그룹에 편입시키는 명령은?

① useradd −g icqa network
② useradd network
③ userdel −g icqa network
④ userdel network

해설
useradd는 새로운 사용자를 등록하는 명령어로 옵션 '−g 그룹명'은 생성되는 계정을 지정된 그룹명에 포함시킨다.

13 Linux에서 서버를 종료하기 위해 'shutdown −h +30'을 입력하였으나 갑자기 어떤 작업을 추가로 하게 되어 앞서 내렸던 명령을 취소하려고 한다. 이때 필요한 명령어는?

① shutdown−c   ② shutdown−v
③ shutdown−x   ④ shutdown−z

해설
예약된 재부팅을 취소할 때 옵션 −c를 사용한다.

14 Linux 시스템에 좀비 프로세스가 많이 생겨 시스템을 재부팅하려고 한다. 현재 Linux 시스템에 접속해 있는 사용자에게 메시지를 전달하고, 5분 후에 시스템을 재부팅시키는 명령어는?

① shutdown -r now 'Warning! After 5 minutes will be system shutdown!!'
② shutdown now 'Warning! After 5 minutes will be system shutdown!!'
③ shutdown -r +5 'Warning! After 5 minutes will be system shutdown!!'
④ shutdown +5 'Warning! After 5 minutes will be system shutdown!!'

해설
shutdown은 컴퓨터 전원끄기 및 재부팅 명령어
[명령어 형식] shutdown [옵션] [시간] '메세지'
옵션 −r은 시스템 재부팅하며, 시간 now는 명령어를 수행하는 순간 시스템을 종료한다.

15 서버 관리자 Kim 사원이 리눅스 서버(하드웨어)의 HDD 증설을 위해 서버를 종료하기로 하였다. 이에 리눅스 서버를 종료하기 위한 명령어가 아닌 것은?

① shutdown -h now
② poweroff
③ init 6
④ halt

해설
init 6은 시스템 재부팅 명령어이다.

16 Linux에서 프로세스와 관련된 명령어에 대한 설명 중 옳지 않은 것은?

① kill : 프로세스를 종료시키는 명령어

② nice : 프로세스의 우선순위를 변경하는 명령어

③ pstree : 프로세스를 트리 형태로 보여주는 명령어

✓ top : 가장 우선 순위가 높은 프로세스를 보여주는 명령어

> **해설**
> 명령어 top은 리눅스 시스템의 CPU 상황을 실시간으로 모니터링하거나 프로세스 관리할 수 있는 유틸리티이다.

17 Linux 프로세스를 확인하는 명령어로 올바른 것은?

✓ ps -ef

② ls -ali

③ ngrep

④ cat

> **해설**
> 명령어 ps는 현재 실행 중인 프로세스의 목록을 보여준다. 옵션 -e는 실행 중인 모든 프로세스 정보를 출력하며, 옵션 -f는 프로세스에 대한 자세한 정보를 출력한다.

18 Linux 시스템의 전반적인 상태를 실시간으로 프로세스들을 관리하거나 시스템 사용량을 모니터링할 수 있는 명령어는?

① ps

✓ top

③ kill

④ nice

> **해설**
> ① ps : 현재 실행되는 프로세스의 상태를 나타내는 명령어
> ③ kill : 프로세스를 강제로 종료시키는 명령어
> ④ nice : 프로세스의 우선 순위를 변경하는 명령어

19 Linux 시스템에서 사용되고 있는 메모리 양과 사용 가능한 메모리 양, 공유 메모리와 가상 메모리에 대한 정보를 볼 수 있는 명령어는?

① mem

✓ free

③ du

④ cat

> **해설**
> ① mem : 각종 명령어와 프로그램 사용법을 확인할 수 있는 명령어
> ③ du : 파일과 디렉터리 용량을 확인할 때 사용하는 명령어
> ④ cat : 파일 내용을 확인할 때 사용하는 명령어

20 Linux에서 사용되는 'free' 명령어에 대한 설명 중 올바른 것은?

✓ 사용 중인 메모리, 사용 가능한 메모리 용량을 알 수 있다.

② 패스워드 없이 사용하는 유저를 알 수 있다.

③ 디렉터리의 사용량을 알 수 있다.

④ 사용 가능한 파일 시스템의 양을 알 수 있다.

> **해설**
> 명령어 free는 메모리 사용량과 여유량 그리고 캐싱으로 사용되는 메모리가 얼마나 있는지 파악할 수 있다. 디렉터리 /proc/meminfo에서 메모리 정보를 가져와 보여준다.

21 다음 중 사용한 디스크 용량에 대한 정보를 제공하는 Linux 명령어는?

✓ du

② pwd

③ cat

④ vi

> **해설**
> ② pwd : 현재 작업 중인 디렉터리의 절대 경로를 출력하는 명령어
> ③ cat : 파일의 내용을 출력하기 위해 사용하는 명령어
> ④ vi : 새로운 문서를 생성하거나 편집하는 문서 편집기

22 Linux 명령어 중 특정한 파일을 찾고자 할 때 사용하는 명령어는?

① mv ② cp
☑ find ④ file

① mv : 파일이나 디렉터리를 이동시키는 명령어
② cp : 파일과 디렉터리를 복사하는 명령어
④ file : 파일의 확장자나 속성을 확인하는 명령어

23 서버 관리자 Kim 사원이 Linux 서버의 '/root' 디렉터리를 점검 중 '/etc/passwd' 파일이 '/root' 디렉터리에 복사되어 있는 것을 발견하였다. 이에 Kim 사원은 '/root/passwd' 파일을 삭제하려 했으나 삭제가 되지 않았다. (A)명령어를 사용하여 파일 속성을 출력하였는데 해당 파일에 'i' 속성이 설정되어 쓰기 및 삭제가 되지 않는 것을 확인하였다. 해당 명령어 (A)는 무엇인가?

```
[root@icqa ~]# IS -1 ./passwd
-rw-r--r--. 1 root root 2195 10월 16
16:26 ./passwd
[root@icqa ~]# rm -f ./passwd
rm: cannot remove './passwd': 명령을 허
용하지 않음
[root@icqa ~]#( A ) ./passwd
----i---------- ./passwd
```

① file ② stat
☑ lsattr ④ lsblk

① file : 지정된 파일의 종류(타입)을 확인하는 명령어
② stat : 디렉터리나 파일의 상세 정보를 표시하는 명령어
④ lsblk : 리눅스 디바이스 정보를 출력하는 명령어

24 Linux의 vi(Visual Interface) 명령어 중 문자 하나를 삭제할 때 사용하는 명령어는?

① dd ☑ x
③ D ④ dw

① dd : 커서가 있는 라인 삭제
③ D : 커서 오른쪽 행 삭제
④ dw : 현재 커서에 있는 한 단어 삭제

25 Linux의 VI 편집기를 이용하여 파일의 내용을 수정할 때, 다음 내용을 만족하는 치환 명령문은 무엇인가?

> – 10행부터 20행까지 내용 중 'old' 문자열을 'new' 문자열로 수정한다.
> – 각 행에 'old' 문자열에 여러 개가 있더라도 전부 수정한다.

① :10,20s/old/new
☑ :10,20s/old/new/g
③ :10,20r/old/new
④ :10,20r/old/new/a

• 문자(열) 바꾸기 : 콜론 모드에서 's'ubstitute 명령을 사용
• [형식] :(시작줄),(끝줄)s/찾을 패턴/바꿀 문자열/옵션
• g : global – 한 줄에 패턴이 여러 번 나오면 모두 바꿈
• i : ignore case – 대소문자 구분을 하지 않음
• c : confirm – 검색된 모든 문자열에 대해서 바꿀지 말지를 질의

26 'netstat' 명령어에 사용하는 옵션 설명에 대해 옳지 않은 것은?

① -r : 라우팅 테이블을 표시한다.

② -p : PID와 사용 중인 프로그램명을 출력한다.

③ -t : 연결된 이후에 시간을 표시한다.

④ -y : 모든 연결에 대한 TCP 연결 템플릿을 표시한다.

해설
옵션 t는 TCP 프로토콜 정보를 출력한다.

27 네트워크를 담당하는 Lee 사원은 네트워크 연결을 구축하거나 문제를 해결할 때 패킷이 출발지에서 목적지까지 가는 경로를 살펴보고자 한다. 서버에서 작업하고 있는 특정 대상을 위한 패킷이 올바른 NIC로 흘러나가는지 확인하고자 할 때 사용할 수 있는 명령어는?

① ping

② nbtstat

③ pathping

④ netstat

해설
① ping : IP 네트워크를 통해 특정 호스트가 도달할 수 있는지 여부를 테스트
② nbtstat : IP나 컴퓨터 이름을 알고자 할때 많이 사용하며 프로토콜 사용 현황이나 TCP/IP 연결 상태를 검사
④ netstat : 네트워크 접속, 라우팅 테이블, 네트워크 인터페이스의 통계 정보를 확인

28 네트워크를 관리하는 Kim 사원은 네트워크 연결을 구축하거나 문제를 해결할 때 패킷이 출발지에서 목적지까지 가는 경로를 살펴볼 수 있도록 네트워크 명령어를 사용하고자 한다. 이 명령은 'tracert'에서 수행하는 동일한 정보를 보여주면서 홉과 다른 세부 정보 사이의 시간에 관한 정보를 출력이 끝날때까지 저장한다. Kim 사원이 사용할 명령어는 무엇인가?

① ping　　　　② nslookup

③ pathping　　④ nbtstat

해설
① ping : IP 네트워크를 통해 특정한 호스트가 도달할 수 있는지 여부를 테스트
② nslookup : DIVS 분산 데이터베이스에 질의하고, 레코드를 응답으로 받을 수 있는 명령어
④ nbtstat : IP나 컴퓨터 이름을 알고자 할때 많이 사용하며 프로토콜 사용 현황이나 TCP/IP 연결 상태를 검사

29 Linux에서 'ifconfig' 명령어를 설치하여 네트워크 인터페이스 카드를 동작시키려고 한다. 명령어에 대한 사용이 올바른 것은?

① ifconfig 192.168.2.4 down

② ifconfig eth0 192.168.2.4 up

③ ifconfig -up eth0 192.168.2.4

④ ifconfig up eth0 192.168.2.4

해설
명령어 ifconfig 형식은 'ifconfig [interface][option][address][up/down]'이다. 특정 인터페이스 카드를 활성화시킬 때는 'up' 옵션을 추가한다.

03절 Linux 서버 구성

1 Apache Web Server

• Linux 시스템을 웹 서버로 운영할 경우 설치한다.

• TCP 80번 포트를 이용하여 소스나 RPM 버전으로 설치할 수 있다.

• 아파치 웹 서버 환경설정 파일은 /usr/local/apache/conf 디렉터리 밑에 httpd.conf이다.

• httpd.conf 환경설정

Server Type	• 서버 모드 선택, 서버의 시작을 지정 – Standalone : 아파치 웹 데몬을 단독으로 실행 – Inetd : 클라이언트가 요청할 때만 실행
Server Root	• 서버 루트 디렉터리 설정 • 서버의 설정, 오류, 로그 파일이 기록되는 디렉터리 지정 • /usr/local/apache가 서버 루트 디렉터리의 기본 경로
Timeout 300	• 클라이언트가 서버에 요청한 정보를 받을 때 소요되는 시간지정
KeepAlive on	• 지속적인 접속 허용 설정 • 웹 서버의 성능을 위해 접속을 끊지 않고 유지
MaxKeepAliveReqeusts 100	• 최대 접속 허용회수 설정 • 지속적인 접속동안 허용할 최대 요청 회수 지정 • 클라이언트의 요청을 몇 번이나 처리하고 다시 처음 상태로 돌아가는지를 설정
KeepAliveTimeout 15	• 다음 요청에 대한 대기 시간 설정 • 제한된 시간 안에 클라이언트의 요청이 없을 경우 접속을 끊거나 기다리는 시간
StartServer 5	• 처음 웹 서버가 시작할 때 실행될 서버의 개수 지정
MaxClient 150	• 동시 접속할 수 있는 클라이언트 수 지정
#Listen 3000 #Listen 12.34.56.78:80	• 아파치를 특정 IP 또는 포트와 결합시킬 경우 사용
Port 80	• 독립형 서버가 대기하는 포트를 설정
User nody Group nobody	• 웹 서버를 실행할 때 소유권을 갖게 되는 사용자와 그룹명
ServerAdmin root@linux.net	• 서버에 문제가 발생 시 메일을 보낼 주소를 기입
#serverName linux.net	• 클라이언트에 서버 이름을 호스트 이름 이외에 다른 이름으로 되돌려 주고자 할 때 사용
DocumentRoot "/usr/local/apache/htdocs"	• 웹 문서 디렉터리 • 기본적인 html 또는 php 관련 기본 디렉터리 설정

2 DNS(Domain Name System)

- 네임 서버란 도메인 주소를 기반으로 IP 주소를, IP 주소를 기반으로 도메인 주소를 조회 (lookup)하여 변환시킨다.
- BIND란 Berkeley Internet Name Domain의 약자로 DNS를 운영히기 위한 데몬 프로그램으로써 UNIX 계열의 OS에서 사용되도록 구현된 프로그램이다.
- TCP/UDP 53번 포트를 이용하여 통신이 이루어진다.
- DSN 서버 종류는 Primary, Secondary, Cashing-only 서버로 나눈다.

Primary	• 서버가 관리하는 지역(zone) 호스트들의 정보를 데이터 베이스 파일로 구성
Secondary	• Primary 서버로부터 데이터베이스 정보를 전송받아 네임 서비스구축 • Primary 서버의 작업량을 분산시키고 Primary 서버가 다운될 때 대체 효과 가짐
Cashing-only	• 루트 네임 서버의 정보를 가진 캐시 데이터베이스 파일만을 갖고 외부 호스트에 대한 네임 서비스를 이용하기 위해 사용

- 환경설정 파일

/etc/resolv.conf	• 네임 서버를 운영하지 않아도 기본적으로 설정해 주어야 하는 파일 • DNS 서버를 지정하는 파일 • 도메인 이름 풀이를 위하여 어느 네임 서버를 사용할 것인가를 지정
/etc/sbin/named	• BIND의 데몬 파일 • 네임 서버의 기본 설정 파일이며 레코드(record)들로 구성 • 네임 서버가 시작할 때 named.conf 파일을 로딩

- 레코드(record) 유형

유형	기능		
SOA	• 권한의 시작(Start of Authority)로 영역을 생성할 때 기본적으로 등록 • 새로 등록하거나 삭제할 수 없고, 정보를 읽고 수정 가능 Serial		
	Serial	Secondary 서버는 Serial 번호를 이용하여 Primary 서버로부터 데이터베이스 업데이트 유무를 판단, Serial 값이 증가되지 않으면 Secondary 서버에 Zone이 전송되지 않음	
	Refresh	주 서버와 보조 서버의 동기화 주기	
	Retry	Refresh를 실패할 경우 재시도할 시간 간격	
	Expire	Secondary 서버가 Primary 서버에 연결되지 않은 경우 역할 해제 시간	
	TTL	다른 DNS 서버가 영역파일을 가져간 경우 해당 자료에 대한 유효기간 설정	
A	• 호스트 명에 대한 IP 주소를 설정		

PTR	• IP 주소에 대한 호스트 명을 설정
CNAME	• A 레코드와 유사하지만 호스트 명과 해당 호스트 명의 별명(Alias)을 설정 • 여러 개의 호스트가 같은 IP 주소로 응답할 때 설정이 용이 • IP 주소가 변경되었을 때 여러 호스트의 IP 주소를 용이하게 바꿀 수 있음
NS	• 주 영역 서버에서 변경된 내용을 보조 영역 서버로 전송할 때 보조 서버 주소 지정
MX	• 전자 메일을 위한 레코드로 메일의 전달 경로를 지정하는 레코드

✔ 암기하면 유용한 출제 예상 문제

[아파치 서버]

01 아파치 웹 서버의 서버측 에러 메시지 내용으로 맞는 것은?

① 502(Service Unvailable) : 클라이언트 요청 내용에는 이상이 없지만, 서버측에서 클라이언트의 요청을 서비스할 준비가 되지 않은 경우

✔ 501(Not Implemented) : 클라이언트의 서비스 요청 내용 중에서 일부 명령을 수행할 수 없을 경우

③ 503(Bad Request) : 게이트웨이의 경로를 잘못 지정해서 발생된 경우

④ 500(Internal Server Error) : 서버에 보낸 요청 메시지 형식을 서버가 해석하지 못한 경우

해설
① 502(Service Unvailable) : 서버가 게이트웨이나 프록시 역할을 하고 있거나 또는 업스트림 서버에서 잘못된 응답을 받았을 경우
③ 503(Bad Request) : 서버가 오버로드 되었거나 유지관리를 위해 다운되었기 때문에 현재 서버를 사용할 수 없는 경우
④ 500(Internal Server Error) : 서버에 오류가 발생하여 요청을 수행할 수 없는 경우

02 아파치 'httpd.conf' 실징 파일의 항목 중 접근 가능한 클라이언트의 개수를 지정하는 항목으로 올바른 것은?

① ServerName
✔ MaxClients
③ KeepAlive
④ DocumentRoot

해설
① ServerName : 클라이언트에 서버 이름을 호스트 이름 이외의 다른 이름으로 되돌려 주고자 할 때 사용
③ KeepAlive : 웹 서버의 성능을 위해 접속을 끊지 않고 지속적인 접속 유지 설정
④ DocumentRoot : 웹 문서 디렉터리

03 웹 서버 담당자 Kim은 디렉터리 리스팅 방지, 심볼릭 링크 사용방지, SSI(Server-Side Includes)사용 제한, CGI 실행 디렉터리 제한 등의 보안 설정을 진행하려고 한다. Apache 서버의 설정 파일 이름은?

☑ httpd.conf

② httpd-default.conf

③ httpd-vhosts.conf

④ httpd-mpm.conf

② httpd-default.conf : 웹 서버의 기본 설정 사항들이 설정되어 있는 설정 파일
③ httpd-vhosts.conf : 아파치 가상 호스트에 대한 설정 파일
④ httpd-mpm.conf : MPM Spercific에 대한 설정 파일

04 아파치(Apache) 웹 서버를 운영 시 서비스에 필요한 여러 기능을 설정할 수 있는 파일은?

☑ httpd.conf   ② access.conf

③ srm.conf   ④ htdocs..conf

② access.conf : 웹 서버 보안 접근 제어 관련 파일
③ srm.conf : 웹 서버 자원 관련 파일
④ htdocs.conf : htdocs는 hypertext docu-ments의 약자로 웹 페이지의 저장소 디렉터리명이다.

05 다음 중 웹 서버인 아파치(Apache) 환경 설정 파일은?

① named.conf   ② smb.conf

③ lilo.conf   ☑ httpd.conf

① named.conf : DNS 서버 환경 설정 파일
② smb.conf : 삼바 서버 설정 파일
③ lilo.conf : 부트 로더 설정 파일

[DNS 서버 환경설정 파일]

06 Linux에서 DNS의 SOA(Start Of Authority) 레코드에 대한 설명으로 옳지 않은 것은?

① Zone 파일은 항상 SOA로 시작한다.

② 해당 Zone에 대한 네임 서버를 유지하기 위한 기본적인 자료가 저장된다.

③ Refresh는 주 서버와 보조 서버의 동기 주기를 설정한다.

☑ TTL 값이 길면 DNS의 부하가 늘어난다.

TTL은 조회(lookup)한 도메인의 정보를 메모리상에 임시 저장하는 시간(캐싱)으로 최대한 길게 잡는 것이 좋다. TTL 값이 길면 DNS 부하가 줄어든다.

07 DNS에서 지원하는 레코드 형식 중 역방향 조회에 사용되는 레코드는?

① A

② AAAA

☑ PTR

④ SOA

① A : IP 주소와 도메인 주소를 매핑할 때 사용하는 레코드
② AAAA : A의 확장형으로 도메인에 IPv6 주소가 매핑되어 있는 레코드
④ SOA : 영역을 생성할 때 기본적으로 등록되는 레코드

08 서버 관리자 Kim 사원은 DNS 서버를 구축하고자 'yum'을 이용하여 bind를 설치하였으나 설치가 되지 않았다. 이에 ping을 이용하여 외부 네트워크 상태 여부를 확인하였으나 정상이었다. 이에 DNS 서버 주소가 잘못되어 있을 것으로 판단하여 'cat /etc/(A)' 내용을 확인하고 수정하였다. (A)에 해당하는 파일 이름은 무엇인가?

```
[root@localhost icqa]# cat /etc/( A )
# Generated by NetworkManager
search localdomain
nameserver 127.0.0.1
```

① resolv.conf ② networks
③ protocols ④ services

해설
파일/etc/resolv.conf은 네임 서버를 지정하는 파일이다. search는 도메인 명을 지정하고, nameserver는 사용할 네임 서버를 지정한다.

09 네임 서버 레코드 정보를 변경한지 충분한 시일이 지났지만 특정 기기에서 해당 (기존) 도메인으로 접속이 원활한 경우, 컴퓨터에 DNS Cache가 갱신되지 않아 발생할 수 있다. DNS Cache를 초기화 하는 명령어는 어느것인가?

① ipconfig /displydns
② ipconfig /flushdns
③ ipconfig /release
④ ipconfig /renew

해설
① ipconfig /displydns : DNS 캐시 정보를 확인하는 명령어
③ ipconfig /release : 현재 DHCP 구성 해지 및 IP 주소 구성 정보 제거 명령어
④ ipconfig /renew : DHCP로부터 새로운 IP 주소를 부여받기 위한 명령어

10 bind 패키지를 이용하여 네임 서버를 구축할 경우 '/var/named/icqa.or.kr. zone'의 내용이다. 설정의 설명으로 옳지 않은 것은?

```
$ORIGIN icqa.or.kr.
$TTL 1D
@ IN SOA ns.icqa.or.kr. webmaster.icqa.
  or.kr. (
  2018113000 ; Serival Number
  3H ; Refresh
  10M ; Retry
  1W ; Expire
  1D ) ; Minimum TTL
IN NS ns
IN MX 10  mail
ns IN A 192.168.100.1
mail IN A 192.168.100.2
www IN A 192.168.100.3
```

① ZONE 파일의 영역명은 'icqa.or.kr'이다.
② 관리자의 E-Mail 주소는 'webmaster.icqa.or.kr'이다.
③ 메일 서버는 10번째 우선 순위를 가지며 값이 높을수록 우선 순위가 높다.
④ 'www'의 FQDN은 'www.icqa.or.kr'이다.

해설
IN MX 10 mail
mail IN A 192.168.100.2
→ 해당 도메인의 메일 서버를 지정하는 것으로 서버 명은 mail.icqa.or.kr 이며 서버 주소는 192.168.100.2 이다.

04 🔖 시스템 운영관리

1 커널과 셸

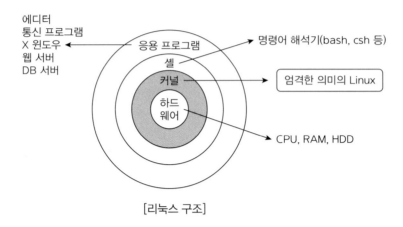

에디터
통신 프로그램
X 윈도우
웹 서버
DB 서버

응용 프로그램
셸
커널
하드웨어

명령어 해석기(bash, csh 등)

엄격한 의미의 Linux

CPU, RAM, HDD

[리눅스 구조]

- 리눅스는 커널(Kernel), 셸(Shell), 응용 프로그램으로 구성된다.

- 리눅스는 '커널(Kernel)'이라고 불리는 하드웨어를 직접 제어하는 부분과 그 위에서 커널에 명령을 주는 하나 이상의 셸(Shell)로 구성되어 있다. 커널은 하드웨어를 직접 제어하는 리눅스의 핵심부로서 셸에서 임무를 받아서 수행한다. 셸은 명령어 기반 인터페이스인데 이것을 통해서 사용자는 리눅스 OS와 상호작용을 하게 된다.

커널 **(Kernel)**	• 사전적 정의에 의하면 커널은 컴퓨터 운영체제의 가장 중요한 핵심 • 운영체제의 다른 모든 부분에 여러 가지 기본적인 서비스를 제공 • 커널은 리눅스가 처음 부팅될 때 메모리로 로딩 됨 • 컴퓨터의 시스템 자원들을 관리 • 명령어 실행기로 사용자 프로그램과 하드웨어 장치 사이의 인터페이스, 프로세스 스케줄링 등 시스템의 여러 부분을 제어
셸 **(Shell)**	• 사용자의 명령을 읽고 해석하여 커널에 전달 • 운영체제상에서 다양한 운영체제 기능과 서비스를 구현하는 인터페이스 제공 프로그램 • 리눅스 명령어를 해석하는 명령어 해석기로 사용자와 리눅스 OS 간의 인터페이스와 Shell Programming 언어를 해석 • 키보드와 같은 단말 장치를 통해서 유저의 입력을 받아서 여러 프로그램이나 명령 실행 • sh(본 셸), ash, bash, csh(C 셸)같은 다양한 셸이 존재

2 Linux 부트 로더(Boot Loader)

- 시스템을 켜면 POST(Power On Self Test)가 성공적으로 완료된 직후 BIOS는 구성된 부트 미디어를 찾아 부트 미디어의 첫 512바이트인 마스터 부트 레코드(MBR) 또는 GUID 파티션 테이블에서 일부 지침을 읽는다.

- MBR에는 부팅 로더 정보와 파티션 테이블 정보를 갖고 있다.
- 부트 로더는 MBR 또는 GUID 파티션 테이블에 저장된 프로그램으로 운영체제를 메모리에 로드하는 데 사용된다. 부팅 로더가 없으면 운영체제를 메모리에 로드할 수 없다.
- Linux의 대표적인 부팅 로더에는 GRUB과 LILO가 있다.

① GNU GRUB의 주요 기능
  - 멀티부팅을 지원한다.
  - Linux 및 Windows와 같은 여러 하드웨어 아키텍처 및 운영체제를 지원한다.
  - 사용자가 GRUB 명령을 실행하고 구성 파일과 상호작용할 수 있도록 Bash와 같은 대화형 명령줄 인터페이스를 제공한다.
  - GRUB 편집기에 대한 액세스를 활성화한다.
  - 보안을 위해 암호화를 사용하여 암호 설정을 지원한다.
  - 여러 가지 다른 부기능과 결합된 네트워크에서의 부팅을 지원한다.

② LILO(Linux Loader)
  - 대화형 명령줄 인터페이스를 제공하지 않는다.
  - 여러 오류 코드를 지원한다.
  - 네트워크에서 부팅을 지원하지 않는다.

3 로그 관리

- Linux / Unix 대부분의 로그 파일 저장 경로는 '/var/log'에 저장되지만 변경가능하다.
- Linux log 파일은 일반적으로 텍스트 형식 또는 바이너리 형식으로 저장한다.

① 텍스트 형식의 로그 파일

인증 로그	• 인증 시스템(PAM 등)이 발생시키는 로그 • ssh, 텔넷 등으로 시스템에 접속된 내용이 기록되며, 접속 일시, 사용자 명, 접속한 시스템의 IP 등이 기록 • /var/log/secure
데몬 로그	• 백그라운드 프로그램의 로그 • /var/log/damin.log
부팅 로그	• 서비스 데몬들의 부투에 관련된 정보 기록 • 각 데모들의 시작/종료/실패 내용이 기록 • /var/log/boot.log
커널 로그	• 커널에서 발생시킨 로그 • /var/log/kern과 /var/log/dmesg
시스템 로그	• 시스템에서 발생하는 대부분의 로그 기록 • /var/log/messages

② 바이너리 형식의 로그 파일

/var/run/utmp	• 사용자의 현재 로그인 정보 기록 • 로그 확인 명령어 : who, w, user, finger
/var/log/wtmp	• 성공한 로그인과 로그아웃, 시스템 재부팅 정보 • 로그 확인 명령어 : last
/var/log/btmp	• 사용자의 로그인 실패 기록 • 로그 확인 명령어 : lastb
/var/log/lastlog	• 가장 최근 로그인 정보 기록 • 로그 확인 명령어 : lastlog
/var/adm/pacct	• 시스템에 로그인한 사용자가 수행한 프로그램 정보 기록 • 로그인해서 로그오프할 때까지 입력 정보 등을 기록 • 시스템 자원을 많이 소모하므로 기본적으로 동작 안함 • 로그 확인 명령어 : acctcom.lastcomm

4 프로세스와 데몬

① 프로세스

- 현재 실행되고 있는 프로그램으로 커널에 등록되어 커널의 관리 하의 작업을 수행한다.
- 실행 형태에 따른 분류

포그라운드 프로세스 (Foreground Process)	• 사용자와 상호작용하는 프로세스 • 화면에서 실행되는 것이 보이는 프로세스 **예** 응용 프로그램
백그라운드 프로세스 (Background Process)	• 실행은 되지만 화면에 나타나지 않고 실행되는 프로세스 **예** 바이러스 백신, 시스템 프로그램, 데몬

- 의존 형태에 따른 분류

부모 프로세스	• 독립적으로 실행 가능한 프로세스 **예** X-windows
자식 프로세스	• 부모 프로세스의 하위에 종속되어 실행되는 프로세스 **예** 웹 브라우저

- 프로세스 관련 명령어

명령어	기 능
ps	• 현재 유효한 프로세스 상태 확인 • CPU 사용도가 낮은 순서로 정렬하여 출력 • 인수 없이 명령어를 실행시키면 로그인 시 프로세스 정보 확인 • 현재 프로세스의 상태를 확인하는 명령어 • ps -ef	grep 〈프로세스 이름〉을 주로 사용함

kill	• 백그라운드 프로세스를 포함하여 관련된 프로세스를 강제로 종료, 프로세스 소유자만 종료시킴 • kill -9 〈프로세스 번호〉는 강제 종료
pstree	• 부모 프로세스와 자식 프로세스의 관계를 트리 형태로 보여줌
nohup	• 리눅스에서 프로세스를 실행한 터미널의 세션 연결이 끊어지더라도 지속적으로 동작할 수 있게 해주는 명령어
sleep	• 프로그램 실행을 일시적으로 정지
last	• 로그인과 재부팅 로그를 출력

② 데몬(daemon)

- 데몬은 서비스 또는 서버 프로세스로 사용자가 생성하는 프로세스들 외에도 시스템이 시작
되는 동안 실행되는 프로그램이다.
- 데몬은 백그라운드로 항상 실행되고 있으며 지시가 있을 경우에만 종료된다.
- 리눅스에서 사용되는 데몬 종류들은 다음과 같다.

crond	주기적인 작업실행을 할 수 있는 cron 데몬
dhcpd	ADSL과 MODEM 사용자들에게 IP를 할당해 주는 DHCP 서버 데몬
httpd	HTTP 웹 서버 데몬
finger	로컬이나 원격 서버의 계정 사용자 정보 확인하는 finger 서비스
imap	POP와 함께 메일 수신 데몬으로 사용되는 IMAP 데몬
named	DNS 데몬 프로그램
nfs	Network File System 데몬 프로그램
routed	라우팅 데몬 프로그램
sendmail	sendmail 데몬 프로그램
smb	삼바(samba) 데몬 프로그램
snmpd	네트워크 관리 프로토콜인 snmpd 데몬 프로그램
sshd	Secure Shell(SSH) 데몬 프로그램
swat	삼바(samba) 웹 관리툴 데몬 프로그램
syslog	로그 시스템 데몬 프로그램
telnet	텔넷(telnet) 데몬 프로그램

01 다음 중 Linux의 명령어 해석기는?

① Shell ✔
② Kernel
③ Utility Program
④ Hierarchical File System

해설

② Kernel : 명령어 실행기로 사용자 프로그램과 하드웨어 장치 사이의 인터페이스로 프로세스 스케줄링 등 시스템의 여러 부분을 제어
③ Utility Program : 운영체제에서 제공하는 것 외에 추가적인 기능을 제공하여 컴퓨터의 작업을 편리하게 도와주는 소프트웨어
④ Hierarchical File System : 애플 매킨토시 컴퓨터 및 기타 MAC OS를 사용하는 시스템의 파일 시스템

02 Linux 시스템에서 사용자가 내린 명령어를 Kernel에 전달해 주는 역할을 하는 것은?

① System Program
② Loader
③ Shell ✔
④ Directory

해설

Shell은 사용자의 명령어를 해석하고 운영체제가 알아들을 수 있게 지시해 주는 것으로 사용자와 커널(Kernel)을 이어준다.

03 다른 운영체제와 Linux가 공존하는 하나의 시스템에서 멀티 부팅을 지원할 때 사용되며, Linux 로더를 의미하는 것은?

① MBR
② RAS
③ NetBEUI
④ GRUB ✔

해설

① MBR : 마스터 부트 레코드(Master Boot Recode). 운영체제가 어디에, 어떻게 위치해 있는지를 식별하여 컴퓨터의 주 기억장치에 적재될 수 있도록 하기 위한 정보로서 하드디스크나 디스켓의 첫 번째 섹터에 저장되어 있음
② RAS : 원격 접속 제어(Remote Access Contro). 원격 워크스테이션에서 LAN의 리소스에 액세스를 가능하게 함
③ NetBEUI : LAN 내 컴퓨터들이 상호 통신할 수 있게 해주는 약속된 규격인 NetBIOS의 보다 향상된 확장판

04 Linux 시스템 담당자 Park 사원은 Linux 시스템 운영관리를 위해 시스템이 부팅할 때 생성된 시스템 로그를 살펴보고자 한다. 하드웨어적인 이상 유무나 디스크, 메모리, CPU, 커널 등의 이상 유무를 확인할 수 있는 로그 파일은?

① /var/log/cron
② /var/log/lastlog
③ /var/log/dmesg ✔
④ /var/log/btmp

해설

① /var/log/cron : cron이 실행된 것들에 대한 정보 기록
② /var/log/lastlog : 가장 최근 로그인 정보를 기록
④ /var/log/btmp : 사용자의 로그인 실패를 기록

05 Linux 시스템 담당자 Park 사원은 Linux 시스템 운영관리를 위해 시스템이 부팅할 때 생성된 로그를 살펴보고자 한다. 해당 로그 파일은?

① /var/log/boot.log

② /var/log/lastlog

✔ /var/log/dmesg

④ /var/log/btmp

해설

① /var/log/boot.log : 서비스 데몬들의 부트에 관련된 정보 기록

② /var/log/lastlog : 각 사용자의 마지막 로그인 내용이 기록

④ /var/log/btmp : 로그인 실패 기록을 담은 바이너리 로그 파일

06 Linux에 존재하는 데몬에 대한 설명 중 올바른 것은?

① crond : 호스트 네임을 IP 주소로 변환하는 DNS 데몬

② httpd : 리눅스에 원격 접속된 사용자에 대한 정보를 알려주는 데몬

✔ kerneld : 필요한 커널 모듈을 동적으로 적재해 주는 데몬

④ named : inetd 프로토콜을 지원하는 데몬

해설

① named : 호스트 네임을 IP 주소로 변환하는 DNS 데몬

② httpd : HTTP 프로토콜을 지원하는 데몬

④ xinetd : inetd 프로토콜을 지원하는 데몬

07 서버 관리자 Kim 사원이 Linux 서버의 '/var/log' 디렉터리를 백업하기 위해 압축 프로그램을 이용하여 압축 중, 작업 중인 터미널을 닫아도 실행 중인 프로세스를 백그라운드 프로세스로 작업 될 수 있도록 해 주는 명령어는?

① mkfs

✔ nohup

③ sleep

④ last

해설

① mkfs : 리눅스 파일 시스템 생성 명령어

③ sleep : 지정된 시간(초) 동안 실행을 일시 중지하는 명령어

④ last : /var/adm/wtmp 파일에 계속 기록되는 모든 이전 로그인 및 로그아웃을 역시간 순서로 표시하는 명령어

PART
04

네트워크
운영기기

계층별 장비

- 엔드 포인트들은 데이터를 전송하기 위해 7개의 모든 기능을 가진다.

- 엔드 포인트들을 연결하는 중계 장비들은 7개의 기능을 모두 포함되어 운영되는 것은 아니다.
  - 중계 장비들로는 케이블, 스위치, 라우터들이 있다.

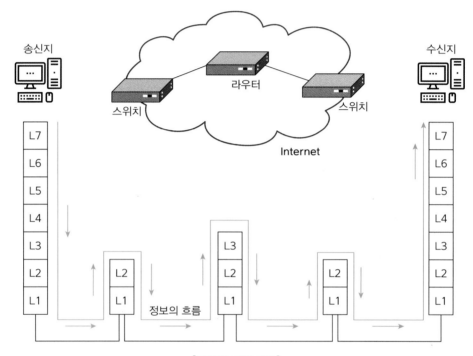

[장비별 지원 계층]

- 각 장비별 지원 가능은 최대 계층은 다음과 같다.

장비들	계층
케이블	1계층 장비
더미허브	1계층 장비
스위치	2계층 장비
라우터	3계층 장비
로더 밸런서	4계층 장비
엔드 포인트(컴퓨터, 서버)	7계층 장비

01 🔡 리피터

- OSI 7계층 중 물리 계층에서만 사용하는 장비이다.
- 근거리 통신망(LAN)의 전송매체상에 흐르는 신호를 정형, 증폭, 중계한다.
  - 전자기 또는 광학 전송 매체상에서 신호를 수신하여 신호를 증폭한 후 다음 구간으로 재전송한다.
- 아래 그림과 같은 리피터는 신호를 재생하여 전달되는 거리를 증가시킬 필요가 있을 때 사용한다.

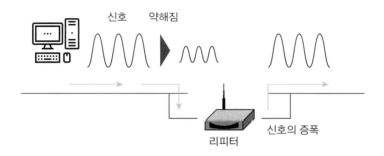

- 근거리 통신망을 구성하는 세그먼트들을 확장하거나 서로 연결하는데 주로 사용한다.
  - 전자기장 확산이나 케이블 손실로 인한 신호 감쇠를 보상해 주기 때문에 여러 대의 Repeater를 써서 먼 거리까지 데이터를 전달하는 것이 가능하다.

02 🔡 더미 허브(Dummy Hub)

- 허브는 더미 허브와 스위치 허브로 구분되며, 더미 허브를 '허브'라 한다.
  - 더미 허브는 OSI 7계층 중 물리 계층 장비이다.
- 허브는 리피터와 멀티포트 기능으로 사용된다.
  - 리피터 기능이 포함되어 있어 전기적인 신호를 증폭시켜 들어온 데이터를 재전송, 근거리 통신망(LAN)의 최대 전송 길이도 연장되고, 접속할 수 있는 장비수도 많아지게 된다.

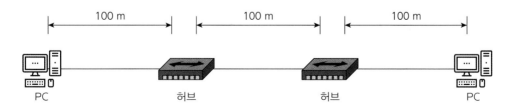

[허브를 이용한 전송 거리 연장]

– 한 번에 많은 디바이스를 연결할 수 있는 멀티 포트 기능으로 1개의 포트에 한 대의 디바이스가 할당된다.

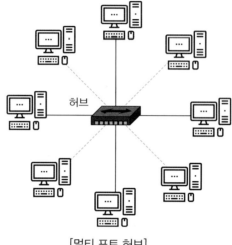

[멀티 포트 허브]

– 더미 허브는 단순한 분배 중계기에 불과하며 IP를 할당하는 기능은 없고 단순히 디바이스 수에 따라 데이터 전송 대역을 분리하는 역할만 한다.

03 네트워크 인터페이스 컨트롤러(NIC ; Network Interface Controller)

- NIC는 컴퓨터를 네트워크에 연결하여 통신하기 위해 사용하는 하드웨어 장치이다.

- 네트워크 카드(Network Card), 랜 카드(LAN Card) 등 다양하게 칭한다.

- OSI 7계층 중 1~2계층 기능을 가진 장비이다.

- NIC의 주요 기능은 다음과 같다.
  - 네트워크 매개체로 물리적인 접근을 가능하게 한다.
  - 전송될 데이터를 병렬에서 직렬로 전환한다.
  - 빠른 전송을 위해서 데이터를 코딩 및 압축한다.
  - 목적지 장비의 NIC는 데이터를 수신하고 CPU로 데이터를 전달한다.

- NIC에는 고유 번호를 갖는다.
  - 고유번호를 '물리적 주소'라고 하며, 이더넷 망에서는 'MAC 주소'라 부른다.
  - MAC 주소는 48비트로 제조회사 식별 번호 24비트와 카드 일련 번호 24비트로 구성된다.

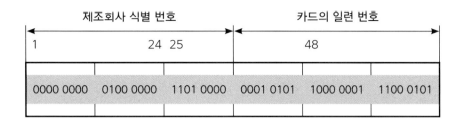

제조회사 식별 번호			카드의 일련 번호		
1	24	25		48	
0000 0000	0100 0000	1101 0000	0001 0101	1000 0001	1100 0101

04 스위치(Switch)

- 스위치는 OSI 참조 모델의 데이터 링크(2계층)에서 사용되며 MAC 주소를 기반으로 동작한다.

- 네트워크 중간에서 패킷을 받아 필요한 곳에만 보내주는 네트워크의 중재자 역할을 한다.

- MAC 주소를 기반으로 패킷을 전달하는 기본 동작 수행이 가능하다.
  - 맥 주소 테이블(Mac Address Table)을 기반으로 프레임 전송한다.
  - 하나의 송신 포트에서 들어온 트래픽을 하나의 수신 포트로 트래픽 전달(Forwarding)하거나 송신 포트를 제외한 나머지 포트로 트래픽 전달(플러딩)하는 방식을 사용한다.

- 하드웨어를 기반으로 처리하므로 전송 속도가 빠르다.
  - 포트마다 각기 다른 전송 속도를 지원하도록 제어할 수 있고, 수십에서 수백 개의 포트를 제공한다.

- 논리적으로 네트워크를 분리할 수 있는 VLAN(Virtual LAN) 기능을 제공한다.
  - VLAN은 물리적 배치와 상관없이 LAN을 논리적으로 분할 및 구성하는 기술이다.

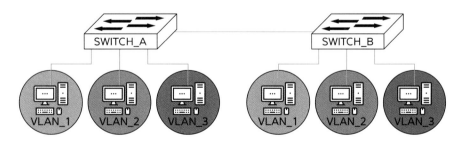

| 192.168.1.10/24 | 192.168.2.10/24 | 192.168.3.10/24 | 192.168.1.20/24 | 192.168.2.20/24 | 192.168.3.30/24 |

  - 그림과 같이 하나의 스위치를 여러 개의 VLAN으로 분할할 수 있으며 각각 별도의 스위치처럼 동작한다.
  - 물리적인 하나의 LAN을 논리적으로 여러 개로 나누어 네트워크를 관리한다.
  - 내부망을 분리하거나 방화벽에서 외부망으로부터 내부망을 보호할 때 사용할 수 있다.

05 라우터(Router)

- 라우터(router)는 컴퓨터 네트워크 간에 데이터 패킷을 전송하는 3계층 네트워크 장치이다.
- 패킷의 수신지 IP 주소를 기반으로 최적의 경로를 지정하며 이 경로를 따라 데이터 패킷을 다음 장치로 전달한다.
  - 라우터는 '라우팅 테이블'이라는 경로 데이터베이스를 기반으로 최적 경로를 조회한다.

06 로드 밸런서(Load Balancer)

- 로드 밸런싱은 서버가 처리해야 할 업무 혹은 요청(Load)을 여러 대의 서버로 나누어 (Balancing) 처리하는 것을 의미한다.
- 한 대의 서버로 부하가 집중되지 않도록 트래픽을 관리해 각각의 서버가 최적의 성능을 보일 수 있도록 하는 것이 목적이다.
  - 컴퓨터 자원들에게 작업(Work). 즉, 부하(Load)를 나누는 것을 의미한다.
  - 이로써 가용성 및 응답시간을 최적화시킬 수 있다.
- 로드 밸런싱 방식에는 하드웨어의 성능을 올리거나(Scale-up) 여러 대의 서버로 나누어서 처리하는 방법(Scale-out)이 있다. 한 서버의 성능을 올리는 Scale-up은 한계가 있으므로, Scale-out이 효과적이다.

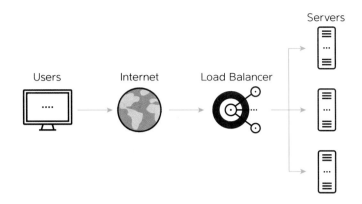

- 로드 밸런서는 로드 밸런싱 기술을 제공하는 서비스 또는 장치로 그림과 같이 Client와 Server Pool(분산 네트워크를 구성하는 서버들의 그룹) 사이에 위치한다.
  - 로드 밸런서의 기능으로는 Health Check(서버의 이상 유무 확인), Tunneling(패킷을 캡 슐 화하여 연결된 상호 간에만 패킷을 구별), NAT(IP 주소 변환)이 있다.
- 로드 밸런서는 OSI 참조 모델 중 4계층 이상의 장비에서 운영된다.
  - IP 주소와 포트(Port) 번호를 기반으로 데이터를 전달한다.

✔ 암기하면 유용한 출제 예상 문제

01 OSI 7계층 중 물리 계층에서만 사용하는 장비로써 근거리 통신망(LAN)의 전송 매체상에 흐르는 신호를 정형, 증폭, 중계하는 것은 무엇인가?

① Router
② Repeater
③ Bridge
④ Gateway

【해설】
① Router : 최적 경로 선정 장비로 네트워크 계층 장비
③ Bridge : 포워딩 기능을 가진 데이터 링크 계층 장비
④ Gateway : 이기종 또는 동기종 망을 연결시켜 주는 네트워크 계층 장비

02 리피터(Repeater)를 사용해야 될 경우로 올바른 것은?

① 네트워크 트래픽이 많을 때
② 세그먼트에서 사용되는 액세스 방법들이 다를 때
③ 데이터 필터링이 필요할 때
④ 신호를 재생하여 전달되는 거리를 증가시킬 필요가 있을 때

【해설】
리피터는 LAN의 전송 매체상에 흐르는 신호를 정형, 증폭, 중계한다.

03 Repeater에 대한 설명으로 옳지 않은 것은?

① 전자기 또는 광학 전송 매체상에서 신호를 수신하여 신호를 증폭한 후 다음 구간으로 재전송하는 장치를 말한다.

② 전자기장 확산이나 케이블 손실로 인한 신호 감쇠를 보상해 주기 때문에 여러 대의 Repeater를 써서 먼 거리까지 데이터를 전달하는 것이 가능하다.

③ 근거리 통신망을 구성하는 세그먼트들을 확장하거나 서로 연결하는데 주로 사용한다.

✔ 네트워크를 확장하면서 충돌 도메인을 나누어 줄 수 있는 장비가 필요한데 이럴 때 Repeater를 사용하여 충돌 도메인을 나누어 네트워크의 성능을 향상시킨다.

> **해설**
> 충돌 도메인을 나눌 수 장비는 2계층 장비부터이다. 대표적인 장비로 스위치가 있다.

04 OSI 계층의 물리 계층에서 여러 대의 PC를 서로 연결할 때 전기적인 신호를 재생하여 신호 분배의 기능을 담당하는 네트워크 연결 장비는?

① Bridge ② ✔ Hub
③ L2 Switch ④ Router

> **해설**
> ① Bridge : 2계층 장비
> ③ L2 Switch : 2계층 장비
> ④ Router : 3계층 장비

05 현재 LAN 카드의 MAC Address는 몇 비트의 번호 체계인가?

① 32비트 ② ✔ 48비트
③ 64비트 ④ 128비트

> **해설**
> MAC 주소는 48비트 주소 체계를 사용한다. 앞자리 24비트는 제조회사 일련번호를 뒷자리 24비트는 LAN 카드의 일련 번호를 나타낸다.

06 L2 LAN 스위치가 이더넷 프레임을 중계처리할 때 사용하는 주소는 무엇인가?

① ✔ MAC 주소 ② IP 주소
③ Port 주소 ④ URL 주소

> **해설**
> ② IP 주소 : 3계층 주소
> ③ Port 주소 : 4계층 주소
> ④ URL 주소 : 7계층 주소

07 네트워크 담당자 Kim 사원은 물리적인 하나의 LAN을 논리적으로 여러 개로 나누어 효율적으로 네트워크를 관리하고자 한다. 내부망을 분리할 때 사용되고, 방화벽에서 외부망으로부터 내부망을 보호할 때도 사용할 수 있는 것은 무엇인가?

① NAC ② ✔ VLAN
③ IPS ④ IDS

> **해설**
> ① NAC : 사용자 PC가 내부 네트워크에 접근하기 전에 보안 정책을 준수했는지 여부를 검사하여 네트워크 접속을 통제하는 기술
> ③ IPS : 침입 차단 시스템
> ④ IDS : 침입 탐지 시스템

08 한 대의 스위치에서 네트워크를 나누어 마치 여러 대의 스위치처럼 사용할 수 있게 하고, 하나의 포트에 여러 개의 네트워크 정보를 전송할 수 있게 해주는 기능은?

① 스패닝 트리 프로토콜
② 가상 랜(Virtual LAN)
③ TFTP 프로토콜
④ 가상 사설망(VPN)

해설
① 스패닝 트리 프로토콜 : 스위치에서 이더넷 프레임의 루핑을 방지해 주는 프로토콜
③ TFTP 프로토콜 : UDP 기반의 데이터 전송 프로토콜
④ 가상 사설망(VPN) : 인터넷을 통해 장치 간 사설 네트워크 연결을 생성하는 서비스

09 로드 밸런싱(Load Balancing)에 대한 설명이 맞는 것은?

① 물리적인 망 구성과는 상관없이 가상적으로 구성된 근거리 통신망 기술
② 사용량과 처리량을 증가시키고 지연율을 낮추며 응답시간을 감소시키고 시스템 부하를 피할 수 있게 하는 최적화 기술
③ 가상머신이 실행되고 있는 물리적 컴퓨터로부터 분리된 또 하나의 컴퓨터
④ 웹 브라우저와 서버 간의 통신에서 정보를 암호화하는 기술

해설
로드 밸런싱(Load Balancing)은 컴퓨터 네트워크 기술의 일종으로 둘 혹은 셋 이상의 중앙처리장치 혹은 저장장치와 같은 컴퓨터 자원들에게 작업을 나누는 것을 의미한다. 로드 밸런싱을 통해 시스템 부하를 피할 수 있다.

10 다음 설명의 (A)에 들어갈 알맞은 용어는 무엇인가?

(A)은 NAT의 하나의 기능으로 내부망에 있는 여러 개의 서버에 대한 외부로부터의 연결을 분산시키고자 할 때 사용한다. 예를 들어, 외부에는 가상적인 DNS 서버의 주소를 가르쳐 주고 외부에서 DNS 서버에 접속 시 실제 DNS 서버 중 하나에게 전달함으로써 내부망에 있는 운 서버의 연결을 분산시킬 수 있다.

① IP Masquerading
② Port Forwarding
③ Dynamic Address Allocation
④ Load Balancing

해설
① IP Masquerading : 리눅스의 NAT 기능으로써 내부 컴퓨터들이 리눅스 서버를 통해서 인터넷 등 다른 네트워크에 접속할 수 있도록 해주는 기능
② Port Forwarding : 패킷이 라우터나 방화벽과 같은 네트워크 게이트웨이를 가로지르는 동안 하나의 IP 주소와 포트 번호 결합의 통신 요청을 다른 곳으로 넘겨주는 네트워크 주소 변환의 응용
③ Dynamic Address Allocation : IP 주소가 주어진 범위 설정에 따라 가변적으로 바뀜

Chapter 2 게이트웨이(Gateway)와 IP 라우팅

01절 게이트웨이

- 컴퓨터 네트워크에서 서로 다른 통신망, 프로토콜을 사용하는 네트워크 간의 통신을 가능하게 하는 네트워크 장비 또는 소프트웨어이다.

- 한 네트워크(Segment)에서 다른 네트워크로 이동하기 위하여 거쳐야 하는 지점으로 다른 네트워크로 들어가는 입구 역할을 하는 네트워크 포인트이다.

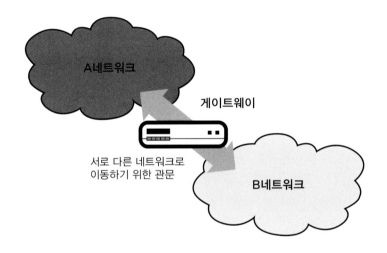

- 게이트웨이(Gateway)는 위 그림과 같이 서로 다른 네트워크(이기종 네트워크)를 연결해준다.
  - 하위 계층(1~3 Layer)에서 주로 라우터가 게이트웨이 역할을 수행한다.
  - 상위 계층(4~7 Layer)에서 상이한 프로토콜들 간의 특수한 변환을 담당하는 복잡한 S/W를 수행하는 서버가 게이트웨이 역할을 수행한다. 예를 들면 전자우편을 여러 양식으로 바꾸어 주는 Mail Gateway가 있다.

- 게이트웨이(Gateway)는 하나 이상의 프로토콜을 사용하는 측면에서는 라우터와 다르다는 차이점을 가지고 있다.
  - 라우터는 OSI 3계층 및 4계층을 이용하며 게이트웨이는 OSI 5계층 이상을 이용한다.
  - 라우터는 하드웨어로, 게이트웨이는 소프트웨어적으로 처리한다.

- 게이트웨이는 라우터를 포괄하고 있다.

02절 IP Routing

1 라우터(Router)

① 라우터를 구성하는 메모리와 각 메모리에 저장되는 내용은 다음과 같다.

RAM	NVRAM	Flash ROM	ROM
IOS image Running Config. Routing Table Cache, Buffer Working Area	Backup/ Startup Config. File	IOS image	POST Bootstrap Basic IOS

압축해제

기억장치	저장 내용
ROM	• 비휘발성, Read 기능 • 삭제나 수정되어서는 안 되는 주요 시스템 파일 저장 – POST : 전원 ON이 된 후 시스템 이상 유무 확인 – Bootstrap : 실행 프로그램들을 RAM에 적재시키는 프로그램 – Basic IOS : 백업용 IOS 파일
Flash ROM	• 비휘발성, Read/Write 기능 • IOS image 파일 저장(*IOS image : 라우터 운영체제)
NVRAM	• 비휘발성, Read/Write 기능 • 내용이 자주 수정 또는 삭제되는 파일 저장 – RAM에서 설정되는 정보들이 startup-config 파일에 복사되어 전원이 꺼져도 영 구히 내용 저장 *startup-config : 라우터 환경설정 파일
RAM	• 실행 파일(IOS image, 환경설정 파일)들 저장 *running-config : RAM에 저장되는 환경설정 파일

② 라우터의 기본 명령어들은 다음과 같다.

명령어	설명
show startup-config	RAM에 저장된 환경설정 파일 확인
show running-config	NVRAM에 저장된 환경설정 파일 확인
copy running-config startup-config	RAM의 환경설정 파일을 NVRAM에 저장
copy running-config tftp	RAM의 환경설정파일을 TFTP 서버에 저장(백업)
copy tftp running-config	TFTP에 저장된 환경설정 파일을 RAM에 저장
erase startup-config	NVRAM에 저장된 환경설정 파일 삭제

2 라우팅(Routing)

- 라우팅은 목적지로 향하는 다수의 경로들 중에서 최적의 경로를 선정하는 작업이다.

- 라우팅 종류들로는 정적 라우팅과 동적 라우팅으로 나뉜다.

① 정적 라우팅과 동적 라우팅

정적 라우팅(Static Routing)	동적 라우팅(Dynamic Routing)
• 관리자에 의해 경로 설정	• 라우팅 프로토콜에 의해 경로 설정
• 입력된 라우팅 정보가 관리자에 의해 재입력 하기 전까지 변하지 않고 고정된 값 유지	• 라우팅 정보는 인접한 다른 라우터들과 자동으로 업데이트되면 설정 환경이 변경
• 목적지 주소를 직접 입력하여 관리하므로 안정적임 • 적은 양의 트래픽 발생으로 트래픽 관점에서 효율적인 기법	• 네트워크 변화가 빈번한 경우 능동적인 대처 가능 • 네트워크 상태에 맞추어 다양한 경로 이용 가능
• 라우터 수가 늘어나면 관리자가 설정해야 할 • 정보 증가로 대규모 망 관리에는 부적합	• 내부 망 정보과 일정한 주기로 인접한 장비에 • 전달되므로 낮은 보안성을 가짐

② 매트릭(Metric)

목적지로 향하는 다수 개의 경로들 중에서 최적 경로를 선정하는 기준이다.

매트릭 항목	설 명
홉 수(Hop Count)	트래픽이 목적지에 도착하는데 걸치게 되는 라우터 개수
대역폭(Bandwidth)	트래픽이 실제 전송되는 속도
지연(Delay)	발신지에서 목적지까지 트래픽이 도착하는데 걸리는 시간
적재율(Load)	출발지에서 목적지까지의 경로에 걸리는 부하에 대한 측정값
신뢰성(Reliability)	전송 매체를 통해 보냈을 때 에러가 발생한 패킷의 비율

③ 라우팅 테이블(Routing Table)

```
R1#sh ip route
Codes: C - connected, S - static, I - IGRP, R - RIP, M - mobile, B - BGP
       D - EIGRP, EX - EIGRP external, O - OSPF, IA - OSPF inter area
       E1 - OSPF external type 1, E2 - OSPF external type 2, E - EGP
       i - IS-IS, L1 - IS-IS level-1, L2 - IS-IS level-2, * - candidate default
       U - per-user static route
Gateway of last resort is not set
C       192.168.1.0 is directly connected, Ethernet0
C       192.168.2.0/24 is directly connected, Serial0
R       192.168.3.0/24 [120/1] via 192.168.2.1, 00:02:12, Serial0
R       192.168.4.0/24 [120/2] via 192.168.2.1, 00:02:22, Serial0
R       192.168.5.0/24 [120/2] via 192.168.2.1, 00:05:29, Serial0
   ❶          ❷        ❸ ❹        ❺              ❻           ❼
```

❶ 사용된 라우팅 프로토콜을 표시   ❷ 목적지 네트워크   ❸ Administrative Distance(관리 거리) 값
❹ 매트릭(Metric) 값   ❺ 해당 목적지를 가기 위한 넥스트 홉 IP 주소
❻ 해당 목적지 네트워크에 대해 마지막으로 라우팅 업데이트를 받고 난 후 경과한 시간
❼ 목적지 네트워크로 가기 위해 트래픽의 출력 로컬 인터페이스

3 라우팅 프로토콜 분류

- 동적 라우팅은 라우팅 프로토콜에 의해 목적지로 향하는 최적 경로를 선정한다.
- 라우팅 프로토콜은 운영되는 지역 또는 정보 업데이트 방식에 따라 분류할 수 있다.

① 지역에 따른 분류

AS(Autonomous System, 자율관리체계)은 독자적인 관리체계와 동일한 운영정책을 가지는 네트워크의 집합이다.

IGP	EGP
• Interior Gateway Protocol • AS 내에서 운영되는 라우팅 프로토콜 • RIP, OSPF, EIGRP	• Exterior Gateway Protocol • AS와 AS 간에 운영되는 라우팅 프로토콜 • BGP

② 정보 업데이트 방법에 따른 분류

니렉터리	Distance Vector	Link state
동작 원리	• 주기적으로 인접한 라우터들 사이에 라우팅 정보 교환 • 전송 받은 정보를 기반으로 경로값을 비교하여 라우팅 테이블을 갱신	• 인접한 라우터 사이에 네이버 형성 • 네이버 라우터들 사이에 링크 상태 정보교환 • 전송받은 링크 상태 정보를 기반으로 최단 경로 • 우선(SPF) 알고리즘으로 목적지 경로 계산
특징	• 간단한 알고리즘으로 이해가 쉬움 • 링크 상태에 대한 대응이 느림 • 대규모 네트워크에 부적합	• 복잡하고 정교한 네트워크를 제어 가능 • 대규모 네트워크에 적합
정보교환	• 주기적인 라우팅 정보 교환	• 링크 상태 변화 시에만 라우팅 정보 교환
수렴시간	• 느린 수렴 시간	• 빠른 수렴시간
종류	• RIP, IGRP, BGP	• OSPF, BGP

③ RIP과 OSPF 특성 비교

라우팅 프로토콜	설 명
RIP	• Routing Information Protocol의 약자 • IGP(Interior Gateway Protocol)이며 Distance Vector Routing Protocol • Metric Factor로 Hop Count 만을 사용 • 유효 Hop Count 15, routing Update 매 30초 간격으로 이루어짐 • Routing Table은 Full Update됨　　• 6개의 Equal Cost Path 지원(기본은 4개)
OSPF	• Open Shortest First Path　　• 계층적 인터네트워크 구조 • IETF에서 RIP 한계성을 극복하기 위해 개발 • Link State Protocol로 hop 수의 제한 없음 • 'Area'라는 개념을 사용해 라우터 CPU와 메모리의 부담을 줄이고, 한 Area의 라우팅 프로토콜 트래픽의 영향을 국소화 시킴 • 여러 경로에 대한 동일 Cost Load Balancing 지원

01 게이트웨이(Gateway)의 역할로 올바른 것은?

  ✔ 전혀 다른 프로토콜을 채용한 네트워크 간의 인터페이스이다.
  ② 트위스트 페어 케이블 사용 시 이용되는 네트워크 케이블 집선 장치이다.
  ③ 케이블의 중계점에서 신호를 전기적으로 증폭한다.
  ④ 피지컬 어드레스의 캐시 테이블을 갖는다.

  해설
  ② 허브 또는 스위치 : 트위스트 페어 케이블 사용 시 이용되는 네트워크 케이블 집선 장치
  ③ 리피터 : 케이블의 중계점에서 신호를 전기적으로 증폭
  ④ ARP 캐시 테이블 : 물리적 주소의 캐시 테이블을 가짐

02 게이트웨이(Gateway)에 대한 설명으로 옳지 않은 것은?

  ✔ OSI 참조 모델에서 전송 계층만 연결하는 네트워크 장비이다.
  ② 두 개의 완전히 다른 네트워크 사이의 데이터 형식을 변환하는 장치이다.
  ③ 데이터 변환의 기능을 가지고 있어 네트워크 내의 병목 현상을 일으키는 지점이 될 수 있다.
  ④ 프로토콜이 다른 네트워크 환경들을 연결할 수 있는 기능을 제공한다.

  해설
  라우터는 OSI 3계층 및 4계층을 이용하며 게이트웨이는 OSI 5계층 이상을 이용한다. 전통적인 개념에서 게이트웨이는 세션 계층 이상을 연결하는 네트워크 장비이다.

03 OSI 7 Layer 중 네트워크 계층에서 동작하는 네트워크 연결 장치는?

  ① Repeater   ✔ Router
  ③ Bridge   ④ NIC

  해설
  ① Repeater: 물리 계층(1계층) 장비
  ③ Bridge : 데이터 링크(2계층) 계층 장비
  ④ NIC : 데이터 링크(2계층) 계층 장비

04 라우터에서 'show running-config'란 명령어로 내용을 확인할 수 있는 것은?

  ① ROM   ✔ RAM
  ③ NVRAM   ④ FLASH

  해설
  명령어 show running-config은 RAM에 저장되어 있는 환경설정 내용을 확인할 수 있다.

05 RIP(Routing Information Protocol)의 특징에 대한 설명으로 올바른 것은?

  ① 서브넷 주소를 인식하여 정보를 처리할 수 있다.
  ② 링크 상태 알고리즘을 사용하므로 링크 상태에 대한 변화가 빠르다.
  ✔ 메트릭으로 유일하게 Hop Count만을 고려한다.
  ④ 대규모 네트워크에서 주로 사용되며, 기본 라우팅 업데이트 주기는 1초이다.

  해설
  ① 메이저 주소를 인식하여 정보를 처리할 수 있다.
  ② 디스턴스 백터 알고리즘을 사용하므로, 링크 상태에 대한 변화가 빠르다.
  ④ 소규모 네트워크에서 주로 사용되며, 기본 라우팅 업데이트 주기는 30초이다.

06 RIP 프로토콜의 일반적인 특징을 기술한 것으로 옳지 않은 것은?

① RIP 메시지는 전송 계층의 UDP 데이터 그램에 의해 운반된다.
② 각 라우터는 이웃 라우터들로부터 수신한 정보를 이용하여 경로 배정표를 갱신한다.
☑ 멀티캐스팅을 지원한다.
④ 네트워크의 상황 변화에 즉시 대처하지 못한다.

해설
RIPv1는 브로드캐스트 방식으로 정보 업데이트를 하며, RIPv2는 멀티캐스트 방식으로 정보 업데이트를 한다.

07 다음 보기 중에 RIP Routing Protocol에 대한 설명으로 옳지 않은 것은?

① 디스턴스 벡터(Distance Vector) 라우팅 프로토콜이다.
② 메트릭은 Hop Count를 사용한다.
③ 표준 프로토콜이기 때문에 대부분의 라우터가 지원한다.
☑ RIPv1, RIPv2 모두 멀티캐스트를 이용하여 광고한다.

해설
RIPv은 브로드캐스트를 이용하며, RIPv2는 멀티캐스트를 이용하여 광고한다.

08 패킷 전송의 최적 경로를 위해 다른 라우터들로부터 정보를 수집하는데, 최대 홉이 15를 넘지 못하는 프로토콜은?

☑ RIP
② OSPF
③ IGP
④ EGP

해설
RIP은 거리 벡터 라우팅 프로토콜로 라우팅 메트릭은 홉 수이다. 최대 홉 수를 15로 제한하여 목적지로 가기 위해 걸쳐 갈 수 있는 라우터의 개수를 제한하고 있다.

09 아래 지문은 라우팅의 Distance Vector 방식을 설명한 것이다. 이에 해당하지 않는 프로토콜은 무엇인가?

네트워크 변화 발생 시 해당 정보를 인접한 라우터에 정기적으로 전달하고, 인접 라우터에서는 라우팅 테이블에 정보 갱신한다. 최단 경로를 구하는 벨만 포드 알고리즘(Bellman-ford Algprithm)을 기반으로 한다.

① IGRP
② RIP
③ BGP
☑ OSPF

해설
OSPF는 링크 상태 라우팅 프로토콜로 최단 경로 우선 알고리즘으로 Dijkstra 알고리즘을 적용하고 있다.

10 링크 상태 라우팅(Link State Routing)의 설명으로 옳지 않은 것은?

① 각 라우터는 인터네트워크상의 모든 라우터와 자신의 이웃에 대한 지식을 공유한다.

② 각 라우터는 정확히 같은 링크 상태 데이터베이스를 갖는다.

③ 최단 경로 트리와 라우팅 테이블은 각 라우터마다 다르다.

✔ 각 라우터 간 경로의 경비는 홉 수로 계산한다.

해설
링크 상태 라우팅은 각 라우터 간 경로의 경비를 cost로 계산한다.

11 OSPF(Open Shortest Path First) 프로토콜에 대한 설명으로 옳지 않은 것은?

① OSPF는 AS의 네트워크를 각 Area로 나누고 Area들은 다시 Backbone으로 연결이 되어 있는 계층 구조로 되어 있다.

② Link-state 알고리즘을 사용하여 네트워크가 변경이 되더라도 컨버전스 시간이 짧고 라우팅 루프가 생기지 않는다.

③ VLSM(Variable Length Subnet Mask) 구성이 가능하기 때문에 한정된 IP Address를 효과적으로 활용할 수 있다.

✔ 라우터 사이에 서로 인증(Authentication)하는 것이 가능하여 관리자의 허가 없이 라우터에 쉽게 접속하고 네트워크를 확장할 수 있다.

해설
OSPF는 Router와 Router 간 인증을 실시하는 Neighbor 인증기능과 해당 Area 내의 모든 Router에서 공통으로 인증기능을 사용하는 Area 인증기능을 사용할 수 있다. 이와 같은 인증 설정 시 설정 패스워드가 일치해야만 네트워크 정보를 공유하여 확장할 수 있다.

12 OSPF 프로토콜이 최단 경로 탐색에 사용하는 기본 알고리즘은?

① Bellman-ford 알고리즘

✔ Dijkstra 알고리즘

③ 거리 벡터 라우팅 알고리즘

④ Floyd-warshall 알고리즘

해설
링크 상태 라우팅 프로토콜에서는 최단 경로 우선 알고리즘으로 Dijkstra 알고리즘을 적용하고 있다.

13 Link State 알고리즘을 이용해 서로에게 자신의 현재 상태를 알려주며 네트워크 내 통신을 위해 사용하는 프로토콜은?

✔ OSPF

② IGRP

③ EGP

④ BGP

해설
OSPF는 대표적인 링크 상태 알고리즘이다. IGRP, EGP, BGP는 디스턴스 벡터 알고리즘으로 EGP는 BGP나 IDRP로 대체되어 사용되고 있다.

RAID(Redundant Array of Independent Disks)

- RAID는 복수 배열 독립 디스크(Redundant Array of Independent Disks)의 약자이다.

- 여러 개의 물리적 디스크를 하나의 논리적 디스크로 인식하여 작동하게 하는 기술이다.

RAID 0		• 스트라이핑 저장 방식
		  – 연속된 데이터를 여러 디스크에 나누어 저장
		• 최소 2개의 하드 디스크가 필요
		• 입출력 작업이 모든 디스크에 동시 진행
		  – 저장과 읽기 속도가 가장 빠르지만 하나의 디스크라
		    도 고장나면 전체 시스템 사용불가
		• 고장 대비 능력이 없으므로 주요 데이터 저장은 부적합

RAID 1		• 미러링 방식
		  – 하나의 디스크에 데이터를 저장하면 다른 디스크에
		    동일한 내용이 백업되어 저장
		• 데이터 저장 시 두 배의 용량이 필요
		• 결합허용을 제공하지만 공간 효율성은 떨어짐
		• 주요한 데이터를 저장하기에 적절함

RAID 2		• 스트라이핑 저장 방식
		• 기록용 디스크와 데이터 복구용 디스크를 별도로 제공
		  – 오류 제어 기능이 없는 디스크를 위해 해밍 코드 사용
		• 디스크의 사용 효율성이 낮음
		• 모든 SCSI 디스크에 ECC(에러 검출 기능)를 탑재하고
		  있기 때문에 실제 사용되지 않음

RAID 3		• 스트라이핑 저장 방식
		• 오류 검출을 위해 패리티 방식을 이용
		• 패리티 정보를 저장하기 위해 전용 디스크를 사용하기
		  때문에 최소 3개 이상의 하드 디스크가 필요
		• 데이터 복구는 패리티 저장 디스크에 기록된 정보의
		  XOR를 계산하여 수행
		• 대형 레코드가 많이 사용되는 단일 사용자 시스템에 적합

RAID 4		• RAID 3와 유사한 방식
		  – 2개 이상의 데이터 디스크와 전용 패리티 디스크 사용
		• RAID 3은 Byte(바이트) 단위로 데이터를 저장하는 반면
		  RAID 4는 Block(섹터) 단위로 저장

RAID 5		• 스트라이핑 저장 방식 • 디스크마다 패리티 정보를 갖고 있어 패리티 디스크의 병목 현상을 줄일 수 있어 실무에서 많이 사용 • 디스크 섹터 단위로 저장 • 쓰기 작업이 많지 않은 다중 사용자 시스템에 적합

01 RAID의 구성에서 미러링 모드 구성이라고도 하며 디스크에 있는 모든 데이터는 동시에 다른 디스크에도 백업되어 하나의 디스크가 손상되어도 다른 디스크의 데이터를 사용할 수 있게 한 RAID 구성은?

① RAID 0　　　　　　　　　　② RAID 1

③ RAID 2　　　　　　　　　　④ RAID 3

해설

① RAID 0 : 고장 대비 능력이 없으므로 주요 데이터 저장은 부적합

③ RAID 2 : 기록형 디스크와 데이터 복구용 디스크를 별도로 제공하여 오류 검출

④ RAID 3 : 오류 검출을 위해 패리티 방식 사용

02 RAID의 특징으로 옳지 않은 것은?

① 여러 개의 Disk에 일부 중복된 데이터를 나누어 저장

② Read/Write 속도를 증가

③ Memory 용량 증가

④ 데이터를 안전하게 백업

해설

RAID는 상대적으로 속도가 (많이) 느린 하드 디스크를 보완하기 위해 만든 기술로 Memory 용량 증가와는 상관이 없다.

03 RAID의 레벨 중에서 회전 패리티 방식으로 병목현상을 줄이는 것은?

① RAID-2　　　　　　　　　　② RAID-3

③ RAID-4　　　　　　　　　　④ RAID-5

해설

① RAID-2 : 기록형 디스크와 데이터 복구용 디스크를 별도로 제공하여 오류 검출

② RAID-3 : 패리티 정보를 저장하기 위해 전용 디스크를 사용하기 때문에 최소 3개 이상의 하드 디스크가 필요

③ RAID-4 : 2개 이상의 데이터 디스크와 전용 패리티 디스크 사용

PART
05

정보 보호 개론

정보 보호 요소와 공격 형태

01 정보 보호 요소

기밀성 (Confidentiality)	• 제3자가 전달되는 데이터를 읽지 못하도록 비밀성 유지 • 전송되는 데이터의 내용을 보호하여 비인가자가 정보의 실제 내용에 접근하는 것 방지
무결성 (Integrity)	• 비인가자에 의한 정보의 변경, 삭제, 생성 등으로부터 보호하여 정보의 정확성, 완전성을 보장하는 것
인증 (Authentication)	• 정보 및 시스템의 자원을 사용하는 정당한 사용자임을 확인할 수 있도록 보호하는 것 • 제3자의 위장확인, 발신처 인증, 메시지 인증, 실체 인증
부인방지 (Non-repudiation)	• 송수신측이 정보 송수신을 부인하는 것을 방지 • 송수신자가 송수신 사실에 대한 행동을 추적해서 부인할 수 없도록 하는 것
가용성 (Availability)	• 컴퓨터 시스템의 자원들이 승인된 사용자들에 의해서만 언제든지 사용 가능하게 하는 것 • 정보접근과 사용이 적시에 확실하게 보장되는 상태를 의미 • 정보/정보 시스템/정보 보안 시스템이 원하는 때에 제대로 제공(작동)되는 것을 의미함
접근 통제 (Access control)	• 시스템 자원 이용에 대한 불법적인 접근 방지 • 사용자가 시스템 혹은 특정 자원에 접근하고자 할 때 인가 받은 사용자만 접근을 허락하도록 제어하는 서비스

02 공격 형태

1 스니핑과 스푸핑

공격형태	설명
포트 스캔 (Port Scan)	• 운영 중인 서버에서 열려 있는 TCP/UDP 포트를 검색하는 것
스니핑 (Sniffing)	• 네트워크 td에서 자신이 아닌 상대방의 패킷 교환을 엿듣는 것 • 네트워크 트래픽을 도청(Eavesdropping)하는 과정 • 스니핑을 위해서 NIC을 무차별(Promiscuous) 모드로 전환하여 동작시켜야 함 　*무차별 모드 : 주소 지정에 관계없이 호스트의 프로세서에 모든 패킷을 전달하는 것
스푸핑 (Spoofing)	• 공격자가 자신을 공격 대상자에게 노출시키지 않고 제3의 사용자인 것처럼 MAC 주소, IP 주소 등을 속이는 작업 　– IP 스푸핑 : 공격자가 정보를 얻거나 접근하기 위해 다른 컴퓨터 IP 주소 사용 　– ARP 스푸핑 : 호스트의 ARP 캐시 테이블에 위조된 MAC 주소를 설정하는 공격 　– DNS 스푸핑 : DNS에서 전달하는 IP 주소를 변경하는 공격 　　*DNS Cache Poisoning은 DNS 서버에 위장된 캐시 값을 설정하는 공격

2 DoS와 DDoS 공격

공격형태	설명
DoS (Denial of Sevice)	• 정보 시스템의 데이터나 자원을 적절한 대기 시간 내에 사용하는 것을 방해하는 행위 • 주로 시스템에 과도한 부하를 일으켜 정보 시스템의 사용을 방해하는 공격 방식 　– 로컬 호스트의 프로세스를 과도하게 fork함으로써 서비스에 장애를 주는 행위 　– 서비스 대기 중인 포트에 특정 메시지를 다량으로 보내 서비스를 불가능하게 하는 　행위
DDoS (Distributed DoS)	• DoS의 확장 공격 　– DoS 공격은 공격자가 단일 컴퓨터를 통해 공격 　– DDoS는 공격자가 물리적으로 분산되어 다수의 컴퓨터를 이용하여 공격

3 피싱과 파밍 공격

공격형태	설명
피싱 (Phishing)	• '개인정보(Private data)를 낚는다(Fishing)'라는 의미의 합성어 • 전화, 문자, 메신저, 가짜 사이트 등 전기 통신 수단을 이용하여 피해자를 기망·공갈 함으로써 이용자의 개인정보나 금융정보를 빼낸 후, 금품을 갈취하는 사기 수법
스미싱 (Smishing)	• 문자 메시지(SMS)와 피싱(Phishing)의 합성어 • 스마트폰에 악성 프로그램을 설치하여 피해자가 모르는 사이에 소액결제가 이루어지 거나 개인 정보 및 금융 거래 정보를 빼내가는 사기 수법
파밍 (Pharming)	• 피싱(Phishing)과 조작(Farming)의 합성어 • 악성 프로그램에 감염된 PC를 조작하여 정상 사이트에 접속하더라도 가짜 사이트로 접속을 유도하여 금융 거래 정보를 빼낸 후 금전적인 피해를 입히는 사기 수법

4 SQL Injection과 세션 하이재킹

공격형태	설명
SQL Injection	• 데이터베이스와 연동되어 있는 애플리케이션의 입력 값을 조작하여 DBMS가 의도하 지 않는 경과를 반환하도록 하는 공격기법
세션 하이재킹 (Session Hijacking)	• 공격 대상의 연결 상태 정보(세션)를 가로채기하는 공격 　– 아이디와 패스워드를 몰라도 시스템에 접근하여 자원이나 데이터를 사용 할 수 있 　는 공격 • 세션 가로채기로 공격 대상의 권한을 탈취
사이드 재킹 (Side jacking)	• 패킷 스니핑을 사용하여 쿠키를 훔치고 네트워크 트래픽 도청하는 공격 • 쿠키 가로채기를 통해 공격자가 확인한 내용만을 훔쳐보는 기법

5 파일 업로드 공격

공격형태	설명
파일 업로드 공격	• 악성 파일을 업로드 후 시스템 명령을 실행하는 공격 • 공격자가 실행 가능한 언어로 작성된 공격 프로그램(웹 셸, WebShell)을 업로드 후 해당 파일에 접근하여 시스템 명령을 실행시키는 것
파일 다운로드 공격	• 파일 다운로드 취약점을 이용한 공격 – 웹에서 파일 다운로드 시 적절히 필터링 하지 않으면 공격자가 파일의 경로 및 파일명을 파라미터 조작하여 허용되지 않은 파일을 다운 받을 수 있고 임의의 위치에 있는 파일을 열람하거나 다운받는 것을 가능하게 함
드라이브 다운로드	• 웹 사이트 방문 시 사용자의 인식(동의) 없이 자동으로 악성코드를 다운로드하고 실행하는 공격

✔ 암기하면 유용한 출제 예상 문제

01 비인가자에 의한 정보의 변경, 삭제, 생성 등으로부터 보호하여 정보의 정확성, 완전성을 보장하는 정보보호 서비스 개념에 대한 설명에 해당하는 것은?

① 무결성 ✔
② 부인방지
③ 가용성
④ 기밀성

> **해설**
> ② 부인방지 : 송수신자가 송수신 사실에 대한 행동을 추적해서 부인 할 수 없도록 하는 것
> ③ 가용성 : 정보/정보 시스템/정보 보안 시스템이 원하는 때에 제대로 제공(작동)되는 것
> ④ 기밀성 : 전송되는 데이터의 내용을 보호하여 비인가자가 정보의 실제 내용에 접근하는 것을 방지하는 것

02 메시지를 암호화함으로써 보장할 수 있는 보안요소로 틀린것은?

① Confidentiality
② Integrity
③ IPS ✔
④ Authentication

> **해설**
> IPS는 침입 차단 시스템이다. 보안 요소와 관계가 없다.

03 시스템 공격 형태 중 다른 호스트들의 패킷 교환을 도청하는 공격 유형은?

✔ Sniffing

② IP Spoofing

③ Session Hijacking

④ DNS Cache Poisoning

해설

② IP Spoofing : 공격자가 정보를 얻거나 접근하기 위해 다른 컴퓨터 IP 주소 사용

③ Session Hijacking : 공격 대상의 연결 상태 정보(세션)를 가로채기 하는 공격

④ DNS Cache Poisoning : DNS 서버에 위장된 캐시 값을 설정하는 공격

04 시스템 공격 형태 중 MAC Address 또는 IP Address로 위장하여 침입하는 방식은?

① Sniffing

② Fabricate

③ Modify

✔ Spoofing

해설

Spoofing은 공격자가 자신을 공격 대상자에게 노출시키지 않고 제3의 사용자인 것처럼 MAC 주소, IP 주소 등을 속이는 공격이다.

05 다수의 Host가 한 대의 Server 등을 공격하여 컴퓨터 및 네트워크가 정상적인 서비스를 하지 못하게 만드는 공격은?

① Phishing

② Pharming

③ Smishing

✔ DDos

해설

① Phishing : 전화, 문자, 메신저 등 전기 통신 수단을 이용하여 '개인 정보나 금융 정보를 빼낸 후, 금품을 갈취하는 사기 수법

② Pharming : 감염된 PC를 조작하여 정상 사이트에 접속하더라도 가짜 사이트로 접속을 유도하여 금전적인 피해를 입히는 사기 수법

③ Smishing : 스마트폰에 악성프로그램을 설치하여 개인 정보 및 금융 거래 정보를 빼내가는 사기 수법

06 웹 페이지에서 악의적인 목적에 의해 사용자에게 메시지를 표시하지 않고 스크립트 등의 계기로 악의적인 소프트웨어(malware)를 다운로드하고 실행시키는 공격 유형은?

① CERT

② SQL Injection

③ 디지털 포렌식

✔ 드라이브 다운로드

해설

① CERT : Computer Emergency Response Team의 약자로 컴퓨터 비상 대응팀

② SQL Injection : 데이터베이스와 연동되어 있는 애플리케이션의 입력값을 조작하여 DBMS가 의도하지 않는 결과를 반환하도록 하는 공격기법

③ 디지털 포렌식 : 정보기기에 내장된 디지털 자료를 근거로 그 정보기기를 매개체로 하여 발생한 어떤 행위의 사실 관계를 규명하고 증명하는 보안 서비스 분야

Chapter 2 암호화 관련 기술

01 암호화 알고리즘

• 암호화 알고리즘은 비대칭/대칭 알고리즘과 해시 함수로 나눌 수 있다.

1 대칭키 암호화와 비대칭키 암호화

① 대칭키 암호화 방식(또는 비밀키 암호화 방식)
 - 암호화는 평문을 암호문으로 변환하는 것이며, 복호화는 암호문을 평문으로 변환한다.

 - 송신측과 수신측 간에 각각 암호화와 복호화 위해 동일한 비밀키를 사용한다.
 - 비밀키는 비밀 통신망 또는 직접 전달 등의 안전한 전송방식으로 사전에 전달되어야 한다.
 - 대칭키 암호화 방식은 암호화와 복호화 속도가 빠른 이점이 있으나 키 관리가 어렵다.
 - 상호 지리적으로 멀리 떨어져 있는 거래 당사자 간에 안전한 전송 방식을 통해 공통으로 사용할 비밀키를 주고받는 것이 현실적으로 어렵다.
 - 가입자 수가 n이라면 상호 교환해야 할 키의 개수는 n(n-1)/2개로서 인터넷과 같은 불특정 다수를 대상으로 할 때에는 사용이 불가능하다.
 - 대칭키 암호 시스템은 주로 데이터의 기밀성을 보장하기 위한 일반적인 암호화에 사용된다.
 - 대칭키 암호 알고리즘은 블록 암호 알고리즘과 스트림 암호 알고리즘으로 크게 분류한다.

디렉터리	블록 암호 알고리즘	스트림 암호 알고리즘
암호화 형태	• 평문을 N 비트씩 나눈 블록 단위로 암호화 수행	• 입력되는 정보를 비트 단위로 암호화 하는 시스템
종류	• DES, Triple-DES, AES • IDEA, FEAL, SEED	• RC4, SEA

- 대칭키 암호 알고리즘들은 다음과 같다.

알고리즘	특 징
DES	• 비밀키 암호화 알고리즘 중 가장 널리 사용 • 56비트의 키를 사용 • 블록 암호화의 일종 – 평문 블록 전체를 가지고 같은 크기의 암호문 블록을 생성
AES	• Rijindael 알고리즘이 채택되어 AES가 됨 • 3DES보다 효율적이고 안정성도 뛰어남
IDEA	• DES를 대체하기 위한 스위스 연방 기술기완에서 개발 • 128비트 키로 64평문을 8라운드에 걸쳐 변환 • PGP의 기밀성 서비스 제공용으로 사용 • DES보다 2배 빠르고 Brute Force(무차별 공격) 공격에 효율적으로 대응
RC	• RC알고리즘은 RC2와 RC4로 구분됨 • RC2 – DES 대체 차분, 선형 공격에 대응, DES보다 3배 빠름 • RC4 – 키크기가 변화하는 64비트 스트림 암호 방식, DES보다 10배 빠름
SEED	• 한국 정보보호 진흥원(KISA)에서 개발 • 국내 표준 암호화 알고리즘 • 16라운드 Feistel 구조 • 알고리즘은 DES와 구조 동일 • 3DES보다 빠름

② 비대칭키 암호화 방식(또는 공개키 암호화 방식)
- 공개키 암호 시스템은 암호화와 복호화를 위해 서로 다른 키를 사용한다.

- 하나의 키를 '비밀키'라고 하고 대칭키 암호 시스템의 키와 같이 비밀을 유지해야 하며, 다른 키는 '공개키'라고 하며 공개된 장소에 쉽게 접근이 가능하도록 보관한다.
- 공개키 시스템은 공개키로부터 비밀키를 얻어내는 것이 계산적으로 힘든 특성을 가져야 한다.

– 암호화 할 때 사용하는 공개키는 공개하고 복호화할 때 사용하는 비밀키는 안전하게 보관해야 한다. 따라서 공개키 암호 시스템은 대칭키 시스템에서 필요로 하는 안전한 키 분배가 필요없다.
– 공개키 암호방식에서 공개키는 디렉터리 방법으로 키를 전파할 수 있으므로 송신자가 비밀스럽게 키를 공유할 필요가 없다.
– 가입자가 n인 네트워크에서 필요한 키는 2n개이지만 상호교환해야 할 공개키는 n개이므로 키 관리가 간단하다.
– 공개키 암호 시스템은 대칭키 암호 시스템에 비하여 키의 길이가 길고 알고리즘 수행 속도가 느리기 때문에 긴 평문을 암호화하는데 부적절하다. 따라서 전자서명은 공개키 암호 시스템을, 평문의 암호화는 대칭키 암호 시스템을 사용하는 복합 암호방식이 암호 프로토콜로 널리 사용된다.
– 비대칭키 암호화 알고리즘들은 다음과 같다.

비대칭키 알고리즘	특징
RSA	• 큰 숫자를 인수분해하는 것이 어렵다는 것에 기반을 둔 알고리즘 • DES보다 100 ~ 1,000배 느림
Rabin	• RSA에서 공개키(n,e) → e=2로 변경 • 이차잉여 문제 기반 • RSA보다 빠름
ElGamal	• 유한체상에서 이산대수의 문제를 이용 • 암호화, 서명을 지원(전자서명과 키교환)
ECC	• 타원곡선상에서 이산대수의 어려움에 기반 • RSA에 비교하며 짧은 키 길이, 오버헤드 적음 • 무선 환경에 적합
Diffile-Hellman	• 키 교환 및 인증에 쓰임 • 유한체상에서의 이산대수 문제를 이용한 기법 • 암호화나 복호화에 사용될 수 없음

③ 대칭키 암호화 방식과 비대칭키 암호화 방식 비교

	대칭키 암호화 방식	비대칭키 암호화 방식
키의 상호관계	암호화 키와 복호화 키가 동일	암호화 키와 복호화 키가 다름
비밀키 전송	필요	불필요
인증	어려움	용이
암호화 속도	고속	저속
전자 서명	복잡	간단
키 개수	N(N-1)/2	2N
알고리즘	DES, AES, IDEA	DH, RSA, ECC

2 해시 함수

- 임의의 길이를 가진 메세지를(입력 : 메세지) 일정한 고정 길이의 해시값/다이제스트/축약으로 (출력 : 해시값) 변환시켜 그 결과값을 역산할 수 없게 하는 단방향성 함수이다.

- 단방향성이란 결과값으로 입력값을 알 수가 없는 또는 알기가 어려운 성질로 아래 그림과 같다.

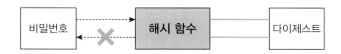

- 해시 함수는 암호키가 필요없다.

- 단방향성 해시 함수의 출력값을 '메시지 다이제스트(message digest)'라고 한다.

- 메시지의 무결성와 디지털 서명에 필수적인 기능을 한다.

- 대표적인 해시 함수는 MD5와 SHA이다.

3 SSL/TLS(Secure Sockets Layer/Transport Layer Security)

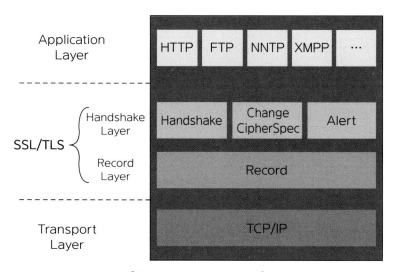

[SSL/TLS Protocol Layers]

- SSL은 보안 소켓 계층이라는 뜻으로 인터넷을 통해 전달되는 정보 보안의 안전한 거래를 허용하기 위해 Netscape 사에서 개발한 인터넷 통신 규약 프로토콜이다.

- IETF에서 TLS 1.0 발표(RFC 2246)하였다. 이것은 SSL 3.0을 발전시킨 것으로 SSL 3.1이라고도 한다. TLS는 SSL 3.0을 기초로 해서 IETF가 만든 프로토콜로 SSL 3.0을 보다 안전하게 하고 프로토콜의 스펙을 더 정확하게 하고 안정성을 높이는 목적으로 고안되었다.

- SSL/TLS는 인터넷상에서 통신할 때 주고받는 데이터를 보호하기 위한 표준화된 암호화 프로토콜롤 응용 계층의 웹 보안을 제공한다.

SSL	TLS
• 응용 계층을 보호하는 프로토콜	• 전송 계층 상위에서 동작하여 응용 계층 암호화 • HTTP 패킷 보호가 주용도 • FTP, SIP 시그널링 등의 보호에도 사용

- SSL/TLS의 가장 주된 적용 대상은 HTTP이다.
  - 서버 및 클라이언트 인증, 암호화, 무결성(Integrity)을 지원한다.
  - 통신에 참여한 객체(클라이언트와 서버)의 신원 확인과 통신 중 누군가가 데이터를 가로채도 내용을 알 수 없도록 암호화시키는 것이 주목적이다.

[HTTP]　　　　　　　　　　[SSL을 기반한 HTTPS]

- TLS는 전송 계층(Transport Layer)의 암호화 방식이기 때문에 HTTP뿐만 아니라 FTP, XMPP 등 응용 계층 프로토콜의 종류에 상관없이 사용할 수 있다는 장점이 있다.

02 암호화 관련 기술

1 전자 서명(Digital Signature)

- 신원을 증명하기 위해 개인키로 메시지를 암호화하여 송신자의 신분을 수신자에게 증명하는 방법이다.
- 전자 문서의 모든 수신자가 서명을 사용하여 데이터의 출처와 무결성을 확인할 수 있도록 암호화 알고리즘으로 계산되어 데이터에 첨부되는 값이다.
- 전자 서명을 통해 데이터의 생성원과 무결성을 수신자가 검증할 수 있고 제3자에 의한 데이터 위조로부터 발신자 및 수신자를 보호하고 또한 수신자에 의한 위조로부터도 발신자를 보호할 수 있다.
- 전자 서명은 일반적으로 전자 상거래 보안을 위해 사용된다.

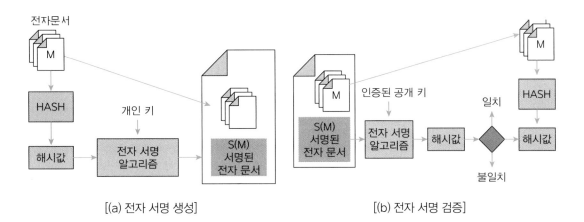

[(a) 전자 서명 생성]   [(b) 전자 서명 검증]

- 일반적으로 송신자는 전자 문서와 해시값(메세지 다이제스트)을 개인키로 암호화해서 수신자에게 전송하면, 수신자는 공개키를 이용하여 해시값을 복호화하여 송신자 인증과정을 걸친다.
- 수신자는 인증과 동시에 전송된 전자문서를 해시 한수를 이용하여 해시값을 생성한다.
- 수신자가 생성한 해시값과 송신자가 보내온 해시값을 비교해서 두 값이 일치하면 무결성이 보장된 것이고, 두 값이 불일치 시 전송 중 원본 데이터에 손실이 있었음을 의미한다.

2 공개키 기반 구조(PKI ; Public Key Infrastructure)

• PKI는 비대칭 암호 시스템을 기초한 것으로 '전자 인증서 생성·관리·저장·배분·취소'에 필요한 하드웨어, 소프트웨어, 사람, 정책 및 절차를 정의한다.

• 공개키 암호 시스템의 광범위한 응용으로 공개키를 관리하고 분배하는 공개키 기반 구조가 요구된다.

• 공개키 암호 시스템의 적용 범위는 다음과 같다.
  - 인터넷 뱅킹 서비스 : 예금조회, 계좌이체, 대출, 카드 등의 은행업무
  - 전자화폐 서비스 : 온라인상에서의 전자화폐 사용
  - 인터넷 쇼핑 : 인터넷 쇼핑몰에 대한 안전한 거래 및 개인정보의 보호
  - 각종 예약 : 항공권, 열차권, 공연의 입장권 및 호텔 예약 등
  - 전자우편의 송수신 : 전자우편의 송신자 신원 확인 및 메일 내용의 암호화

• 인터넷과 같이 안전이 보장되지 않은 공중망 사용자들이 신뢰할 수 있는 기관에서 부여된 한쌍의 공개키와 개인키를 사용함으로써, 안전하게 데이터를 교환할 수 있게 해준다.

- PKI를 구성하는 요소들은 다음과 같다.

이용자	• 인증서의 주체가 되는 사용자
인증기관(CA)	• Certification Authority • 인증서를 작성·발행 및 폐지하는 기관 　– 민간 분야(금융, 증권, 무역, 전자 입찰 등)의 NPKI(National PKI) : 국내의 6개 공인인증기관이 제공하는 공인인증 서비스는 1999년 7월 시행된 전자서명법에 따라 한국 인터넷 진흥원(KISA)이 최상위 인증기관이다. 　– 정부 분야의 GPKI(Government PKI) : 행정 전자 서명 인증 관리 센터는 2000년 4월부터 전자문서 송·수신에 대한 정부차원의 정보보호 체계로 인증 서비스 및 인증서 관리를 제공한다.
등록기관(RA)	• Registration Authority • CA의 PKI 관리 기능 중의 일부를 위임받을 수행하는 기관
저장소	• 인증서와 CRL를 보관하고 있는 데이터베이스(CRL ; Certificate Revocation List 인증서 취소 목록)

- 공개키 인증서(Certificate)
  - 위조가 불가능하도록 실체(개인 또는 조직)의 정보와 공개키 그리고 인증기관의 정보가 수록된 인증서를 인증기관의 개인키로 서명하여 발급한다.
  - CA는 자신의 개인키를 사용하여 전자서명을 생성 후 인증서에 첨부, CA의 공개키를 사용하여 인증서 유효성을 확인한다.
  - 인증서에는 X.509 인증서와 PGP(Pretty Good Privacy) 인증서 등이 있다.

[X.509 인증서]

3 VPN (Virtual Private Network)

- 공중망을 이용하여 사설망처럼 직접 운용 관리할 수 있는 것으로 컴퓨터 시스템과 프로토콜들의 집합으로 구성된다.
- VPN은 '터널링 기술'이라고도 한다.
- End-to-End 전용 회선 연결과 같은 효과를 갖는다.
- 두 종단 사이에 가상적인 터널을 형성하는 기술로 암호화 및 인증 기능을 제공한다.
- 각 네트워크 계층별로 터널링 프로토콜을 제공한다.
- VPN은 구성환경에 따라 분류 할 수 있다.

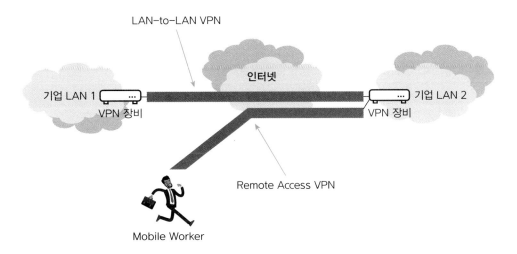

- Intranet VPN은 본사와 지사 간의 네트워킹으로 LAN to LAN VPN 방식이다.
- Extranet VPN은 본사와 사업 파트너 또는 고객 등과의 네트워킹으로 보안 정책이 다른 Subnet들을 상호 연결한다.
- Remote Access VPN은 본사와 원격지 허가 받은 사용자 간의 네트워킹으로 Client-to-LAN 방식이다.
- 비용 절감, 유연성 있는 운영과 관리의 수월성, 확장성과 이동성 제공, 안전성 보장, 편리한 네트워크 구성 환경을 제공한다는 장점을 갖는다.
- VPN 프로토콜은 패킷 암호화와 터널 생성 및 관리, 암호화 키 관리 기능을 가진다.

• 계층별로 대표적인 VPN 구축 암호화 프로토콜들은 아래 표와 같다.

특성	PPTP	L2TP/IPSec	SSTP
캡슐화	GRE	UDP를 통한 L2TP	TCP를 통한 SSTP
암호화	RC4를 사용한 MPPE	3DES, AES를 사용한 IPSec ESP	RC4또는 AES를 사용한 SSL
터널유지 관리 프로토콜	PPTP	L2TP	SSTP
사용자 인증이 발생하는 시점	암호화가 시작되기전	IPSec세션이 설정된 후	SSL 세션이 설정된 후
VPN터널 설정에 필요한 인증서	없음	VPN클라이언트 및 VPN 서버의 컴퓨터 인증서	VPN서버의 컴퓨터 인증서 및 VPN 클라이언트 루트 CA 인증서

• SSTP(Secure Socket Tunneling Protocol)는 PPTP 및 L2TP/IPsec 트래픽을 차단하는 방화벽을 통해 트래픽을 전달할 수 있는 새로운 형태의 VPN 터널이다.
  - SSTP는 HTTPS 프로토콜의 SSL 채널을 통해 PPP 트래픽을 캡슐화하는 메카니즘을 제공한다.
  - PPP를 사용할 수 있으므로 EAP-TLS와 같은 강력한 인증 방법을 사용할 수 있다.
  - HTTPS 를 사용한다는 것은 웹 액세스에 공통적으로 사용되는 포트인 TCP 포트 443을 통해 트래픽이 전달된다는 것을 의미한다.

4 전자 메일 보안 프로토콜

• 전자 메일 시스템은 MTA, MUA, MDA로 구성된다.

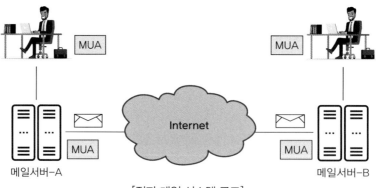

[전자 메일 시스템 구조]

MTA(Mail Transfer Agent)	등록되어 있는 메일 서버에 SMTP를 사용하여 메일 전달
MUA(Mail User Agent)	Outlook Express 등과 같이 메일을 작성하고 읽는 사용자 인터페이스
MDA(Mail Delivery Agent)	메일 서버에서 수신된 메일을 분류하여 해당 수신자의 메일 박스에 메일 전달

- 메일 클라이언트에서 송신은 SMTP, 수신은 POP3 또는 IMAP4를 이용한다.

- MIME(Multipurpose Internet Mail Extension)은 멀티미디어 전자 우편을 위한 표준으로 멀티미디어 데이터를 ASC II 형식으로 변환할 필요 없이 인터넷 전자 우편으로 송신하기 위한 SMTP의 확장 규격이다.

- 전자 메일은 단순한 평문의 형태로 네트워크상의 여러 곳을 경유하여 수신자에게 전달되기 때문에 중간 노드에서 전자 우편을 가로채거나 내용을 변조하여 다시 보낼 수도 있다.

- 전자우편의 보안상 취약점을 보완하기 위하여 기밀성, 무결성, 인증, 부인 방지 등의 보안 서비스를 지원하는 전자 우편을 위한 보안 프로토콜이 개발되었다.

- 전자 메일을 안전하게 제공하는 보안 프로토콜은 PGP, PEM, S/MIME 등이 있다.

① S/MIME(Secure Multipurpose Internet Mail Extensions)
- 1995년 RSA Data Security, Inc에서 MIME 보안 표준안으로 S/MIME를 발표하였다.
  - 기존 전자 우편 보안 시스템의 문제점인 PEM 구현의 복잡성, PGP의 낮은 보안성과 기존 시스템과의 통합이 용이하지 않다는 점을 보안하기 위해 IETF의 작업 그룹에서 RSADSI(RSA Data Security Incorporation)의 기술을 기반으로 개발된 전자 우편 보안 시스템이다.

- S/MIME는 X.509 형식의 인증서에 포함된 공개키를 이용해 메시지 암호화 및 전자 서명과 같은 보안 메카니즘을 이용할 수 있도록 구현되어 있다.

- 전자 우편 보안뿐만 아니라 HTTP와 같은 MIME가 전송하는 모든 데이터의 보안 메카니즘으로 사용된다.

- 인터넷상에서 전송된 팩시밀리 메시지의 암호화와 같이 자동화된 메시지 전달 에이전트에 사용될 수 있다.

- S/MIME에서 제공하는 보안 서비스, 보안 메카니즘 그리고 암호 알고리즘은 다음과 같다.

보안 서비스	서비스 구현을 위한 메카니즘	암호 알고리즘
메시지 기밀성	암호화	3DES
메시지 무결성	무결성	SHA-1
사용자 인증	전자서명	X.509 V3 인증서
송신 부인 방지	전자서명	DSA, RSA

② PGP (Pretty Good Privacy)

- 1991년에 공개 발표한 전자 메일 보안 프로토콜로 이메일뿐만 아니라 파일보호를 위한 암호 시스템이다.
- PGP를 구성하는 5가지 서비스는 인증, 기밀성, 압축, 전자 메일 호환성 그리고 단편화이다.
- 전자서명을 이용하여 인증을 제공하고, 대칭 블록 암호화를 이용하여 기밀성을 제공한다.
- PGP에서 사용되는 암호 알고리즘은 아래와 같다.

기능	제공 암호 알고리즘
메시지 기밀성	IDEA, CAST, 3DES, RSA
인증(전자서명)	RSA/SHA, DSS/SHA-1
전자 우편 호환성	Radix64

- PGP는 일반 용도의 보안성을 유지하지만 기존 보안 프로토콜보다 상대적으로 낮은 보안성을 갖는다. 또한 전자 우편 시스템과의 통합이 용이하지 않다는 단점을 가지고 있다.

③ PEM (Privacy Enhanced Mail)

- 인터넷에서 이용되고 있는 암호화 기술로 특정키가 있어야만 내용 확인이 가능하다.
- 전자 우편에 비대칭키 암호 방식을 선정하여 송신하며 중앙 집중식 인증체계를 사용한다.
- PGP보다 높은 보안성을 제공하고 있으나 구현이 복잡하다는 단점을 갖는다.
- PEM과 PGP 비교 표는 아래와 같다.

구 분	PEM	PGP
키인증 방식	• 중앙 집중화된 키 인증	• 분산화된 키 인증
특 징	• 인터넷 표준(안) • 익명의 메세지 불허용 • 구현의 어려움 • 높은 보안성(군사용, 금융계 등)	• 응용 프로그램 • 익명의 메세지 허용 • 구현의 용이성 • PEM에 비해 낮은 보안성

④ PEM, PGP, S/MIME 비교

항목	PEM	PGP	S/MIME
개발자	• IETF	• Phi Zimmermann	• RAS Data Security Inc
특징	• 중앙 집중화된 키 인증 • 인터넷 표준안 구현 어려움 • 높은 보안성(군사용, 금융) 이론 중심 • 많이 사용하지 않음	• 분산된 키 인증 • 응용 프로그램 구현의 용이성 • 일반 용도의 보안성 • 실세계 사용 중심 • 현재 많이 사용	• MIMIE 기반 • 다양한 상용 툴킷 • X.509 인증서 지원

01 '대칭키 암호 시스템'과 '비대칭키 암호 시스템'의 비교 설명으로 틀린 것은?

① 키의 분배 방법에 있어 비대칭키 암호 방식은 공개적으로 한다.

② DES는 대칭키 암호 방식이고, RSA는 비대칭키 암호 방식이다.

③ 대칭키 암호 방식은 비대칭키 암호 방식보다 암호화의 속도가 빠르다.

✔ N명의 사용자에 대해 대칭키 암호 방식에서는 2N개, 비대칭키 암호 방식에서는 'N(N-1)/2'개의 키가 필요하다.

해설
N명의 사용자에 대해 대칭키 암호 방식에서는 N(N-1)/2개, 비대칭키 암호 방식에서는 2N개의 키가 필요하다.

02 6명의 사용자가 대칭키를 사용하여 주고받는 메시지를 암호화하기 위해서 필요한 총 키의 수는?

① 1개

② 5개

③ 10개

✔ 15개

해설
대칭키 암호화 방식에서 사용자가 N개일 때 키 개수는 N(N-1)/2이다. 따라서 6(6-1)/2=15개이다.

03 유한체에서의 이산 대수의 어려움을 이용한 키 교환 알고리즘은?

✔ Diffie-hellman

② 3-DES

③ AES(Rijndael)

④ Seed

해설
Diffie-hellman의 공개키는 하나의 정수와 한 개의 소수로 통신 직전에 통신 상대방과 공유하도록 하고, 다른 비밀키 전용의 숫자를 통신 상대방 양쪽에서 전송하여 공통 암호키용 수치를 산출한다. 이것은 유한에서의 이산 대수의 어려움을 이용한 키 교환 알고리즘이다.

04 웹의 보안 기술 중 HTTP 메시지 전송을 안전하게 관리하기 위한 프로토콜이며 RSA 암호화 기법을 이용하여 암호화된 정보를 새로운 암호화 소켓으로 전송하는 방식은?

① PGP

✔ SSL

③ STT

④ SET

해설
HTTPS는 HTTP에 SSL 프로토콜을 이용하여 웹 메시지 전송을 안전하게 전송한다.

05 1977년 미국의 국립표준 기술 연구소에서 만들 것으로 XOR 연산과 비트의 순서 바꾸는 방식을 사용하는 암호화 기술로 키의 전달과 보관 문제를 점검해야 하는 것은?

① RSA
② 디지털 서명
③ IDEA
✔ DES

해설
DES는 비교적 간단하며 연산은 XOR와 비트의 순서를 바꾸어 암호화하는 기술로 암호화 속도는 빠르지만 암호화를 위한 키의 생성, 전달, 보관하는 문제 등을 체크해야 하며 키를 분실할 경우 타격이 크다.

06 다음 중 특성이 다른 암호 알고리즘은?

① DES
② Blowfish
③ AES
✔ RC4

해설
DES, Blowfish , AES는 블록 암호화 알고리즘이지만 RC4는 스트림 암호 알고리즘이다.

07 전자 우편을 입수하더라도 해당 내용을 알아 볼 수 없으며 해시 함수를 이용하여 내용의 변경 여부를 알 수 있는 전자 우편 보안 기술은?

① PEM(Privacy Enhanced Mail)
② S/MIME(Secure Multi-Purpose Internet Mail Extensions)
✔ PGP(Pretty Good Privacy)
④ SMTP

해설
PGP는 해시 함수를 이용한 전자 서명을 통해 인증을 제공한다. 뿐만 아니라 전달 도중에 변경되지 않았음을 확인할 수 있다.

08 S/MIME에 대한 설명으로 틀린것은?

① X.509 형태의 S/MIME 인증서를 사용한다.
② 전자 서명과 암호화를 동시에 사용할 수 있다.
✔ 전자우편 보안 서비스로, HTTP에서는 사용이 불가능하다.
④ 대칭키 암호 알고리즘을 사용하여 전자 우편을 암호화 한다.

해설
전자 우편 보안뿐만 아니라 HTTP와 같은 MIME가 전송하는 모든 데이터의 보안 메카니즘으로 사용된다.

09 PEM(Privacy-enhanced Electronic Mail)에 대한 설명으로 틀린 것은?

① 인터넷에서 사용되는 이메일 보안이다.
② 보안 능력이 우수하고, 중앙 집중식 인증 체계로 구현된다.
③ 비밀성, 메시지 무결성, 사용자 인증, 발신자 부인 방지, 수신자 부인 방지, 메시지 반복 공격 방지 등의 기능을 지원한다.
✔ MIME를 확장해서 전자 우편 본체에 대한 암호 처리와 전자 우편에 첨부하는 전자 서명을 제공한다.

해설
MIME를 확장해서 전자 우편 본체에 대한 암호 처리와 전자 우편에 첨부하는 전자 서명을 제공하는 것은 S/MIME이다.

Chapter 3 보안 장비와 서버 보안

01 보안 장비

1 방화벽(Firewall)

- 신뢰하지 않는 외부 네트워크와 신뢰하는 내부 네트워크 사이를 지나는 패킷을 미리 정해 놓은 규칙에 따라 차단하거나 보내주는 기능을 하는 하드웨어나 소프트웨어이다.
- 방화벽 주요 기능은 접근제어, 주소 변환, 로깅(Logging), 인증 등이 있다.
- 방화벽은 단일 홈드 방화벽(Single-homed), 다중 홈드(Dual-homed) 방화벽, 그리고 차단된 방화벽 등 3가지 구성방식을 갖는다.
- 차단된 방화벽 구성 방식은 아래 그림과 같다.

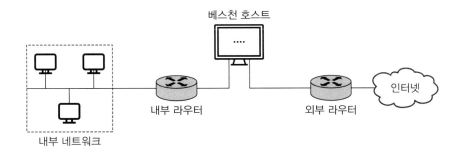

- 완충 지대로서의 네트워크를 'Subnet'이라고 부르며, 보통 여기에 DMZ(*DMZ : DeMiliterized Zone) 위치한다.
- 2개의 패킷 필터링 라우터가 사용한다. 외부 라우터는 인터넷과 베스천 호스트 간에 사용하며, 내부 라우터는 베스천 호스트와 내부망 간에 사용된다.
- 3단계의 보안을 거치므로 안전한 네트워크 구성 가능하며, 베스천 호스트가 공격당해도 내부망까지 들어올 수 없다.
- 설치 및 유지보수가 복잡하며, 여러 단계를 거치므로 속도 저하 및 비용이 증가한다.
- 베스천 호스트(Bastion Host)는 내부 네트워크와 외부 네트워크 사이의 게이트웨이 역할을 수행한다.
- 베스천 호스트는 침입 차단 소프트웨어가 설치되어 철저한 보안방벽 기능을 구축되어 있는 컴퓨터 시스템이다.
- 보호된 네트워크에서 유일하게 외부의 공격에 노출된 컴퓨터 시스템이다.
- 네트워크 보안상 가장 중요한 위치를 차지하므로 관리자에 의해 감시되며 불법적인 침입의 도를 가지고 접속한 모든 시스템의 기록을 주기적으로 수행한다.

2 침입 탐지 시스템(IDS ; Intrusion Detection System)

• 네트워크에 들어오는 패킷을 검사하여 공격 또는 유해 여부를 판단하는 보안 장치이다.
 – 인증 및 허가되지 않은 사용자에 대해 접근을 차단하는 것이 주목적이다.
 – 사용자 네트워크상에서 침입이 의심되는 트래픽 패턴을 모니터링한다.
 – 로그를 통합하여 관리하고 분석함으로써 공격을 예방할 수 있다.

• 방화벽과 달리 네트워크 경계가 아니라 네트워크 안에 위치하여 전체 네트워크를 감시할 수 있기 때문에 방화벽의 한계인 내부 해커에 의한 침해를 감시할 수 있다.

3 침입 방지 시스템(IPS ; Intrusion Protection System)

• 공격자가 특정 공격을 시도하기 전에 공격을 미리 차단하는 시스템이다.
 – 알려지거나 알려지지 않은 공격, 위협, 유해 트래픽을 차단하는 보안성 장비이다.

• IDS는 침입이 발생했을 때 문제를 즉시 처리하지 못하지만 IPS는 공격의 Signature를 찾아내고 네트워크의 트래픽을 관찰해서 수상한 활동을 하는 패킷에 특정 조치를 한다.

4 보안 장비 비교

항목	Firewall	IDS	IPS
목적	• 접근 통제 및 인가	• 침입 여부 감지	• 침입 이전 방비
특징	• 수동적 차단 • 내부망 보호	• 로그, 시그니처 기반의 패턴 매칭	• 정책, 규칙 DB 기반의 비정상 행위탐지
패킷 차단	○	×	○
패킷 내용분석	×	○	○
장점	• 엄격한 접근 통제 • 인가된 트래픽 허용	• 실시간 탐지 • 사후분석 대응기술	• 실시간 즉각 대응 • 세션 기반 탐지 가능
단점	• 내부자 공격 취약 • 네트워크 병목 현상	• 변형된 패턴에 탐지 어려움	• 오탐 현상 발생 가능 • 장비 고가

02절 리눅스 서버 보안

1 사용자 계정 관리

① 리눅스는 멀티태스킹의 특징을 가지고 있으므로 다중 사용자를 수용하여 작업을 수행할 수 있다. 사용자마다 계정을 생성하면 /etc/passwd 파일에 계정 및 패스워드를 정의한다.

- /etc/passwd의 안전한 관리를 위해서 /etc/shadow에 암호문으로 저장한다.
- /etc/passwd 파일에서 /bin/bash와 같은 셸을 삭제하여 원격 접근 권한을 제거한다.
- /etc/shadow 파일에서 사용기간 또는 만료일을 설정하여 계정 사용기간을 설정한다.

② 파일 /etc/passwd 구조

username : password : uid : gid : comment : homedirectory : shell
❶   ❷   ❸   ❹   ❺   ❻   ❼

- 각 필드의 구분자는 : 으로 구분되어 있다.

❶	사용자 이름
❷	암호화된 비밀번호(현재는 사용하지 않고, x 문자가 들어 있다. x가 들어가 있지 않으면 자동 로그인이 됨)
❸	사용자의 UID(OS가 사용자를 관리하기 위해서 사용자에게 부여한 번호, 리눅스는 사용자를 이름으로 구분하지 않음)
❹	사용자의 GID(기본 그룹 : main 그룹, OS가 사용자가 속한 그룹에 부여한 번호)
❺	설명문(보안상 요즘 사용하지 않음)
❻	사용자의 홈 디렉터리(사용자마다/home가 존재)
❼	실행할 프로그램(일반적으로 사용자의 로그인 셸이 저장됨)

③ 파일 /etc/shadow 구조

username : password : lastchange : mindays : maxdays : warndays : inactive :expire : flag
❶   ❷   ❸   ❹   ❺   ❻   ❼   ❽   ❾

❶	사용자명
❷	암호화된 비밀번호(역으로 풀수 없다)
❸	최근 비밀번호 변경일(1970년 1월 1일 기준의 날짜 수 : time stamp)
❹	비밀번호 변경 후, 재설정을 위한 대기일 수
❺	비밀번호 유효 기간(30이라면 30일 마다 비밀번호를 변경해야 함)
❻	비밀번호 변경 경고 시간
❼	비밀번호 유효 기간(5일이면, 5일에 한번은 들어가야 됨)
❽	비밀번호 만료 기간 이후 계정을 사용할 수 없게 되는 기간
❾	나중에 사용하기 위해 예약으로 세팅되어 있고, 현재는 사용되지 않으며, 0으로 지정

2 패스워드 복잡성 관리

- 대/소문자, 숫자, 특수문자를 혼용하여 8개 글자 이상의 패스워드를 사용한다.

- 동일 문자를 연속 4회 이상 사용 금지한다.

- 패스워드 히스토리를 관리하여 2~3개 이상의 동일 패스워드 사용 금지한다.

- 패스워드 변경주기를 설정한다.

- 사전에 나오는 쉬운 단어나 이름은 패스워드로 사용하지 못하도록 설정한다.

- 기본 설정된 패스워드는 사용하지 못하도록 설정한다.

- 초기 부여된 패스워드는 사용자 최초 접속 시 변경하도록 설정한다.

3 리눅스 방화벽 IP tables

- IP tables은 리눅스 커널에 내장된 Netfilter 기능을 관리하기 위한 툴이다.
  - Rule 기반의 패킷 필터링 방화벽이다.
  - NAT(Network Address Translation) 기능을 제공한다.
  - 패킷 레벨에서 로깅 기능을 제공한다.
- 체인(Chain)은 패킷이 이동한 경로를 의미한다. IP tables는 체인에 따라 패킷 필터링 룰을 만든다.

Input 체인	방화벽을 최종 목적지로 하는 체인
Output 체인	방화벽을 최초 출발지로 하는 체인
Forward 체인	방화벽을 경유하는 체인

01 보호된 네트워크에서 유일하게 외부의 공격에 노출된 컴퓨터 시스템은?

① Application Level Firewall
② Dual-home Gateway
③ Secure Gateway
④ ✔ Bastion Host

해설
Bastion Host은 내부 네트워크와 외부 네트워크 사이의 게이트웨이 역할을 한다.

02 방화벽(Firewall)에 대한 설명으로 틀린 것은?

① 외부로부터 불법적인 침입을 제어하는 시스템이다.
② ✔ 네트워크 출입로를 다중화하여 시스템의 가용성을 향상 시킨다.
③ 내부망에서의 해킹 행위에서는 방화벽으로 제어하지 못할 수도 있다.
④ 방화벽에는 역추적 기능이 있어 외부에서 네트워크에 접근 시 그 흔적을 찾아 역추적이 가능하다.

해설
방화벽 설치 운영 시 출입로를 다중화할 경우 방화벽을 우회할 수 있는 경로가 생성 가능하므로 방화벽 시스템의 가용성을 낮출 수 있다.

03 실시간으로 발생하는 공격을 차단하기 위해 침입 패턴에 대한 추적과 유해 정보를 감시하는 보안 시스템은?

① ✔ IPS
② IDS
③ Router
④ ESM

해설
IDS는 침입 탐지 시스템으로 실시간 공격 차단을 수행하지 않으며, ESM은 방화벽, 침입 탐지 시스템, 침입 방지 시스템 등 각종 보안 시스템의 로그들을 모아 한곳에서 통합 관리하는 기업 보안 관리 시스템이다.

04 네트워크에서 중립지역으로 외부에 서비스를 제공해야 하는 상황에서 내부 자원을 보호하기 위해 사설 네트워크와 외부 공용 네트워크 사이에 중립 지역으로 삽입된 소형 네트워크를 의미하는 것은?

① ✔ DMZ
② Proxy
③ Session
④ Packet

해설
네트워크에서 중립지역을 뜻하는 DMZ(Demilitarized Zone)은 외부에서 악의적인 의도를 가진 사람들이 실제 기업 내부의 PC나 서버 등에 직접 접속하지 못하게 하는 기술이다.

05 다음 중 VPN의 특징으로 바르지 않은 것은?

① 터널링과 보안 프로토콜을 통한 데이터의 기밀유지 가능

② 공중망을 이용하여 저렴한 비용으로 전용망과 같은 효과

③ 공중망을 통한 연결을 전용망처럼 이용하는 가설사설망

✔ Signature를 기반으로 한 공격탐지

해설
Signature를 기반으로 한 공격을 탐지하는 것은 IDS이다.

06 Linux 시스템에서 패스워드의 유효 기간을 정하는데 변경하는 없는 것은?

✔ chown 명령을 활용하여 지정

② '/etc/login.defs'의 설정을 사용자 Account 생성 시 지정

③ '/etc/default/useradd' 파일의 설정을 Account 생성 시 지정

④ change 명령을 활용하여 지정

해설
chown은 소유자 변경 명령어로 패스워드 속성 변경과 관련이 없다.

07 Linux에서 사용자의 비밀번호에 관한 정보가 암호화되어 저장되는 곳은?

① /usr/local

② /etc/password

✔ /etc/shadow

④ /usr/password

해설
계정 관련 패스워드를 관리하는 파일은 /etc/passwd와 /etc/shadow이다.

PART 06

최신 기출 문제

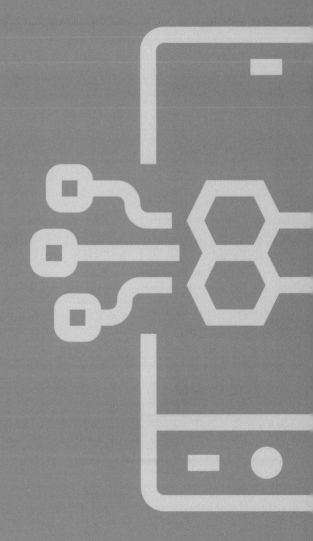

[1과목 TCP/IP]

01 다음 중 Ping 유틸리티와 관련이 없는 것은?

① ICMP 메시지를 이용한다.
② Echo Request 메시지를 보내고 해당 컴퓨터로부터 ICMP Echo Reply 메시지를 기다린다.
③ TCP/IP 구성 파라미터를 확인할 수 있다.
④ TCP/IP 연결성을 테스트할 수 있다.

02 TCP와 UDP의 차이점을 설명한 것 중 옳지 않은 것은?

① TCP는 전달된 패킷에 대한 수신측의 인증이 필요하지만 UDP는 필요하지 않다.
② TCP는 대용량의 데이터나 중요한 데이터 전송에 이용이 되지만 UDP는 단순한 메시지 전달에 주로 사용된다.
③ UDP는 네트워크가 혼잡하거나 라우팅이 복잡할 경우에는 패킷이 유실될 우려가 있다.
④ UDP는 데이터 전송 전에 반드시 송수신 간의 세션이 먼저 수립되어야 한다.

03 IP Header의 내용 중 TTL(Time to Live)의 기능을 설명한 것으로 옳지 않은 것은?

① IP 패킷은 네트워크상에서 영원히 존재할 수 있다.
② 일반적으로 라우터의 한 홉(Hop)을 통과할 때마다 TTL 값이 '1' 씩 감소한다.
③ Ping과 Tracert 유틸리티는 특정 호스트 컴퓨터에 접근을 시도하거나 그 호스트까지의 경로를 추적할 때 TTL 값을 사용한다.
④ IP 패킷이 네트워크상에서 얼마동안 존재할 수 있는가를 나타낸다.

04 IPv4 Class 중에서 멀티캐스트 용도로 사용되는 것은?

① B Class
② C Class
③ D Class
④ E Class

05 '255.255.255.224'인 서브넷에 최대 할당 가능한 호스트 수는?

① 2개
② 6개
③ 14개
④ 30개

06 IPv6 헤더 형식에서 네트워크 내에서 혼잡 상황이 발생되어 데이터그램을 버려야 하는 경우 참조되는 필드는?

① Version
② Priority
③ Next Header
④ Hop Limit

07 IP 패킷은 네트워크 유형에 따라 전송량에 있어 차이가 나기 때문에 적당한 크기로 분할하게 된다. 이때 기준이 되는 것은?

① TOS(Tape Operation System)
② MTU(Maximum Transmission Unit)
③ TTL(Time-To-Live)
④ Port Number

08 ARP와 RARP에 대한 설명으로 옳지 않은 것은?

① ARP와 RARP는 전송 계층에서 동작하며, 인터넷 주소와 물리적 하드웨어 주소를 변환하는데 관여한다.
② ARP는 IP 데이터그램을 정확한 목적지 호스트로 보내기 위해 IP에 의해 보조적으로 사용되는 프로토콜이다.
③ RARP는 로컬 디스크가 없는 네트워크상에 연결된 시스템에 사용된다.
④ RARP는 MAC 주소를 알고 있는 상태에서 그 MAC 주소에 대한 IP Address를 알아낼 때 사용한다.

09 IP Address '127.0.0.1'이 의미하는 것은?

① 모든 네트워크를 의미한다.
② 사설 IP Address를 의미한다.
③ 특정한 네트워크의 모든 노드를 의미한다.
④ 루프백 테스트용이다.

10 사설 IP 주소를 공인 IP 주소로 바꿔주는데 사용하는 통신망의 주소 변환 기술로, 공인 IP 주소를 절약하고, 내부 사설망을 이용하여 인터넷에 연결하므로 보안을 강화할 수 있는 것은?

① DHCP
② ARP
③ BOOTP
④ NAT

11 SNMP에 대한 설명으로 옳지 않은 것은?

① 사용자가 네트워크 문제점을 발견하기 전에 시스템 관리 프로그램이 문제점을 발견할 수 있다.
② 데이터 전송은 UDP를 사용한다.
③ IP에서의 오류 제어를 위하여 사용되며, 시작지 호스트의 라우팅 실패를 보고한다.
④ 네트워크 장비로부터 데이터를 수집하여 네트워크 관리를 지원하고 성능을 향상시킨다.

12 서버를 관리하는 Kim 사원은 회사지침으로 기존 홈페이지를 http방식에서 https 방식으로 변경하라고 지시가 내려져서 https의 특징에 대하여 알아보고 있는 중이다. 다음 보기 중에서 https의 특징으로 옳은 것은?

① 기존 http보다 암호화된 SSL/TLS를 전달한다.
② TCP/80번 포트를 사용한다.
③ UDP/443번 포트를 사용한다.
④ 인증이 필요하지 않아 사용하기가 간편하다.

13 네트워크를 관리하는 Kim 사원은 스위치에 원격접속 시 Telnet을 이용하여 작업을 주로 진행하였지만 신규로 도입되는 스위치에는 SSH로 접속 방법을 교체하고자 한다. 다음 중 SSH의 특징을 검토 중 내용이 옳지 않은 것은?

① Telnet에 비하여 보안성이 뛰어나다.
② SSH1은 RSA 암호화를 사용한다.
③ SSH2는 RSA 외 더 다양한 키교환 방식을 지원한다.
④ TCP/23번을 이용한다.

14 TCP 3-way Handshaking 연결수립 절차의 1,2,3단계 중 3단계에서 사용되는 TCP 제어 Flag는 무엇인가?

① SYN
② RST
③ SYN, ACK
④ ACK

15 UDP 패킷의 헤더에 속하지 않는 것은?

① Source Port
② Destination Port
③ Window
④ Checksum

16 패킷 전송의 최적 경로를 위해 다른 라우터들로부터 정보를 수집하는데, 최대 홉이 15를 넘지 못하는 프로토콜은?

① RIP
② OSPF
③ IGP
④ EGP

17 네트워크 및 서버 관리자 Kim 사원은 'www.icqa.or.kr'이라는 사이트를 도메인에 IP 등록을 하였다. 해당 IP가 제대로 도메인에 등록되었는지 확인하는 (A)에 들어가야 할 명령어는?(단, 윈도우 계열의 명령 프롬프트(cmd)에서 실행하였다.)

① ping
② tracert
③ nbtatat
④ nslookup

[2과목 네트워크 일반]

18 패킷교환의 특징에 대한 설명 중 옳지 않은 것은?

① 패킷과 함께 오류제어를 함으로서 고품질/고신뢰성 통신이 가능하다.

② 패킷 전송 시에만 전송로를 사용하므로 설비 이용 효율이 높다.

③ 패킷 교환의 방식으로는 연결형인 가상 회선 방식과 비연결형인 데이터그램(Datagram) 2가지가 있다.

④ 복수의 상대방과는 통신이 불가능하다.

19 프로토콜의 기본적인 기능 중에서 수신측에서 데이터 전송량이나 전송 속도 등을 조절하는 기능은?

① Flow Control

② Error Control

③ Sequence Control

④ Connection Control

20 다음 (A) 안에 들어가는 용어 중 옳은 것은?

> – (A)은/는 인터넷을 이용하여 고비용의 사설망을 대체하는 효과를 얻기 위한 기술이다.
> – 인터넷망과 같은 공중망을 사용하여 둘 이상의 네트워크를 안전하게 연결하기 위하여 가상의 터널을 만들고, 암호화된 데이터를 전송할 수 있도록 구성된 네트워크라고 정의할 수 있으며 공중망상에서 구축되는 논리적인 전용망이라고 할 수 있다.

① VLAN   ② NAT

③ VPN   ④ Public Network

21 OSI 7 Layer에서 암호/복호, 인증, 압축 등의 기능이 수행되는 계층은?

① Transport Layer

② Datalink Layer

③ Presentation Layer

④ Application Layer

22 LAN의 구성형태 중 중앙의 제어점으로부터 모든 기기가 점 대 점(Point to Point) 방식으로 연결된 구성 형태는?

① 링형 구성

② 스타형 구성

③ 버스형 구성

④ 트리형 구성

23 다음에서 설명하는 전송 매체는?

> 중심부에는 굴절률이 높은 유리, 바깥 부분은 굴절률이 낮은 유리를 사용하여 중심부 유리를 통과하는 빛이 전반사가 일어나는 원리를 이용한 것으로, 에너지 손실이 매우 적어 송수신하는 데이터의 손실률도 낮고 외부의 영향을 거의 받지 않는 장점이 있다.

① Coaxial Cable

② Twisted Pair

③ Thin Cable

④ Optical Fiber

24 아래 내용에서 IPv6의 일반적인 특징만을 나열한 것은?

> A. 주소의 길이가 128비트이다.
> B. 4개의 클래스로 구분된다.
> C. IPv4에 비하여 헤더가 단순하다.
> D. IPv4에 비하여 인증 및 보안기능이 강화되었다.
> E. 패킷 전송 시 멀티캐스트를 사용한다.
> F. 패킷 전송 시 브로드캐스트를 사용한다.

① A, B, C, D
② A, C, D, E
③ B, C, D, E
④ B, D, E, F

25 다음 내용 중 (A)에 들어갈 내용은?

> 네트워크를 관리하는 Kim 사원은 늘어나는 Server 관리업무에 스트레스를 많이 받고 있다.
> 이번에도 서버가 대량으로 추가되어 서버실에 놓을 공간도 모잘랄 뿐만 아니라 전기용량 문제로 시설과 협의 중이나 어려움이 예상되고 있다. 또한 서버들에게서 발생하는 발열문제로 24시간 냉각장치 및 항온항습으로 인한 발생비용 또한 회사에서 줄여보라고 지시가 내려왔다. 그래서 Kim 사원은 비용도 많이 발생하며 외주의 필요성이 있는 등 여러 가지 고민 끝에 (A)를 이용하여 전용회선 및 안정적인 전력공급을 받기로 하였다.

① IDC(Internet Data Center)
② IPS(Intrusion Prevention System)
③ IDS(Intrusion Detection System)
④ IOS(International Organization for Standardization)

26 다음은 몇 세대 이동 통신인가?

> – 차세대 ALL-IP 기반 서비스
> – 저속 환경에서 고속으로 진화
> – LTE Advanced의 경우 최대 1Gbps, 시속 60km 이상 이동시에도 최대 100Mbps의 속도로 데이터 전송
> – 3GPP 계열 : LTE-Advanced
> – Wi-max 계열 : IEEE 802.16m

① 5세대 이동 통신
② 2세대 이동 통신
③ 3세대 이동 통신
④ 4세대 이동 통신

27 OSI 7 Layer 중 네트워크 계층(Network Layer)에 속하는 장치는?

① Router
② Bridge
③ Repeater
④ LAN Card

[3과목 NOS]

28 Linux에서 사용자에 대한 패스워드의 만료기간 및 시간 정보를 변경하는 명령어는?

① chage
② chgrp
③ chmod
④ usermod

29 Linux 디렉터리 구성에 대한 설명으로 옳지 않은 것은?

① /tmp : 임시파일이 저장되는 디렉터리
② /boot : 시스템이 부팅될 때 부팅 가능한 커널 이미지 파일을 담고 있는 디렉터리
③ /var : 시스템의 로그 파일과 메일이 저장되는 위치
④ /usr : 사용자 계정이 위치하는 파티션 위치

30 컴퓨터가 부팅될 수 있도록 Linux 운영체제의 핵이 되는 커널을 주 기억 장소로 상주시키는데 사용되는 부트 로더는?

① GRUB
② MBR
③ CMOS
④ SWAP

31 Linux 시스템에서 특정 파일의 권한이 '-rwxr-x—x'이다. 이 파일에 대한 설명 중 옳지 않은 것은?

① 소유자는 읽기 권한, 쓰기 권한, 실행 권한을 갖는다.
② 소유자와 같은 그룹을 제외한 다른 모든 사용자는 실행 권한만을 갖는다.
③ 이 파일의 모드는 '751' 이다.
④ 동일한 그룹에 속한 사용자는 실행 권한만을 갖는다.

32 Linux에서 프로세스와 관련된 명령어에 대한 설명 중 옳지 않은 것은?

① kill : 프로세스를 종료시키는 명령어
② nice : 프로세스의 우선순위를 변경하는 명령어
③ pstree : 프로세스를 트리형태로 보여주는 명령어
④ top : 가장 우선순위가 높은 프로세스를 보여주는 명령어

33 다음은 Linux 시스템의 계정정보가 담긴 '/etc/passwd'의 내용이다. 다음의 설명 중 옳지 않은 것은?

> user1:x500:500::/home/user1:/bin/bash

① 사용자 계정의 ID는 'user1'이다.
② 패스워드는 'x' 이다.
③ 사용자의 UID와 GID는 500번이다.
④ 사용자의 기본 Shell은 '/bin/bash'이다.

34 Linux에 존재하는 데몬에 대한 설명 중 올바른 것은?

① crond : 호스트 네임을 IP 주소로 변환하는 DNS 데몬
② httpd : 리눅스에 원격 접속된 사용자에 대한 정보를 알려주는 데몬
③ kerneld : 필요한 커널 모듈을 동적으로 적재해 주는 데몬
④ named : inetd 프로토콜을 지원하는 데몬

35 Linux에서 서버를 종료하기 위해 'shutdown – h +30'을 입력하였으나 갑자기 어떤 작업을 추가로 하게 되어 앞서 내렸던 명령을 취소하려고 한다. 이때 필요한 명령어는?

① shutdown -c

② shutdown -v

③ shutdown -x

④ shutdown -z

36 Linux에서 DNS의 SOA(Start Of Authority) 레코드에 대한 설명으로 옳지 않은 것은?

① Zone 파일은 항상 SOA로 시작한다.

② 해당 Zone에 대한 네임 서버를 유지하기 위한 기본적인 자료가 저장된다.

③ Refresh는 주 서버와 보조 서버의 동기 주기를 설정한다.

④ TTL 값이 길면 DNS의 부하가 늘어난다.

37 Windows Server 2016의 DNS 서버에서 정방향/역방향 조회 영역(Public/Inverse Domain Zone)에 대한 설명으로 올바른 것은?

① 정방향 조회 영역은 도메인 주소를 IP 주소로 변환하는 영역이다.

② 정방향 조회 영역에서 이름은 'x.x.x.in-addr.arpa'의 형식으로 구성되는데, 'x.x.x'는 IP 주소 범위이다.

③ 역방향 조회 영역은 도메인 주소를 IP 주소로 변환하는 영역이다.

④ 역방향 조회 영역은 외부 질의에 대해 어떤 IP 주소를 응답할 것인가를 설정한다.

38 Windows Server 2016에 설치된 DNS에서 지원하는 레코드 형식 중 실제 도메인 이름과 연결되는 가상 도메인 이름의 레코드 형식은?

① CNAME

② MX

③ A

④ PTR

39 다음 중 웹 서버인 아파치(Apache) 환경설정 파일은?

① named.conf

② smb.conf

③ lilo.conf

④ httpd.conf

40 서버 담당자 Park 사원은 Windows Server 2016에서 성능 모니터를 운영하여 서버의 성능을 분석하고자 한다. 다음 중 성능 모니터로 미리 정의한 일정한 주기로 특정 데이터를 수집하고자 성능 모니터 도구를 시작하기 위한 명령어로 올바른 것은?

① perfmon

② msconfig

③ dfrg

④ secpol

41 서버 담당자 Park 사원은 Windows Server 2016에서 시스템을 감시하고자 이벤트 뷰어 서비스를 점검하려 한다. Windows Server 2016 이벤트 뷰어에는 시스템을 감시하는 4가지 항목의 Windows 로그가 있다. 다음 중 이벤트 뷰어 Windows 로그에 속하지 않는 항목은?

① 보안
② Setup
③ 시스템
④ 사용자 권한

42 서버 담당자 Park 사원은 데이터를 안전하게 보호하는 일을 담당하였다. 도난 발생 시 데이터를 보호하기 위해 강력한 암호화를 사용해 데이터를 보호하는 Windows 기능을 선택하여 로컬 보안이 없는 지사나 데이터 센터의 경우 완벽한 솔루션을 지원할 수 있도록 하고자 한다. 다음 중 이러한 기능을 지원하는 것은?

① BitLocker
② NTLM
③ Encryption
④ vTPM

43 서버 담당자 Park 사원은 Windows Server 2016에서 사용자 및 그룹을 관리하는 업무를 부여받았다. Windows Server 2016에는 기본적으로 3개의 로컬 사용자 계정이 생성되어 있는데, 다음 중 기본적으로 생성되는 계정이 아닌 것은?

① Administrator
② DefaultAccount
③ Guest
④ root

44 서버 담당자 Park 사원은 Hyper-V 부하와 서비스의 중단 없이 Windows Server 2012 R2 클러스터 노드에서 Windows Server 2016으로 운영체제 업그레이드를 진행하려고 한다. 다음 중 작업에 적절한 기능은 무엇인가?

① 롤링 클러스터 업그레이드
② 중첩 가상화
③ gpupdate
④ Nano Server

45 서버 담당자 Park 사원은 Windows Server 2016에서 폴더에 저장할 수 있는 용량을 제한하고, 특정한 파일의 유형은 업로드하지 못하도록 설정하고자 한다. 이러한 설정을 통해서 서버 담당자는 좀 더 유연하고 안전한 파일 서버를 구축할 수 있게 된다. 다음 중 서버 담당자가 구축해야 할 적절한 서비스는 무엇인가?

① FSRM(File Server Resource Manager)
② FTP(File Transfer Protocol)
③ DFS(Distribute File System)
④ Apache Server

46 로드 밸런싱(Load Balancing)에 대한 설명이 맞는 것은?

① 물리적인 망 구성과는 상관없이 가상적으로 구성된 근거리 통신망 기술

② 사용량과 처리량을 증가시키고 지연율을 낮추며 응답시간을 감소시키고 시스템 부하를 피할 수 있게 하는 최적화 기술

③ 가상머신이 실행되고 있는 물리적 컴퓨터로부터 분리된 또 하나의 컴퓨터

④ 웹 브라우저와 서버 간의 통신에서 정보를 암호화하는 기술

47 다음은 무엇에 대한 설명인가?

> 서버, 스토리지, 응용프로그램 등의 전산자원을 구매하여 소유하지 않고 인터넷을 기반으로 필요한 만큼만 자신의 컴퓨터나 휴대폰 등에 불러와서 사용하는 웹 기반의 컴퓨팅 기술을 말한다.

① 클라이언트–서버 컴퓨팅
② 클라우드 컴퓨팅
③ 웨어러블 컴퓨팅
④ 임베디드 컴퓨팅

48 게이트웨이(Gateway)의 역할로 올바른 것은?

① 전혀 다른 프로토콜을 채용한 네트워크 간의 인터페이스이다.

② 트위스트 페어 케이블 사용 시 이용되는 네트워크 케이블 집선 장치이다.

③ 케이블의 중계점에서 신호를 전기적으로 증폭한다.

④ 피지컬 어드레스의 캐시 테이블을 갖는다.

49 OSI 7계층 중 물리 계층에서만 사용하는 장비로써 근거리 통신망(LAN)의 전송 매체상에 흐르는 신호를 정형, 증폭, 중계하는 것은 무엇인가?

① Router
② Repeater
③ Bridge
④ Gateway

50 전송 매체에서 10Base–T 표기가 의미하는 것이 올바른 것은?

① 전송 속도 : 10kbps, 전송 방식 : 베이스 밴드, 전송 매체 : 꼬임선

② 전송 속도 : 10Mbps, 전송 방식 : 브로드스 밴드, 전송 매체 : 광케이블

③ 전송 속도 : 10Mbps, 전송 방식 : 베이스 밴드, 전송 매체 : 꼬임선

④ 전송 속도 : 10Mbps, 전송 방식 : 브로드스 밴드, 전송 매체 : 꼬임선

[1과목 TCP/IP]

01 호스트의 IP Address가 '200.221. 100. 152'일 때 해당하는 Class는?

① A Class
② B Class
③ C Class
④ D Class

02 C Class의 네트워크 주소가 '192.168. 10.0'이고, 서브넷 마스크가 '255.255. 255.240'일 때, 최대 사용 가능한 호스트 수는? (단, 네트워크 주소와 브로드캐스트 호스트는 제외한다.)

① 10개
② 14개
③ 26개
④ 32개

03 IPv6 헤더 형식에서 네트워크 내에서 데이터그램의 생존 기간과 관련되는 필드는?

① Version
② Priority
③ Next Header
④ Hop Limit

04 UDP 헤더에 포함이 되지 않는 항목은?

① 확인 응답 번호(Acknowledgment Number)
② 소스 포트(Source Port) 주소
③ 체크섬(Checksum) 필드
④ 목적지 포트(Destination Port) 주소

05 ICMP의 Message Type 필드의 유형과 질의 메시지 내용을 나타낸 것이다. 타입에 대한 설명으로 옳지 않은 것은?

① 3 : Echo Request 질의 메시지에 응답하는데 사용된다.
② 4 : 흐름 제어 및 폭주 제어를 위해 사용된다.
③ 5 : 대체경로(Redirect)를 알리기 위해 라우터에 사용한 다.
④ 17 : Address Mask Request 장비의 서브넷 마스크를 요구하는데 사용된다.

06 서버 내 서비스들은 서로가 다른 문을 통하여 데이터를 주고받는데 이를 포트라고 한다. 서비스에 따른 기본 포트 번호로 옳지 않은 것은?

① FTP – 21
② Telnet – 23
③ SMTP – 25
④ WWW – 81

07 TCP/IP에서 Unicast의 의미는?

① 메시지가 한 호스트에서 다른 여러 호스트로 전송되는 패킷

② 메시지가 한 호스트에서 다른 한 호스트로 전송되는 패킷

③ 메시지가 한 호스트에서 망상의 다른 모든 호스트로 전송되는 패킷

④ 메시지가 한 호스트에서 망상의 특정 그룹 호스트들로 전송되는 패킷

08 IP 데이터그램 헤더 구조의 Field Name으로 옳지 않은 것은?

① Destination IP Address

② Source IP Address

③ Port Number

④ TTL(Time to Live)

09 OSI 7 계층의 통신 계층별 PDU(Protocol Data Unit)의 명칭으로 올바른 것은 무엇인가?

① 7계층 : 세그먼트

② 4계층 : 패킷

③ 3계층 : 비트

④ 2계층 : 프레임

10 다음의 응용 계층 프로토콜 중에 전송 계층의 프로토콜 TCP, UDP를 모두 사용하는 프로토콜은 무엇인가?

① FTP

② SMTP

③ DNS

④ SNMP

11 DNS 서버가 호스트 이름을 IP Address로 변환하는 역할을 수행하도록 설정하는 것은?

① 정방향 조회

② 역방향 조회

③ 양방향 조회

④ 영역 설정

12 NMS(Network Management Solution)을 운영하기 위해서 반드시 필요하며, 각종 네트워크 장비의 Data를 수집하고 대규모의 네트워크를 관리하기 위해 필요한 프로토콜은?

① Ping

② ICMP

③ SNMP

④ SMTP

13 'B Class'를 6개의 네트워크로 구분하여 사용하고 싶을 때, 가장 적절한 서브넷 마스크 값은?

① 255.255.224.0

② 255.255.240.0

③ 255.255.248.0

④ 255.255.255.0

14 TCP와 IP의 기능으로 옳지 않은 것은?

① 흐름 제어(Flow Control)

② 단편화(Fragmentation)

③ 압축화(Compression)

④ 오류 제어(Error Control)

15 UDP 헤더의 필드들에 대한 설명으로 올바른 것은?

① Source Port : 출발지의 포트 번호를 표시한다. 출발지가 클라이언트일 경우 일반적으로 1024 미만으로 설정된다.
② Destination Port : 목적지의 포트 번호를 표시한다. 목적지가 서버일 경우 일반적으로 1024 이상으로 설정된다.
③ Length : 헤더의 길이를 바이트 단위로 표시한다.
④ Checksum : 헤더와 데이터의 에러를 확인하기 위한 필드이다.

16 인터넷에서 전자 우편(E-mail)을 보낼 때 사용하는 프로토콜은?

① Telnet
② FTP
③ SMTP
④ NNTP

17 MAC Address를 IP Address로 변환시켜주는 Protocol은?

① RARP
② ARP
③ TCP/IP
④ DHCP

[2과목 네트워크 일반]

18 두 스테이션 간 하나의 회선(전송로)을 분할하여 개별적으로 독립된 신호를 동시에 송/수신할 수 있는 다수의 통신 채널을 구성하는 기술은?

① 데이터 전송(Data Transmission)
② 디지털 데이터 통신(Digital Data Communication)
③ 데이터 링크 제어(Data Link Control)
④ 다중화(Multiplexing)

19 데이터 흐름 제어(Flow Control)와 관련 없는 것은?

① Stop and Wait
② XON/XOFF
③ Loop/Echo
④ Sliding Window

20 OSI 7 Layer 중 논리 링크 제어(LLC) 및 매체 액세스 제어(MAC)를 사용하는 계층은?

① 물리 계층
② 데이터 링크 계층
③ 네트워크 계층
④ 응용 계층

21 OSI 7 Layer의 전송 계층에서 동작하는 프로토콜들만으로 구성된 것은?

① ICMP, NetBEUI
② IP, TCP
③ TCP, UDP
④ NetBEUI, IP

22 네트워크의 구성(Topology)에서 성형 (Star)에 관한 설명으로 옳지 않은 것은?

① Point-to-Point 방식으로 회선을 연결 한다.
② 단말 장치의 추가와 제거가 쉽다.
③ 하나의 단말 장치가 고장나면 전체 통 신망에 영향을 줄 수 있다.
④ 각 단말 장치는 중앙 컴퓨터를 통하여 데이터를 교환한다.

23 다음 중 VPN 터널링의 종류로 옳지 않은 것은?

① L2F
② L2TP
③ NAT
④ PPTP

24 전송 매체를 통한 데이터 전송 시 거리가 멀 어질수록 신호의 세기가 약해지는 현상은?

① 감쇠 현상
② 상호 변조 잡음
③ 지연 왜곡
④ 누화 잡음

25 네트워크를 관리하는 Kim 사원은 보다 효 율적인 관리를 위해서 부산지사의 네트워 크를 Subnetting 하였다. Kim 사원이 실 시한 Subnetting의 이유와 그 결과로 옳 지 않은 것은?

① Host 수량에 맞는 IP의 재분배를 위함
② IP를 효율적으로 사용하여 낭비를 막기 위함
③ Subnetting을 많이 하여 IP 수량을 늘 리기 위함
④ 네트워크를 분리하여 보안성 강화를 위함

26 다음 설명의 (A)에 들어갈 알맞은 용어 는 무엇인가?

- (A)은/는 네트워크에 참여하는 모든 사용 자가 모든 거래 내역의 데이터를 분산, 저 장하는 데이터 분산 처리 기술이다.
- (A)은/는 개인과 개인의 거래(P2P)의 데 이터가 기록되고, 이러한 기록들은 형성된 후 시간이 흐름에 따라서 순차적으로 연결 된 구조를 가지게 된다.
- (A)에서는 모든 사용자가 거래 내역을 보 유하고 있어 거래 내역을 확인할 때는 모 든 사용자가 보유한 장부를 대조하고 확인 해야 한다.

① Fin Tech
② Big Data
③ Data Mining
④ Block Chain

27 다음에 (A)에 들어갈 알맞은 용어는 무 엇인가?

- (A)는 액세스 포인트 없이도 무선 LAN 카드를 장착한 단말기들 간에 전송 링크의 구성이 가능하다.
- (A)는 중계 기능을 담당하는 노드가 없으 므로 통신 가능한 거리가 지극히 제한적 이다.
- (A)에 참여할 모든 단말의 SSID를 동일하 게 설정하여야 한다.
- (A)에서는 하나의 무선 통신 채널만을 사 용하므로, 모든 단말기들이 같은 통신 채 널을 사용하도록 지정해 주어야 한다.

① Ad-hoc Network
② Wireless Mesh Network
③ Virtual Private Network
④ Wireless Sensor Network

[3과목 NOS]

28 Linux 명령어 중 현재 디렉터리에서 바로 상위 디렉터리로 이동하는 명령어는?

① cd..

② cd ..

③ cd .

④ cd ~

29 Linux 시스템에 새로운 사용자를 등록하려고 한다. 유저 이름은 'Network'로 하고, 'icqa'라는 그룹에 편입시키는 명령은?

① useradd –g icqa network

② useradd network

③ userdel –g icqa network

④ userdel network

30 Linux 시스템에서 필수적인 실행 파일과 기본 명령어가 포함되어 있는 디렉터리는?

① /boot

② /etc

③ /bin

④ /lib

31 Linux 시스템에 좀비 프로세스가 많이 생겨 시스템을 재부팅하려고 한다. 현재 Linux 시스템에 접속해 있는 사용자에게 메시지를 전달하고, 5분 후에 시스템을 재부팅시키는 명령어는?

① shutdown –r now 'Warning! After 5 minutes will be system shutdown!!'

② shutdown now 'Warning! After 5 minutes will be system shutdown!!'

③ shutdown –r +5 'Warning! After 5 minutes will be system shutdown!!'

④ shutdown +5 'Warning! After 5 minutes will be system shutdown!!'

32 Windows Server 2016의 DNS 서버에서 정방향 조회 영역 설정에서 SOA 레코드의 각 필드에 대한 설명으로 옳지 않은 것은?

① 일련 번호 : 해당 영역 파일의 개정 번호다.

② 주 서버 : 해당 영역이 초기에 설정되는 서버다.

③ 책임자 : 해당 영역을 관리하는 사람의 전자 메일 주소다. webmaster@icqa. or.kr 형식으로 기입한다.

④ 새로 고침 간격 : 보조 서버에게 주 서버의 변경을 검사하기 전에 대기하는 시간이다.

33 Windows Server 2016 DHCP 서버의 주요 역할의 설명으로 맞는 것은?

① 동적 콘텐츠의 HTTP 압축을 구성하는 인프라를 제공한다.

② TCP/IP 네트워크에 대한 이름을 확인한다.

③ IP 자원의 효율적인 관리 및 IP 자동 할당한다.

④ 사설 IP 주소를 공인 IP 주소로 변환해 준다.

34 아파치 웹 서버의 서버측 에러 메시지 내용으로 맞는 것은?

① 502(Service Unvailable) : 클라이언트 요청 내용에는 이상이 없지만, 서버측에서 클라이언트의 요청을 서비스할 준비가 되지 않은 경우

② 501(Not Implemented) : 클라이언트의 서비스 요청 내용 중에서 일부 명령을 수행할 수 없을 경우

③ 503(Bad Request) : 게이트웨이의 경로를 잘못 지정해서 발생된 경우

④ 500(Internal Server Error) : 서버에 보낸 요청 메시지 형식을 서버가 해석하지 못한 경우

35 Linux 명령어 중 특정한 파일을 찾고자 할 때 사용하는 명령어는?

① mv
② cp
③ find
④ file

36 다음 중 Linux의 명령어 해석기는?

① Shell
② Kernel
③ Utility Program
④ Hierarchical File System

37 Linux 시스템에서 데몬(Daemon)에 관한 설명 중 옳지 않은 것은?

① 백그라운드(Background)로 실행된다.
② 'ps afx' 명령어를 실행시켜보면 데몬 프로그램의 활동을 확인할 수 있다.
③ 시스템 서비스를 지원하는 프로세스이다.
④ 시스템 부팅 때만 시작될 수 있다.

38 Windows Server 2016의 특징 중 고가의 서버 컴퓨터 한대에 여러 대의 서버를 가상화하여 실제 물리적인 서버 컴퓨터의 효율을 극대화하는 기술은?

① Hyper-V
② Server Core
③ 터미널 서비스
④ Power Shell

39 DNS에서 지원하는 레코드 형식 중 역방향 조회에 사용되는 레코드는?

① A
② AAAA
③ PTR
④ SOA

40 서버 담당자 Park 사원은 도메인의 사용자가 도메인 내의 어떤 컴퓨터에서 접속하든지 자신이 사용하던 폴더가 그대로 보이도록 하는 정책을 구성하고자 한다. 이때 서버 담당자 Park 사원이 설정할 수 있는 올바른 정책은?

① 그룹 정책 관리
② 폴더 리다이렉션(Folder Redirection)
③ NTFS 쿼터
④ BitLocker

41 서버 담당자 Park 사원은 데이터를 안전하게 보호하는 일을 하기 위해 BitLocker 기능을 사용하고자 한다. BitLocker를 사용하기 위해서는 메인 보드와 BIOS에서 지원해야 하는 기능은 무엇인가?

① FSRM
② NTLM
③ TPM
④ Heartbeat

42 서버 관리자 Park 사원은 Windows Server 2016의 Active Directory에서 도메인 사용자 계정을 관리하기 위해 도메인 사용자 계정을 생성/수정/삭제하려고 한다. 다음 중 도메인 사용자 계정을 관리하기 위한 명령어가 아닌 것은 ?

① dsadd
② dsmod
③ dsrm
④ net user

43 서버 관리자 Park 사원은 Windows Server 2016를 구축하여 사용자 계정 관리를 하고자 한다. 이때 Windows Server 2016에서 자동으로 생성되는 그룹 계정 중에서 성능카운터, 로그 등을 관리하는 권한을 가진 그룹으로 알맞은 것은?

① Backup Operators
② Performance Log Users
③ Power Users
④ Replicator

44 서버 관리자 Park 사원은 Windows Server 2016에서 데이터 손실 없이 여러 사이트 간에 동기 복제를 제공하며, 장애가 발생하기 전에 백업 데이터로 연결을 넘길 수 있도록 서버를 구성하고자 한다. 이에 적절한 서비스는?

① 저장소 복제
② DirectAccess Server
③ 클라우드 폴더
④ Nano Server

45 Linux 시스템에 있는 부트 로더로서 Linux 뿐만 아니라 다른 운영체제와의 멀티부팅 기능도 지원해 주는 것은?

① CMOS
② BASH
③ GRUB
④ ROOT

46 현재 LAN 카드의 MAC Address는 몇 비트의 번호체계인가?

① 32비트

② 48비트

③ 64비트

④ 128비트

47 Wireless LAN에 대한 설명으로 옳지 않은 것은?

① 유선랜에 비하여 일정거리 내에서 이동성에 대한 자유로움이 보장된다.

② 무선랜은 Access Point와 무선 단말기로 구성된다.

③ 무선랜은 주파수, 속도 및 통신방식에 따라 'IEEE 802.11 a/b/g/n' 등으로 정의되어 있다.

④ 동일한 Access Point를 사용할 경우 주변 환경에 의한 전송속도 영향은 없다.

48 OSI 7 Layer 중 네트워크 계층에서 동작하는 네트워크 연결 장치는?

① Repeater

② Router

③ Bridge

④ NIC

49 내부 통신에는 사설 IP 주소를 사용하고 외부와의 통신에는 공인 IP 주소를 사용할 수 있도록 하는 기술은?

① ARP

② NAT

③ ICMP

④ DHCP

50 링크 상태 라우팅(Link State Routing)의 설명으로 옳지 않은 것은?

① 각 라우터는 인터네트워크상의 모든 라우터와 자신의 이웃에 대한 지식을 공유한다.

② 각 라우터는 정확히 같은 링크 상태 데이터베이스를 갖는다.

③ 최단 경로 트리와 라우팅 테이블은 각 라우터마다 다르다.

④ 각 라우터 간 경로의 경비는 홉 수로 계산한다.

[1과목 TCP/IP]

01 패킷이 라우팅 되는 경로 추적에 사용되는 유틸리티로, 목적지 경로까지 각 경유지의 응답속도를 확인할 수 있는 것은?

① ipconfig
② route
③ tracert
④ netstat

02 C Class 네트워크에서 6개의 서브넷이 필요하다고 할 때 가장 적당한 서브넷 마스크는?

① 255.255.255.0
② 255.255.255.192
③ 255.255.255.224
④ 255.255.255.240

03 ARP에 대한 설명으로 올바른 것은?

① IP Address를 장치의 하드웨어 주소로 매핑하는 기능을 제공한다.
② Dynamic으로 설정된 내용을 Static 상태로 변경하는 ARP 명령어 옵션은 '-d'이다.
③ ARP가 IP Address를 알기 위해 특정 호스트에게 메시지를 전송하고 이에 대한 응답을 기다린다.
④ ARP Cache는 IP Address를 도메인 (Domain) 주소로 매핑한 모든 정보를 유지하고 있다.

04 프로토콜과 일반적으로 사용되는 포트 번호(Well-Known Port)의 연결이 옳지 않은 것은?

① FTP : 21번
② Telnet : 23번
③ HTTP : 180번
④ SMTP : 25번

05 DNS 레코드에 대한 설명으로 옳지 않은 것은?

① A : DNS 이름과 호스트의 IP Address를 연결한다.
② CNAME : 이미 지정된 이름에 대한 별칭 도메인이다.
③ AAAA : 해당 도메인의 주 DNS 서버에 이름을 할당하고 데이터를 얼마나 오래 캐시에 저장할 수 있는지 지정한다.
④ MX : 지정된 DNS 이름의 메일 교환 호스트에 메일 라우팅을 제공한다.

06 RIP(Routing Information Protocol)의 특징에 대한 설명으로 올바른 것은?

① 서브넷 주소를 인식하여 정보를 처리할 수 있다.
② 링크 상태 알고리즘을 사용하므로, 링크 상태에 대한 변화가 빠르다.
③ 메트릭으로 유일하게 Hop Count만을 고려한다.
④ 대규모 네트워크에서 주로 사용되며, 기본 라우팅 업데이트 주기는 1초이다.

07 TCP 헤더에는 수신측 버퍼의 크기에 맞춰 송신측에서 데이터의 크기를 적절하게 조절할 수 있게 해주는 필드가 있다. 이 필드를 이용한 흐름 제어 기법은?

① Sliding Window
② Stop and Wait
③ Xon/Xoff
④ CTS/RTS

08 ICMP 메시지 내용으로 옳지 않은 것은?

① 호스트의 IP Address가 중복된 경우
② 목적지까지 데이터를 보낼 수 없는 경우
③ 데이터의 TTL 필드 값이 '0'이 되어 데이터를 삭제할 경우
④ 데이터의 헤더 값에 오류를 발견한 경우

09 IGMP에 대한 설명으로 올바른 것은?

① 다중 전송을 위한 프로토콜이다.
② 네트워크 간의 IP 정보를 물리적 주소로 매핑한다.
③ 하나의 메시지는 하나의 호스트에 전송된다.
④ TTL(Time to Live)이 제공되지 않는다.

10 네트워크 장비를 관리 감시하기 위한 목적으로 TCP/IP 상에 정의된 응용 계층의 프로토콜로, 네트워크 관리자가 네트워크 성능을 관리하고 네트워크 문제점을 찾아 수정하는데 도움을 주는 것은?

① IGP
② RIP
③ ARP
④ SNMP

11 IP Address '127.0.0.1'이 의미하는 것은?

① 모든 네트워크를 의미한다.
② 사설 IP Address를 의미한다.
③ 특정한 네트워크의 모든 노드를 의미한다.
④ 루프백 테스트용이다.

12 IPv6의 주소 표기법으로 올바른 것은?

① 192.168.1.30
② 3ffe:1900:4545:0003:0200:f8ff:ffff:1105
③ 00:A0:C3:4B:21:33
④ 0000:002A:0080:c703:3c75

13 네트워크 및 서버 관리자 Kim은 총무과 Lee로부터 계속하여 IP가 충돌하여 업무에 지장이 많은 것을 민원으로 접수하게 되었다. 확인 결과 사내에서 Lee와 동일한 IP(192.168.1.100)가 입력되어 있는 SUMA-COM2라는 PC가 Lee의 PC와 IP 충돌을 일으키고 있는 것을 확인하게 되었다. 해당 IP의 이름을 확인할 수 있는 (A) 명령어는?(단, 윈도우 계열의 명령 프롬프트에서 실행하였다.)

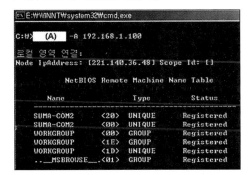

① nslookup
② netstat
③ arp
④ nbtstat

14 높은 신뢰도나 제어용 메시지를 필요로 하지 않고, 비연결형 서비스에 사용되는 프로토콜은 무엇인가?

① UDP
② TCP
③ ARP
④ ICMP

15 TCP/IP 프로토콜의 응용 계층에서 제공하는 응용 서비스 프로토콜로 컴퓨터 사용자들 사이에 전자우편 교환 서비스를 제공하는 것은?

① SNMP
② SMTP
③ VT
④ FTP

16 원격에 있는 호스트 접속 시 암호화된 패스워드를 이용하여 보다 안전하게 접속할 수 있도록 rlogin과 같은 프로토콜을 보완하여 만든 프로토콜은?

① SSH
② SNMP
③ SSL
④ Telnet

17 OSPF 프로토콜이 최단 경로 탐색에 사용하는 기본 알고리즘은?

① Bellman-ford 알고리즘
② Dijkstra 알고리즘
③ 거리 벡터 라우팅 알고리즘
④ Floyd-warshall 알고리즘

[2과목 네트워크 일반]

18 에러 제어 기법 중 자동 재전송 기법으로 옳지 않은 것은?

① Stop and Wait ARQ
② Go-back N ARQ
③ 전진 에러 수정(FEC)
④ Selective Repeat ARQ

19 TCP/IP 프로토콜 계층 구조에서 전송 계층의 데이터 단위는?

① Segment   ② Frame

③ Datagram   ④ User Data

20 인터넷 프로토콜들 중 OSI 참조 모델의 네트워크 계층에 속하지 않는 프로토콜은?

① IP   ② ICMP

③ UDP   ④ ARP

21 (A) 안에 맞는 용어로 옳은 것은?

> K라는 회사에서 인터넷 전용회선의 대역폭을 효율적으로 제어하지 못하여 업무마비까지 이르게 되는 현상이 발생하였다. 이에 네트워크 담당자 Park 사원은 (A)를 도입하여 회사의 IP 및 프로토콜(TCP/UDP)이 이 장비를 반드시 통과하게 만들어서 인터넷 전용회선의 대역폭을 회사의 이벤트에 알맞도록 조정할 수 있게 되었다.
>
> 예 평소에는 전용회선 1G의 대역폭 중에 웹(500M), FTP(200M), 멀티미디어(300M)로 사용하다가 화상회의를 해야 하는 경우에는 웹(350M), FTP(250M), 멀티미디어(400M)로 대역폭을 조정하여 사용하고 있다.
> 화상회의의 원활한 진행을 위하여 멀티미디어의 사용 대역폭을 300M에서 400M로 증설하여 화상회의를 진행시킨 후 화상회의가 종료되는 시점에 인터넷 대역폭을 원래대로 원상복구시킨다.

① QoS(Quality of Service)

② F/W(Fire Wall)

③ IPS(intrusion prevention system)

④ IDS(Intrusion Detection System)

22 전송 효율을 최대로 하기 위해 프레임의 길이를 동적으로 변경시킬 수 있는 ARQ (Automatic Repeat Request)방식은?

① Adaptive ARQ

② Go back-N ARQ

③ Selective-Repeat ARQ

④ Stop and Wait ARQ

23 다음에서 설명하는 전송 매체는?

> 중심부에는 굴절률이 높은 유리, 바깥 부분은 굴절률이 낮은 유리를 사용하여 중심부 유리를 통과하는 비치 전반사가 일어나는 원리를 이용한 것으로, 에너지 손실이 매우 적어 송수신하는 데이터의 손실률도 낮고 외부의 영향을 거의 받지 않는 장점이 있다.

① Coaxial Cable

② Twisted Pair

③ Thin Cable

④ Optical Fiber

24 센서 네트워크에서 센서 노드들의 센싱 데이터를 수집하는 노드는?

① Sink

② Actuator

③ RFID

④ Access Point

25 클라우드 컴퓨팅의 서비스들 중 하나의 유형으로서 웹 브라우저를 통하여 소프트웨어를 제공하며, 서비스의 대상자는 주로 일반 소프트웨어 사용자인 것은?

① SaaS

② PaaS

③ IaaS

④ BPaas

26 VPN에 대한 설명으로 (A)에 알맞은 용어는?

> VPN의 터널링 프로토콜로 (A)은/는 OSI 7계층 중 3계층 프로토콜로서 전송 모드와 터널 모드 2가지를 사용한다. 전송 모드는 IP 페이로드를 암호화하여 IP 헤더로 캡슐화하지만, 터널 모드는 IP 패킷을 모두 암호화하여 인터넷으로 전송한다.

① PPTP
② L2TP
③ IPSec
④ SSL

27 다음의 (A)에 들어갈 알맞은 용어는 무엇인가?

> – (A)는 고전적인 네트워크 기술 패러다임이 기지국 기반에서 블루투스와 같이 유연한 애드 혹 네트워크로 변화된다. 이러한 애드 혹 네트워크는 각각의 구성 장치들 간에 데이터 통신을 하는 주체가 되고, 같은 네트워크 안의 다른 장치들로부터 받은 트래픽을 다른 장치에 릴레이해 주고 라우팅해 주는 기능을 갖는 시스템이다.
> – (A)의 출발은 미국 군사 기술을 민간용으로 전환한 것으로 (A) 기능을 탑재한 무선 LAN AP는 전원 연결만 되면 네트워킹이 가능함으로 설치가 편리하고, 유선망과의 연결없이 망 확장이 용이하다.

① Wireless Sensor Networks
② Wireless Mesh Networks
③ Software Defined Networks
④ Content Delivery Networks

[3과목 NOS]

28 Linux 시스템에서 사용되고 있는 메모리 양과 사용 가능한 메모리 양, 공유 메모리와 가상 메모리에 대한 정보를 볼 수 있는 명령어는?

① mem
② free
③ du
④ cat

29 다음의 내용이 설명하고 있는 Linux 시스템 디렉터리는 무엇인가?

> 시스템을 운영하면서 생기는 각종 임시 파일(시스템, 로그, 스풀, 전자 메일)을 저장하는 디렉터리 크기가 계속 변하는 파일들을 저장하는 디렉터리

① /home
② /usr
③ /var
④ /tmp

30 Linux 프로세스를 확인하는 명령어로 올바른 것은?

① ps-ef
② ls-ali
③ ngrep
④ cat

31 다음은 Linux 시스템의 계정정보가 담긴 '/etc/passwd' 의 내용이다. 다음의 설명 중 옳지 않은 것은?

```
user1:x:500:500::/home/user1:/bin/bash
```

① 사용자 계정의 ID는 'user1' 이다.
② 패스워드는 'x' 이다.
③ 사용자의 UID와 GID는 500번이다.
④ 사용자의 기본 Shell은 '/bin/bash'이다.

32 서버 담당자 Park 사원은 Windows Server 2016에서 사용자 및 그룹을 관리하는 업무를 부여받았다. Windows Server 2016에는 기본적으로 3개의 로컬 사용자 계정이 생성되어 있는데, 다음 중 기본적으로 생성되는 계정이 아닌 것은?

① Administrator
② DefaultAccount
③ Guest
④ root

33 서버 담당자 Park 사원은 Windows Server 2016에서 성능 모니터를 실행하여 서버의 성능을 분석하고자 한다. 성능 모니터에 있는 리소스 모니터는 시스템 리소스가 어떻게 사용되고 있는지를 보여주는 또 하나의 강력한 도구이다. 이 유틸리티를 사용하면 소프트웨어 업데이트 및 설치에 대한 정보를 볼 수 있으며, 또한 발생한 주요 이벤트와 해당 이벤트가 발생한 날짜를 볼 수 있다. 리소스 모니터에서 점검할 수 있는 항목이 아닌 것은?

① CPU
② Memory
③ Network
④ Firewall

34 Windows Server 2016의 DNS Server 역할에서 지원하는 '역방향 조회'에 대한 설명으로 옳은 것은?

① 클라이언트가 정규화된 도메인 이름을 제공하면 IP 주소를 반환하는 것
② 클라이언트가 IP 주소를 제공하면 도메인을 반환하는 것
③ 클라이언트가 도메인을 제공하면 라운드로빈 방식으로 IP를 반환하는 것
④ 클라이언트가 도메인을 제공하면 하위 도메인을 반환하는 것

35 Windows Server 2016에서 'netstat' 명령이 제공하는 정보로 옳지 않은 것은?

① 인터페이스의 구성 정보
② 라우팅 테이블
③ IP 패킷이 목적지에 도착하기 위해 방문하는 게이트웨이의 순서 정보
④ 네트워크 인터페이스의 상태 정보

36 Windows Server 2016에서 제공하는 기능으로 허가되지 않은 접근을 보호하고, 폴더나 파일을 암호화하는 기능은?

① Distributed File System
② EFS(Encrypting File System)
③ 디스크 할당량
④ RAID

37 Windows Server 2016에서 사용하는 PowerShell에 대한 설명으로 옳지 않은 것은?

① 기존 DOS 명령은 사용할 수 없다.
② 스크립트는 콘솔에서 대화형으로 사용될 수 있다.
③ 스크립트는 텍스트로 구성된다.
④ 대소문자를 구분하지 않는다.

38 Linux에서 'ls -al'의 결과 맨 앞에 나오는 항목이 파일 혹은 디렉터리의 권한을 나타낸다. 즉, [파일 타입] [소유자 권한] [그룹 권한] [그 외의 유저에 대한 권한]을 표시한다. 만약 [파일 타입] 부분에 '-'표시가 되어 있다면 이것의 의미는?

① 파일 시스템과 관련된 특수 파일
② 디렉터리
③ 일반 파일
④ 심볼릭/하드링크 파일

39 아파치 'httpd.conf' 설정 파일의 항목 중 접근 가능한 클라이언트의 개수를 지정하는 항목으로 올바른 것은?

① ServerName   ② MaxClients
③ KeepAlive   ④ DocumentRoot

40 서버 담당자 Park 사원은 Windows Server 2016에서 사용할 수 있는 네트워크 스토리지를 구현하고자 한다. 다음 조건에서 설명하는 방식의 네트워크 스토리지로 알맞은 것은?

> – 공통으로 사용되는 저장소를 중앙에서 관리함으로써 각각의 컴퓨터에 저장소를 가지고 있을 때보다 여유 공간의 활용도가 높으며, 대규모 이상의 환경에서 주로 구성되고 있다.
> – 일반적으로 파이버 채널 연결을 이용하여 데이터 접근이 빠르며 대용량 블록 기반의 데이터 전송 기능으로 LAN에 독립적인 데이터 백업, 복구에 탁월한 기능이 있다.

① NAS(Network Attached Storage)
② SAN(Storage Area Network)
③ RAID(Redundant Array of Inexpensive Disks)
④ SSD(Solid State Drive)

41 서버 담당자 Park 사원은 Windows Server 2016에서 기존의 폴더 또는 파일을 안전한 장소로 보관하기 위해 백업 기능을 사용하고자 한다. Windows Server 2016은 자체적으로 백업 기능을 제공해주기 때문에 별도의 외부 소프트웨어를 설치하지 않아도 백업 기능을 사용할 수 있다. 다음 중 Windows Server 백업을 실행하는 방법으로 올바르지 않은 것은?

① [시작] – [실행] – wbadmin.msc 명령을 실행
② [제어판] – [시스템 및 보안] – [관리도구] – [Windows Server 백업]
③ [컴퓨터 관리] – [저장소] – [Windows Server 백업]
④ [시작] – [실행] – diskpart 명령을 실행

42 서버 담당자 Park 사원은 Active Directory 를 구성하여 다음과 같은 설정을 하고자 한다. 도메인을 두 개 이상 포함 하는 대부분의 조직에서 사용자가 다른 도메인에 있는 공유 리소스에 액세스할 수 있어야 하며, 이 액세스를 제어 하려면 한 도메인의 사용자를 인증하고 다른 도메인의 리소스를 사용할 수 있는 권한을 부여해야 한다. 서로 다른 도메인의 클라이언트와 서버 간에 인증 및 권한 부여 기능을 제공하기 위해 두 도메인 간에 설정해야 하는 것은?

① 도메인
② 트리
③ 포리스트
④ 트러스트

43 서버 담당자 Park 사원은 Windows Server 2016에서 공인 CA에서 새로운 인증서를 요청하기 위해 실행 중인 IIS를 사용해 CSR(Certificate Signing Request)를 생성하고자 한다. 이때 작업을 위해 담당자가 선택해야 하는 애플릿 항목은?

① HTTP 응답 헤더
② MIME 형식
③ 기본 문서
④ 서버 인증서

44 bind 패키지를 이용하여 네임 서버를 구축할 경우 '/var/named/icqa.or.kr.zone' 의 내용이다. 설정의 설명으로 옳지 않은 것은?

```
$ORIGIN icqa.or.kr.
$TTL 1D
@ IN SOA ns.icqa.or.kr. webmaster.
icqa.or.kr. (
    2018113000 ; Serial Number
    3H ; Refresh
    10M ; Retry
    1W ; Expire
    1D ) ; Minimum TTL
IN NS ns
IN MX 10 mail
ns IN A 192.168.100.2
mail IN A 192.168.100.2
www IN A 192.168.100.3
```

① ZONE 파일의 영역명은 'icqa.or.kr'이다.
② 관리자의 E-Mail 주소는 'webmaster. icqa.or.kr'이다.
③ 메일 서버는 10번째 우선순위를 가지며 값이 높을수록 우선순위가 높다.
④ 'www'의 FQDN은 'www.icqa.or.kr' 이다.

45 다음과 같이 파일의 원래 권한은 유지한 채로 모든 사용자들에게 쓰기 가능한 권한을 추가부여할 때, 결과가 다른 명령어는 무엇인가?

```
-rw-r--r-- 1 root roor 190 5월 19
16:40 file
```

① chmod 666 file
② chmod a+w file
③ chmod ugo+w file
④ chmod go=w file

[4과목 네트워크 운용기기]

46 RAID의 구성에서 미러링 모드 구성이라고도 하며 디스크에 있는 모든 데이터는 동시에 다른 디스크에도 백업되어 하나의 디스크가 손상되어도 다른 디스크의 데이터를 사용할 수 있게 한 RAID 구성은?

① RAID 0
② RAID 1
③ RAID 2
④ RAID 3

47 리피터(Repeater)를 사용해야 될 경우로 올바른 것은?

① 네트워크 트래픽이 많을 때
② 세그먼트에서 사용되는 액세스 방법들이 다를 때
③ 데이터 필터링이 필요할 때
④ 신호를 재생하여 전달되는 거리를 증가시킬 필요가 있을 때

48 한 대의 스위치에서 네트워크를 나누어 마치 여러 대의 스위치처럼 사용할 수 있게 하고, 하나의 포트에 여러 개의 네트워크 정보를 전송할 수 있게 해주는 기능은?

① 스패닝 트리 프로토콜
② 가상 랜(Virtual LAN)
③ TFTP 프로토콜
④ 가상 사설망(VPN)

49 다음 설명의 (A)에 들어갈 알맞은 용어는 무엇인가?

(A)은 NAT의 하나의 기능으로 내부망에 있는 여러 개의 서버에 대한 외부로부터의 연결을 분산시키고자 할 때 사용한다. 예를 들어, 외부에는 가상적인 DNS 서버의 주소를 가르쳐 주고 외부에서 DNS 서버에 접속 시 실제 DNS 서버 중 하나에게 전달함으로써 내부망에 있는 DNS 서버의 연결을 분산시킬 수 있다.

① IP Masquerading
② Port Forwarding
③ Dynamic Address Allocation
④ Load Balancing

50 라우터에서 'show running-config'란 명령어로 내용을 확인할 수 있는 것은?

① ROM
② RAM
③ NVRAM
④ FLASH

[1과목 TCP/IP]

01 IPv4의 IP Address 할당에 대한 설명으로 옳지 않은 것은?

① 모든 Network ID와 Host ID의 비트가 '1'이 되어서는 안 된다.

② Class B는 최상위 2비트를 '10'으로 설정한다.

③ Class A는 최상위 3비트를 '110'으로 설정한다.

④ '127.x.x.x' 형태의 IP Address는 Loop back 주소를 나타내는 특수 Address로 할당하여 사용하지 않는다.

02 TCP/IP에서 데이터 링크층의 데이터 단위는?

① 메시지

② 세그먼트

③ 데이터그램

④ 프레임

03 TCP가 제공하는 기능으로 옳지 않은 것은?

① 종단 간 흐름 제어를 위해 동적 윈도우(Dynamic Sliding Window) 방식을 사용한다.

② 한 번에 많은 데이터의 전송에 유리하기 때문에 화상 통신과 같은 실시간 통신에 사용된다.

③ 송수신되는 데이터의 에러를 제어함으로서 신뢰성 있는 데이터 전송을 보장한다.

④ Three Way Handshaking 과정을 통해 데이터를 주고받는다.

04 UDP 헤더 구조에 대한 설명으로 옳지 않은 것은?

① Source Port : 송신측 응용 프로세스 포트 번호 필드

② Destination Port : 선택적 필드로 사용하지 않을 때는 Zero로 채워지는 필드

③ Checksum : 오류 검사를 위한 필드

④ Length : UDP 헤더와 데이터 부분을 포함한 데이터 그램의 길이를 나타내는 필드

05 RARP에 대한 설명 중 올바른 것은?

① TCP/IP 프로토콜에서 데이터의 전송 서비스를 규정한다.

② TCP/IP 프로토콜의 IP에서 접속 없이 데이터의 전송을 수행하는 기능을 규정한다.

③ 하드웨어 주소를 IP Address로 변환하기 위해서 사용한다.

④ IP에서의 오류(Error) 제어를 위하여 사용되며, 시작지 호스트의 라우팅 실패를 보고한다.

06 인터넷 그룹 관리 프로토콜로 컴퓨터가 멀티캐스트 그룹을 인근의 라우터들에게 알리는 수단을 제공하는 인터넷 프로토콜은?

① ICMP

② IGMP

③ EGP

④ IGP

07 다음 출력물에 대한 설명으로 옳지 않은 것은?

```
C:₩> ping www.icqa.or.kr
Ping www.icqa.or.kr
[210.103.175.224] 32바이트
데이터 사용:
210.103.175.224의  응답:  바이트=32
시간=3ms
TTL=55
210.103.175.224의  응답:  바이트=32
시간=2ms
TTL=55
210.103.175.224의  응답:  바이트=32
시간=3ms
TTL=55
210.103.175.224의  응답:  바이트=32
시간=3ms
TTL=55
210.103.175.224에 대한 Ping 통계:
    패킷: 보냄 = 4, 받음 = 4, 손실 = 0
    (0% 손실),
왕복 시간(밀리 초):
    최소 = 2ms, 최대 = 3ms, 평균 = 2ms
```

① ping 명령어를 이용하여 목적지(www. icqa.or.kr)와 정상적으로 통신되었음을 확인하였다.

② ping 명령어를 이용하여 요청하고 응답받은 데이터의 사이즈는 32바이트이다.

③ ping 명령어를 이용하여 요청하고 응답받은 시간은 평균 2ms이다.

④ 패킷의 살아 있는 시간(TTL ; Time to Live)은 55초이다.

08 서버를 관리하는 Kim 사원은 회사지침으로 기존 홈페이지를 http방식에서 https 방식으로 변경하라고 지시가 내려져서 https의 특징에 대하여 알아보고 있는 중이다. 다음 보기 중에서 https의 특징으로 옳은 것은?

① 기존 http보다 암호화된 SSL/TLS를 전달한다.

② TCP/80번 포트를 사용한다.

③ UDP/443번 포트를 사용한다.

④ 인증이 필요하지 않아 사용하기가 간편하다.

09 네트워크와 서버를 관리하는 Kim 사원은 인터넷이 느려졌다는 민원을 받았다. 이를 해결하기 위해서 해당 ISP 주소쪽으로 명령어 (A)를 입력하였더니 다소 지연이 있었음을 발견하였다. 이 사항을 확인하기 위해서 (A)에 들어가야 할 명령어는? (단, 윈도우 계열의 명령프롬프트(cmd)에서 실행하였다.)

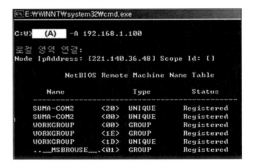

① nslookup

② tracert

③ ping

④ traceroute

10 DNS에 대한 설명으로 옳지 않은 것은?

① 도메인에 대하여 IP Address를 매핑한다.
② IP Address를 도메인 이름으로 변환하는 기능도 있다.
③ IP Address를 효율적으로 관리하기 위한 서비스로 IP Address 및 Subnet Mask, Gateway Address를 자동으로 할당해 준다.
④ 계층적 이름 구조를 갖는 분산형 데이터베이스로 구성되고 클라이언트·서버 모델을 사용한다.

11 서울 본사에 근무하는 Kim은 신규 부서에 IP를 할당하려고 L3 스위치에 접속하였는데 IP 검색 도중에 허가되지 않은 불법 IP 및 Mac Address를 발견하여 차단 조치하였다. Kim이 L3 스위치에서 불법 IP를 검색하기 위해서 내린 명령어 (A)를 선택하시오.(단, 불법적으로 사용된 IP는 아래의 그림이며 사용된 L3 스위치는 Cisco 3750G이다.)

```
ICQA-L3#
ICQA-L3#sh A | include 10.100.95.200
Internet  10.100.95.200        0    00e0.4c68.069c
ICQA-L3#
ICQA-L3#
```

① rarp
② vlan
③ cdp
④ arp

12 TCP 헤더의 플래그 비트로 옳지 않은 것은?

① URG
② UTC
③ ACK
④ RST

13 IEEE 802.11 WLAN(무선랜) 접속을 위해 NIC에서 사용하고 있는 다중 접속 프로토콜은?

① ALOHA
② CDMA
③ CSMA/CD
④ CSMA/CA

14 네트워크 및 서버관리자 Kim은 불법적으로 443 포트를 이용하여 52.139.250.253번 IP에서 관리자 Kim의 업무 PC에 원격으로 접속시도가 이뤄진 흔적을 발견하게 되었다. 이 사항을 발견하기 위해서 (A)에 들어가야 할 명령어는? (단, 윈도우 계열의 명령프롬프트(cmd)에서 실행하였다.)

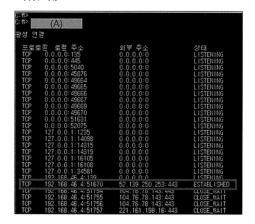

① ping
② tracert
③ netstat -an
④ nslookup

15 전자메일을 전송하거나 수신할 때 사용되는 프로토콜로 옳지 않은 것은?

① SMTP(Simple Mail Transfer Protocol)
② MIME(Multi-purpose Internet Mail Extensions)
③ POP 3(Post Office Protocol 3)
④ SNMP(Simple Network Management Protocol)

16 ICMP의 Message Type에 대한 설명으로 옳지 않은 것은?

① 0 : Echo Reply

② 5 : Echo Request

③ 13 : Timestamp Request

④ 17 : Address Mask Request

17 C Class인 네트워크의 서브넷 마스크가 '255.255.255.192'이라면 둘 수 있는 서브넷의 개수는?

① 2개   ② 4개

③ 192개   ④ 1,024개

「2과목 네트워크 일반」

18 전송을 받는 개체에서 발송지로부터 오는 데이터의 양이나 속도를 제한하는 프로토콜의 기능을 나타내는 용어는?

① 에러 제어

② 순서 제어

③ 흐름 제어

④ 접속 제어

19 다음 (A) 안에 들어가는 용어 중 옳은 것은?

> – (A)은/는 인터넷을 이용하여 고비용의 사설망을 대체하는 효과를 얻기 위한 기술이다.
> – 인터넷망과 같은 공중망을 사용하여 둘 이상의 네트워크를 안전하게 연결하기 위하여 가상의 터널을 만들고, 암호화된 데이터를 전송할 수 있도록 구성된 네트워크라고 정의할 수 있으며 공중망 상에서 구축되는 논리적인 전용망이라고 할 수 있다.

① VLAN   ② NAT

③ VPN   ④ Public Network

20 OSI 7 Layer의 전송 계층에서 동작하는 프로토콜들만으로 구성된 것은?

① ICMP, NetBEUI

② IP, TCP

③ TCP, UDP

④ NetBEUI, IP

21 OSI 7 Layer에서 암호/복호, 인증, 압축 등의 기능이 수행되는 계층은?

① Transport Layer

② Datalink Layer

③ Presentation Layer

④ Application Layer

22 ARQ 방식 중 에러가 발생한 블록으로 되돌아가 모든 블록을 재전송하는 것은?

① Go-back-N ARQ

② Selective ARQ

③ Adaptive ARQ

④ Stop-and-Wait ARQ

23 아래 내용에서 IPv6의 일반적인 특징만을 나열한 것은?

> A. 주소의 길이가 128비트이다.
> B. 4개의 클래스로 구분된다.
> C. IPv4에 비하여 헤더가 단순하다.
> D. IPv4에 비하여 인증 및 보안기능이 강화되었다.
> E. 패킷 전송 시 멀티캐스트를 사용한다.
> F. 패킷 전송 시 브로드캐스트를 사용한다.

① A, B, C, D

② A, C, D, E

③ B, C, D, E

④ B, D, E, F

24 LAN의 구성 형태 중 중앙의 제어점으로부터 모든 기기가 점 대 점(Point to Point) 방식으로 연결된 구성형태는?

① 링형 구성
② 스타형 구성
③ 버스형 구성
④ 트리형 구성

25 다음 설명의 (A)에 들어갈 알맞은 용어는 무엇인가?

> – 네트워크를 관리하는 사원 Lee는 Wireless LAN 환경에서 AP가 없는 경우 장치 간의 네트워크를 연결할 수 있는시스템으로 다음의 기술을 연구 중이다.
> – (A)는 무선 액세스 포인트가 없어도 Wi-Fi를 탑재한 장치 간 직접 연결할 수 있도록 하는 와이파이 표준이다. 연결 상태에 따라(Bridge 사용 등) 인터넷 탐색부터 파일 전송에 이르기까지 모든 것에 활용할 수 있으며, 일반적인 와이파이 속도 수준으로 하나 이상의 장치와 동시에 통신(Single Radio Hop Communication)할 수 있다.
> – (A) 인증 프로그램은 와이파이 얼라이언스가 개발하고 관리한다. 또한, 기존 무선 통신 기술인 블루투스보다 넓은 전송 범위로 100M 이내에 있는 모바일 장치와 프린터, 컴퓨터. 헤드폰 등을 동시에 연결할 수 있으며, 빠른 속도로 전송할 수 있다.

① Software Defined Network
② Wi-Fi Direct
③ WiBro
④ WiMAX

26 다음에 설명하는 기술은 무엇인가?

> – 네트워크를 관리하는 사원 Kim은 최근 폭주하는 전송량으로 데이터 센터의 네트워크 대역 요구사항이 한계치에 다다른 현상을 해결하기 위한 기술을 연구 중이다.
> – 네트워크의 전송량을 물리적으로 늘리는 것에는 한계가 있어서 새로운 기술을 연구 중에 클라이언트로부터 오는 요청을 효율적으로 처리하기 위하여 데이터와 프로비저닝을 분산하는 방법이 최선이라고 판단하였다.
> – 이 기술은 요청을 처리하기 위한 연산을 데이터 센터로부터 떠나 네트워크 에지 방향으로 옮김으로써, 스마트 오브젝트, 휴대전화, 네트워크 게이트웨이를 이용하여 작업을 수행하고 클라우드를 거쳐 서비스를 제공하는 것이다. 이 기술을 적용하게 되면 응답 시간을 줄이고 전송 속도를 높일 수 있다.

① 사물인터넷(IoT)
② 유비쿼터스(Ubiquitous)
③ 에지 컴퓨팅(Edge Computing)
④ 신 클라이언트(Thin client)

27 다음은 무선 네트워크에 관한 내용이다. (A) 안에 들어가는 용어 중 옳은 것은?

네트워크를 관리하는 사원 Kim은 최근 회사 내 Wi-Fi 접속에 대하여 접수된 불만 사항을 조사하고 있다.
조사 결과 회사 전체에 Wi-Fi 환경을 지원하기 위하여 설치한 AP들 사이의 공간에서 접속 끊김이 발생하는 현상을 찾아냈다. 이를 해결하기 위하여 (A) 기법이 적용된 장치로 업그레이드를 건의하였다.
(A)는 기존의 유선망으로 연결한 AP로 구성된 환경의 단점을 해결하기 위하여 나온 기술로 인터넷/인트라넷에 연결되지 않은 AP가 인터넷/인트라넷에 연결된 AP에 WDD(무신 분산 시스템, Wireless Distribution System)로 연결하여 네트워크를 사용할 수 있는 시스템으로 네트워크 효율성을 극대화할 수 있는 망이다.

① WMN(Wireless Mesh Network)
② UWB(Ultra Wide Band)
③ WPAN(Wireless Personal Area Network)
④ CAN(Campus Area Network)

[3과목 NOS]

28 Linux에서 사용자에 대한 패스워드의 만료 기간 및 시간 정보를 변경하는 명령어는?

① chage
② chgrp
③ chmod
④ usermod

29 서버 담당자 Park 사원은 Hyper-V 부하와 서비스의 중단 없이 Windows Server 2012 R2 클러스터 노드에서 Windows Server 2016으로 운영체제 업그레이드를 진행하려고 한다. 다음 중 작업에 적절한 기능은 무엇인가?

① 롤링 클러스터 업그레이드
② 중첩 가상화
③ gpupdate
④ Nano Server

30 Linux 시스템의 'ls -l' 명령어에 의한 출력 결과이다. 옳지 않은 것은?

-rwxr-xr-x 1 root root 1369 Aug 8 2012 icqa

① 소유자 UID는 'root'이다.
② 소유자 GID는 'root'이다.
③ 소유자는 모든 권한을 가지며, 그룹 사용자와 기타 사용자는 읽기, 실행 권한만 가능하도록 설정되었다.
④ 'icqa'는 디렉터리를 의미하며 하위 디렉터리의 개수는 한 개이다.

31 다음 중 (   )에 알맞은 것은?

(   )은/는 호텔이나 그 외의 공공 접속장소에서 일반적으로 차단되어 있지 않은 포트를 사용하여 SSL상에서의 VPN 접속을 가능하게 한다.
더욱이 NAP와 통합되어 있고, 기본 IPv6 트래픽을 지원한다. (   )은/는 라우팅 및 원격 액세스로 통합되어 있고, SSL 연결을 통한 단일 IPv6의 사용을 통해 부하를 분산하면서 네트워크 사용량을 최소화한다.

① RADIUS   ② PPTP
③ L2TP   ④ SSTP

32 Linux 시스템의 전반적인 상태를 실시간으로 프로세스들을 관리하거나 시스템 사용량을 모니터링할 수 있는 명령어는?

① ps   ② top
③ kill   ④ nice

33 DHCP의 장점으로 옳지 않은 것은?

① 클라이언트에게 자동으로 IP Address를 할당해 줄 수 있다.
② IP Address의 관리가 용이하다.
③ 영구적인 IP Address를 필요로 하는 웹 서버에 대해서는 동적인 주소를 제공한다.
④ 사용자들이 자주 바뀌는 학교와 같은 환경에서 특히 유용하다.

34 Windows Server 2016의 DNS 서버에서 정방향/역방향 조회 영역(Public/Inverse Domain Zone)에 대한 설명으로 올바른 것은?

① 정방향 조회 영역은 도메인 주소를 IP 주소로 변환하는 영역이다.
② 정방향 조회 영역에서 이름은 'x.x.x.in-addr.arpa'의 형식으로 구성되는데, 'x.x.x'는 IP 주소 범위이다.
③ 역방향 조회 영역은 도메인 주소를 IP 주소로 변환하는 영역이다.
④ 역방향 조회 영역은 외부 질의에 대해 어떤 IP 주소를 응답할 것인가를 설정한다.

35 Linux 시스템 명령어 중 root만 사용 가능한 명령은?

① chown   ② pwd
③ ls   ④ rm

36 Linux 시스템 디렉터리에 대한 설명으로 옳지 않은 것은?

① /bin : 가장 기본적으로 사용하는 명령어가 들어있다.
② /etc : 각 시스템의 고유한 설정 파일들이 위치한다.
③ /proc : 시스템 운영 중 파일의 크기가 변하는 파일들을 위한 공간이다.
④ /tmp : 임시 파일들을 위한 공간이다.

37 웹 서버 담당자 Kim은 디렉터리 리스팅 방지, 심볼릭 링크 사용방지, SSI(Server-Side Includes)사용 제한, CGI 실행 디렉터리 제한 등의 보안 설정을 진행하려고 한다. Apache 서버의 설정 파일 이름은?

① httpd.conf
② httpd-default.conf
③ httpd-vhosts.conf
④ httpd-mpm.conf

38 Windows Server 2016에서 새로 추가된 기능으로 Hyper-V와 비슷한 기능을 하지만 가볍게 생성하고 운영할 수 있고, 도커(Docker)라는 이름으로 소개되어 Unix/Linux 기반에서 사용해오던 기능은 무엇인가?

① 액티브 디렉터리
② 원격 데스크톱 서비스
③ 컨테이너
④ 분산 파일 서비스

39 Windows Server 2016의 DNS관리에서 아래 지문과 같은 DNS 설정 방식은?

> WWW.ICQZ.COM 서버는 동시에 수십만 이상의 접속이 있는 사이트이다. 여러 대의 웹 서버를 운영, 웹 클라이언트 요청 시 교대로 서비스를 실행한다. ICQA.COM DNS 서버에 IP 주소를 질의하면 설정 순서대로 돌아가면서 IP 주소를 알려준다.

① 라운드 로빈
② 캐시 플러그인
③ 캐시 서버
④ Azure Auto Scaling

40 서버담당자 LEE 사원은 회사 전산실에 Windows Server 2016을 구축하고, Hyper-V 가상화 기술을 적용하려고 한다. Hyper-V에 대한 설명으로 옳지 않은 것은?

① 하드웨어 사용률을 높여 물리적인 서버의 운영 및 유지 관리 비용을 줄일 수 있다.
② 서버 작업을 실행하는데 필요한 하드웨어 양을 줄일 수 있다.
③ 테스트 환경 재현 시간을 줄여 개발 및 테스트 효율성을 향상 시킬 수 있다.
④ 장애 조치 구성에서 필요한 만큼 물리적인 컴퓨터를 사용하므로 서버 가용성이 줄어든다.

41 서버 담당자가 Windows Server 2016 서버에서 파일 서버 구축에 NTFS와 ReFS 파일시스템을 고려하고 있다. NTFS와 ReFS 파일 시스템에 대한 설명으로 옳지 않은 것은?

① NTFS는 퍼미션을 사용할 수 있어서 접근 권한을 사용자 별로 설정 할 수 있다.
② NTFS는 파일 시스템의 암호화를 지원한다.
③ ReFS는 데이터 오류를 자동으로 확인하고 수정하는 기능이 있다.
④ ReFS는 FAT 32의 장점과 호환성을 최대한 유지한다.

42 서버 담당자 Park 사원은 Windows Server 2016에서 Active Directory를 구축하여 관리의 편리성을 위해 그룹을 나누어 관리하고자 한다. 다음의 제시된 조건에 해당하는 그룹은 무엇인가?

> [조건]
> 이 구성원은 다른 도메인의 사용자 계정이 될 수 있으나 도메인 로컬 그룹이 접근할 수 있는 자원은 자신이 소속된 도메인에 제한된다.

① Global Group
② Domain Local Group
③ Universal Group
④ Organizational Unit

43 Windows Server 2016의 이벤트 뷰어에 대한 설명으로 옳지 않은 것은?

① '이 이벤트에 작업 연결'은 이벤트 발생 시 특정 작업이 일어나도록 설정하는 것이다.

② '현재 로그 필터링'을 통해 특정 이벤트 로그만을 골라 볼 수 있다.

③ 사용자 지정 보기를 XML로도 작성할 수 있다.

④ '구독'을 통해 관리자는 로컬 시스템의 이벤트에 대한 주기적인 이메일 보고서를 받을 수 있다.

44 Windows Server 2016의 'netstat' 명령 중 라우팅 테이블을 확인할 수 있는 명령 옵션은?

① netstat - a ② netstat - r

③ netstat - n ④ netstat - s

45 서버 담당자 Park 사원은 IIS(인터넷 정보 서비스)를 설치한 후, IIS 관리자를 실행하기 위해 명령어를 사용하여 서비스를 실행하고자 한다. 이때 사용할 명령어로 올바른 것은?

① wf.msc ② msconfig

③ inetmgr.exe ④ dsac.exe

[4과목 네트워크 운용기기]

46 장비 간 거리가 증가하거나 케이블 손실로 인해 감쇠된 신호를 재생시키기 위한 목적으로 사용되는 네트워크 장치는?

① Gateway ② Router

③ Bridge ④ Repeater

47 내부에 코어(Core)와 이를 감싸는 굴절률이 다른 유리나 플라스틱으로 된 외부 클래딩(Cladding)으로 구성된 전송 매체는?

① 이중 나선(Twisted Pair)

② 동축 케이블(Coaxial Cable)

③ 2선식 개방 선로(Two-wire Open Lines)

④ 광 케이블(Optical Cable)

48 L2 LAN 스위치가 이더넷 프레임을 중계 처리할 때 사용하는 주소는 무엇인가?

① MAC 주소

② IP 주소

③ Port 주소

④ URL 주소

49 RAID의 특징으로 옳지 않은 것은?

① 여러 개의 Disk에 일부 중복된 데이터를 나누어 저장

② read/write 속도를 증가

③ Memory 용량 증가

④ 데이터를 안전하게 백업

50 OSI 계층의 물리 계층에서 여러 대의 PC를 서로 연결할 때 전기적인 신호를 재생하여 신호 분배의 기능을 담당하는 네트워크 연결 장비는?

① Bridge

② Hub

③ L2 Switch

④ Router

[1과목 TCP/IP]

01 서브넷 마스크(Subnet Mask)에 대한 설명으로 옳지 않은 것은?

① A, B, C Class 대역의 IP Address는 모두 같은 서브넷 마스크를 사용한다.

② 하나의 네트워크 클래스를 여러 개의 네트워크로 분리하여 IP Address를 효율적으로 사용할 수 있다.

③ 서브넷 마스크는 목적지 호스트의 IP Address가 동일 네트워크상에 있는지 확인하다

④ 서브넷 마스크를 이용하면, Traffic 관리 및 제어가 가능하다.

02 TCP/IP Protocol 군에서 네트워크 계층의 프로토콜로만 연결된 것은?

① TCP – UDP – IP

② ICMP – IP – IGMP

③ FTP – SMTP - Telnet

④ ARP – RARP – TCP

03 IP Address 중 Class가 다른 주소는?

① 191.234.149.32

② 198.236.115.33

③ 222.236.138.34

④ 195.236.126.35

04 C Class의 네트워크를 서브넷으로 나누어 각 서브넷에 4~5대의 PC를 접속해야할 때, 서브넷 마스크 값으로 올바른 것은?

① 255.255.255.240

② 255.255.0.192

③ 255.255.255.248

④ 255.255.255.0

05 IP 헤더에 포함이 되지 않는 필드는?

① ACK

② Version

③ Header Checksum

④ Header Length

06 TCP 프로토콜에서 사용하는 흐름 제어 방식은?

① GO–back–N

② 선택적 재전송

③ Sliding Window

④ Idle–RQ

07 TFTP 프로토콜에 대한 설명 중 옳지 않은 것은?

① Trivial File Transfer Protocol의 약어이다.

② 네트워크를 통한 파일 전송 서비스이다.

③ 3방향 핸드 셰이킹 방법인 TCP 세션을 통해 전송한다.

④ 신속한 파일의 전송을 원할 경우에는 FTP보다 훨씬 큰 효과를 얻을 수 있다.

08 SNMP에 대한 설명으로 옳지 않은 것은?

① TCP를 이용하여 신뢰성 있는 통신을 한다.

② 네트워크 관리를 위한 표준 프로토콜이다.

③ 응용 계층 프로토콜이다.

④ RFC 1157에 규정되어 있다.

09 사설 IP 주소를 공인 IP 주소로 바꿔주는데 사용하는 통신망의 주소 변환 기술로, 공인 IP 주소를 절약하고, 내부 사설망을 이용하여 인터넷에 연결하므로 보안을 강화할 수 있는 것은?

① DHCP

② ARP

③ BOOTP

④ NAT

10 다음 지문에 표기된 IPv6 주소는 요약된 표현이다. 보기 중 요약되기 전 상태는?

> 2000:AB:1:1:2

① 2000:00AB:0001:0000:0001:0002

② 2000:00AB:0001:0000:0000:0000:0001:0002

③ 2000:AB00:1000:0000:1000:2000

④ 2000:AB00:1000:0000:0000:0000:1000:2000

11 ICMP 메시지의 타입번호와 설명으로 옳지 않은 것은?

① 타입 0 : Echo Request(에코 요청)

② 타입 3 : Destination Unreachable (목적지 도달 불가)

③ 타입 5 : Redirect(경로 재지정)

④ 타입 11 : Time Exceeded(시간 초과)

12 네트워크를 관리하는 Kim 사원은 스위치에 원격접속 시 Telnet을 이용하여 작업을 주로 진행하였지만 신규로 도입되는 스위치에는 SSH로 접속 방법을 교체하고자 한다. 다음 중 SSH의 특징으로 옳지 않은 것은?

① Telnet에 비하여 보안성이 뛰어나다.

② SSH1은 RSA 암호화를 사용한다.

③ SSH2는 RSA 외 더 다양한 키교환방식을 지원한다.

④ TCP/23번을 이용한다.

13 다음 보기 중에 RIP Routing Protocol에 대한 설명으로 옳지 않은 것은?

① 디스턴스 벡터(Distance Vector) 라우팅 프로토콜이다.

② 메트릭은 Hop Count를 사용한다.

③ 표준 프로토콜이기 때문에 대부분의 라우터가 지원한다.

④ RIPv1, RIPv2 모두 멀티캐스트를 이용하여 광고한다.

14 네트워크 수소 210.212.100.0과 서브넷 마스크 255.255.255.224인 네트워크에서 브로드캐스트 주소는 무엇인가?

① 210.212.100.30
② 210.212.100.31
③ 210.212.102.32
④ 210.212.103.64

15 IPv4 Address 중 네트워크 ID가 '127'로 시작하는 주소의 용도는?

① 제한적 브로드캐스트 주소
② B Class의 멀티캐스트 주소
③ C Class의 사설(Private) IP 주소
④ 루프백(Loop Back) 주소

16 CSMA/CD의 특징으로 옳지 않은 것은?

① 충돌 도메인이 작을수록 좋다.
② 충돌이 발생하면 임의의 시간 동안 대기하므로 지연 시간을 예측하기 어렵다.
③ 네트워크상의 컴퓨터들이 데이터 전송을 개시하기 위해서는 반드시 '토큰'이라는 권한을 가지고 있어야 한다.
④ 컴퓨터들은 케이블의 데이터 흐름 유무를 감시하기 위해 특정 신호를 주기적으로 보낸다.

17 RARP(Reverse Address Resolution Protocol)에 대한 설명 중 옳지 않은 것은?

① IP Address를 하드웨어 주소로 변환하기 위해서 사용한다.
② RFC 903에 명시되어 있고, RFC 951에 기술된 BOOTP에 의해 대체되고 있다.
③ 디스크를 소유하지 않으면 RARP를 이용하여 인터넷 주소를 먼저 알아내야 한다.
④ Ethernet, FDDI, Token Ring 등의 근거리 통신망에서 사용할 수 있는 프로토콜이다.

[2과목 네트워크 일반]

18 패킷교환의 특징에 대한 설명 중 옳지 않은 것은?

① 패킷과 함께 오류 제어를 함으로서 고품질/고신뢰성 통신이 가능하다.
② 패킷을 전송 시에만 전송로를 사용하므로 설비 이용 효율이 높다.
③ 패킷교환의 방식으로는 연결형인 가상회선방식과 비연결형인 데이터그램(Datagram) 두 가지가 있다.
④ 복수의 상대방과는 통신이 불가능하다.

19 프로토콜의 기본적인 기능 중 정보의 신뢰성을 부여하는 것으로, 데이터를 전송한 개체가 보낸 PDU(Protocol Data Unit)에 대한 애크널러지먼트(ACK)를 특정시간 동안 받지 못하면 재전송하는 기능은?

① Flow Control
② Error Control
③ Sequence Control
④ Connection Control

20 데이터 전송 시 전송 매체를 통한 신호의 전달 속도가 주파수의 가변적 속도에 따라 왜곡되는 현상은?

① 감쇠 현상
② 지연 왜곡
③ 누화 잡음
④ 상호 변조 잡음

21 OSI 7 Layer에서 Data Link 계층의 기능으로 옳지 않은 것은?

① 전송 오류 제어기능
② Flow 제어기능
③ Text의 압축, 암호기능
④ Link의 관리기능

22 Bus 토폴로지(Topology)에 대한 설명으로 올바른 것은?

① 스타 토폴로지보다 네트워크를 구축하는데 더 많은 케이블이 필요하기 때문에, 배선에 더 많은 비용이 소요된다.
② 각 스테이션이 중앙 스위치에 연결된다.
③ 터미네이터(Terminator)가 시그널의 반사를 방지하기 위하여 사용된다.
④ 토큰이라는 비트의 패턴이 원형을 이루며 한 컴퓨터에서 다른 컴퓨터로 순차적으로 전달된다.

23 프로토콜 계층 구조상의 기본 구성요소 중 실체(Entity) 간의 통신 속도 및 메시지 순서를 위한 제어정보는?

① 타이밍(Timing)
② 의미(Semantics)
③ 구문(Syntax)
④ 처리(Process)

24 펄스 부호 변조(PCM)의 3단계 과정을 순서대로 올바르게 나열한 것은?

① 부호화 → 양자화 → 표본화
② 양자화 → 표본화 → 부호화
③ 부호화 → 표본화 → 양자화
④ 표본화 → 양자화 → 부호화

25 가상화의 장점과 거리가 먼 것은?

① 가용성이 향상된다.
② 자원을 효율적으로 사용 가능하다.
③ 시스템의 확장이 간단하게 가능하다.
④ 물리적인 구성을 통해 통신 흐름을 파악할 수 있다.

26 다음 지문에서 (   ) 안에 들어갈 기술로 옳은 것은?

> (   )은/는 인터넷과 같이 여러 사람이 공용으로 사용하는 공중망을 특정인이나 조직이 단독으로 사용하는 사설망처럼 동작시키는 것을 말한다. (   )을/를 이용하면 본사와 지사 간의 네트워크를 전용선으로 구축하는 것에 비해 훨씬 적은 비용으로 유지할 수 있다.

① VPN
② NAT
③ PPP
④ PPPoE

27 다음 설명은 홈 네트워크를 구축하기 위해서 사용되는 기술이다. (A), (B), (C)에 들어갈 적합한 용어를 순서대로 나열한 것은 무엇인가?

> – (A)은/는 통신설비를 추가로 설치할 필요 없이 기존에 있는 전화선을 이용하여 통신망을 구축하는 기술이다. 한 쌍의 전화선을 이용하여 음성과 데이터를 분리하여 동시 사용가능하며, 음성 전화를 위한 별도의 장치가 필요 없다. (A) 1.0은 최대 1Mbps의 속도를 제공하며, (A) 2.0은 최대 10Mbps의 속도를 제공한다.
> – (B)의 기술은 기존의 전력선을 기반으로 추가적인 데이터 회선 없이 통신을 지원하는 기술이다. 이는 추가 통신 선로의 필요성이 없으나, 전력선을 매체로 활용하다 보니 잡음에 민감하고, 통신속도도 상대적으로 느려서 현재는 거의 사용되지 않으며, 일부 원격 검침 등의 한정된 애플리케이션에서 사용된다.
> – (C)은/는 현재 가장 널리 사용되는 기술로 IEEE 802.11을 기반으로 한 데이터 통신 전용 네트워크이다. 지원하는 단말 장치의 증가로 기존의 Home Network에 사용되던 기술을 빠르게 대체하고 있다.

① HomePNA - PLC (Power Line Communication) – Wi-Fi/Wireless LAN
② Ethernet - ZigBee – Wi-Fi/Wireless LAN
③ HomePNA - PLC (Power Line Communication) – Bluetooth
④ HomePNA - PLC (Power Line Communication) – ZigBee

[3과목 NOS]

28 Windows Server 2016에서 IIS 관리자의 기능으로 옳지 않은 것은?

① 웹 사이트의 기본 웹 문서 폴더를 변경할 수 있다.
② 기본 웹 문서를 추가하거나 기본 웹 문서들의 우선순위를 조정할 수 있다.
③ 가상 디렉터리의 이름은 실제 경로의 이름과 동일하게 해야 한다.
④ 디렉터리 검색기능을 활성화하면 기본 문서가 없을 때 파일들의 목록이 나타난다.

29 Windows Server 2016에서 FTP 사이트 구성 시 옳지 않은 것은?

① IIS 관리자를 통해 웹 사이트에 FTP 기능을 추가할 수 있다.
② 특정 사용자별로 읽기와 쓰기 권한 조절이 가능해 익명 사용자도 쓰기가 가능하다.
③ 폴더에 NTFS 쓰기 권한이 없더라도 FTP 쓰기 권한이 있으면 쓰기가 가능하다.
④ 특정 IP 주소나 서브넷에서의 접속을 허용하거나 막을 수 있다.

30 Windows Server 2016에서 로컬 사용자 계정 관리에 대한 설명으로 옳지 않은 것은?

① 보안을 위해 관리자 계정인 Administrator 라는 이름을 바꿀 수 있다.
② 관리자도 알 수 없도록 새 사용자의 암호를 첫 로그인 시 지정하도록 할 수 있다.
③ 장기 휴직인 사용자의 계정은 '계정 사용 안함'을 통해 휴면계정화 할 수 있다.
④ 삭제한 계정과 동일한 사용자 이름의 계정을 생성하면 삭제 전 권한을 복구할 수 있다.

31 Windows Server 2016에서 한 대의 물리적인 서버에 여러 개의 운영체제를 설치하여 가상의 컴퓨터와 리소스를 만들고 관리하는데 사용할 수 있는 서비스로서, 컴퓨터에서 동시에 여러 운영체제를 실행하여 사용할 수 있는 것을 무엇이라고 하는가?

① Hyper-V
② 액티브 디렉터리
③ 원격 데스크톱 서비스
④ 분산 파일 서비스

32 Linux에서 사용되는 'free' 명령어에 대한 설명 중 올바른 것은?

① 사용 중인 메모리, 사용 가능한 메모리 용량을 알 수 있다.
② 패스워드 없이 사용하는 유저를 알 수 있다.
③ 디렉터리의 사용량을 알 수 있다.
④ 사용 가능한 파일 시스템의 양을 알 수 있다.

33 다음 중 Linux의 기본 명령어와 용도가 올바른 것은?

① nslookup : 현재 시스템에 접속한 사용자 정보와 프로세스 상태를 확인
② file : 해당 디렉터리를 삭제하고 새로 생성
③ chown : 파일이나 디렉터리의 소유권을 변경
④ ifconfig : 현재 모든 프로세서의 작동 상황을 실시간으로 확인

34 Linux 시스템에서 디렉터리를 생성하는 명령어는?

① mkdir
② rmdir
③ grep
④ find

35 TCP 3Way-handshaking 과정 중 클라이언트가 보낸 연결 요청에서 패킷을 수신한 서버는 LISTEN 상태에서 무슨 상태로 변경되는가?

① SYN_SENT
② SYN_RECEIVED
③ ESTABLISHED
④ CLOSE

36 서버 담당자 Park 사원은 Windows Server 2016에서 시스템을 감시하고자 이벤트 뷰어 서비스를 점검하려 한다. Windows Server 2016 이벤트 뷰어에는 시스템을 감시하는 4가지 항목의 Windows 로그가 있다. 다음 중 이벤트 뷰어 Windows 로그에 속하지 않는 항목은?

① 보안
② Setup
③ 시스템
④ 사용자 권한

37 서버 팀팀자 Park 사원은 Windows Server 2016에서 폴더에 저장할 수 있는 용량을 제한하고, 특정한 파일의 유형은 업로드하지 못하도록 설정하고자 한다. 이러한 설정을 통해서 서버 담당자는 좀 더 유연하고 안전한 파일 서버를 구축할 수 있게 된다. 다음 중 서버 담당자가 구축해야 할 적절한 서비스는 무엇인가?

① FSRM(File Server Resource Manager)
② FTP(File Transfer Protocol)
③ DFS(Distribute File System)
④ Apache Server

38 Windows Server 2016에서 EFS (Encrypting File System) 대한 설명으로 옳지 않은 것은?

① 파일을 암호화하기 위해서는 지정된 파일에 대한 '파일 속성' 중 '고급'을 선택하여 '데이터 보호를 위한 내용을 암호화' 선택한다.
② 파일 암호화 키가 없는 경우 암호화된 파일의 이름을 변경할 수 없고 내용도 볼 수 없지만 파일 복사는 가능하다.
③ 백업된 파일 암호화 키가 있는 경우 인증서 관리자(certmgr.msc)를 통해 인증서 키를 '가져오기'하여 암호화된 파일을 열수 있다.
④ 파일 암호화 키 백업을 하여 암호화된 파일에 영구적으로 액세스하지 못하게 되는 것을 방지할 수 있다.

39 Linux 시스템에서 'ls' 라는 명령어 사용법을 알아보는 명령어로 올바른 것은?

① cat ls
② man ls
③ ls man
④ ls cat

40 서버 담당자 Park 사원은 Windows Server 2016에서 Active Directory를 구성 중에 있다. 이때 한 도메인 안에서 세부적인 단위로 나누어 관리부, 회계부, 기술부 등의 부서로 구성하고자 한다. 서버 담당자가 설정해야 하는 항목은 무엇인가?

① DC(Domain Controller)
② RDC(Read Only Domain Controller)
③ OU(Organizational Unit)
④ Site

41 네트워크 담당자 Kim 사원은 'www.icqa.or.kr'의 IP 주소를 이 파일에 저장하여 사이트 접속 시 빠르게 실행하고자 한다. 각각의 컴퓨터에는 IP 주소와 그에 해당하는 컴퓨터 이름을 저장해 놓는 파일이 있다. 이 파일의 저장경로와 파일명으로 올바른 것은?

① C:₩Windows₩System32₩hosts
② C:₩Windows₩System32₩config₩hosts
③ C:₩Windows₩System32₩drivers₩hosts
④ C:₩Windows₩System32₩drivers₩etc₩hosts

42 서버 담당자 Park 사원은 1대의 서버가 아니라 여러 대의 웹 서버를 운영해서, 웹 클라이언트가 서비스를 요청할 경우에 교대로 서비스를 실행하는 방법으로 웹 서버의 부하를 여러 대가 공평하게 나눌 수 있도록 설계하고자 한다. 이에 적절한 서비스 방식을 무엇이라 하는가?

① Round Robin
② Heartbeat
③ Failover Cluster
④ Non-Repudiation

43 Linux의 VI편집기를 이용하여 파일의 내용을 수정할 때, 다음 내용을 만족하는 치환 명령문은 무엇인가?

- 10행부터 20행까지 내용 중 'old' 문자열을 'new' 문자열로 수정한다.
- 각 행에 'old' 문자열에 여러 개가 있더라도 전부 수정한다.

① :10,20s/old/new
② :10,20s/old/new/g
③ :10,20r/old/new
④ :10,20r/old/new/a

44 'netstat' 명령어에 사용하는 옵션 설명에 대해 옳지 않은 것은?

① -r : 라우팅 테이블을 표시한다.
② -p : PID와 사용 중인 프로그램명을 출력한다.
③ -t : 연결된 이후에 시간을 표시한다.
④ -y : 모든 연결에 대한 TCP 연결 템플릿을 표시한다.

45 Windows Server 2016의 원격접속 서버 구축에 대한 설명으로 옳지 않은 것은?

① 텔넷 서버는 전통적으로 사용되어 온 원격 접속 방법이며, 보안에 취약하기에 단독으로 사용하지 않는 추세이다.
② SSH 서버는 텔넷 서버와 원격 관리 방법의 거의 유사하나 데이터 전송 시 암호화를 진행한다.
③ 원격 데스크톱 서비스는 그래픽 모드로 원격관리를 지원하여 효과적이고 편리하다. 그러나 원격 데스크톱 서비스는 동시에 2대 이상 접속할 수 없다.
④ 파워 셸(Power Shell) 원격 접속은 Core로 설치한 윈도우 서버에 별도 외부 프로그램을 설치하지 않고, 보안과 빠른 속도를 보장하는 원격 접속 방법이다.

[4과목 네트워크 운용기기]

46 사람의 머리카락 굵기만큼의 가는 유리 섬유로, 정보를 보내고 받는 속도가 가장 빠르고 넓은 대역폭을 갖는 것은?

① Coaxial Cable
② Twisted Pair
③ Thin Cable
④ Optical Fiber

47 링크 상태 라우팅(Link State Routing)의 설명으로 옳지 않은 것은?

① 각 라우터는 인터네트워크상의 모든 라우터와 자신의 이웃에 대한 지식을 공유한다.

② 각 라우터는 정확히 같은 링크 상태 데이터베이스를 갖는다.

③ 최단 경로 트리와 라우팅 테이블은 각 라우터마다 다르다.

④ 각 라우터 간 경로의 경비는 홉수로 계산한다.

48 게이트웨이(Gateway)의 역할로 올바른 것은?

① 전혀 다른 프로토콜을 채용한 네트워크 간의 인터페이스이다.

② 트위스트 페어 케이블 사용 시 이용되는 네트워크 케이블 집선 장치이다.

③ 케이블의 중계점에서 신호를 전기적으로 증폭한다.

④ 피지컬 어드레스의 캐시 테이블을 갖는다.

49 Repeater에 대한 설명으로 옳지 않은 것은?

① 전자기 또는 광학 전송 매체상에서 신호를 수신하여 신호를 증폭한 후 다음 구간으로 재전송하는 장치를 말한다.

② 전자기장 확산이나 케이블 손실로 인한 신호 감쇠를 보상해 주기 때문에 여러 대의 Repeater를 써서 먼 거리까지 데이터를 전달하는 것이 가능하다.

③ 근거리 통신망을 구성하는 세그먼트들을 확장하거나 서로 연결하는데 주로 사용한다.

④ 네트워크를 확장하면서 충돌 도메인을 나누어 줄 수 있는 장비가 필요한데 이럴 때 Repeater를 사용하여 충돌 도메인을 나누어 네트워크의 성능을 향상시킨다.

50 라우터에서 'show running-config'란 명령어로 내용을 확인할 수 있는 것은?

① ROM

② RAM

③ NVRAM

④ FLASH

[1과목 TCP/IP]

01 UDP 헤더에 포함이 되지 않는 항목은?
① 확인 응답번호(Acknowledgment Number)
② 소스 포트(Source Port) 주소
③ 체크섬(Checksum) 필드
④ 목적지 포트(Destination Port) 주소

02 ARP 캐시에 대한 설명으로 옳지 않은 것은?
① 각 호스트는 ARP Request를 보내기 전에 ARP 캐시에서 해당 호스트의 하드웨어 주소를 찾는다.
② ARP 캐시는 새로운 하드웨어가 네트워크에 추가된 경우 갱신된다.
③ ARP 캐시의 수명이 유한하여 무한정 커지는 것을 방지한다.
④ 중복된 IP가 발견된 경우 ARP 캐시는 갱신되지 않는다.

03 OSI 7 Layer에 따라 프로토콜을 분류하였을 때, 다음 보기들 중 같은 계층에서 동작하지 않는 것은?
① SMTP
② RARP
③ ICMP
④ IGMP

04 TCP/IP 프로토콜 중에서 IP 계층의 한 부분으로 에러 메시지와 같은 상태 정보를 알려주는 프로토콜은?
① ICMP(Internet Control Message Protocol)
② ARP(Address Resolution Protocol)
③ RARP(Reverse Address Resolution Protocol)
④ UDP(User Datagram Protocol)

05 IGMP 프로토콜의 주된 기능은?
① 네트워크 내에 발생된 오류에 관한 보고 기능
② 대용량 파일을 전송하는 기능
③ 멀티캐스트 그룹에 가입한 네트워크 내의 호스트 관리 기능
④ 호스트의 IP Address에 해당하는 호스트의 물리주소를 알려주는 기능

06 원격 컴퓨터에 안전하게 액세스하기 위한 유닉스 기반의 명령 인터페이스 및 프로토콜로, 기본적으로 22번 포트를 사용하고, 클라이언트/서버 연결의 양단은 전자서명을 사용하여 인증되며, 패스워드는 암호화하여 보호되는 것은?
① SSH
② IPSec
③ SSL
④ PGP

07 서버 내 서비스들은 서로가 다른 문을 통하여 데이터를 주고받는데 이를 '포트'라고 한다. 서비스에 따른 기본 포트 번호로 옳지 않은 것은?

① FTP - 21
② Telnet - 23
③ SMTP - 25
④ WWW - 81

08 TCP/IP 프로토콜 4 Layer 구조를 하위 계층부터 상위 계층으로 올바르게 나열한 것은?

① Network Interface - Internet - Transport - Application
② Application - Network Interface - Internet - Transport
③ Transport - Application - Network Interface - Internet
④ Internet - Transport - Application - Network Interface

09 B Class 네트워크에서 6개의 서브넷이 필요할 때, 가장 많은 호스트를 사용할 수 있는 서브넷 마스크 값은?

① 255.255.192.0
② 255.255.224.0
③ 255.255.240.0
④ 255.255.248.0

10 IP Address를 관리하기 위한 Subnetting을 하는 이유로 옳지 않은 것은?

① IP Address를 효율적으로 사용할 수 있다.
② Network ID와 Host ID를 구분할 수 있다.
③ 불필요한 Broadcasting Message를 제한할 수 있다.
④ Host ID를 사용하지 않아도 된다.

11 패킷 전송의 최적 경로를 위해 다른 라우터들로부터 정보를 수집하는데, 최대 홉이 15를 넘지 못하는 프로토콜은?

① RIP
② OSPF
③ IGP
④ EGP

12 TCP 3-Way Handshaking 연결수립 절차의 1,2,3단계 중 3단계에서 사용되는 TCP 제어 Flag는 무엇인가?

① SYN
② RST
③ SYN, ACK
④ ACK

13 각 패킷마다 고유하게 부여하는 일련 번호로서, 패킷이 너무 길어 분할하여 전송시 수신측에서 분할된 패킷을 원래대로 재조립할 때 이 필드가 동일한 패킷들을 조립한다. 이 필드는 무엇인가?

① TOS(Type of Service)
② Identification
③ TTL(Time to Live)
④ Protocol

14 네트워크주소가 '192.168.100.128'이며, 서브넷 마스크가 '255.255.255.192'인 네트워크가 있다. 이 네트워크에서 사용 가능한 마지막 IP 주소는 무엇인가?

① 192.168.100.129
② 192.168.100.190
③ 192.168.100.191
④ 192.168.100.255

15 이더넷 프레임(Ethernet Frame)의 Ether Type 필드는 데이터 부분에 캡슐화된 데이터가 어느 프로토콜에 해당하는지를 나타내는 필드이다. IPv4 데이터가 캡슐화되었을 때에 표시되는 16진수 값은 무엇인가?

① 0x0800
② 0x0806
③ 0x8100
④ 0x86dd

16 다음 중 사설 IP 주소로 옳지 않은 것은?

① 10.100.12.5
② 128.52.10.6
③ 172.25.30.5
④ 192.168.200.128

17 HTTP 상태 코드에 대한 설명으로 올바른 것은?

① 100번 대 : 성공, 메소드 지시대로 요청을 성공적으로 수행
② 200번 대 : 정보 제공, 요청 계속 또는 사용 프로토콜 변경 지시
③ 300번 대 : 리다이렉션, 요청 수행완료를 위해서 추가적인 작업 필요
④ 400번 대 : 서버 에러, 클라이언트 요청은 유효하나 서버 자체의 문제 발생

[2과목 네트워크 일반]

18 데이터 흐름 제어(Flow Control)와 관련 없는 것은?

① Stop and Wait
② XON/XOFF
③ Loop/Echo
④ Sliding Window

19 IEEE 표준안 중 CSMA/CA에 해당하는 표준은?

① 802.1
② 802.2
③ 802.3
④ 802.11

20 전송 매체를 통한 데이터 전송 시 거리가 멀어질수록 신호의 세기가 약해지는 현상은?

① 감쇠 현상
② 상호 변조 잡음
③ 지연 왜곡
④ 누화 잡음

21 OSI 7 Layer 중 데이터 링크 계층의 기능으로 옳지 않은 것은?

① 통신 프로토콜을 정의한 OSI 7 Layer 중 세 번째 계층에 해당한다.
② 비트를 프레임화시킨다.
③ 전송, 형식 및 운용에서의 에러를 검색한다.
④ 흐름 제어를 통하여 데이터 링크 개체 간의 트래픽을 제어한다.

22 다음 (A) 안에 들어가는 용어 중 옳은 것은?

> – (A)란 단말이 네트워크에 접근하기 전
> 보안정책 준수 여부를 검사하고 IP 및
> MAC Address의 인가 여부를 검사하여
> 네트워크 자원의 이용을 허용하는 방식
> 을 말한다.
> – (A) 네트워크에 연결된 단말의 여러 가
> 지 정보를 수집하고, 수집된 정보를 바탕
> 으로 단말들을 분류하며, 분류한 그룹의
> 보안 위협 정도에 따라 제어를 수행한다.

① NIC
② F/W
③ IPS
④ NAC

23 한번 설정된 경로는 전용 경로로써 데이
터가 전송되는 동안 유지해야 하는 전송
방식은?

① Circuit Switching
② Packet Switching
③ Message Switching
④ PCB Switching

24 소프트웨어 정의 네트워크(SDN ; Software
Defined Networking)에 대한 설명으로
옳지 않은 것은?

① 정체를 일으키는 복잡한 구조 기술
② 가상화 기술의 발달에 대응하기 위한
기술
③ 트래픽 패턴의 변화에 따른 대응 기술
④ 네트워크 관리의 문제를 해결하기 위한
기술

25 다음 지문에서 설명하는 것은?

> 인간, 사물, 서비스 등 모든 것이 인터넷으
> 로 연결되어 새로운 정보가 생성, 수집, 공
> 유되며 사용자에게 새로운 가치와 서비스
> 를 제공하는 것으로, 각종 사물에 센서와
> 통신 기능을 내장하여 인터넷에 연결하는
> 기술이다.

① IoT   ② NFC
③ Cloud   ④ RFID

26 다음 중 무선 LAN 보안을 위해 가장 좋은
방법은?

① WEP(Wircd Equivalent Privacy)
② WPA(Wi-Fi Protected Access)
③ WPA2(IEEE802.11i)
④ MAC 주소 필터링

27 다음은 네트워크 구축에 필요한 매체에
관한 내용이다. (A) 안에 들어가는 용어
중 옳은 것은?

> 네트워크를 관리하는 사원 Kim은 회사 내
> 부에 구축되어 있는 스토리지 에어리어 네
> 트워크(SAN ; Storage Area Network)의
> 성능이 저하되고 있는 현상에 대한 조사업
> 무를 부여받았다. 관련 사항을 조사하는 중
> 최근 급증한 업무로 인하여 네트워크의 대
> 역폭 부족이 문제임을 알았다. 이를 해결하
> 기 위하여 기존에 설치된 Gigabit Ethernet
> 장치를 (A)을/를 활용한 10GBASE-SR나
> 10GBASE-LRM로 변경하는 방안에 대해
> 보고를 하였다.

① U/UTP CAT.3
② Thin Coaxial Cable
③ U/FTP CAT.5
④ Optical Fiber Cable

28 Windows Server 2016에 설치된 DNS에서 지원하는 레코드 형식 중 실제 도메인 이름과 연결되는 가상 도메인 이름의 레코드 형식은?

① CNAME

② MX

③ A

④ PTR

29 Windows Server 2016에서 FTP 사이트 구성 시 SSL을 적용함으로써 얻어지는 것은?

① 전송 속도 증대

② 사용자 편의 향상

③ 동시 접속 사용자 수 증가

④ 보안 강화

30 Windows Server 2016의 Hyper-V에 관한 설명으로 옳지 않은 것은?

① 하드웨어 데이터 실행 방지(DEP)가 필요하다.

② 서버 관리자의 역할 추가를 통하여 Hyper-V 서비스를 제공 할 수 있다.

③ 스냅숏을 통하여 특정 시점을 기록할 수 있다.

④ 하나의 서버에는 하나의 가상 컴퓨터만 사용할 수 있다.

31 다음 그림은 Windows Server 2016의 DNS 관리자의 모습이다. 현재 www라는 동일한 이름으로 3개의 레코드가 등록되어 클라이언트가 도메인을 제공하면 IP주소를 번갈아가며 제공한다. 이처럼 IP 요청을 분산하여 서버 부하를 줄이는 방식을 무엇이라고 하는가?

① 라운드 로빈(Round Robin) 방식

② 큐(Queue) 방식

③ 스택(Stack) 방식

④ FIFO(First In First Out) 방식

32 Windows Server 2016의 시스템 관리를 위해서 설계된 명령 라인 셸 및 스크립팅 언어로, 강력한 확장성을 바탕으로 서버 상의 수많은 기능의 손쉬운 자동화를 지원하는 것은?

① PowerShell

② C-Shell

③ K-Shell

④ Bourne-Shell

33 Linux에서 DNS의 SOA(Start Of Authority) 레코드에 대한 설명으로 옳지 않은 것은?

① Zone 파일은 항상 SOA로 시작한다.

② 해당 Zone에 대한 네임 서버를 유지하기 위한 기본적인 자료가 저장된다.

③ Refresh는 주 서버와 보조 서버의 동기 주기를 설정한다.

④ TTL 값이 길면 DNS의 부하가 늘어난다.

34 Linux에서 'manager'라는 파일을 파일의 소유자가 아닌 사람도 볼 수는 있지만 수정을 못하도록 하는 명령어는?

① chmod 777 manager

② chmod 666 manager

③ chmod 646 manager

④ chmod 644 manager

35 Linux에서 '/home' 디렉터리 밑에 'icqa'라는 하위 디렉터리를 생성하고자 할 때 올바른 명령은?

① ls /home/icqa

② cd /home/icqa

③ rmdir /home/icqa

④ mkdir /home/icqa

36 다음 중 사용한 디스크 용량에 대한 정보를 제공하는 Linux 명령어는?

① du

② pwd

③ cat

④ vi

37 네트워크를 관리하는 Kim 사원은 네트워크 연결을 구축하거나 문제를 해결할 때 패킷이 출발지에서 목적지까지 가는 경로를 살펴볼 수 있도록 네트워크 명령어를 사용하고자 한다. 이 명령은 'tracert'에서 수행하는 동일한 정보를 보여주면서 홉과 다른 세부 정보 사이의 시간에 관한 정보를 출력이 끝날 때까지 저장한다. Kim 사원이 사용할 명령어는 무엇인가?

① ping

② nslookup

③ pathping

④ nbtstat

38 Windows Server 2016의 이벤트 뷰어에서 보안 로그 필터링 시 사용할 수 있는 이벤트 수준으로 옳지 않은 것은?

① 중요

② 경고

③ 오류

④ 정보

39 Linux 명령어 중에 init(초기화 프로세스)를 이용하여 재부팅하는 옵션은 무엇인가?

① init 0

② init 1

③ init 5

④ init 6

40 Linux 시스템 담당자 Park 사원은 Linux 시스템 운영관리를 위해 시스템이 부팅할 때 생성된 로그를 살펴보고자 한다. 해당 로그 파일은?

① /var/log/boot.log

② /var/log/lastlog

③ /var/log/dmesg

④ /var/log/btmp

41 시스템 담당자 Alex는 하드디스크의 정보 유출을 우려하여, 하드디스크가 도난당해도 암호화 키가 없이는 데이터를 읽지 못하도록 하드디스크 자체를 암호화하는 기술을 적용하려고 한다. 해당 기술은?

① BitLocker

② EFS(Encrypting File System)

③ AD(Active Directory)

④ FileVault

42 Linux 시스템 관리자는 John 사원의 계정인 John의 패스워드 정책을 변경하기 위해 아래 지문과 같이 입력하였다. 10일 전 암호변경 경고를 위한 명령으로 (   )안에 알맞은 옵션은?

```
$ sudo chage -m 2 -M 100 (      ) -1
10 -E
2021-12-25 John
```

① -m 10   ② -L 10
③ -i 10   ④ -W 10

43 웹 서버 관리자는 아래 지문에서 이야기한 공격에 대응하기 위해 인터넷 정보 서비스 관리자에 설정하지 않아야 하는 것은?

> 문서의 저장 및 열람이 가능하다면 문서의 취약점(백업 파일 및 소스 코드, 스크립트 파일 등)을 이용해 악의적인 목적을 갖고 있는 사람들에게 탈취 및 웹 서버의 공격이 이루어진다.

① HTTP 응답 헤더
② 디렉터리 검색
③ SSL 설정
④ 인증

44 서버 담당자 Park 사원은 Windows Server 2016의 배포 서비스를 통하여 전원만 넣으면 Windows가 설치될 수 있도록 구성하고자 한다. 배포 서비스는 회사 내의 일관되고 표준화된 Windows 설치를 사용하여 아주 유용하게 사용할 수 있다. 다음 중 Windows Server 2016 배포 서비스의 장점으로 올바르지 않은 것은?

① 효율적인 자동 설치를 통한 비용 감소 및 시간 절약할 수 있다.
② 네트워크 기반으로 하는 운영체제 설치할 수 있다.
③ 여러 대의 컴퓨터에 분산된 공유 폴더를 하나로 묶어서 사용할 수 있다.
④ Windows 이미지를 클라이언트 컴퓨터에 배포할 수 있다.

45 아파치(Apache) 웹 서버 운영 시 서비스에 필요한 여러 기능을 설정할 수 있는 파일은?

① httpd.conf
② access.conf
③ srm.conf
④ htdocs..conf

[4과목 네트워크 운용기기]

46 IP Address의 부족과 내부 네트워크 주소의 보안을 위해 사용하는 방법 중 하나로, 내부에서는 사설 IP Address를 사용하고 외부 네트워크로 나가는 주소는 공인 IP Address를 사용하도록 하는 IP Address 변환 방식은?

① DHCP 방식
② IPv6 방식
③ NAT 방식
④ MAC Address 방식

47 다음은 무엇에 대한 설명인가?

> 서버, 스토리지, 응용 프로그램 등의 전산 자원을 구매하여 소유하지 않고 인터넷을 기반으로 필요한 만큼만 자신의 컴퓨터나 휴대폰 등에 불러와서 사용하는 웹 기반의 컴퓨팅 기술을 말한다.

① 클라이언트–서버 컴퓨팅
② 클라우드 컴퓨팅
③ 웨어러블 컴퓨팅
④ 임베디드 컴퓨팅

48 (A)에 들어가는 용어는 무엇인가?

> – 네트워크를 관리하는 Kim 사원은 서울 본사와 부산 지사를 연결하기 위해서 ISP 쪽에 月 광 케이블 임대 비용을 지불하는 계약을 맺기로 하였으나 그 비용이 너무 많이 지출되는 관계로 다른 방안을 검토하라는 지시를 받게 되어 (A)을/를 도입하기로 하였다.
> – (A)은/는 다소 속도가 떨어지는 단점이 있으나 초기 투자 비용을 제외하면 유지비가 저렴하다는 장점도 있다.
> – (A)은/는 인터넷망과 같은 공중망을 사용하여 둘 이상의 네트워크를 안전하게 연결하기 위해서 가상의 터널을 만든 후 암호화된 데이터를 전송할 수 있는 네트워크이다.

① Public Network
② PAT
③ VLAN
④ VPN

49 OSI 계층의 물리 계층에서 여러 대의 PC를 서로 연결할 때 전기적인 신호를 재생하여 신호 분배의 기능을 담당하는 네트워크 연결 장비는?

① Bridge
② Hub
③ L2 Switch
④ Router

50 RAID의 레벨 중에서 회전 패리티 방식으로 병목현상을 줄이는 것은?

① RAID–2
② RAID–3
③ RAID–4
④ RAID–5

[1과목 TCP/IP]

01 DNS에서 사용될 때 TTL(Time to Live)의 설명으로 올바른 것은?

① 데이터가 DNS 서버 존으로부터 나오기 전에 현재 남은 시간이다.

② 데이터가 DNS 서버 캐시로부터 나오기 전에 현재 남은 시간이다.

③ 패킷이 DNS 서버 존으로부터 나오기 전에 현재 남은 시간이다.

④ 패킷이 DNS 서버 네임 서버 레코드로부터 나오기 전에 현재 남은 시간이다.

02 IPv4 Class 중에서 멀티캐스트 용도로 사용되는 것은?

① B Class

② C Class

③ D Class

④ E Class

03 '255.255.255.224'인 서브넷에 최대 할당 가능한 호스트 수는?

① 2개

② 6개

③ 14개

④ 30개

04 Link State 알고리즘을 이용해 서로에게 자신의 현재 상태를 알려주며 네트워크 내 통신을 위해 사용하는 프로토콜은?

① OSPF

② IDRP

③ EGP

④ BGP

05 IP 헤더에 포함이 되지 않는 필드는?

① ACK

② Version

③ Header checksum

④ Header length

06 IP 패킷은 네트워크 유형에 따라 전송량에 있어 차이가 나기 때문에 적당한 크기로 분할하게 된다. 이때 기준이 되는 것은?

① TOS(Tape Operation System)

② MTU(Maximum Transmission Unit)

③ TTL(Time-to-Live)

④ Port Number

07 SNMP에 대한 설명으로 옳지 않은 것은?

① 사용자가 네트워크 문제점을 발견하기 전에 시스템 관리 프로그램이 문제점을 발견할 수 있다.

② 데이터 전송은 UDP를 사용한다.

③ IP에서의 오류 제어를 위하여 사용되며, 시작지 호스트의 라우팅 실패를 보고한다.

④ 네트워크 장비로부터 데이터를 수집하여 네트워크 관리를 지원하고 성능을 향상시킨다.

08 IPv6의 주소 표기법으로 올바른 것은?

① 192.168.1.30

② 3ffe:1900:4545:0003:0200:f8ff:ff ff:1105

③ 00:A0:C3:4B:21:33

④ 0000:002A:0080:c703:3c75

09 인터넷의 잘 알려진 포트(Well-known Port) 번호로 옳지 않은 것은?

① 23번 : FTP

② 25번 : SMTP

③ 80번 : WWW

④ 110번 : POP

10 보기의 프로토콜 중에서 지문에 제시된 내용과 같은 일을 수행하는 프로토콜은?

> 인터넷에 접속한 호스트들은 인터넷 주소에 의해서 식별되지만 실질적인 통신은 물리적인 네크워크 주소를 얻어야 가능하다. 이 프로토콜은 IP Address를 이용하여 물리적인 네트워크 주소를 얻는데 사용된다.

① DHCP

② IP

③ RIP

④ ARP

11 다음 TCP 패킷의 플래그 중에서 연결이 정상적으로 끝남을 의미하는 것은?

① FIN

② URG

③ ACK

④ RST

12 ICMP 메시지의 타입번호와 설명으로 옳지 않은 것은?

① 타입 0 : Echo Request(에코 요청)

② 타입 3 : Destination Unreachable(목적지 도달 불가)

③ 타입 5 : Redirect(경로 재지정)

④ 타입 11 : Time Exceeded (시간 초과)

13 SSH(Secure Shell) Protocol의 특징을 설명한 것 중 올바른 것은?

① Port NO. 22 번을 사용하다

② OSI 7 Layer 참조 모델에서 전송 계층에서 동작한다.

③ 인증 암호화 기능을 사용하여 기존 Http 서비스를 Https 서비스로 전환한다.

④ 암호화되지 않은 방식으로 보안성이 제공되지 않는다.

14 DNS 서비스에서 사용되는 레코드의 설명이다. 올바른 것은?

> DNS 서비스 구성 시 모든 영역 파일의 첫 번째 레코드를 의미한다. 또한 관련된 도메인의 이름 필드 값을 포함하며, 시리얼 값을 통해 영역 파일의 갱신 여부를 확인할 수 있다.

① A 레코드

② PTR 레코드

③ SOA 레코드

④ MX 레코드

15 다음 설명하는 내용에 가장 적합한 기술을 고르시오.

> 네트워크 관리자 Kim 사원은 망 분리를 위해 방화벽과 백본 스위치 중간에 새로운 장비의 도입을 고려한다.
> IP Address의 고갈 문제를 해결하고, 보안 목적으로 사용하고자 한다.

① SSL
② NAT
③ VPN
④ IDS

16 다음은 TCP/IP 환경에서 사용하는 Protocol에 대한 설명이다. 올바른 Protocol을 고르시오.

> 메일 서버 간에 E-mail 전송 시 사용되는 프로토콜이며 TCP 기반의 신뢰성 있는 통신을 제공하고 클라이언트가 메일 서버에게 전송 시 사용한다.

① SNMP
② POP3
③ SMTP
④ NNTP

17 네트워크 주소가 '192.168.100.128'이며, 서브넷 마스크가 '255.255.255.192'인 네트워크가 있다. 이 네트워크에서 사용 가능한 마지막 IP 주소는 무엇인가?

① 192.168.100.129
② 192.168.100.190
③ 192.168.100.191
④ 192.168.100.255

18 OSI 7 Layer에서 Data Link 계층의 기능으로 옳지 않은 것은?

① 전송 오류 제어기능
② Flow 제어기능
③ Text의 압축, 암호기능
④ Link의 관리기능

19 에러 제어 기법 중 자동 재전송 기법으로 옳지 않은 것은?

① Stop and Wait ARQ
② Go-back N ARQ
③ 전진 에러 수정(FEC)
④ Selective Repeat ARQ

20 패킷 교환망의 특징으로 옳지 않은 것은?

① 연결설정에 따라 가상회선과 데이터 그램으로 분류된다.
② 메시지를 보다 짧은 길이의 패킷으로 나누어 전송한다.
③ 망에 유입되는 데이터의 양이 많아질수록 전송 속도가 빠르다.
④ 블록킹 현상이 없다.

21 LAN의 구성 형태 중 중앙의 제어점으로부터 모든 기기가 점 대 점(Point to Point) 방식으로 연결된 구성 형태는?

① 링형 구성
② 스타형 구성
③ 버스형 구성
④ 트리형 구성

22 다음에서 설명하는 전송 방식은?

> LAN의 매체 접근 제어방식 중 버스구조에서 사용하고, 데이터를 전송하려면 채널이 사용 중인지 검사하고, 채널이 사용 중이지 않으면 모든 노드가 채널을 사용할 수 있으며, 동시에 데이터 전송이 이루어지면 충돌이 일어나고 데이터는 폐기되며 일정시간 대기 후 다시 전송한다.

① Token Ring
② Token Bus
③ CSMA/CD
④ Slotted Ring

23 전기신호는 구리선을 통하여 전송되며, 이는 먼 거리를 이동하면서 크기가 약해진다. 이러한 현상을 뜻하는 것은?

① 감쇠(Attenuation)
② 임피던스(Impedance)
③ 간섭(Interference)
④ 진폭(Amplitude)

24 '100BASE–T'라고도 불리는 이더넷의 고속 버전으로서 100Mbps의 전송 속도를 지원하는 근거리 통신망의 표준은?

① Ethernet
② Gigabit Ethernet
③ 10Giga Ethernet
④ Fast Ethernet

25 다음 내용 중 (A)에 들어갈 내용은?

> 네트워크를 관리하는 Kim 사원은 늘어나는 Server 관리업무에 스트레스를 많이 받고 있다. 이번에도 서버가 대량으로 추가되어 서버실에 놓을 공간도 모자랄 뿐만 아니라 전기용량 문제로 시설과와 협의 중이나 어려움이 예상되고 있다.
> 또한, 서버들에게서 발생하는 발열문제로 24시간 냉각장치 및 항온항습으로 인한 발생비용 또한 회사에서 줄여보라고 지시가 내려왔다. 그래서 Kim 사원은 비용도 많이 발생하며 외주의 필요성이 있는 등 여러 가지 고민 끝에 (A)를 이용하여 전용회선 및 안정적인 전력공급을 받기로 하였다.

① IDC(Internet Data Center)
② IPS(Intrusion Prevention System)
③ IDS(Intrusion Detection System)
④ IOS(International Organization for Standardization)

26 (A) 안에 들어가는 용어 중 가장 옳은 것은?

> (A)은 유선망과 무선망을 통합하여 통합 단말기를 통해 최적으로 통신망 간 접속이 이루어지며 끊김없는 광대역 멀티미디어 서비스를 제공한다.
> 특정 통신망이나 단말기에 구애받지 않고 통신, 방송 및 인터넷 서비스를 통합하며 서비스 품질보장, 광대역화, 고기능화, 보안보장 및 IPv6 지원 등의 특성이 있다.

① 전력통신망(Electric power company's Network)
② 기업통신망(Business company Network)
③ 방송통신망(Broadcasting and communication Network)
④ 광대역융합망(Broadband convergence Network)

27 네트워크 계층의 데이터 단위를 나타내는 용어는?

① 세그먼트
② 패킷
③ 프레임
④ 비트

[3과목 NOS]

28 Windows Server 2016에서 파일 및 프린터 서버를 사용할 수 있도록 지원하기 위해서 반드시 설치해야 하는 통신 프로토콜은?

① TCP/IP
② SNMP
③ SMTP
④ IGMP

29 Windows Server 2016의 서버관리자를 이용하여 IIS(Internet Information Server)로 설정할 수 있는 서비스로 짝지어진 것은?

① HTTP, FTP
② DHCP, DNS
③ HTTP, DHCP
④ HTTP, TELNET

30 Windows Server 2016에서 DNS 서버 기능을 설정한 후에 설정이 제대로 되었는지 확인하기 위하여, 명령어 프롬프트에서 도메인을 입력하면 해당 IP 주소를 보여주는 명령어는?

① ls
② nslookup
③ show
④ pwd

31 DNS에서 지원하는 레코드 형식 중 역방향 조회에 사용되는 레코드는?

① A
② AAAA
③ PTR
④ SOA

32 Linux 디렉터리 구성에 대한 설명으로 옳지 않은 것은?

① /tmp – 임시 파일이 저장되는 디렉터리
② /boot – 시스템이 부팅 될 때 부팅 가능한 커널 이미지 파일을 담고 있는 디렉터리
③ /var – 시스템의 로그 파일과 메일이 저장되는 위치
④ /usr – 사용자 계정이 위치하는 파티션 위치

33 Linux 시스템에서 데몬(Daemon)에 관한 설명 중 옳지 않은 것은?

① 백그라운드(Background)로 실행된다.
② 'ps afx' 명령어를 실행시켜보면 데몬 프로그램의 활동을 확인할 수 있다.
③ 시스템 서비스를 지원하는 프로세스이다.
④ 시스템 부팅 때만 시작될 수 있다.

34 다른 운영체제와 Linux가 공존하는 하나의 시스템에서 멀티 부팅을 지원할 때 사용되며, Linux 로더를 의미하는 것은?

① MBR
② RAS
③ NetBEUI
④ GRUB

35 Windows Server 2016에서 새로 추가된 기능으로 Hyper-V와 비슷한 기능을 하지만 가볍게 생성하고 운영할 수 있고, 도커(Docker)라는 이름으로 소개되어 Unix/Linux 기반에서 사용해오던 기능은 무엇인가?

① 액티브 디렉터리
② 원격 데스크톱 서비스
③ 컨테이너
④ 분산 파일 서비스

36 네트워크 담당자 Kim 사원은 'www.icqa.or.kr'의 IP 주소를 이 파일에 저장하여 사이트 접속 시 빠르게 실행하고자 한다. 각각의 컴퓨터에는 IP 주소와 그에 해당하는 컴퓨터 이름을 저장해 놓는 파일이 있다. 이 파일의 저장경로와 파일명으로 올바른 것은?

① C:₩Windows₩System32₩hosts
② C:₩Windows₩System32₩config ₩hosts
③ C:₩Windows₩System32₩drivers ₩hosts
④ C:₩Windows₩System32₩drivers ₩etc₩hosts

37 서버 담당자 Park 사원은 데이터를 안전하게 보호하는 일을 담당하고 있다. 도난 발생 시 데이터를 보호하기 위해 강력한 암호화를 사용해 데이터를 보호하는 Windows 기능을 선택하여 로컬 보안이 없는 지사나 데이터 센터의 경우 완벽한 솔루션을 지원할 수 있도록 하고자 한다. 다음 중 이러한 기능을 지원하는 것은?

① BitLocker   ② NTLM
③ Encryption   ④ vTPM

38 서버 담당자 Park 사원은 Windows Server 2016를 구축하여 사용자 계정 관리를 하고자 한다. 이때 Windows Server 2016에서 자동으로 생성되는 그룹 계정 중에서 성능 카운터, 로그 등을 관리하는 권한을 가진 그룹으로 알맞은 것은?

① Backup Operators
② Performance Log Users
③ Power Users
④ Replicator

39 아파치 웹 서버의 서버측 에러 메시지 내용으로 맞는 것은?

① 502(Service Unvailable) : 클라이언트 요청 내용에는 이상이 없지만, 서버측에서 클라이언트의 요청을 서비스할 준비가 되지 않은 경우
② 501(Not Implemented) : 클라이언트의 서비스 요청 내용 중에서 일부 명령을 수행할 수 없을 경우
③ 503(Bad Request) : 게이트웨이의 경로를 잘못 지정해서 발생된 경우
④ 500(Internal Server Error) : 서버에 보낸 요청 메시지 형식을 서버가 해석하지 못한 경우

40 Hyper-V를 이용한 가상화의 장점에 해당되지 않는 것은?

① 서버의 운영 및 유지관리 비용 절감
② 테스트 환경 재현시간 단축으로 테스트 효율성 향상
③ 서버 가용성 향상
④ 저사양 하드웨어를 묶어서 고성능의 환경구현

41 서버 관리자 Kim 사원이 리눅스 서버(하드 웨어)의 HDD 증설을 위해 서버를 종료하기로 하였다. 이에 리눅스 서버를 종료하기 위한 명령어가 아닌 것은?

① shutdown -h now
② poweroff
③ init 6
④ halt

42 서버 관리자 Kim 사원이 Linux 서버의 '/root' 디렉터리를 점검 중 '/etc/passwd' 파일이 '/root' 디렉터리에 복사되어 있는 것을 발견하였다. 이에 Kim 사원은 '/root/passwd' 파일을 삭제하려 했으나 삭제가 되지 않았다. (A)명령어를 사용하여 파일 속성을 출력하였는데 해당 파일에 'i' 속성이 설정되어 쓰기 및 삭제가 되지 않는 것을 확인하였다. 해당 명령어 (A)는 무엇인가?

```
[root@icqa ~]# ls -l ./passwd
-rw-r--r--, 1 root root 2195 10월 16
16:26 ./passwd
[root@icqa ~]# rm -f ./passwd
rm: cannot remove './passwd' : 명령을
허용하지 않음
[root@icqa ~]#( A ) ./passwd
----i---------- ./passwd
```

① file
② stat
③ lsattr
④ lsblk

43 서버 관리자 Kim 사원이 Linux 서버의 '/var/log' 디렉터리를 백업하기 위해 압축 프로그램을 이용하여 압축 중, 작업 중인 터미널을 닫아도 실행 중인 프로세스를 백그라운드 프로세스로 작업될 수 있도록 해 주는 명령어는?

① mkfs
② nohup
③ sleep
④ last

44 서버 관리자 Kim 사원은 DNS 서버를 구축하고자 'yum'을 이용하여 bind를 설치하였으나 설치가 되지 않았다. 이에 ping를 이용하여 외부 네트워크 상태 여부를 확인하였으나 정상이었다. 이에 DNS 서버 주소가 잘못되어 있을 것으로 판단하여 'cat/etc/(A)' 내용을 확인하고 수정하였다. (A)에 해당하는 파일 이름은 무엇인가?

```
[root@lo calhost icqa]# cat /etc/( A )
# Generated by NetworkManager
search localdomain
nameserver 127.0.0.1
```

① resolv.conf
② networks
③ protocols
④ services

45 윈도우 기본 파일 시스템(NTFS)에서 그룹 또는 개별 사용자에 대해 설정할 수 있는 권한의 설명이 잘못되어 있는 것은?

① 모든 권한 : 디렉터리에 대한 접근과 소유권을 변경하고 하위에 있는 디렉터리와 파일을 삭제할 수 있다.

② 디렉터리 내용 보기 : 디렉터리 내의 파일은 볼 수 있지만 디렉터리 이름은 볼 수 없다.

③ 개별 사용자가 여러 그룹에 속하면 특정 파일이나 디렉터리에 대한 접근 권한이 누적된다.

④ '허용'보다 '거부'가 우선한다.

[4과목 네트워크 운용기기]

46 현재 LAN 카드의 MAC Address는 몇 비트의 번호체계인가?

① 32비트
② 48비트
③ 64비트
④ 128비트

47 OSI 7계층 중에서 리피터(Repeater)가 지원하는 계층은?

① 물리 계층
② 네트워크 계층
③ 전송 계층
④ 응용 계층

48 게이트웨이(Gateway)의 역할로 올바른 것은?

① 전혀 다른 프로토콜을 채용한 네트워크 간의 인터페이스이다.

② 트위스트 페어 케이블 사용 시 이용되는 네트워크 케이블 집선 장치이다.

③ 케이블의 중계점에서 신호를 전기적으로 증폭한다.

④ 피지컬 어드레스의 캐시 테이블을 갖는다.

49 네트워크 담당자 Kim 사원은 물리적인 하나의 LAN을 논리적으로 여러 개로 나누어 효율적으로 네트워크를 관리하고자 한다. 내부망을 분리할 때 사용되고, 방화벽에서 외부망으로부터 내부망을 보호할 때도 사용할 수 있는 것은 무엇인가?

① NAC
② VLAN
③ IPS
④ IDS

50 전송 매체의 특성 중 Fiber Optics에 해당하는 것은?

① 여러 라인의 묶음으로 사용하면 간섭 현상을 줄일 수 있다.

② 신호 손실이 적고, 전자기적 간섭이 없다.

③ 송수신에 사용되는 구리 핀은 8개 중 4개만 사용한다.

④ 수 Km 이상 전송 시 Repeater를 반드시 사용해야 한다.

[1과목 TCP/IP]

01 IPv4의 IP Address 할당에 대한 설명으로 옳지 않은 것은?

① 모든 Network ID와 Host ID의 비트가 '1'이 되어서는 안 된다.

② Class B는 최상위 2비트를 '10'으로 설정한다.

③ Class A는 최상위 3비트를 '110'으로 설정한다.

④ '127.x.x.x' 형태의 IP Address는 Loopback 주소를 나타내는 특수 Address로 할당하여 사용하지 않는다.

02 C Class의 네트워크 주소가 '192.168.10.0'이고, 서브넷 마스크가 '255.255.255.240'일 때, 최대 사용 가능한 호스트 수는?(단, 네트워크 주소와 브로드캐스트 호스트는 제외한다.)

① 10개　　② 14개

③ 26개　　④ 32개

03 패킷 전송의 최적 경로를 위해 다른 라우터들로부터 정보를 수집하는데, 최대 홉이 15를 넘지 못하는 프로토콜은?

① RIP　　② OSPF

③ IGP　　④ EGP

04 TCP 프로토콜에서 사용하는 흐름 제어 방식은?

① GO-back-N

② 선택적 재전송

③ Sliding Window

④ Idle-RQ

05 IPv6 헤더 형식에서 네트워크 내에서 혼잡 상황이 발생되어 데이터그램을 버려야 하는 경우 참조되는 필드는?

① Version

② Priority

③ Next Header

④ Hop Limit

06 ARP에 대한 설명으로 올바른 것은?

① Ethernet 주소를 IP Address로 매핑시킨다.

② ARP를 이용하여 IP Address가 중복되어 사용되는지 찾을 수 있다.

③ ARP 캐시는 일정한 주기를 갖고 갱신된다.

④ 중복된 IP가 발견된 경우 ARP 캐시는 갱신되지 않는다.

07 ICMP의 Message Type 필드의 유형과 질의 메시지 내용을 나타낸 것이다. 타입에 대한 설명으로 옳지 않은 것은?

① 3 : Echo Request 질의 메시지에 응답하는데 사용된다.

② 4 : 흐름 제어 및 폭주 제어를 위해 사용된다.

③ 5 : 대체 경로(Redirect)를 알리기 위해 라우터에 사용한다.

④ 17 : Address Mask Request 장비의 서브넷 마스크를 요구하는데 사용된다.

08 인터넷의 잘 알려진 포트(Well-known Port) 번호로 옳지 않은 것은?

① 23번 : FTP

② 25번 : SMTP

③ 80번 : WWW

④ 110번 : POP

09 TFTP 프로토콜에 대한 설명 중 옳지 않은 것은?

① Trivial File Transfer Protocol의 약어이다.

② 네트워크를 통한 파일 전송 서비스이다.

③ 3방향 핸드 셰이킹 방법인 TCP 세션을 통해 전송한다.

④ 신속한 파일의 전송을 원할 경우에는 FTP보다 훨씬 큰 효과를 얻을 수 있다.

10 SMTP에 대한 설명으로 올바른 것은?

① WWW에서 사용하는 데이터 전송 프로토콜이다.

② 네트워크 장비들을 관리하기 위한 프로토콜이다.

③ 파일 전송을 위한 프로토콜이다.

④ 인터넷 전자 우편을 위한 프로토콜이다.

11 UDP 패킷의 헤더에 속하지 않는 것은?

① Source Port

② Destination Port

③ Window

④ Checksum

12 IP 데이터그램 헤더 구조의 Field Name으로 옳지 않은 것은?

① Destination IP Address

② Source IP Address

③ Port Number

④ TTL(Time to Live)

13 (A) 안에 들어가는 용어 중 옳은 것은?

> 클라이언트 – 서버 시스템에서 터미널(단말장치)에서 서버와 통신하기 위하여 LAN 환경 내 Diskless 시스템이 (A)를 이용하여 자신의 물리적 주소에 대한 IP 주소를 획득하기 위해 사용되었다.

① ARP

② Proxy ARP

③ Inverse ARP

④ Reverse ARP

14 OSI 7 layer 참조 모델에서 사용되는 Protocols 중 TCP와 UDP port를 함께 사용하는 프로토콜은?

① SMTP

② FTP

③ DNS

④ Telnet

15 다음 그림은 TCP 기능 중 3Way-Hand shake를 설명한 그림이다. Host 간 연결 성립(Established)을 위한 Process에서 Host B에서 HOST A에 전달하는 flag bit는 무엇인가?

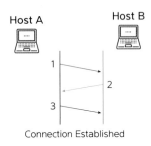

Connection Established

① SYN - ACK
② ACK - FIN
③ SYN - FIN
④ PSH - ACK

16 TCP/IP Protocol Stack에서 사용되는 SNMP 프로토콜의 기능으로 올바른 것은?

① 대규모 환경의 망 관리 기능
② 네트워크 장비의 에러 보고 기능
③ 네트워크 장비의 관리 및 감시 기능
④ 호스트 간에 연결성 점검과 네트워크 혼잡 제어 기능

17 멀티캐스트(Multicast)에 사용되는 IP Class는?

① A Class
② B Class
③ C Class
④ D Class

[2과목 네트워크 일반]

18 OSI 7 Layer의 전송 계층에서 동작하는 프로토콜들만으로 구성된 것은?

① ICMP, NetBEUI
② IP, TCP
③ TCP, UDP
④ NetBEUI, IP

19 IEEE 802 프로토콜의 연결이 올바른 것은?

① IEEE 802.3 : 토큰 버스
② IEEE 802.4 : 토큰 링
③ IEEE 802.11 : 무선 LAN
④ IEEE 802.5 : CSMA/CD

20 다음 지문의 (A)에 알맞은 용어는?

각종 사물에 컴퓨터 칩과 통신 기능을 내장하여 인터넷에 연결하는 (A) 기술은 인간의 구체적인 개입이나 지시없이 협력적으로 모든 사물이 센싱과 정보처리, 네트워킹 수행이 가능하도록 한다.

① Internet of Things
② Mobile Cloud Computing
③ Big Data
④ RFID

21 다음에서 설명하는 것은 무엇을 의미하는가?

하나의 기기와 서비스에 모든 정보통신 기술을 묶은 새로운 형태의 융합 상품을 말하는 것으로서 크게 유선과 무선의 통합, 통신과 방소의 융합, 온라인과 오프라인의 결합 등을 말한다.

① 디지타이징(Digitizing)
② 디지털 컨버전스(Digital Convergence)
③ 클라우드 컴퓨팅(Cloud Computing)
④ 유비쿼터스 컴퓨팅(Ubiquitous Computing)

22 OSI 7 Layer 중 세션 계층의 역할로 옳지 않은 것은?

① 대화 제어
② 에러 제어
③ 연결 설정 종료
④ 동기화

23 VPN에 대한 설명으로 (A)에 알맞은 용어는?

VPN의 터널링 프로토콜로 (A)은/는 OSI 7계층 중 3계층 프로토콜로서 전송 모드와 터널 모두 2가지를 사용한다. 전송 모드는 IP 페이로드를 암호화하여 IP 헤더로 캡슐화하지만, 터널 모든는 IP 패킷을 모두 암호화하여 인터넷으로 전송한다.

① PPTP
② L2TP
③ IPSec
④ SSL

24 센서 네트워크에서 센서 노드들의 센싱 데이터를 수집하는 노드는?

① Sink
② Actuator
③ RFID
④ Access Point

25 다음 (A) 안에 들어가는 용어 중 옳은 것은?

(A)은/는 일정한 주파수 대역에서 무선 방식으로 데이터를 주고 받을 수 있는 시스템으로서 무선 주파수 인식 시스템을 말하며, '전자 태그' 또는 '스마트 태그'라고도 한다. 특징으로는 작은 크기에 대용량의 데이터 저장이 가능하고, 컴퓨터와 무선 통신이 가능하여 차세대 인식기술로 불리운다.

① Bar Code
② Bluetooth
③ RFID
④ Wi-Fi

26 다음 설명의 (A)에 들어갈 알맞은 용어는 무엇인가?

(A)는 스마트 그리드를 구현하기 위해 필요한 핵심 인프라로서 스마트 미터, 통신망, 계량 데이터 관리 시스템과 운영 시스템으로 구성되고 스마트 미터 내에 모뎀을 설치해 양방향 통신이 가능한 지능형 전력 계량 인프라이다. (A)는 소비자와 전력회사 간 양방향 통신으로 원격검침, 수요관리, 전력소비 절감과 전기품질 향상 등 다양한 융복합 서비스를 제공하게 된다.

① DR(Demand Response)
② EMS(Energy Management System)
③ AMI(Advanced Metering Infrastructure)
④ TDA(Transmission &Distribution Automation)

27 다음 (A) 안에 들어가는 용어 중 옳은 것은?

> Data의 저장이 매우 중요해진 요즘에 대용량의 저장장치를 구매하려면 많은 비용이 발생한다. (A)을/를 이용하면 PC급으로도 파일 서버를 구축할 수도 있고 비용 또한 저렴하다. 다수의 접속자를 허용하게 하여 동시에 파일을 읽기, 쓰기 또한 간편하며 장비만 있으면 바로 동작하기 때문에 공간활용도 좋다.

① Storage
② NAS
③ USB HDD
④ Server

[3과목 NOS]

28 Windows Server 2016에서 자신의 네트워크 안에 있는 클라이언트 컴퓨터가 부팅될 때 자동으로 IP 주소를 할당해 주는 서버는?

① DHCP 서버
② WINS 서버
③ DNS 서버
④ 터미널 서버

29 Linux 시스템에서 사용자가 내린 명령어를 Kernel에 전달해 주는 역할을 하는 것은?

① System Program
② Loader
③ Shell
④ Directory

30 Linux에서 사용자에 대한 패스워드의 만료 기간 및 시간 정보를 변경하는 명령어는?

① chage
② chgrp
③ chmod
④ usermod

31 Linux에서 DNS의 SOA(Start Of Authority) 레코드에 대한 설명으로 옳지 않은 것은?

① Zone 파일은 항상 SOA로 시작한다.
② 해당 Zone에 대한 네임 서버를 유지하기 위한 기본적인 자료가 저장된다.
③ Refresh는 주 서버와 보조 서버의 동기 주기를 설정한다.
④ TTL 값이 길면 DNS의 부하가 늘어난다.

32 Linux 시스템에서 특정 파일의 권한이 '-rwxr-x—x'이다. 이 파일에 대한 설명 중 옳지 않은 것은?

① 소유자는 읽기 권한, 쓰기 권한, 실행 권한을 갖는다.
② 소유자와 같은 그룹을 제외한 다른 모든 사용자는 실행 권한만을 갖는다.
③ 이 파일의 모드는 '751'이다.
④ 동일한 그룹에 속한 사용자는 실행 권한만을 갖는다.

33 Linux 시스템에서 기본적으로 시스템 설정 파일이 위치하는 디렉터리는?

① /etc
② /bin
③ /var
④ /dev

34 Linux 시스템 명령어 중 root만 사용가능한 명령은?

① chown　　② pwd

③ ls　　　　④ rm

35 Linux에서 프로세스와 관련된 명령어에 대한 설명 중 옳지 않은 것은?

① kill : 프로세스를 종료시키는 명령어

② nice : 프로세스의 우선순위를 변경하는 명령어

③ pstree : 프로세스를 트리형태로 보여주는 명령어

④ top : 가장 우선순위가 높은 프로세스를 보여주는 명령어

36 서버 관리자 Park 사원은 Windows Server 2016에서 폴더에 저장할 수 있는 용량을 제한하고, 특정한 파일의 유형은 업로드하지 못하도록 설정하고자 한다. 이러한 설정을 통해서 서버 담당자는 좀 더 유연하고 안전한 파일 서버를 구축할 수 있게 된다. 다음 중 서버 담당자가 구축해야 할 적절한 서비스는 무엇인가?

① FSRM(File Server Resource Manager)

② FTP(File Transfer Protocol)

③ DFS(Distribute File System)

④ Apache Server

37 서버 관리자 Park 사원은 Windows Server 2016의 Active Directory에서 도메인 사용자 계정을 관리하기 위해 도메인 사용자 계정을 생성/수정/삭제하려고 한다. 다음 중 도메인 사용자 계정을 관리하기 위한 명령어가 아닌 것은 ?

① dsadd　　② dsmod

③ dsrm　　 ④ net user

38 서버 관리자 Park 사원은 Windows Server 2016에서 사용할 수 있는 네트워크 스토리지를 구현하고자 한다. 다음 조건에서 설명하는 방식의 네트워크 스토리지로 알맞은 것은?

> [조건]
> – 공통으로 사용되는 저장소를 중앙에서 관리함으로써 각각의 컴퓨터에 저장소를 가지고 있을 때보다 여유 공간의 활용도가 높으며, 대규모 이상의 환경에서 주고 구성되고 있다.
> – 일반적으로 파이버 채널 연결을 이용하여 데이터 접근이 빠르며 대용량 블록 기반의 데이터 전송 기능으로 LAN에 독립적인 데이터 백업, 복구에 탁월한 기능이 있다.

① NAS(Network Attached Storage)

② SAN(Storage Area Network)

③ RAID(Redundant Array of Inexpensive Disks)

④ SSD(Solid State Drive)

39 서버 담당자 Park 사원은 1대의 서버가 아니라 여러 대의 웹서버를 운영해서, 웹 클라이언트가 서비스를 요청할 경우에 교대로 서비스를 실행하는 방법으로 웹 서버의 부하를 여러 대가 공평하게 나눌 수 있도록 설계하고자 한다. 이에 적절한 서비스 방식을 무엇이라 하는가?

① Round Robin

② Heartbeat

③ Failover Cluster

④ Non-Repudiation

40 Windows Server 2016가 설치된 컴퓨터는 항상 가동하는 것이 일반적인 용도이기 때문에 서버 담당자 Park 사원은 시스템을 종료할 때마다 그 이유를 명확히 하여 시스템을 좀 더 안정적으로 운영하고자 한다. 다음 중 이전에 종료 또는 재부팅된 기록을 확인할 수 있는 항목은?

① 성능 모니터
② 이벤트 뷰어
③ 로컬 보안 정책
④ 그룹 정책 편집기

41 다음 (A)에 해당하는 것은?

– (A)은/는 여러 대의 컴퓨터에 분산된 공유 폴더를 하나로 묶어서 마치 하나의 폴더인 것처럼 사용할 수 있다.
– (A)을/를 사용하면 사용자들은 네트워크상의 여러 대의 공유 폴더를 사용할 필요 없이 한 곳으로 집중해서 사용할 수 있다.

① 분산 파일 시스템
② 삼바(SAMBA)
③ ODBC
④ 파일 전송 프로토콜

42 FTP는 원격 서버에 파일을 주고받을 때 사용하는 프로토콜이다. FTP는 2가지 Mode로 구분되는데, 서버에서 따로 포트 대역을 설정해 주고 서버는 임의로 지정된 데이터 포트 정보를 클라이언트에 보내 클라이언트에서 해당 포트로 접속하는 방식은 무엇인가?

① Active Mode
② Passive Mode
③ Privileges Mode
④ Proxy Mode

43 네임 서버 레코드 정보를 변경한지 충분한 시일이 지났지만 특정 기기에서 해당(기존) 도메인으로 접속이 원할한 경우, 컴퓨터에 DNS cache가 갱신되지 않아 발생할 수 있다. DNS Cache를 초기화 하는 명령어는 어느 것인가?

① ipconfig /displydns
② ipconfig /flushdns
③ ipconfig /release
④ ipconfig /renew

44 서버 관리자 John은 Windows Server 2016이 설치된 서버의 용량이 부족하여 4TB 하드디스크를 추가하였다. 올바른 파티션 형식은?

① FAT(File Allocation Table)
② ext4(extended file system 4)
③ GPT(GUID Partition Table)
④ MBR(Master Boot Record)

45 네트워크를 담당하는 Lee 사원은 네트워크 연결을 구축하거나 문제를 해결할 때 패킷이 출발지에서 목적지까지 가는 경로를 살펴보고자 한다. 서버에서 작업하고 있는 특정 대상을 위한 패킷이 올바른 NIC로 흘러나가는지 확인하고자 할 때 사용할 수 있는 명령어는?

① ping   ② nbtstat
③ pathping   ④ netstat

[4과목 네트워크 운용기기]

46 OSI 7계층 중 물리 계층에서만 사용하는 장비로써 근거리 통신망(LAN)의 전송 매체상에 흐르는 신호를 정형, 증폭, 중계하는 것은 무엇인가?

① Router
② Repeater
③ Bridge
④ Gateway

47 로드 밸런싱(Load Balancing)에 대한 설명이 맞는 것은?

① 물리적인 망 구성과는 상관없이 가상적으로 구성된 근거리 통신망 기술
② 사용량과 처리량을 증가시키고 지연율을 낮추며 응답시간을 감소시키고 시스템 부하를 피할 수 있게 하는 최적화 기술
③ 가상머신이 실행되고 있는 물리적 컴퓨터로부터 분리된 또 하나의 컴퓨터
④ 웹 브라우저와 서버 간의 통신에서 정보를 암호화하는 기술

48 OSPF(Open Shortest Path First) 프로토콜에 대한 설명으로 옳지 않은 것은?

① OSPF는 AS의 네트워크를 각 Area로 나누고 Area들은 다시 Backbone으로 연결이 되어 있는 계층구조로 되어있다.
② Link-state 알고리즘을 사용하여 네트워크가 변경이 되더라도 컴버전스 시간이 짧고 라우팅 루프가 생기지 않는다.
③ VLSM(Variable Length Subnet Mask) 구성이 가능하기 때문에 한정된 IP Address를 효과적으로 활용할 수 있다.
④ 라우터 사이에 서로 인증(Authentication)하는 것이 가능하여 관리자의 허가 없이 라우터에 쉽게 접속하고 네트워크를 확장할 수 있다.

49 아래 지문이 설명하는 용어는 무엇인가?

> 하이퍼바이저를 사용하거나 게스트 운영체제도 설치하지 않고, 서버 운영에 필요한 프로그램과 라이브러리만 이미지로 만들어 프로세스처럼 동작시키는 경량화된 가상화 방식이며 실행되는 이미지는 '컨테이너'라고 부르며, 가상화 레이어가 존재하지 않고 운영체제도 존재하지 않기 때문에 파일 시스템, 네트워크 속도가 상당히 빠르다.

① VirtualBox
② Vmware
③ Zen
④ Docker

50 사람의 머리카락 굵기만큼의 가는 유리섬유로 정보를 보내고 받는 속도가 가장 빠르고 넓은 대역폭을 장점도 있지만 구리선에 비해 가격이 비싸고 설치나 유지보수가 어렵다는 단점이 있는 케이블은 무엇인가?

① Coaxial Cable
② Twisted Pair
③ Thin Cable
④ Optical Fiber

[1과목 TCP/IP]

01 IP Header의 내용 중 TTL(Time to Live)의 기능을 설명한 것으로 옳지 않은 것은?

① IP 패킷은 네트워크상에서 영원히 존재할 수 있다.

② 일반적으로 라우터의 한 홉(Hop)을 통과할 때마다 TTL 값이 '1' 씩 감소한다.

③ Ping과 Tracert 유틸리티는 특정 호스트 컴퓨터에 접근을 시도하거나 그 호스트까지의 경로를 추적할 때 TTL 값을 사용한다.

④ IP 패킷이 네트워크상에서 얼마동안 존재 할 수 있는가를 나타낸다.

02 IP Address '11101011.10001111.11111100.11001111'가 속한 Class는?

① A Class
② B Class
③ C Class
④ D Class

03 C Class 네트워크에서 6개의 서브넷이 필요하다고 할 때 가장 적당한 서브넷 마스크는?

① 255.255.255.0
② 255.255.255.192
③ 255.255.255.224
④ 255.255.255.240

04 IPv6 헤더 형식에서 네트워크 내에서 데이터그램의 생존 기간과 관련되는 필드는?

① Version
② Priority
③ Next Header
④ Hop Limit

05 IPv4와 비교하였을 때, IPv6 주소체계의 특징으로 옳지 않은 것은?

① 64비트 주소체계
② 향상된 서비스품질 지원
③ 보안기능의 강화
④ 자동 주소설정 기능

06 NAT(Network Address Translation)에 대한 설명으로 옳지 않은 것은?

① 사설 IP 주소를 공인 IP 주소로 바꿔주는데 사용하는 통신망의 주소 변환기술이다.

② NAT를 사용할 경우 내부 사설 IP 주소는 C Class를 사용해야만 정상적인 동작이 가능하다.

③ 외부 침입자가 공격하기 위해서는 사설망의 내부 사설 IP 주소를 알아야 하기 때문에 공격이 어려워지므로 내부 네트워크를 보호할 수 있는 장점이 있다.

④ NAT를 이용하면 한정된 공인 IP 주소를 절약할 수 있다.

07 UDP에 대한 설명으로 옳지 않은 것은?

① 동영상에 있어서는 얼마만큼 데이터가 정확하게 전달되었는지 보다 얼마만큼 끊기지 않고 전달되었는지가 중요하기 때문에 동영상 전송에 많이 사용된다.

② OSI 7 계층 모델에서 전송 계층에 속한다.

③ 양방향 전송을 하며, 종단 간의 흐름제어를 위해 Dynamic Sliding Window 방식을 사용한다.

④ TCP와 비교하여 최소한의 오버 헤드를 갖는 작은 헤더를 갖는다.

08 OSI 7 Layer에 따라 프로토콜을 분류하였을 때, 다음 보기들 중 같은 계층에서 동작하지 않는 것은?

① SMTP

② RARP

③ ICMP

④ IGMP

09 인터넷 전송 방식 중, 특정 호스트로부터 같은 네트워크상의 모든 호스트에게 데이터를 전송하는 방식은?

① Unicast

② Broadcast

③ Multicast

④ User Datagram Protocol

10 네트워크 장비를 관리 감시하기 위한 목적으로 TCP/IP 상에 정의된 응용 계층의 프로토콜로, 네트워크 관리자가 네트워크 성능을 관리하고 네트워크 문제점을 찾아 수정하는데 도움을 주는 것은?

① SNMP

② CMIP

③ SMTP

④ POP

11 IP Address '127.0.0.1'이 의미하는 것은?

① 모든 네트워크를 의미한다.

② 사설 IP Address를 의미한다.

③ 특정한 네트워크의 모든 노드를 의미한다.

④ 루프백 테스트용이다.

12. MAC Address를 IP Address로 변환시켜주는 Protocol은?

① RARP

② ARP

③ TCP/IP

④ DHCP

13 호스트의 IP Address가 '201.100. 5.68/28' 일 때, Network ID로 올바른 것은?

① 201.100.5.32

② 201.100.5.0

③ 201.100.5.64

④ 201.100.5.31

14 ICMP 메시지가 사용되는 경우에 대한 설명으로 옳지 않은 것은?

① 라우터나 호스트 간의 제어 또는 오류 정보를 주고 받을 경우

② 호스트나 라우터가 IP 헤더의 문법 오류를 발견한 경우

③ 호스트의 IP가 중복된 경우

④ 라우터가 데이터를 전달할 수 없는 경우

15 TCP를 사용하는 프로토콜로 옳지 않은 것은?

① FTP
② TFTP
③ Telnet
④ SMTP

16 프로토콜의 기본적인 기능 중, 송신기에서 발생된 정보의 정확한 전송을 위해 사용자 정보의 앞, 뒤 부분에 헤더와 트레일러를 부가하는 과정은?

① 캡슐화(Encapsulation)
② 동기화(Synchronization)
③ 다중화(Multiplexing)
④ 주소지정(Addressing)

17 IGMP(Internet Group Management Protocol)의 특징으로 옳지 않은 것은?

① TTL(Time to Live)이 제공된다.
② 데이터의 유니캐스팅에 적합한 프로토콜이다.
③ 최초의 리포트를 잃어버리면 갱신하지 않고 그대로 진행한다.
④ 비대칭 프로토콜이다.

[2과목 네트워크 일반]

18 클라우드 컴퓨팅의 서비스 내용에 따른 분류가 아닌 것은?

① SaaS(Software as a Service)
② PaaS(Platform as a Service)
③ IaaS(Infrastructure as a Service)
④ Public 클라우드

19 다음의 (A)에 들어갈 알맞은 용어는 무엇인가?

> (A)은/는 네트워킹에 필요한 모든 유형의 자원을 추상화하고, 소프드웨어 기반이며 자동으로 관리와 제어가 가능하게 하는 가상화 기술을 의미한다. 통신 사업자들은 이러한 (A) 기술을 도입하면서 점점 복잡해지는 네트워크의 관리 용이성, 관리 비용 절감, 네트워크 민첩성 등의 장점과 효율성을 얻고자 한다.

① NFV(Network Functions Virtualization)
② WMN(Wireless Mesh Network)
③ VPN(Virtual Private Network)
④ CDN(Content Delivery Network)

20 다음은 네트워크 구축에 필요한 매체에 관한 내용이다. (A) 안에 들어가는 용어 중 옳은 것은?

> 네트워크를 관리하는 사원 Kim은 회사 내부에 구축되어 있는 스토리지 에어리어 네트워크(SAN ; Storage Area Network)의 성능이 저하되고 있는 현상에 대한 조사업무를 부여받았다. 관련 사항을 조사하는 중 최근 급증한 업무로 인하여 네트워크의 대역폭 부족이 문제임을 알았다. 이를 해결하기 위하여 기존에 설치된 Gigabit Ethernet 장치 (A)을/를 활용한 10GBASE-SR나 10GBASE-LRM로 변경하는 방안에 대해 보고를 하였다.

① U/UTP CAT.3
② Thin Coaxial Cable
③ U/FTP CAT.5
④ Optical Fiber Cable

21 전송효율을 최대로 하기 위해 프레임의 길이를 동적으로 변경시킬 수 있는 ARQ(Automatic Repeat Request)방식은?

① Adaptive ARQ
② Go back-N ARQ
③ Selective-Repeat ARQ
④ Stop and Wait ARQ

22 다음 (A) 안에 들어가는 용어 중 옳은 것은?

> – (A)란 단말이 네트워크에 접근하기 전 보안정책 준수 여부를 검사하고 IP 및 MAC Address의 인가 여부를 검사하여 네트워크 자원의 이용을 허용하는 방식을 말한다.
> – (A) 네트워크에 연결된 단말의 여러 가지 정보를 수집하고, 수집된 정보를 바탕으로 단말들을 분류하며, 분류한 그룹의 보안 위협 정도에 따라 제어를 수행한다.

① NIC   ② F/W
③ IPS   ④ NAC

23 Bus Topology의 설명 중 올바른 것은?

① 문제가 발생한 위치를 파악하기가 쉽다.
② 각 스테이션이 중앙스위치에 연결된다.
③ 터미네이터(Terminator)가 시그널의 반사를 방지하기 위해 사용된다.
④ Token Passing 기법을 사용한다.

24 인접한 개방 시스템 사이의 확실한 데이터 전송 및 전송 에러 제어 기능을 갖고 접속된 기기 사이의 통신을 관리하고, 신뢰도가 낮은 전송로를 신뢰도가 높은 전송로로 바꾸는데 사용되는 계층은?

① 물리 계층(Physical Layer)
② 네트워크 계층(Network Layer)
③ 전송 계층(Transport Layer)
④ 데이터 링크 계층(Datalink Layer)

25 다음은 화상 회의를 하기 위한 기술에 관한 내용이다. (A) 안에 들어가는 용어 중 옳은것은?

> 네트워크 관리팀장은 최근 필요성이 증가된 재택 근무에 활용할 화상회의 시스템 및 온라인 결재 시스템을 구축하고자 한다.
> 이때 화상회의 시스템에서 사용할 응용프로그램으로 (A)를 기반으로 하는 제품을 선택하였다.
> (A)는 IETF에서 정의한 시그널링 프로토콜로 음성 및 화상과 같은 멀티미디어 세션을 제어하기 위한 기능을 수행한다. 멀티미디어 서비스 세션의 생성, 수정, 종료를 제어하는 요구/응답 구조로서 TCP와 UDP에 모두 사용할 수 있으며, 각 사용자를 구분하기 위해 이메일 주소와 비슷한 (A) URL을 사용함으로써 IP 주소에 종속되지 않고 서비스를 받을 수 있다.

① IRC(Internet Relay Chat)
② HEVC/H.265(High Efficiency Video Coding)
③ MIME(Multipurpose Internet Mail Extensions)
④ SIP(Session Initiation Protocol)

26 패킷 교환망의 특징으로 옳지 않은 것은?

① 연결설정에 따라 가상회선과 데이터그램으로 분류된다.

② 메시지를 보다 짧은 길이의 패킷으로 나누어 전송한다.

③ 망에 유입되는 데이터의 양이 많아질수록 전송 속도가 빠르다.

④ 블록킹 현상이 없다.

27 Multiplexing 방법 중에서 다중화 시 전송할 데이터가 없더라도 타임 슬롯이 할당되어 대역폭의 낭비를 가져오는 다중화 방식은?

① TDM(Time Division Multiplexer)

② STDM(Statistical Time Division Multiplexing)

③ FDM(Frequency Division Multiplex)

④ FDMA(Frequency Division Multiple Access)

[3과목 NOS]

28 웹 서버 관리자는 아래 지문에서 이야기한 공격에 대응하기 위해 인터넷 정보 서비스 관리자에 설정하지 않아야 하는 것은?

> 문서의 저장 및 열람이 가능하다면 문서의 취약점(백업 파일 및 소스 코드, 스크립트 파일 등)을 이용해 악의적인 목적을 갖고 있는 사람들에게 탈취 및 웹 서버의 공격이 이루어진다.

① HTTP 응답 헤더

② 디렉터리 검색

③ SSL 설정

④ 인증

29 서버 담당자 LEE 사원은 회사 전산실에 Windows Server 2016을 구축하고, Hyper-V 가상화 기술을 적용하려고 한다. Hyper-V에 대한 설명으로 옳지 않은 것은?

① 하드웨어 사용률을 높여 물리적인 서버의 운영 및 유지 관리 비용을 줄일 수 있다.

② 서버 작업을 실행하는데 필요한 하드웨어 양을 줄일 수 있다.

③ 테스트 환경 재현 시간을 줄여 개발 및 테스트 효율성을 향상시킬 수 있다.

④ 장애 조치 구성에서 필요한 만큼 물리적인 컴퓨터를 사용하므로 서버 가용성이 줄어든다.

30 Linux 시스템 관리자는 John 사원의 계정인 John의 패스워드 정책을 변경하기 위해 아래 지문과 같이 입력하였다. 10일 전 암호변경 경고를 위한 명령으로 (   ) 안에 알맞은 옵션은?

```
$ sudo chage - m 2 - M 100 (      ) -1
10-E
2021-12-25 John
```

① - m 10   ② - L 10

③ - i 10   ④ - W 10

31 Linux 시스템 담당자 Park 사원은 Linux 시스템 운영관리를 위해 시스템이 부팅할 때 생성된 시스템 로그를 살펴보고자 한다. 하드웨어적인 이상 유무나 디스크, 메모리, CPU, 커널 등의 이상 유무를 확인할 수 있는 로그 파일은?

① /var/log/cron

② /var/log/lastlog

③ /var/log/dmesg

④ /var/log/btmp

32 bind 패키지를 이용하여 네임 서버를 구축할 경우 '/var/named/icqa.or.kr.zone'의 내용이다. 설정의 설명으로 옳지 않은 것은?

```
$ORIGIN icqa.or.kr.
$TTL 1D
@ IN SOA ns.icqa.or.kr webmaster.icqa.
or.kr. (
2018113000;Serial Number
3H ; Refresh
10M ; Retry
1W ; Expire
1D); Minimum TTL
IN NS ns
IN MX 10 mail
ns IN A 192.168.100.1
mail IN A 192.168.1002.2
WWW IN A 192.168.100.3
```

① ZONE 파일의 영역명은 'icqa.or.kr'이다.
② 관리자의 E-Mail 주소는 'webmaster.icqa.or.kr'이다.
③ 메일 서버는 10번째 우선순위를 가지며 값이 높을수록 우선순위가 높다.
④ 'www'의 FQDN은 'www.icqa.or.kr'이다.

33 'netstat' 명령어에 사용하는 옵션 설명에 대해 옳지 않은 것은?

① -r : 라우팅 테이블을 표시한다.
② -p : PID와 사용 중인 프로그램명을 출력한다.
③ -t : 연결된 이후에 시간을 표시한다.
④ -y : 모든 연결에 대한 TCP 연결 템플릿을 표시한다.

34 다음과 같이 파일의 원래 권한은 유지한 채로 모든 사용자들에게 쓰기 가능한 권한을 추가부여할 때, 결과가 다른 명령어는 무엇인가?

```
-rw-r--r-- 1 root root 190 5월 19
16:40 file
```

① chmod 666 file
② chmod a+w file
③ chmod ugo+w file
④ chmod go=w file

35 서버 담당자 Park 사원은 데이터를 안전하게 보호하는 일을 하기 위해 BitLocker 기능을 사용하고자 한다. BitLocker를 사용하기 위해서 메인보드와 BIOS에서 지원해야 하는 기능은 무엇인가?

① FSRM
② NTLM
③ TPM
④ Heartbeat

36 Windows Server 2016 DHCP 서버의 주요 역할의 설명으로 맞는 것은?

① 동적 콘텐츠의 HTTP 압축을 구성하는 인프라를 제공한다.
② TCP/IP 네트워크에 대한 이름을 확인한다.
③ IP 자원의 효율적인 관리 및 IP 자동 할당한다.
④ 사설 IP주소를 공인 IP 주소로 변환해 준다.

37 TCP 3Way-handshaking 과정 중 클라이언트가 보낸 연결 요청에서 패킷을 수신한 서버는 LISTEN 상태에서 무슨 상태로 변경되는가?

① SYN_SENT
② SYN_RECEIVED
③ ESTABLISHED
④ CLOSE

38 Windows Server 2016의 이벤트 뷰어에서 로그온, 파일, 관리자가 사용한 감사 이벤트 등을 포함해서 모든 감사된 이벤트를 보여주는 로그는?

① 응용 프로그램 로그
② 보안 로그
③ 설치 로그
④ 시스템 로그

39 Linux 시스템에 새로운 사용자를 등록하려고 한다. 유저 이름은 'network'로 하고, 'icqa'라는 그룹에 편입시키는 명령은?

① useradd -g icqa network
② useradd network
③ userdel -g icqa network
④ userdel network

40 윈도우 서버에서 FTP(File Transfer Protocol)을 구축 운영하기 위해 먼저 설치 되어 있어야 하는 서버는 무엇인가?

① Active Directory
② 도메인 네임 시스템(Domain Name System)
③ 인터넷 정보 서비스(Internet Information Services)
④ 데이터베이스 서버

41 Windows Server 2016의 윈도우 서버 백업 실행 방법은?

① diskmgmt.msc
② wbadmin.msc
③ hdwwiz.cpl
④ fsmgmt.msc

42 Linux의 vi(Visual Interface) 명령어 중 문자 하나를 삭제할 때 사용하는 명령어는?

① dd
② x
③ D
④ dw

43 Linux에서 현재 사용 디렉터리 위치에 상관없이 자신의 HOME Directory로 이동하는 명령은?

① cd HOME
② cd /
③ cd ../HOME
④ cd ~

44 Linux 시스템에서 일반적으로 사용자 암호 정보를 가지는 디렉터리는?

① /etc
② /sbin
③ /home
④ /lib

45 Linux에서 'ifconfig' 명령어를 설치하여 네트워크 인터페이스 카드를 동작시키려고 한다. 명령어에 대한 사용이 올바른 것은?

① ifconfig 192.168.2.4 down
② ifconfig eth0 192.168.2.4 up
③ ifconfig -up eth0 192.168.2.4
④ ifconfig up eth0 192.168.2.4

[4과목 네트워크 운용기기]

46 OSI 참조 모델의 물리 계층에서 작동하는 네트워크 장치는?

① L3 Switch
② Bridge
③ Router
④ Repeater

47 한 대의 스위치에서 네트워크를 나누어 마치 여러 대의 스위치처럼 사용할 수 있게 하고, 하나의 포트에 여러 개의 네트워크 정보를 전송할 수 있게 해 주는 기능은?

① 스패닝 트리 프로토콜
② 가상 랜(Virtual LAN)
③ TFTP 프로토콜
④ 가상 사설망(VPN)

48 RAID의 구성에서 미러링 모드 구성이라고도 하며 디스크에 있는 모든 데이터는 동시에 다른 디스크에도 백업되어 하나의 디스크가 손상되어도 다른 디스크의 데이터를 사용할 수 있게 한 RAID 구성은?

① RAID 0
② RAID 1
③ RAID 2
④ RAID 3

49 아래 지문은 라우팅의 Distance Vector 방식을 설명한 것인다. 이에 해당하지 않는 프로토콜은 무엇인가?

> 네트워크 변화 발생 시 해당 정보를 인접한 라우터에 정기적으로 전달하고, 인접 라우터에서는 라우팅 테이블에 정보 갱신한다. 최단 경로를 구하는 벨만 포드 알고리즘(Bellman-Ford algorithm) 기반으로 한다.

① IGRP
② RIP
③ BGP
④ OSPF

50 게이트웨이(Gateway)에 대한 설명으로 옳지 않은 것은?

① OSI 참조 모델에서 전송 계층만 연결하는 네트워크 장비이다.
② 두 개의 완전히 다른 네트워크 사이의 데이터 형식을 변환하는 장치이다.
③ 데이터 변환의 기능을 가지고 있어 네트워크내의 병목 현상을 일으키는 지점이 될 수 있다.
④ 프로토콜이 다른 네트워크 환경들을 연결할 수 있는 기능을 제공한다.

PART
07

최신 기출 문제
해설 및 정답

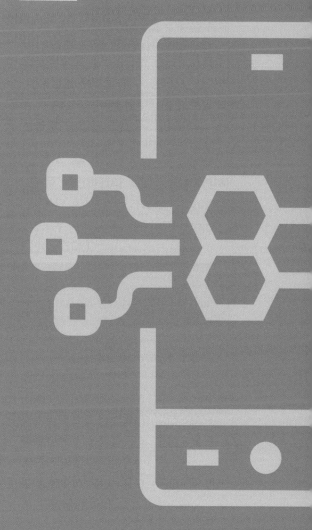

01	③	11	③	21	③	31	④	41	④
02	④	12	①	22	②	32	④	42	①
03	①	13	④	23	④	33	②	43	④
04	③	14	④	24	②	34	③	44	①
05	④	15	③	25	①	35	①	45	①
06	②	16	①	26	④	36	④	46	②
07	②	17	④	27	①	37	①	47	②
08	①	18	④	28	①	38	①	48	①
09	④	19	①	29	④	39	④	49	②
10	④	20	③	30	①	40	①	50	③

01 TCP/IP 구성 파라미터를 확인할 수 있는 명령어 혹은 유틸리티는 ipconfig이다.

02 송수신 간의 세션이 먼저 수립되어야 하는 것은 TCP이다.

03 TTL이 0이 되면 전송하는 IP 패킷은 폐기된다.

04 D class의 범위는 224.0.0.0 ~ 239.255.255.255로 멀티캐스트용으로 사용된다.

05 서브넷 마스크가 '255.255.255.224'인 경우 호스트 ID 비트수는 5개이다. 따라서 최대 사용 가능한 호스트 수는 $2^5-2=30$이다.

06 ① Version : 버전을 나타냄
　　③ Next Header : 확장된 헤더가 있는 값을 표시해 줌
　　④ Hop Limit : IPv4의 TTL과 같은 역할

07 MTU(최대 전송 단위)는 헤더와 데이터를 포함하여 네트워크 계층 프로토콜에서 지원되는 최대 패킷 크기(바이트)이다. MTU를 초과하는 데이터들은 분할되어 전송된다.

08 ARP와 RARP는 네트워크 계층에서 동작하며, 인터넷 주소와 물리적 하드웨어 주소를 변환하는데 관여한다.

09 • localhost는 컴퓨터에서 사용하는 루프백 호스트명으로, 자신의 컴퓨터를 의미한다.
　　• IPv4에서의 IP 주소는 127.0.0.1이며, IPv6에서는 ::1로 변환된다.

10 ① DHCP : 호스트의 IP 주소와 각종 TCP/IP 프로토콜의 기본 설정을 클라이언트에게 자동적으로 제공해주는 프로토콜
　　② ARP : IP 주소를 기반으로 물리적 주소를 매칭시켜주는 프로토콜
　　③ BOOTP : 부팅 호스트가 사용자의 관리 없이 동적으로 구성할 수 있게 해주는 프로토콜

11 IP에서의 오류 제어를 위하여 사용되며, 시작지 호스트의 라우팅 실패를 보고하는 프로토콜은 ICMP(Internet Control Message Protocol)이다.

12 https는 Tcp/443번 포트를 사용한다. SSL기반의 암호화이기 때문에 인증이 반드시 필요하다.

13 Tcp/22번을 이용한다.

14 3-way Handshaking의 송수신 플래그는 아래와 같다.

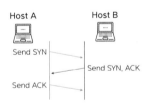

15 UDP를 구성하는 4개의 필드는 송신지 포트 번호, 수신지 포트 번호, Checksum, 전체 데이터 전송 길이이다.

16 RIP은 거리 백터 라우팅 프로토콜로 라우팅 메트릭은 홉 수이다. 최대 홉 수를 15로 제한하여 목적지로 가기 위해 걸쳐 갈 수 있는 라우터의 개수를 제한하고 있다.

17 nslookup은 DNS 서버에 질의하여, 도메인의 정보를 조회하는 명령어이다.

18 패킷 교환기는 여러 목적지에 분할된 패킷을 비순차적으로 전송한다.

19 ② Error Control : 정보의 신뢰성을 부여하는 것으로 ACK를 특정시간 동안 받지 못하면 재전송하는 기능이다. .
　　③ Sequence Control : 데이터 전송 과정에서 먼저 전송된 패킷이 나중에 도착되어 수신측 노드에서 패킷의 순서를 배치한다.

① Connection Control : 데이터를 교환하기 전에 송수신지 간에 논리적 연결절차를 정의한다.

20 ① VLAN : 논리적으로 분할된 스위치 네트워크로 물리적인 배선에 상관없이 Broadcast Packet이 전달되는 범위를 임의로 나눈 LAN
② NAT : 네트워크 주소 변환기로 내부/외부 네트워크 주소를 임의의 주소로 변환하는 것
④ Public Network : 일반 사용자들이 액세스할 수 있는 시스템 네트워크

21 ① Transport Layer : 연결 지향 데이터 스트림 지원, 신뢰성, 흐름 제어, 그리고 다중화와 같은 편리한 서비스를 제공
② Datalink Layer : 인접한 네트워크 노드끼리 데이터를 전송하는 기능과 신호가 전달되는 동안 오류가 포함되는지를 감지한다. 오류가 감지되면 데이터 링크 계층은 해당 데이터를 폐기한다.
④ Application Layer : 웹이나 이메일과 같은 서비스를 제공하는 계층이다. 각 서비스는 자신만의 독자적인 프로토콜을 가지고 있다.

22 ① 링형 구성 : 각 컴퓨터가 양쪽의 컴퓨터와 점대점으로 연결되어 고리처럼 순환형으로 구성된 형태
③ 버스형 구성 : 여러 대의 컴퓨터가 멀티포인트로 연결되어 구성된 형태
④ 트리형 구성 : 각 컴퓨터가 계층적으로 연결되어 있는 구성 형태로 나뭇가지가 사방으로 뻗어 있는 것과 유사한 형태

23 구리선 케이블은 페어선으로 수 Mbps 정도, 동축 케이블은 수백 Mbps 정도가 실용상 한도였으나 광섬유 케이블은 Gbps 이상 폭 넓은 주파수 대역 신호를 전송할 수 있다.

24 IPv6는 클래스 개념이 없으며 브로드캐스트가 아니라 멀티캐스트 방식을 패킷을 전송한다.

25 ② IPS(Intrusion Prevention System) 외/내부 네트워크로부터 침입하는 네트워크 패킷을 찾아 제어하는 기능을 가진 시스템(침입 차단 시스템)
③ IDS(Intrusion Detection System) : 네트워크에서 발생하는 비정상적인 사용과 오용, 남용 등의 행위를 실시간으로 탐지하여 경고 메세지를 보내주고 대응하는 시스템(침입 탐지 시스템)
④ IOS(International Organization for Standardization) : 국제 표준화 기구로 여러 나라의 표준 제정 단체들의 대표들로 이루어진 국제적인 표준화 기구

26 4세대 이동통신의 기술 표준은 LTE와 WiMAX이며 100Mbps ~ 1Gbps의 초고속 데이터를 전송한다는 특징을 가진다.

27 ② Bridge : 데이터 링크 계층 장비
③ Repeater : 물리 계층 장비
④ LAN Card : 데이터 링크 계층 장비

28 ② chgrp : 파일 또는 디렉터리의 소유 그룹을 변경하는 명령어
③ chmod : 파일, 디렉터리의 권한을 변경하는 명령어
④ usermod : 사용자의 셸, 홈 디렉터리, 그룹, UID, GID 등을 사용자 관련하여 대부분의 정보를 변경하는 명령어

29 /usr는 사용자들이 사용하는 디렉터리로 새로 설치되는 프로그램들이 저장된다.

30 GRUB(GRand Unified Boot loader)는 윈도우 운영체제와 리눅스 운영체제 등에서 모두 사용할 수 있는 멀티 부트 로더이다. GRUB은 하드디스크의 첫 번째 부트 섹터인 MBR(Master Boot Recoder)에 저장된다.

31 동일한 그룹에 속한 사용자는 읽기와 실행 권한을 갖는다.

32 명령어 top은 리눅스 시스템의 CPU 상황을 실시간으로 모니터링하거나 프로세스 관리할 수 있는 유틸리티이다.

33 패스워드는 히든(hidden)으로 처리되어 있다. 실제 패스워드는 /etc/shadow에 저장되어 있다.

34 ① named : 호스트 네임을 IP 주소로 변환하는 DNS 데몬
② httpd : HTTP 프로토콜을 지원하는 데몬
④ xinetd : inetd 프로토콜을 지원하는 데몬

35 예약된 재부팅을 취소할 때 옵션 -c를 사용한다.

36 TTL은 조회(lookup)한 도메인의 정보를 메모리상에 임시 저장하는 시간(캐싱)으로 최대한 길게 잡는 것이 좋다. TTL 값이 길면 DNS 부하가 줄어든다.

37 ② 역방향 조회 영역에서 이름은 'x.x.x.in-addr.arpa'의 형식으로 구성되는데 'x.x.x'는 IP 주소 범위이다.
③ 정방향 조회 영역은 도메인 주소를 IP 주소로 변환하는 영역이다.
④ 정방향 조회 영역은 외부 질의에 대해 어떤 IP 주소를 응답할 것인가를 설정한다.

38 ② MX : 메일 교환 레코드로 메일을 수신할 서버를 지정하는 레코드
③ A : IP 주소와 도메인 주소를 매핑할 때 사용하는 레코드
④ PTR : IP 주소에 대한 도메인 주소를 확인할 수 있는 레코드

39 ① named.conf : DNS 서버 환경 설정 파일
② smb.conf : 삼바 서버 설정 파일
③ lilo.conf : 부트로더 설정 파일

40 ② msconfig : 윈도우 시동 절차의 문제를 해결하는 데 사용하는 유틸리티
③ dfrg : 디스크 조각 모음은 로컬 볼륨을 분석하고 조각난 파일과 폴더를 찾아 통합하는 시스템 유틸리티
④ secpol : 로컬 보안 정책 설정 유틸리티

41 이벤트 뷰어의 전역로그는 다음과 같다. 사용자 권한은 Windows 로그에 속하지 않는다.

42 ② NTLM : NTLM (NT LanMan)은 Windows NT 제품군의 모든 구성원이 사용하는 인증 절차로, 클라이언트의 신원을 확인하기 위해 challenge/response 절차를 사용
③ Encryption : 전송하고, 수신하고, 저장하는 정보를 해독할 수 없도록 정보를 비밀 코드로 변환하는 기술적 프로세스
④ vTPM : TPM(Trusted Platform Module) 기기의 가상화 버전으로, 시스템에 대한 액세스를 인증하는 데 사용하는 객체(❶) 키 및 인증서)를 보호하는 가상의 기기

43 root는 리눅스에서 관리자 계정이다. 독립 실행형 서버의 빌트인(built in) 사용자 계정은 Administrator, Default Account, Guest이다.

44 ② 중첩 가상화 : 가상 컴퓨터(VM) 내에서 Hyper-V를 실행할 수 있는 기능
③ gpupdate(group policy update) : 컴퓨터 정책과 사용자 정책의 변경내용을 업데이트 시도
④ Nano Server : Windows Server 2016에서 새롭게 추가된 설치 옵션으로 사설 클라우드 및 데이터 센터에 최적화된 원격 관리 서버 운영체제

45 ② FTP(File Transfer Protocol) : 서버와 클라이언트 사이의 파일 전송을 하기 위한 프로토콜
③ DFS(Distribute File System) : 컴퓨터 네트워크를 통해 공유하는 여러 호스트 컴퓨터의 파일에 접근할 수 있게 하는 파일 시스템
④ Apache Server : HTTP 웹 서버 소프트웨어

46 로드 밸런싱(Load Balancing)은 컴퓨터 네트워크 기술의 일종으로 둘 혹은 셋 이상의 중앙처리장치 혹은 저장장치와 같은 컴퓨터 자원들에게 작업을 나누는 것을 의미한다. 로드 밸런싱을 통해 시스템 부하를 피할 수 있다.

47 ① 클라이언트-서버 컴퓨팅 : 서비스 요청자인 클라이언트와 서비스 자원의 제공자인 서버 간에 작업을 분리해 주는 분산 애플리케이션 구조이자 네트워크 아키텍처
③ 웨어러블 컴퓨팅 : 안경, 시계, 의복 등과 같이 착용할 수 있는 형태로 된 컴퓨터

④ 임베디드 컴퓨팅 : 기계나 기타 제어가 필요한 시스템에 대해 제어를 위한 특정 기능을 수행하는 컴퓨터 시스템

48 ② 허브 : 트위스트 페어 케이블 사용 시 이용되는 네트워크 케이블 집선 장치이다.
③ 리피터 : 케이블의 중계점에서 신호를 전기적으로 증폭한다.
④ 피지컬 어드레스의 캐시 테이블은 3계층 이상의 장비는 모두 포함하고 있다.

49 ① Router : 최적경로 선정 장비로 네트워크 계층 장비
③ Bridge : 포워딩 기능을 가진 데이터 링크 계층 장비
④ Gateway : 이기종 또는 동기종 망을 연결시켜주는 네트워크 계층 장비

50 10Base-T은 이더넷 초기 표준이다.

01	③	11	①	21	③	31	③	41	③
02	②	12	③	22	③	32	③	42	④
03	④	13	①	23	③	33	③	43	②
04	①	14	③	24	①	34	②	44	①
05	①	15	④	25	③	35	④	45	③
06	④	16	③	26	④	36	①	46	②
07	②	17	①	27	①	37	④	47	④
08	③	18	④	28	②	38	①	48	②
09	④	19	③	29	①	39	④	49	②
10	③	20	②	30	③	40	②	50	④

01 C class의 시작 주소 대역대는 192 ~ 223이다.

02 서브넷 마스크가 '255.255.255.240'인 경우 호스트 ID 비트 수는 4이다. 따라서 최대 사용 가능한 호스트 수는 $2^4-2=14$이다.

03 ① Version : IPv4 또는 IPv6인지를 나타냄
   ② Priority : IP 패킷마다 서로 다른 서비스 요구사항을 구분하기 위함, 민감한 실시간 응용 및 긴급하지 않은 데이터 패킷 간의 차별적 구분 가능
   ③ Next Header : 기본 헤더 다음에 위치하는 확장 헤더의 종류를 표시

04 확인 응답 번호(Acknowledgment Number)은 TCP 헤더를 구성하는 필드 중 하나이다.

05 ICMP에서 Echo Request의 type은 8, code는 0이다.

06 WWW – 80

07 브로드캐스트는 메시지가 한 호스트에서 망상의 다른 모든 호스트로 전송되는 패킷이며, 멀티캐스트는 메시지가 한 호스트에서 망상의 특정 그룹 호스트들로 전송되는 패킷이다.

08 Port Number는 4계층 프로토콜인 TCP와 UDP 헤더에 포함되는 필드명이다.

09 ① 7계층 : 메시지 또는 데이터
   ② 4계층 : 세그먼트
   ③ 3계층 : 패킷

10 FTP와 SMTP는 TCP 기반의 응용 계층 프로토콜이며, SNMP는 UDP 기반의 응용 계층 프로토콜이다.

11 DNS는 정방향 조회와 역방향 조회를 수행한다. 역방향 조회는 IP Address를 호스트 이름으로 변환하는 역할을 수행한다.

12 ① Ping : 컴퓨터 네트워크 상태를 점검, 진단하는 명령
   ② ICMP : IP 패킷 처리 시 발생되는 문제를 알리거나 진단을 위해 사용되는 3계층 프로토콜
   ④ SMTP : 이메일 송신 프로토콜

13 ㉠ $2^X ≒ 6$(X=3, X는 Subnet ID 비트 개수)
   ㉡ 16+3=19(16은 B class의 Network ID 비트 수, 3는 Subnet ID 비트 개수)
   ㉢ /19을 서브넷 마스크로 변환하면 255.255.224이다.

14 압축화(Compression)는 6계층 기능이다.

15 ① Source Port : 출발지가 클라이언트일 경우 일반적으로 1024 이상으로 설정된다.
   ② Destination Port : 목적지가 서버일 경우 일반적으로 1024 미만으로 설정된다.
   ③ Length : 헤더와 데이터를 포함한 전체 길이를 바이트 단위로 표시한다.

16 ① Telnet : 사용자 컴퓨터에서 원격지 서버에 접속하여 자료를 교환할 수 있는 프로토콜
   ② FTP : 파일 전송 프로토콜
   ④ NNTP : 뉴스 서버 간에 유즈넷 뉴스 기사를 전송하고 최종 사용자 클라이언트 애플리케이션에 기사를 구독, 게시를 위한 애플리케이션 프로토콜

17 ② ARP : IP Address를 MAC Address를 변환시켜주는 프로토콜
   ③ TCP/IP : 데이터가 의도된 목적지에 닿을 수 있도록 보장해 주는 통신 모델
   ④ DHCP : 네트워크상에서 동적으로 IP 주소 및 기타 구성정보 등을 부여/관리하는 프로토콜

18 다중화(Multiplexing)은 하나의 고속 통신 회선을 다수의 단말기가 공유할 수 있도록 하는 것이다.

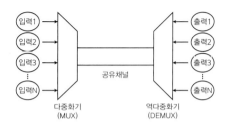

19 Loop/Echo는 네트워크상의 충돌체크를 위한 제어 데이터이다.

20 데이터 링크 계층은 2개의 서브 계층인 논리 링크 제어와 매체 액세스 제어 계층으로 구성되어 있다.

21 • 3계층 프로토콜 – IP, ICMP
   • 4계층 프로토콜 – TCP, UDP
   • 5계층 프로토콜 – NetBEUI

22 중계장비(허브/스위치)가 고장나면 해당 장비와 연결된 단말장치들의 데이터 전송에 영향을 준다.

23 NAT는 외부 네트워크에 알려진 것과 다른 IP 주소를 사용하는 내부 네트워크에서 IP 주소를 변환하는 역할을 수행한다.

24 ② 상호 변조 잡음 : 서로 다른 주파수들이 똑같이 전송 매체를 공유할 때 서로의 합과 차에 대한 신호를 계산함으로써 발생하는 잡음
   ③ 지연 왜곡 : 전송 매체를 통한 신호의 전달 속도가 주파수의 가변적 속도에 따라 왜곡되는 현상
   ④ 누화 잡음 : 한 신호 채널이 다른 신호 채널과 원치 않는 결합을 하여 생성되는 잡음

25 서브넷팅 시 서브넷팅된 그룹에 포함되는 호스트 수는 줄어든다.

26 ① Fin Tech : 금융(Finance)과 기술(Technology)의 합성어로, 모바일, 빅 데이터, SNS 등의 첨단 정보 기술을 기반으로 한 금융서비스 및 산업의 변화를 통칭
   ② Big Data : 대량의 정형 또는 심지어 데이터베이스 형태가 아닌 비정형의 데이터 집합조차 포함한 데이터로부터 가치를 추출하고 결과를 분석하는 기술
   ③ Data Mining : 대규모로 저장된 데이터 안에서 체계적이고 자동적으로 통계적 규칙이나 패턴을 분석하여 가치있는 정보를 추출하는 과정

27 ② Wireless Mesh Network : 무선 AP와 이동노드가 혼합된 멀티홉 기반의 무선 Ad-hoc 네트워크
   ③ Virtual Private Network : 공중망 내에서 마치 단일 회사만 전용선처럼 사용하는 기술
   ④ Wireless Sensor Network : 물리적 또는 환경적 조건을 모니터링하기 위해 센서를 사용하는 독자적인 디바이스로 구성된 무선 네트워크

28 명령어 cd 형식은 cd [디렉터리 경로]이다. 디렉터리 경로 '.'은 현재 디렉터리로 이동, '~'은 사용자 홈 디렉터리로 이동하는 명령어이다.

29 useradd는 새로운 사용자를 등록하는 명령어로 옵션 '-g 그룹명'은 생성되는 계정을 지정된 그룹명에 포함시킨다.

30 ① /boot : 시스템이 부팅될 때 부팅 가능한 커널 이미지 파일을 저장하는 디렉터리
   ② /etc : 파일 설정 파일을 저장하는 디렉터리
   ④ /lib : 커널이 필요로하는 커널 모듈 파일들과 프로그램에 필요한 각종 라이브러리 파일들을 저장하는 디렉터리

31 shutdown은 컴퓨터 전원끄기 및 재부팅 명령어
   [명령어 형식] shutdown [옵션] [시간] "메세지"
   옵션 –r은 시스템 재부팅하며, 시간 now는 명령어를 수행하는 순간 시스템을 종료한다.

32 책임자 필드에는 전자 메일 주소를 등록한다. 메일 주소는 '@'기호 대신에 마침표를 사용한다.

33 DHCP 서버는 DHCP 클라이언트에게 네트워크 환경 구성정보(IP 주소, 서브넷 마스크, 게이트웨이 주소, DNS 주소)를 자동으로 할당하는 시스템으로 망 내의 IP 자원을 효율적으로 관리한다.

34 ① 502(Service Unavailable) : 서버가 게이트웨이나 프록시 역할을 하고 있거나 또는 업스트림 서버에서 잘못된 응답을 받았을 경우
   ③ 503(Bad Request) : 서버가 오버로드 되었거나 유지관리를 위해 다운되었기 때문에 현재 서버를 사용할 수 없는 경우
   ④ 500(Internal Server Error) : 서버에 오류가 발생하여 요청을 수행할 수 없는 경우

35 ① mv : 파일이나 디렉터리를 이동시키는 명령어
   ② cp : 파일과 디렉터리를 복사하는 명령어
   ④ file : 파일의 확장자나 속성을 확인하는 명령어

36 ② Kernel : 명령어 실행기로 사용자 프로그램과 하드웨어 장치 사이의 인터페이스로 프로세스 스케줄링 등 시스템의 여러 부분을 제어
   ③ Utility Program : 운영체제에서 제공하는 것 외에 추가적인 기능을 제공하여 컴퓨터의 작업을 편리하게 도와주는 소프트웨어
   ④ Hierarchical File System : 애플 메킨토시 컴퓨터 및 기타 MAC OS를 사용하는 시스템의 파일 시스템

37 데몬은 리눅스 서버가 부팅하면서 자동으로 시작할 수 있도록 설정할 수 있지만, 데몬 관리도구(예 System-config-service) 또는 명령어를 이용하여 서버가 활성화된 상태에서도 활성화 할 수 있다.

38 ② Server Core : 필요한 구성요소만 시스템에 설치
하는 방식으로 명령줄 인터프리터 창을 통하여 모든
작업을 수행한다.
③ 터미널 서비스 : 터미널 에뮬레이터 역할을 하는 소
프트웨어를 통해 서버 데스크톱에 대한 원격 접속을
제공한다.
④ Power Shell : 대화형 프롬프트와 독립적으로 또는
조합해 사용가능한 스크립트 환경을 포함하는 새로
운 windows 명령줄 도구이다.

39 ① A : 정방향 조회에 사용되는 레코드
② AAAA : IPv4의 A 레코드와 동일, IPv6의 DNS 리
소스 레코드
④ SOA : 영역을 생성할 때 기본적으로 등록되는 레코
드로 새로 등록되거나 삭제할 수 없고 정보만 읽고
수정 가능

40 ① 그룹 정책 관리 : 관리자가 사용자와 컴퓨터의 사용
권한을 중앙에서 제어할 수 있도록 하여 관리 작업
을 단순화한다.
③ NTFS 쿼터 : 윈도우 파일 서버의 사용 용량을 제한
하는 것으로 사용자마다 사용할 수 있는 디스크 공
간 크기를 제한한다.
④ BitLocker : 드라이브 자체에 대한 암호화를 지원하
여 암호화된 드라이브에 새 파일을 추가하면 자동으
로 해당 파일을 암호화하여 기밀성을 보장한다.

41 ① FSRM(File Server Resource Manager, 파일 서버
소스 매니저는 Windows Server 파일 서버에서 데
이터를 관리 및 분류하는 데 사용할 수 있는 도구이
다.
② NTLM(NT LAN Manager)는 윈도우에서 제공하
고 있는 인증 프로토콜 중 하나로 'Challenge–
Response(도전–응답)'라고 불리는 인증 프로토콜
방식을 사용한다.
④ Heartbeat는 AD에서 장애조치 클러스터 내의 노드
들의 상태 확인을 위한 전용 네트워크 어댑터이다.

42 ① dsadd : 개체 추가 명령어
② dsmod : 개체 수정 명령어
③ dsrm : 개체 삭제 명령어

43 ① Backup Operators : 파일을 복원하고 복구할 수
있는 권한을 가진 그룹
③ Power Users : 컴퓨터 액세스, 로컬 로그온 허용,
시스템 시간 바꾸기, 단일 프로세스 프로필, 컴퓨터
를 도킹 스테이션에서 제거, 시스템 종료하는 권한을
가진 그룹
④ Replicator : 복제 기능을 지원하는 그룹으로 기본
사용자 권한은 없음

44 ② DirectAccess Server : 클라이언트 컴퓨터에 별도
의 VPN 프로그램 설치 없이 회사 외부 네트워크에
서 회사 내부 네트워크로 연결시켜 주는 서버

③ 클라우드 폴더 : 클라우드 폴더를 통해 사용자는 개
인용 컴퓨터 및 디바이스에 작업 파일을 저장하고
여기에 액세스할 수 있음. 즉, 사용자는 작업 파일을
저장하고 어디에서나 액세스할 수 있는 편리한 위치
를 얻을 수 있음
④ Nano Server : Windows Server 2016에서 새롭
게 추가된 설치 옵션으로 사설 클라우드 및 데이터
센터에 최적화된 원격 관리 서버 운영체제

45 GRUB(GRand Unified Boot loader)은 윈도우 운영체
제와 리눅스 운영체제 등에서 모두 사용할 수 있는 멀
티부트로더이다. GRUB은 하드디스크의 첫 번째 부트
섹터인 MBR(Master boot Recoder)에 저장된다.

46 MAC 주소는 48비트 주소체계를 사용한다. 앞자리 24
비트는 제조 회사 번호를 뒷자리 24비트는 LAN 카드
의 일련 번호를 나타낸다.

47 컴퓨터와 Access Point 사이의 거리에 따라 전송 속도
가 달라진다.

48 ① Repeater ; 물리 계층(1계층) 장비
③ Bridge : 데이터 링크(2계층) 계층 장비
④ NIC : 데이터 링크(2계층) 계층 장비

49 ① ARP : IP 주소를 물리적 네트워크 주소로 대응
(bind)시키기 위해 사용되는 프로토콜
③ ICMP : IP 패킷 처리 시 발생되는 문제를 알리거나
진단을 위해 사용되는 3계층 프로토콜
④ DHCP : 네트워크에 접속하는 클라이언트에게 자동
으로 네트워크 환경 구성정보(IP 주소, 서브넷 마스
크, 게이트웨이 주소, DNS 주소)를 분배하기 위해 사
용하는 프로토콜

50 링크 상태 라우팅은 각 라우터 간 경로의 경비를 cost로
계산한다.

01	③	11	④	21	①	31	②	41	④
02	③	12	②	22	①	32	④	42	④
03	①	13	④	23	④	33	④	43	④
04	③	14	①	24	①	34	②	44	③
05	③	15	②	25	①	35	③	45	④
06	③	16	①	26	③	36	②	46	②
07	①	17	②	27	②	37	①	47	④
08	①	18	③	28	②	38	③	48	②
09	①	19	①	29	③	39	②	49	④
10	④	20	③	30	①	40	②	50	②

01 ① ipconfig : 네트워크 인터페이스 카드(NIC)의 설정 상황을 보여주거나 편집하는 명령어
② route : 라우팅 테이블을 확인, 추가, 삭제 명령어
④ netstat : 네트워크 접속, 라우팅 테이블, 네트워크 인터페이스의 통계 정보 등을 보여 주는 명령어

02 서브넷의 개수가 6 일 때,
㉠ $2^x ≒ 6$, $∴ X=3$
㉡ 24+3=27 (C class의 네트워크 ID 비트수는 24개이기 때문)
㉢ /27일 경우 서브넷 마스크는 255.255.255.224이다.

03 ② Dynamic으로 설정된 내용을 Static 상태로 변경하는 ARP 명령어 옵션은 '-s'이다.
③ ARP가 수신지 물리적 주소를 알기 위해 특정 호스트에게 메시지를 전송하고 이에 대한 응답을 기다린다.
④ ARP Cache는 IP Address를 물리적 주소로 매핑한 모든 정보를 유지하고 있다.

04 HTTP : 80번

05 레코드 AAAA는 주어진 호스트에 대해 IPv6 주소를 알려줌

06 ① 메이저 주소를 인식하여 정보를 처리할 수 있다.
② 디스턴스 벡터 알고리즘을 사용하므로, 링크 상태에 대한 변화가 빠르다.
④ 소규모 네트워크에서 주로 사용되며, 기본 라우팅 업데이트 주기는 30초이다.

07 ② Stop and Wait : 전송한 패킷에 대해 확인 응답(ACK)을 받으면 다음 패킷을 전송하는 제어 기법이다.
③ Xon/Xoff : 수신측에 n개의 데이터 블록을 수신할 수 있는 버퍼 저장공간을 확보하고 수신측은 확인 신호 없이 n개의 데이터 블록을 전송하며, 수신측은 버퍼가 찬 경우 제어 정보를 송신측에 보내서 송신

을 일시 정지시키는 흐름 제어이다.
④ CTS/RTS : 802.11 무선 네트워크 프로토콜에서 선택적으로 사용할 수 있는 통신 매커니즘이다. RTS/CTS는 은닉 노드 문제로 알려진 프레임 충돌을 막기 위해 사용한다.

08 IP 주소 충돌은 nbtstat 명령어로 찾을 수 있다. ICMP는 네트워크를 전달되는 데이터의 오류나 상태 정보를 전달해 주는 메시지 프로토콜이다.

09 IGMP는 LAN 구간에서의 멀티캐스트 프로토콜로, 하나의 송신지가 특정 다수에게 데이터를 전송한다.

10 ① IGP : AS 내에서 운영되는 라우팅 프로토콜들로 RIP, OSPF, EIGRP 등이 있다.
② RIP : 거리 벡터 라우팅 프로토콜이다.
③ ARP : IP 주소를 기반으로 물리적 주소를 조회/바인딩하는 프로토콜이다.

11 • localhost는 컴퓨터에서 사용하는 루프백 호스트 명으로, 자신의 컴퓨터를 의미한다.
• IPv4에서의 IP 주소는 127.0.0.1이며, IPv6에서는 ::1로 변환된다.

12 ① 192.168.1.30 – IPv4 주소 표기
③ 00:A0:C3:4B:21:33 – 이더넷 LAN 카드의 MAC 주소 표기
④ 0000:002A:0080:c703:3c75 – 3개의 필드가 생략되어 IPv6 표기법으로는 부적합

13 명령어 'nbtstat – A IP 주소'는 해당 IP 주소를 사용하는 컴퓨터 이름을 알 수 있어 동일한 주소를 사용하는 컴퓨터를 조회할 수 있다.

14 ② TCP : 두 개의 호스트를 연결하고 정해진 순서대로 데이터를 전달하는 것을 보장한다.

③ ARP : IP 주소를 기반으로 물리적 주소를 조회/바인 딩 하는 프로토콜이다.

④ ICMP : IP 패킷을 전송 시 에러보고 및 진단을 전달 해주는 메시지 프로토콜이다.

15 ① SNMP : 네트워크 장비들을 관리, 감시하여 특정 망 의 상태를 파악하는 프로토콜

④ FTP : 파일 전송 프로토콜

16 ② SNMP : 네트워크 장비들을 관리, 감시하여 특정 망 의 상태를 파악하는 프로토콜

③ SSL : 웹 사이트와 브라우저 사이(또는 두 서버 사 이)에 전송되는 데이터를 암호화하여 인터넷 연결을 보호하기 위한 암호화 기반 보안 프로토콜

④ Telnet : 원격지 컴퓨터 접속 지원 인터넷 표준 프로 토콜

17 링크 상태 라우팅 프로토콜에서는 최단 경로 우선 알고 리즘으로 Dijkstra 알고리즘을 적용하고 있다.

18 전진 에러 수정(FEC)은 오류 발생 시 재전송을 요구하 지 않는다. 전진 에러 수정 방법으로 대표적인 것은 해 밍코드이다.

19 ② Frame : 데이터 링크 계층의 데이터 단위

③ Datagram : 네트워크 계층의 데이터 단위

④ User Data : Data 또는 메시지는 애플리케이션층 의 데이터 단위

20 UDP는 전송 계층에 속하는 프로토콜이다.

21 ② F/W : 미리 정의된 보안 규칙에 기반한 들어오고 나 가는 네트워크 트래픽을 모니터링하고 제어하는 네 트워크 보안 시스템

③ IPS(Intrusion Prevention System) 외/내부 네트워 크로부터 침입하는 네트워크 패킷을 찾아 제어하는 기능을 가진 시스템(침입 차단 시스템)

④ IDS(Intrusion Detection System) : 네트워크에서 발생하는 비정상적인 사용과 오용, 남용 등의 행위를 실시간으로 탐지하여 경고 메세지를 보내주고 대응 하는 시스템(침입 탐지 시스템)

22 ② Go back-N ARQ : 에러가 발생한 블록으로 되돌아 가 모든 블록을 재전송

③ Selective-Repeat ARQ : 프레임의 순서에 관계없 이 단지 손실된 프레임만을 재전송

④ Stop-and-Wait ARQ : 송신측은 수신측으로부터 ACK를 수신했을 경우에만 다음 프레임을 전송

23 구리선 케이블은 페어선으로 수 Mbps 정도, 동축 케이 블은 수백 Mbps 정도가 실용상 한도였으나 광섬유 케 이블은 Gbps 이상 폭 넓은 주파수 대역 신호를 전송할 수 있다.

24 ② Actuator : 시스템을 움직이거나 제어하는 기계 장치

③ RFID : 전파를 이용해 원거리에서 정보를 인식하는 기술

④ Access Point : 무선랜을 구성하는 장치중 하나로, 유선랜과 무선랜을 연결시켜주는 장치

25 ② PaaS : 애플리케이션의 개발, 실행 및 관리를 위한 클라우드 플랫폼 제공

③ IaaS : IT 인프라를 제공하는 형태의 클라우드 플랫 폼 제공

④ BPaas : BPaaS(Business Process as a Service) 는 클라우드 서비스 모델을 기반으로 제공되는 BPO(비즈니스 프로세스 아웃소싱)의 한 유형

26 PPTP와 L2TP는 2계층 암호화 프로토콜이며, SSL은 5 계층 암호화 프로토콜이다.

27 ① Wireless Sensor Networks : 센서를 네트워크로 구성한 것

③ Software Defined Networks : 네트워크의 트래픽 전달 동작을 소프트웨어 기반 컨트롤러에서 제어/관 리하는 접근방식

④ Content Delivery Networks : 콘텐츠를 효율적으 로 전달하기 위해 여러 노드를 가진 네트워크에 데 이터를 저장하여 제공하는 시스템

28 ① mem : 각종 명령어와 프로그램의 사용법을 확인할 수 있는 명령어

③ du : 파일과 디렉터리 용량을 확인 할 때 사용하는 명령어

④ cat : 파일 내용을 확인 할 때 사용하는 명령어

29 ① /home : 사용자들의 홈 디렉터리가 있는 곳

② /usr : 시스템이 아닌 일반 사용자들이 주로 사용하 는 디렉터리

④ /tmp : 시스템을 사용하는 모든 사용자들이 공동으 로 사용하는 디렉터리

30 명령어 ps는 현재 실행 중인 프로세스의 목록을 보여 준다. 옵션 -e는 실행 중인 모든 프로세스 정보를 출력 하며, 옵션 -f는 프로세스에 대한 자세한 정보를 출력한 다.

31 패스워드는 히든(hidden)으로 처리되어 있다. 실제 패 스워드는 /etc/shadow에 저장되어 있다.

32 root는 리눅스에서 관리자 계정이다. 독립 실행형 서 버의 빌트인(built in) 사용자 계정은 Administrator, Default Account, Guest이다.

33 리소스 사용량 및 서버 프로세스를 모니터링하려면 Windows Server에 포함된 Windows PerfMon(성능 모니터)을 사용할 수 있다. PerfMon을 사용하여 CPU 를 사용하는 빈도, 사용되고 있는 메모리의 양, 프로세 스에 대한 정보 등을 비롯한 자세한 성능 정보를 수집 할 수 있지만 보안 관련 설정 정보를 확인할 수는 없다.

34 ②번을 제외한 모든 항목은 정방향 조회를 설명하고 있 다.

35 IP 패킷이 목적지에 도착하기 위해 방문하는 게이트웨이의 순서 정보를 알려주는 명령어는 tracert이다.

36 ① Distributed File System : 네트워크로 공유하는 호스트 컴퓨터들의 파일에 접근할 수 있게 하는 파일 시스템
③ 디스크 할낭량 : 사용자별로 사용할 수 있는 디스크 사용량을 제한하는 것
④ RAID : 여러 개의 디스크를 묶어 하나의 디스크처럼 사용하는 기술

37 PowerShell은 DOS 명령어 대부분을 사용한다.

38 ① 파일 시스템과 관련된 특수 파일 : c(입출력 관련 특수 파일), b(디스크 드라이버)
② 디렉터리 : d
④ 심볼릭/하드링크 파일 : l(링크 파일)

39 ① ServerName : 클라이언트에 서버 이름을 호스트 이름 이외의 다른 이름으로 되돌려 주고자 할 때 사용
③ KeepAlive : 웹 서버의 성능을 위해 접속을 끊지 않고 지속적인 접속 유지 설정
④ DocumentRoot : 웹 문서 디렉터리

40 ① NAS : 네트워크에 연결된 기억 장치로 인터넷을 통해 데이터를 주고 받음
③ RAID : 여러 개의 디스크를 묶어 하나의 디스크처럼 사용하는 기술
④ SSD : 비휘발성 반도체 메모를 사용한 대용량 보조 기억장치

41 diskpart는 파티션 작업 명령으로 데이터가 삭제되므로 데이터 백업을 확인 후 사용해야 한다.

42 ① 도메인 : Active directory의 가장 기본 단위로 관리 범위를 구분 짓는 역할
② 트리 : 도메인의 집합
③ 포리스트 : 두 개 이상의 트리로 구성
④ 트러스트는 도메인 또는 포리스트 사이의 신뢰할 여부에 대한 관계를 나타낸다.

43 CSR(Certificate Signing Request)은 인증서 발급에 필요한 정보를 담고 있는 인증서 신청 형식의 데이터이다. CSR에 포함되는 내용으로는 공개키가 포함되며, 인증서가 적용되는 정보 등이 포함된다.

44 IN MX 10 mail
mail IN A 192.168.100.2
→ 해당 도메인의 메일 서버를 지정하는 것으로 서버명은 mail.icqa.or.kr 이며 서버 주소는 192.168.100.2이다.

45 명령어 chmod에서 기호 ' +,-,='는 현재 모드에 권한 추가(+), 현재 모드에서 권한 제거(-), 현재 모드로 권한 지정(=)으로 사용한다.

46 ① RAID 0 : 고장 대비 능력이 없으므로 주요 데이터 저장은 부적합
③ RAID 2 : 기록형 디스크와 데이터 복구용 디스크를 별도로 제공하여 오류 검출
④ RAID 3 : 오류 검출을 위해 패리티 방식 사용

47 리피터는 LAN의 전송 매체상에 흐르는 신호를 정형, 증폭, 중계한다.

48 ① 스패닝 트리 프로토콜 : 스위치에서 이더넷 프레임의 루핑을 방지해 주는 프로토콜
③ TFTP 프로토콜 : UDP 기반의 데이터 전송 프로토콜
④ 가상 사설망(VPN) : 인터넷을 통해 장치 간 사설 네트워크 연결을 생성하는 서비스

49 ① IP Masquerading : 리눅스의 NAT 기능으로써 내부 컴퓨터들이 리눅스 서버를 통해서 인터넷 등 다른 네트워크에 접속할 수 있도록 해주는 기능
② Port Forwarding : 패킷이 라우터나 방화벽과 같은 네트워크 게이트웨이를 가로지르는 동안 하나의 IP 주소와 포트 번호 결합의 통신 요청을 다른 곳으로 넘겨주는 네트워크 주소 변환의 응용
③ Dynamic Address Allocation : IP 주소가 주어진 범위 설정에 따라 가변적으로 바뀜

50 명령어 show running-config은 RAM에 저장되어 있는 환경 설정 내용을 확인할 수 있다.

2021년 네트워크관리사 2급 2회 정답 및 해설

01	③	11	④	21	③	31	④	41	④
02	④	12	②	22	①	32	②	42	②
03	②	13	④	23	②	33	③	43	④
04	②	14	③	24	②	34	①	44	②
05	③	15	④	25	②	35	①	45	③
06	②	16	②	26	③	36	③	46	④
07	④	17	②	27	①	37	①	47	④
08	①	18	③	28	①	38	③	48	①
09	②	19	③	29	①	39	①	49	③
10	③	20	③	30	④	40	④	50	②

01 Class C가 최상위 3비트를 '110'으로 설정한다.

02 ① 메시지 : 애플리케이션층의 데이터 단위
   ② 세그먼트 : 전송 계층의 데이터 단위
   ③ 데이터그램 : 네트워크 계층의 데이터 단위로 패킷을 '데이터그램'이라 부르기도 함

03 한 번에 많은 데이터의 전송에 유리하기 때문에 화상 통신과 같은 실시간 통신에 사용되는 프로토콜은 UDP 이다.

04 Destination Port는 필수 필드로 반드시 수신지 포트가 명시되어 있어야 한다.

05 ① TCP : TCP/IP 프로토콜에서 데이터의 전송 서비스를 규정한다.
   ② UDP : TCP/IP 프로토콜의 IP에서 접속 없이 데이터의 전송을 수행하는 기능을 규정한다.
   ④ ICMP: IP에서의 오류(Error) 제어를 위하여 사용되며, 시작지 호스트의 라우팅 실패를 보고한다.

06 ① ICMP : 네트워크 내에 발생된 오류에 관한 보고 기능
   ③ EGP : AS(Autonomous System) 사이에서 라우팅 정보를 교환해 주는 라우팅 프로토콜
   ④ IGP : AS(Autonomous System) 내에서 라우팅 정보를 교환해 주는 라우팅 프로토콜

07 TTL은 수신지에 도달하기 위해 걸칠 수 있는 최대 홉 수이지 시간(초)가 아니다.

08 https는 Tcp/443 포트를 사용한다. SSL 기반의 암호화이기 때문에 인증이 반드시 필요하다.

09 tracert 명령어를 사용하면 목적지까지 패킷이 지나가는 경로상의 네트워크 장비들을 보여주고 해당 장비의 IP 주소와 응답속도 등의 정보를 확인해서 표시해준다.

10 IP Address를 효율적으로 관리하기 위한 서비스로 IP Address 및 Subnet Mask, Gateway Address를 자동으로 할당해 주는 것은 DHCP이다.

11 위 출력 결과는 지정된 IP 주소에 대한 MAC 주소를 표시한 것이다. 이와 같은 결과는 arp 캐시 정보를 나타낸 것이다.

12 ① URG : Urgent Pointer 필드에 값이 채워져있음을 알리는 플래그
   ③ ACK : 확인 응답 필드에 확인 응답 번호 값이 셋팅됐음을 알리는 플래그
   ④ RST : 연결확립(Established)된 회선에 강제 리셋 요청 플래그

13 ① ALOHA : 가장 오래된 임의 매체 접근 방법으로 각 지국은 전송할 프레임이 있으면 언제든지 전송
   ② CDMA : 서로 다른 코드를 사용하여 하나의 셀에 다중의 사용자가 접속할 수 있도록 하는 기술
   ③ CSMA/CD : IEEE 802.3 유선랜 접속을 위해 NIC 에서 사용하고 있는 다중 접속 프로토콜

14 netstat는 네트워크 연결 상태, 라우팅 테이블, 인터페이스 상태 등을 보여주는 명령어로 옵션 –an은 모든 네트워크 상태 정보와 도메인 정보를 숫자로 표시해준다.

15 SNMP는 IP 네트워크상의 장치로부터 정보를 수집 및 관리하며 또한 정보를 수정하여 장치의 동작을 변경하는데 사용되는 인터넷 표준 프로토콜

16 타입 0은 Echo Reply이며, 타입 8이 Echo Request의 타입 번호이다.

17 서브넷 마스크가 '255.255.255.192'인 경우 서브넷 ID 비트 수는 2개이다(26–24=2). 따라서, 분할 가능한 서브넷 수는 2^2=4개이다.

18 ① 에러 제어 : 데이터 전송 중 발생되는 에러를 검출, 보정한다.
② 순서 제어 : 데이터 전송과정에서 먼저 전송된 패킷이 나중에 도착되어 수신측 노드에서 패킷의 순서를 바르게 제어하는 것이다.
④ 접속 제어 : 접근 제어 또는 액세스 제어는 누군가 무언가를 사용하는 것을 허가하거나 거부하는 기능이다.

19 ① VLAN : 논리적으로 분할된 스위치 네트워크로 물리적인 배선에 상관없이 Broadcast Packet이 전달되는 범위를 임의로 나눈 LAN
② NAT : 네트워크 주소 변환기로 내부/외부 네트워크 주소를 임의의 주소로 변환하는 것
④ Public Network : 일반 사용자들이 액세스할 수 있는 시스템 네트워크

20 ① ICMP(3계층), NetBEUI(2계층)
② IP(3계층), TCP(4계층)
④ NetBEUI(2계층), IP(3계층)

21 ① Transport Layer : 연결 지향 데이터 스트림 지원, 신뢰성, 흐름 제어, 그리고 다중화와 같은 편리한 서비스를 제공
② Data Link Layer : 인접한 네트워크 노드끼리 데이터를 전송하는 기능과 신호가 전달되는 동안 오류가 포함되는지를 감지한다. 오류가 감지되면 데이터 링크 계층은 해당 데이터를 폐기한다.
④ Application Layer : 웹이나 이메일과 같은 서비스를 제공하는 계층이다. 각 서비스는 자신만의 독자적인 프로토콜을 가지고 있다.

22 ② Selective ARQ : 프레임의 순서에 관계없이 단지 손실된 프레임만을 재전송
③ Adaptive ARQ : 데이터 전송 블록을 채널 상태에 따라 동적으로 변경하여 전송
④ Stop-and-Wait ARQ : 송신측은 수신측으로부터 ACK를 수신했을 경우에만 다음 프레임을 전송

23 IPv6는 클래스 개념이 없으며 브로드캐스트가 아니라 멀티캐스트 방식을 패킷을 전송한다.

24 ① 링형 구성 : 각 컴퓨터가 양쪽의 컴퓨터와 점대점으로 연결되어 고리처럼 순환형으로 구성된 형태
③ 버스형 구성 : 여러 대의 컴퓨터가 멀티포인트로 연결되어 구성된 형태
④ 트리형 구성 : 각 컴퓨터가 계층적으로 연결되어 있는 구성 형태로 나뭇가지가 사방으로 뻗어 있는 것과 유사한 형태

25 Software Defined Network는 소프트웨어를 통해 네트워크 리소스를 가상화하고 추상화하는 네트워크 인프라에 대한 접근 방식이다. Wi-Fi, WiBro와 WiMAX는 무선 인터넷 서비스로 주파수 대역과 커버리지로 아래와 같이 구분할 수 있다.

구분	Wi-Fi (802.11 b/g/a)	WiMAX (802.16d)	Mobile WiMAX (802.16e)	
				WiBro
주파수 대역	2.4Ghz/ 5.0Ghz	2~11Ghz	2.5G / 3.5G / 5.8G	2.3G
커버리지	100m	3.5~7Km	50Km	1~1.5Km

26 ① 사물인터넷(IoT) : 사물인터넷(Internet of Things)은 각종 사물에 센서와 통신 기능을 내장하여 인터넷에 연결하는 기술. 즉, 무선 통신을 통해 각종 사물을 연결하는 기술
② 유비쿼터스(Ubiquitous) : 사람을 포함한 현실 공간에 존재하는 모든 대상물들이 연결시켜 사용자에 필요한 정보나 서비스를 즉시에 제공할 수 있는 기반 기술
④ 신 클라이언트(Thin client) : 가볍고 날씬한 단말기를 지칭하는 것으로, CPU · 메모리 등 필수적인 하드웨어 장치만 탑재해 네트워크로 연결된 중앙 서버에서 모든 업무를 관리하도록 설계된 업무용 PC

27 ② UWB : 고주파수에서 전파를 통해 작동하는 단거리 무선 통신 프로토콜
③ WPAN : 개인 근거리 무선통신 산업표준의 하나로 IoT장치, 센서디바이스 등 저전력 디바이스를 위해 사용되는 기술
④ CAN : LAN보다 크가 다양한 규모에서 사용, 서로 다른 캠퍼스 기관과 사무실 연결

28 ② chgrp : 파일 또는 디렉터리의 소유 그룹을 변경하는 명령어
③ chmod : 파일, 디렉터리의 권한을 변경하는 명령어
④ usermod : 사용자의 셸, 홈 디렉터리, 그룹, UID, GID 등을 사용자 관련하여 대부분의 정보를 변경하는 명령어

29 ② 중첩 가상화 : 가상 컴퓨터(VM) 내에서 Hyper-V를 실행할 수 있는 기능
③ gpupdate(Group Policy Update) : 컴퓨터 정책과 사용자 정책의 변경내용을 업데이트 시도
④ Nano Server : Windows Server 2016에서 새롭게 추가된 설치 옵션으로 사설 클라우드 및 데이터 센터에 최적화된 원격 관리 서버 운영체제

30 'icqa'는 일반 파일이다.

31 ① RADIUS : 네트워킹 프로토콜로 사용자가 네트워크에 연결하고 네트워크 서비스를 받기 위한 중앙 집중화된 인증, 인가, 회계 관리를 제공한다
② PPTP : 점대점 터널링 프로토콜, 포인트 투 포인트 터널링 프로토콜, 점대점 터널링 통신 규약은 가상 통신 규약은 가상 사설망 구현을 위한 구식 방식이다
③ L2TP : L2F(계층 2 포워딩 프로토콜)와 PPTP(지점 간 터널링 프로토콜)가 결합된 프로토콜이다.

32 ① ps : 현재 실행되는 프로세스의 상태를 나타내는 명령어
　③ kill : 프로세스를 강제로 종료시키는 명령어
　④ nice : 프로세스의 우선 순위를 변경하는 명령

33 DHCP는 유동 IP Address를 필요로 하는 클라이언트에 대해 동적인 주소를 제공한다.

34 ② 역정방향 조회 영역에서 이름은 'x.x.x.in-addr.arpa'의 형식으로 구성되는데, 'x.x.x'는 IP 주소 범위이다.
　③ 정방향 조회 영역은 도메인 주소를 IP 주소로 변환하는 영역이다.
　④ 정방향 조회 영역은 외부 질의에 대해 어떤 IP 주소를 응답할 것인가를 설정한다.

35 명령어 chown은 파일 소유권을 변경하는 것으로 관리자 권한이 반드시 필요하다. 반면 pwd, ls rm은 기본 명령어로 일반 사용자들도 사용 가능한 명령어이다.

36 /proc는 프로세스에 대한 정보가 있는 디렉터리로 실제로는 빈 디렉터리이며 시스템이 부팅되면서 시스템의 프로세스 정보가 저장된다.

37 ② httpd-default.conf : 웹 서버의 기본 설정 사항들이 설정되어 있는 설정 파일
　③ httpd-vhosts.conf : 아파치 가상 호스트에 대한 설정 파일
　④ httpd-mpm.conf : MPM spercific에 대한 설정 파일

38 ① 액티브 디렉터리 : 중앙에서 네트워크, 사용자, 그룹에 대한 정보를 통합 관리하는 서비스
　② 원격 데스크톱 서비스 : : 네트워크가 연결되어 있는 원격 컴퓨터나 가상 머신에 사용자가 제어권을 가질 수 있게 하는 서비스
　④ 분산 파일 서비스 : 여러 위치의 공유 폴더를 모아서 하나로 관리할 수 있는 서비스

39 일반적으로 DNS 서비스 과부하는 줄이기 위한 방법으로 캐시 사용 설정, 외부 캐시 서버 사용, 라운드 로빈 또는 Azure의 Auto Scaling(자동 크기 조정) 기능을 이용 할 수 있다.

40 물리적 컴퓨터만 사용하는 장애 조치 구성에서 필요한 만큼의 물리적 컴퓨터를 사용하지 않아도 되므로 서버 가용성을 향상시킬 수 있다.

41 ReFS(복원 파일 시스템)은 NTFS의 차세대 파일 시스템으로 염두에 두고 윈도우 서버 2012에 도입된 마이크로소프트의 사유 파일 시스템이다.

42 ① Global Group : 자신이 속한 도메인의 다른 그룹 및 계정만 구성원으로 가질 수 있으며 포리스트의 모든 도메인에서 사용권한을 할당 받을 수 있다.
　③ Universal Group : 도메인 트리나 포리스트에 있는 모든 도메인의 다른 그룹과 계정을 구성으로 가질

수 있으며 도메인 트리나 포리스트의 모든 도메인에서 사용권한을 할당받을 수 있다.
　④ Organizational Unit : 조직단위로 도메인 내부의 디렉터리 객체이자 그룹 정책을 설정할 수 있는 가장 작은 구성단위이다.

43 '구독'은 이벤트 로그를 다른 서버나 클라이언트로 전달하는 것을 말하며, 이것을 수행하기 위해서는 구독 대상으로 접속하여 로그를 수집할 수 있는 권한이 필요하다.

44 ① netstat -a : 모든 연결 및 수신 대기 포트를 표시
　③ netstat -n : 주소나 포트 형식을 숫자로 표시
　④ netstat -s : 프로토콜별로 통계를 표시(기본값으로 IP, ICMP, TCP, UDP)

45 ① wf.msc : 방화벽 설정을 위한 시스템 도구
　② msconfig : 시스템 구성 도구
　④ dsac.exe : ctive Directory 관리 센터 실행 파일

46 ① Gateway : 이기종 또는 동기종 망을 연결시켜주는 네트워크 계층 장비
　② Router : 최적 경로 선정 장비로 네트워크 계층 장비
　③ Bridge : 포워딩 기능을 가진 데이터 링크 계층 장비

47 광 케이블은 유리를 원료로 하여 제작된 광섬유를 여러 가닥 묶어서 만든 케이블이다.

48 ② IP 주소 : 3계층 주소
　③ Port 주소 : 4계층 주소
　④ URL 주소 : 7계층 주소

49 RAID는 상대적으로 속도가 (많이) 느린 하드디스크를 보완하기 위해 만든 기술로 Memory 용량 증가와는 상관이 없다.

50 ① Bridge : 2계층 장비
　③ L2 Switch : 2계층 장비
　④ Router : 3계층 장비

01	①	11	①	21	③	31	①	41	④
02	②	12	④	22	③	32	①	42	①
03	①	13	④	23	①	33	③	43	②
04	③	14	②	24	④	34	①	44	③
05	①	15	④	25	④	35	②	45	③
06	③	16	③	26	①	36	④	46	④
07	③	17	①	27	①	37	①	47	④
08	①	18	④	28	③	38	②	48	①
09	④	19	②	29	③	39	②	49	④
10	②	20	②	30	④	40	③	50	②

01 클래스별 서브넷 마스크는 아래와 같다.
- A class : 255.0.0.0   • B class : 255.255.0.0   • C class : 255.255.255.0

02 ① TCP(4계층) – UDP(4계층) – IP(3계층)
③ FTP(7계층) – SMTP(7계층) – Telnet(7계층)
④ ARP(3계층) – RARP(3계층)– TCP(4계층)

03 C class의 범위는 192.0.0.0~223.255.255.255이다. IP 주소 191.234.149.32는 B class에 포함된다.

04 최대 PC 수가 5라 할 때,
㉠ 5+2 = 7(2는 네트워크 주소와 브로드캐스트 주소)   ㉡ $2^X ≒ 7$, ∴ X=3
㉢ 32−3=29   ㉣ /29는 255.255.255.248

05 TCP 프로토콜에 TCP 필드가 포함된다.

06 슬라이딩 윈도우는 수신측에서 설정한 윈도우 크기만큼 송신측에서 확인 응답(ACK) 없이
전송할 수 있게 하여 흐름을 동적으로 조절하는 제어 알고리즘이다.

07 TFTP 프로토콜은 UDP 계열의 애플리케이션이다.

08 SNMP는 UDP 기반의 애플리케이션 프로토콜이다.

09 ① DHCP : 호스트의 IP 주소와 각종 TCP/IP 프로토콜의 기본 설정을 클라이언트에게 자동적으로 제공해 주는 프로토콜
② ARP : IP 주소를 기반으로 물리적 주소를 매칭시켜 주는 프로토콜
③ BOOTP : 부팅 호스트가 사용자의 관리 없이 동적으로 구성할 수 있게 해 주는 UDP/IP 기반의 프로토콜

10 IPv6에서 '::'는 '0'을 연속적으로 표현할 때 사용한다. 현재 5개의 필드만 존재한다.
즉, 연속된 3개의 '0'필드가 생략된 형태이다.

11 타입 0은 Echo Reply이며, 타입 8이 Echo Request의 타입 번호이다.

12 Tcp/22번을 이용한다.

13 RIPv은 브로드캐스트를 이용하며, RIPv2는 멀티캐스트를 이용하여 광고한다.

14 호스트 비트가 모두 0인 경우는 네트워크 주소이며, 호스트 비트가 모두 1인 경우는 브로드 캐스트 주소이다.

```
  1101 0010. 1101 0100. 0110 0100. 0000 0000          210.212.100.   0(IP Address)
& 1111 1111. 1111 1111. 1111 1111. 1110 0000        & 255.255.255.224(Subnet Mask)
─────────────────────────────────────────          ─────────────────────────────────
  1100 0010. 1101 0100. 0110 0100. 0000 0000   →     210.212.100.   0(네트워크 주소)
  1100 0010. 1101 0100. 0110 0100. 0001 1111   →     210.212.100.  31(브로드캐스트 주소)
```

15 루프백 주소는 네트워크에서 입출력을 테스트하기 위한 가상 주소이다. 인터넷 프로토콜 (IP)은 (IPv4) 주소 127.0.0.0/8로 루프백 네트워크를 지정한다.

16 토큰 버스에서는 네트워크상의 컴퓨터들이 데이터 전송을 개시하기 위해서는 반드시 '토큰'이라는 권한을 가지고 있어야 한다.

17 IP Address를 하드웨어 주소로 변환하기 위해서 사용하는 프로토콜은 ARP이다.

18 패킷 교환기는 여러 목적지에 분할된 패킷을 비순차적으로 전송한다.

19 ① Flow Control : 수신측에서 송신측 발송 데이터의 양이나 속도를 제한한다.
③ Sequence Control : 데이터 전송 과정에서 먼저 전송된 패킷이 나중에 도착되어 수신측 노드에서 패킷의 순서를 배치한다.
④ Connection Control : 데이터를 교환하기 전에 송수신지 간에 논리적 연결절차를 정의한다.

20 ① 감쇠 현상 : 데이터 전송 시 거리가 멀어질수록 신호의 세기가 약해지는 것
③ 누화 잡음 : 한 신호 채널이 다른 신호 채널과 원치 않은 결합을 하여 생성되는 잡음
④ 상호 변조 잡음 : 서로 다른 주파수들이 똑같이 전송 매체를 공유 시 서로의 합과 차에 대한 신호를 계산함으로써 발생하는 잡음

21 Text의 압축, 암호기능은 프리젠테이션 계층의 기능이다.

22 ① 버스 토폴로지는 공유 배선에 각 노드가 선형적으로 연결된 형태로 스타 토폴로지보다 배선 설치 비용이 저가이다.
② 각 스테이션이 중앙 스위치에 연결되는 것은 스타 토폴로지이다.
④ 토큰이라는 비트의 패턴이 원형을 이루며 한 컴퓨터에서 다른 컴퓨터로 순차적으로 전달하는 것은 링 토폴로지이다.

23 프로토콜을 구성하는 요소는 구문, 타이밍, 의미이다. 구문(Syntax)은 형식, 부호화(Coding), 신호 레벨(Signal Level) 등을 정의하며, 타이밍(Timing)은 통신 속도의 조정, 메시지의 순서 제어 등을 정의한다. 의미(Semantics)는 정보 전송 제어와 오류관리를 위한 제어 정보를 정의한다.

24 PCM(Pulse Code Modulation)은 아날로그 신호를 표준화, 양자화, 부호화의 단계를 거쳐 디지털 신호로 바꾼다.

25 가상화는 하드웨어와 무관하게 원하는 운영체제나 그에 맞는 애플리케이션을 실행한다.

26 ② NAT : 네트워크 주소 변환기로 내/외부 네트워크 주소를 임의 주소로 변환

③ PPP : 두 대의 컴퓨터가 직렬 인터페이스를 이용하여 통신 시 필요한 프로토콜
④ PPPoE : 이더넷 프레임 안에 PPP 프레임을 넣어 만들 때 사용되는 통신 프로토콜

27 • ZigBee(직비): 소형, 저전력 디지털 라디오를 이용해 개인 통신망을 구성하여 통신하기 위한 표준 기술
• Bluetooth : 휴대폰, 노트북, 이어폰, 헤드폰 등의 휴대기기를 서로 연결하여 정보를 교환하는 근거리
• 근거리 무선 기술(10M 이내)의 표준

28 가상 디렉터리는 홈 디렉터리의 별칭으로 실제 파일의 위치를 알지 못하게 하여 보안문제를 해결하고 있다. 따라서 가상 디렉터리 이름은 실제 경로와 달라야 한다.

29 FTP 권한보다는 NTFS의 권한이 우선이다. FTP 프로토콜로 쓰기 권한을 얻어도 파일 관리자 NTFS 쓰기권한이 없으면 쓰기가 불가능하다.

30 동일한 계정명이라도 기존 계정 삭제 시 권한도 모두 삭제된다. 따라서 삭제 전 권한을 상속 받을 수 없다.

31 Hyper-V는 한 대의 물리적 서버에서 여러 대의 게스트 OS를 설치하여 동시에 사용함으로써 서버 가용성을 높인다.

32 명령어 free는 메모리 사용량과 여유량 그리고 캐싱으로 사용되는 메모리가 얼마나 있는지 파악할 수 있다. 디렉터리 /proc/meminfo에서 메모리 정보를 가져와 보여준다.

33 ① nslookup : DNS 서버에 질의해서 도메인의 정보를 조회
② file : 파일의 종류 확인 및 파일 속성 값을 확인할 때 사용
④ ifconfig : 네트워크 인터페이스를 설정하거나 확인하는 명령어

34 ② rmdir : 디렉터리 삭제 명령어
③ grep : 특정 파일에서 지정한 문자열이나 정규표현식을 포함한 행을 출력 명령어
④ find : 파일 검색 명령어

35 ① SYN_SENT : 클라이언트가 서버에게 SYN 신호를 보낸 후 ACK를 받지 못한 상태
③ ESTABLISHED : SYN를 보낸 후 ACK를 받아 가상 회선이 성립된 상태
④ CLOSE : 클라이언트와 서버 사이에 형성된 가상회선의 연결이 해제된 상태

36 이벤트 뷰어의 전역로그는 다음과 같다. 사용자 권한은 Windows 로그에 속하지 않는다.

37 ② FTP(File Transfer Protocol) : 서버와 클라이언트 사이의 파일 전송을 하기 위한 프로토콜
③ DFS(Distribute File System) : 컴퓨터 네트워크를 통해 공유하는 여러 호스트 컴퓨터의 파일에 접근할 수 있게 하는 파일 시스템
④ Apache Server : HTTP 웹 서버 소프트웨어

38 EFS 파일 암호화 키를 보유한 자만이 생성한 암호화 파일에 대해 내용을 확인하거나 복사가 가능하다.

39 명령어 man은 명령어들의 사용법이나 매뉴얼을 확인할 때 사용한다.

40 ① DC(Domain Controller) : 도메인을 관리하는 서버로 도메인 내의 공통 정보를 가지는 역할을 수행한다. 도메인 당 최소 한 개 이상으로 구성해야 한다.
② RDC(Read Only Domain Controller) : 데이터를 추가하거나 변경할 수 없는 도메인 컨트롤러로 주 DC로부터 액티브 디렉터리와 관련한 데이터를 전송받아 저장 후 사용한다. 본사와 멀리 떨어진 곳에서 DC의 부하를 분담하기 위해 사용한다.
④ Site : Active Directory의 논리적 구조인 Domain Forest가 물리적으로 구성된 환경에서 AD controller 간 Replication구성 시 사용된다.

41 hosts 파일은 IP 주소와 도메인을 매핑해주는 리스트이다.

42 ② Heartbeat : 리눅스 운영체제에 고가용성을 제공하는 기술
③ Failover Cluster : 함께 작동하는 독립 컴퓨터의 그룹으로 클러스터 노드 중 하나 이상에 장애가 발생하면 다른 노드에서 서비스를 제공
④ Non-Repudiation : 메시지를 보낸 사람이 보낸 사실을 부인하거나, 받은 사람이 받지 않았다고 부인할 때 증명하는 기술

43 문자(열) 바꾸기는 콜론 모드에서 's'ubstitute 명령을 사용한다.
[형식] :(시작줄),(끝줄)s/찾을 패턴/바꿀 문자열/옵션
g(global) : 한 줄에 패턴이 여러 번 나오면 모두 바꿈
i(ignore case) : 대소문자 구분을 하지 않음
c(confirm) : 검색된 모든 문자열에 대해서 바꿀지 말지를 질의

44 옵션 t는 TCP 프로토콜 정보를 출력한다.

45 원격 접속 서버의 용도는 기업에서는 지사 직원, 출장 직원, 재택 근무자 등이 회사의 네트워크에 접속할 수 있으며 가정에서는 인터넷 서비스 제공자를 통한 원격 접속이 일반적이다. 이와 같은 구축된 원격 서버에는 동시에 2대 이상의 접속이 가능하게 구축되어야 한다.

46 ① Coaxial Cable : 중앙의 절연된 구리선을 관상의 전도체가 둘러싸고 있는 전송 매체
② Twisted Pair : 두 줄의 동선을 꼬아 하나의 도선에 피복한 전송 매체
③ Thin Cable :10Base2이며 이더넷 방식으로 PC들을 직렬로 접속 시 사용하는 전송 매체

47 각 라우터 간 경로의 경비는 링크 대역폭, 전송 속도에 기초하여 계산한다.

48 ② 허브 또는 스위치 : 트위스트 페어 케이블 사용 시 이용되는 네트워크 케이블 집선 장치이다.
③ 리피터 : 케이블의 중계점에서 신호를 전기적으로 증폭한다.
④ ARP 캐시 테이블 : 피지컬 어드레스의 캐시 테이블을 갖는다.

49 충돌 도메인을 나눌 수 장비는 2계층 장비부터이다. 대표적인 장비로 스위치가 있다.

50 명령어 show running-config은 RAM에 저장되어 있는 환경 설정 내용을 확인 할 수 있다.

01	①	11	①	21	①	31	①	41	①
02	④	12	④	22	④	32	①	42	④
03	①	13	②	23	①	33	④	43	②
04	①	14	②	24	①	34	④	44	③
05	③	15	①	25	①	35	④	45	①
06	①	16	②	26	③	36	①	46	③
07	④	17	③	27	④	37	③	47	②
08	①	18	③	28	①	38	①	48	④
09	②	19	④	29	④	39	②	49	②
10	④	20	①	30	④	40	③	50	④

01 UPD 헤더의 필드는 4개로 송수신지 포트 번호, 전체 길이, 체그·심이다.

02 중복된 IP가 발견된 경우 ARP 캐시는 오버랩핑된다.

03 SMTP는 7계층 프로토콜이며 RARP, ICMP, IGMP는 3 계층 프로토콜들이다.

04 ② ARP : IP 주소를 기반으로 물리적 주소를 매핑하는 프로토콜
③ RARP : 물리적 주소를 기반으로 IP 주소를 매핑하는 프로토콜
④ UDP : 지접속형 서비스를 제공하는 프로토콜

05 ① ICMP : 네트워크 내에 발생된 오류에 관한 보고 기능
② FTP : 대용량 파일을 전송하는 기능
④ ARP : 호스트의 IP Address에 해당하는 호스트의 물리주소를 알려주는 기능

06 ② IPSec : IP 패킷을 암호화하고 인증하는 3계층 프로토콜
③ SSL : 웹 보안 프로토콜로 RSA 암호화 기법을 이용하여 암호화된 정보를 전송
④ PGP : 전자 우편 보안을 위한 프로토콜

07 WWW의 포트 번호는 80이다.

08 TCP/IP 프로토콜 계층은 4계층으로 구성되어 있다. Network Interface 계층은 OSI의 1계층과 2계층, Internet 계층은 OSI의 3계층, Transport 계층은 OSI 4 계층, Application 계층은 5계층, 6계층, 7계층 기능과 매핑된다.

09 ㉠ $2^X ≒ 6$(X=3, X는 Subnet ID 비트 개수)
㉡ 16+3=19(16은 B class의 Network ID 비트 수, 3 는 Subnet ID 비트 개수)
㉢ /19을 서브넷 마스크로 변환하면 255.255.224.0이다.

10 서브넷팅 시 네트워크 ID 또는 Host ID를 기준으로 나눈다.

11 RIP은 거리 벡터 라우팅 프로토콜로 라우팅 메트릭은 홉 수이다. 최대 홉 수를 15로 제한하여 목적기로 가기 위해 걸쳐 갈 수 있는 라우터의 개수를 제한하고 있다.

12 3Way-Handshake의 송수신 플래그는 아래와 같다.

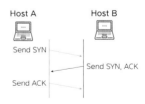

13 단편화 및 재조립과 관련된 IP 필드는 Identification, Flag, Fragmentation Offset이다.

14 서브넷 마스크 255.255.255.192은 네크워크 ID 비트가 26개를 의미하므로 네트워크 주소 192.168.100.128를 이진표기법으로 바꾸면 1100 0000. 1010 1000. 0110 0100. 1000 0000 이고 이때 밑줄 친 부분이 네트워크 ID 비트이고 나머지는 호스트 ID 비트이다. 해당 그룹의 브로드캐스트 주소는 1100 0000. 1010 1000. 0110 0100. 10111111 (192.168.100.191)이다. 즉, 네트워크 주소와 브로드캐스트 주소의 범위는 192.168.100.128 ~ 192.168.100.191이므로 사용가능한 IP 주소는 192.168.100.129 ~ 192.168.100.190이다. 따라서 사용가능한 마지막 IP주소는 192.168.100.190이다.

15 ② 0x0806 : ARP
③ 0x8100 : IEEE 802.1Q
④ 0x86dd : IPv6용 이더넷

16 클래스별 사설 IP 대역대는 아래와 같다.
   • Class A : 10.0.0.0 ~ 10.255.255.255(10.0.0.0/8)
   • Class B : 172.16.0.0 ~ 172.31.255.255
     (172.16.0.0/12)
   • Class C : 192.168.0.0 ~ 192.168.255.255
     (192.168.0.0/16)

17 ① 100번 대 : 정보 제공, 요청 계속 또는 사용 프로토
   콜 변경 지시
   ② 200번 대 : 지시대로 요청을 성공적으로 수행
   ④ 400번 대 : 클라이언트 오류로 전송 실패

18 Loop/Echo은 네트워크상의 충돌 체크를 위한 제어 데
   이터이다.

19 ① 802.1 : 802 LAN/MAN 아키텍처
   ② 802.2 : 데이터 링크 LLC 표준안
   ③ 802.3 : CSMA/CD

20 ② 상호 변조 잡음 : 서로 다른 주파수들이 똑같이 전송
   매체를 공유 시 서로의 합과 차에 대한 신호를 계산
   함으로써 발생하는 잡음
   ③ 지연 왜곡 : 전송 매체를 통한 신호의 전달 속도가
   주파수의 가변적 속도에 따라 왜곡되는 현상
   ④ 누화 잡음 : 한 신호 채널이 다른 신호 채널과 원치
   않은 결합을 하여 생성되는 잡음

21 통신 프로토콜을 정의한 OSI 7 Layer 중 두 번째 계층
   에 해당한다.

22 ① NIC : 컴퓨터를 네트워크에 연결하여 통신하기 위해
   사용하는 하드웨어 장치
   ② F/W : 미리 정의된 보안 규칙에 기반한 입출력 네트
   워크 트래픽을 모니터링하고 제어하는 침입 통제 시
   스템
   ③ IPS : 침입 방지 시스템은 악성 코드 및 해킹 등 유해
   트래픽을 차단

23 ② Packet Switching : 전송경로 처리 방식에 따라 가
   상 회선 패킷 교환 방식과 데이터 그램 패킷 교환 방
   식이 있다.
   ③ Message Switching : 비연결방식으로 송신측 교환
   기에 저장시켰다가 이를 다시 적절한 통신경로를 선
   택하여 수신측에 전송하는 방식이다.
   ④ PCB Switching : PCB에 적용되는 스위칭 방식이
   다. PCB(Printed Circuit Board)는 반도체를 비롯해
   다양한 부품을 하나의 판 위에 모아놓은 인쇄회로
   기판이다.

24 SDN은 트래픽 경로를 지정하는 컨트롤 플레인과 트래
   픽 전송을 수행하는 데이터 플레인이 분리되어 있다.
   따라서, 네트워크의 세부 구성정보에 얽매이지 않고 요
   구사항에 따라 네트워크를 관리할 수 있다. 기존 구조를
   간단화시킨 기술이다.

25 ② NFC : RFID 기술 중 하나로 10cm 이내의 거리에서
   무선 통신을 하기 위한 기술
   ③ Cloud : 인터넷을 통해 액세스할 수 있는 서버와 이
   러한 서버에서 작동하는 소프트웨어와 데이터베이
   스를 의미
   ④ RFID : 전파를 이용해 원거리에서 정보를 인식하는
   기술

26 무선 LAN 보안 프로콜들은 WEP, WPA, WPA2이 있다.
   초창기에는 MAC 주소 필터링으로 무선 보안을 보장
   하기도 하였다. 보안성으로 비교한다면 WPA2, WPA,
   WEP, MAC 주소 필터링 순으로 WPA2가 가장 강력한
   보안 기능을 제공한다.

27 SAN(Storage Area Network)은 여러 스토리지를 하
   나의 네트워크에 연결시키고, 이 네트워크에 서버를 연
   결해 스토리지에 접속한다는 개념이다. SAN 환경을 구
   성하기 위해서는 SAN 스위치라는 기기가 필요하다. 각
   서버와 스토리지를 광 케이블로 SAN 스위치와 연결해
   데이터를 주고 받는다.

28 ② MX : 메일 교환 레코드로 메일을 수신할 서버를 지
   정하는 레코드
   ③ A : IP 주소와 도메인 주소를 매핑할 때 사용하는 레
   코드
   ④ PTR : IP 주소에 대한 도메인 주소를 확인할 수 있는
   레코드

29 FTP SSL 설정은 인증서 기반의 FTP를 구성하여 보안
   을 강화시킨 것이다.

30 Hyper-V는 한 대의 물리적 서버에서 여러 대의 게스트
   OS를 설치하여 동시에 사용함으로써 서버 가용성을 높
   인다.

31 라운드 로빈 DNS는 별도의 소프트웨어 혹은 하드웨어
   로드 밸런싱 장비를 사용하지 않고, DNS만을 이용하여
   도메인 레코드 정보를 조회하는 시점에서 트래픽을 분
   산하는 기법이다.

32 ② C-Shell : 빌 조이가 개발한 유닉스용 셸로, 본 셸보
   다 한층 강력하고 사용하기 쉬운 셸이다.
   ③ K-Shell: Bourne 셸의 상위 버전. Bourne 셸 및 C
   셸의 좋은 특성들을 결합한 셸이다.
   ④ Bourne-Shell : 유닉스 시스템 최초의 셸로 프로그
   래밍 언어의 용도로 개발되었다.

33 TTL은 조회(lookup)한 도메인의 정보를 메모리상에 임
   시 저장하는 시간(캐싱)으로 최대한 길게 잡는 것이 좋
   다. TTL 값이 길면 DNS 부하가 줄어든다.

34 명령어 chmod 644 manager는 파일 소유자에 대해
   서는 읽고 쓰기 권한을 가지지만, 그룹에 속한 사용자와
   그 외 사용자들은 파일에 대해 읽기 권한만 갖게 된다.

35 명령어 mkdir은 새로운 디렉터리를 생성한다.

36 ② pwd : 현재 작업 중인 디렉터리의 절대 경로를 출력하는 명령어
③ cat : 파일의 내용을 출력하기 위해 사용하는 명령어
④ vi : 새로운 문서를 생성하거나 편집하는 문서 편집기

37 ① ping : IP 네트워크를 통해 특정 호스트에 도달할 수 있는지의 여부를 테스트하는 명령어
② nslookup : 도메인 네임을 얻거나 IP 주소 매핑 또는 다른 특정 DNS 레코드를 도메인 네임 시스템에 질의하는 명령어
④ nbtstat : IP나 컴퓨터 이름을 알고자 할 때 많이 사용하며 프로토콜 사용 현황이나 TCP/IP 연결 상태를 검사하기 위한 명령어

38 4가지 윈도우 이벤트 수준은 오류, 경고, 정보, 위험이다.

39 ① init 0 : 시스템 종료
② init 1 : 단일 사용자 모드(시스템 복구 시에 사용)
③ init 5 : 다중 사용자 그래픽 모드

40 ① /var/log/boot.log : 서비스 데몬들의 부트에 관련된 정보가 기록
② /var/log/lastlog : 각 사용자의 마지막 로그인 내용이 기록
④ /var/log/btmp : 로그인 실패 기록을 담은 바이너리 로그 파일

41 ② EFS(Encrypting File System) : 마이크로소프트 윈도우의 NTFS 버전 3.0에서 추가된 파일 시스템 단계 암호화를 하는 기능
③ AD(Active Directory) : 중앙에서 네트워크, 사용자, 그룹에 대한 정보를 통합 관리하는 서비스
④ FileVault : Mac OS에서 자체적으로 제공하는 디스크 암호화 기능

42 ① -m 10 : 패스워드 최소 의무 사용일 수를 10일로 지정
② -L 10 : 대문자 L에 대한 옵션은 없음
③ -i 10 : 계정이 비활성화 상태로 전환될 때까지의 유예기간을 10일로 지정

43 기본적으로 디렉터리 검색기능이 해제되어 있어 디렉터리의 내용을 볼 수 없다. 디렉터리 검색 기능이 해제된 상태로 두어 보안을 강화하는 것이 좋다.

44 배포 서비스는 수동 설치에 비하여 복잡성과 비용을 줄여 Windows 운영체제를 네트워크 기반으로 설치할 수 있다. Windows PE, wim 파일 및 이미지 기반 설치를 포함한 표준 Windows 설치 프로그램 기술을 사용한다. 멀티캐스트 기능(하나의 송신지에서 동시에 여러 수신자에게 전송하는 기술)을 이용하여 이미지 데이터를 전송한다.

45 ② access.conf : 웹 서버 보안 접근 제어 관련 파일
③ srm.conf : 웹 서버 자원 관련 파일
④ htdocs.conf : htdocs는 hypertext documents의 약자로 웹 페이지의 저장소 디렉터리넴

46 ① DHCP 방식 : 조직 내의 네트워크에서 IP 주소를 중앙에서 관리하고 할당하여 IP 주소 부족 문제를 해결한 방안 중 하나이다.
② IPv6 방식 : IP 주소 고갈로 주소공간을 IPv4의 32비트에서 IPv의 128비트로 확장시킨 것이다.
④ MAC Address : 네트워크 인터페이스에 할당된 고유한 식별자이다.

47 ① 클라이언트-서버 컴퓨팅 : 서비스 요청자인 클라이언트와 서비스 자원의 제공자인 서버 간에 작업을 분리해 주는 분산 애플리케이션 구조이자 네트워크 아키텍처
③ 웨어러블 컴퓨팅 : 안경, 시계, 의복 등과 같이 착용할 수 있는 형태로 된 컴퓨터
④ 임베디드 컴퓨팅 : 기계나 기타 제어가 필요한 시스템에 대해, 제어를 위한 특정 기능을 수행하는 컴퓨터 시스템

48 ① Public Network : 일반 사용자들이 액세스할 수 있는 시스템 네트워크
② PAT : 포트 주소 변환기로 내부 네트워크 주소를 하나의 인터페이스 주소로 변환하는 것
③ VLAN : 논리적으로 분할된 스위치 네트워크로 물리적인 배선에 상관없이 Broadcast Packet이 전달되는 범위를 임의로 나눈 LAN

49 ① Bridge : 2계층 장비
③ L2 Switch : 2계층 장비
④ Router : 3계층 장비

50 ① RAID-2 : 기록형 디스크와 데이터 복구용 디스크를 별도로 제공하여 오류 검출
② RAID-3 : 패리티 정보를 저장하기 위해 전용 디스크를 사용하기 때문에 최소 3개 이상의 하드 디스크가 필요
③ RAID-4 : 2개 이상의 데이터 디스크와 전용 패리티 디스크 사용

01	②	11	①	21	②	31	③	41	③
02	③	12	②	22	③	32	④	42	③
03	④	13	①	23	①	33	④	43	②
04	①	14	③	24	④	34	④	44	①
05	①	15	②	25	①	35	③	45	①
06	②	16	③	26	④	36	④	46	②
07	③	17	②	27	②	37	①	47	①
08	②	18	③	28	①	38	②	48	①
09	①	19	①	29	①	39	②	49	②
10	④	20	③	30	②	40	④	50	②

01 DNS의 TTL은 다음 레코드 변경 사항이 적용될 때까지 걸리는 시간(초)을 결정하는 DNS 레코드 값이다.
즉, 레코드의 현재 TTL은 변경 사항이 적용될 때까지 걸리는 시간을 결정한다.

02 D Class의 범위는 224.0.0.0 ~ 239.255.255.255로 멀티캐스트용으로 사용된다.

03 서브넷 마스크가 '255.255.255.224'인 경우 호스트 ID 비트 수는 5개이다. 따라서 최대 사용 가능한 호스트 수는 $2^5-2=30$이다.

04 대표적인 Link state 알고리즘은 OSPF와 IS-IS이다.

05 ACK는 확인 응답 필드에 확인 응답 번호(Acknowledgement Number) 값이 셋팅되었음을 알리는 TCP 헤더의 플래그에 포함되어 있다.

06 MTU(최대 전송 단위)는 헤더와 데이터를 포함하여 네트워크 계층 프로토콜에서 지원되는 최대 패킷 크기(바이트)이다. MTU를 초과하는 데이터들은 분할되어 전송된다.

07 IP에서의 오류 제어를 위하여 사용되며, 시작지 호스트의 라우팅 실패를 보고하는 프로토콜은 ICMP(Internet Control Message Protocol)이다.

08 ① 192.168.1.30 – IPv4 주소 표기
③ 00:A0:C3:4B:21:33 – 이더넷 LAN 카드의 MAC 주소 표기
④ 0000:002A:0080:c703:3c75 – 3개의 필드가 생략되어 IPv6 표기법으로는 부적합

09 FTP는 20번과 21번 포트를 사용하고 있다. 20번은 일반 데이터 전송용 포트, 21번은 제어 데이터 전송용 포트이다.

10 ① DHCP : 호스트의 IP 주소와 각종 TCP/IP 프로토콜의 기본 설정을 클라이언트에게 자동적으로 제공해 주는 프로토콜
② IP : 송/수신 호스트가 패킷 교환 네트워크에서 정보를 주고받는 데 사용하는 정보의 프로토콜
③ RIP : 거리 벡터 기반의 라우팅 프로토콜

11 ② URG : 송신측 상위 계층이 긴급 데이터라고 알리는 플래그
③ ACK : 확인 응답 필드에 확인 응답 번호 값이 셋팅되었음을 알리는 플래그
④ RST : 연결확립(Established)된 회선에 강제 리셋 요청하는 플래그

12 타입 0은 Echo Reply이며, 타입 8이 Echo Request의 타입 번호이다.

13 ② OSI 7 Layer 참조 모델에서 애플리케이션 계층(7계층)에서 동작한다.
③ SSL은 인증 암호화 기능을 사용하여 기존 Http 서비스를 Https 서비스로 전환한다.
④ 암호화 방식으로 전송되는 데이터의 보안성이 제공된다.

14 ① A 레코드 : IP 주소와 도메인 주소를 매핑 시 사용하는 레코드
② PTR 레코드 : IP 주소에 대한 도메인 주소를 확인할 수 있는 레코드
④ MX 레코드 : 메일 교환 레코드로 메일을 수신할 서버를 지정하는 레코드

15 ① SSL : 개인정보 보호, 인증, 데이터 무결성을 보장하기 위한 암호화 기반 인터넷 보안 프로토콜
③ VPN : 인터넷을 통해 장치 간 사설 네트워크 연결을 생성하는 서비스 프로토콜
④ IDS : 네트워크에서 발생하는 비정상적인 사용과 오

용, 남용 등이 행위를 실시간으로 탐지하여 경고 메
세지를 보내주고 대응하는 시스템(침입 탐지 시스템)

16 ① SNMP : 네트워크 관리를 위해, 관리 정보 및 정보
운반을 위한 프로토콜
② POP3 : 이메일을 수신하기 위한 프로토콜
④ NNTP : 뉴스 전송 프로토콜로 뉴스 서버 간에 기사
전송, 뉴스 서버에서 사용자들에게 애플리케이션으
로 뉴스 기사를 구독, 게시

17 서브넷 마스크 255.255.255.192은 네크워
크 ID 비트가 26개를 의미하므로 네트워크 주소
192.168.100.128를 이진표기법으로 바꾸면 1100
0000. 1010 1000. 0110 0100. 1000 0000이고
이때 밑줄 친 부분이 네트워크 ID 비트이고 나머지는
호스트 ID 비트이다. 해당 그룹의 브로드캐스트 주소
는 1100 0000. 1010 1000. 0110 0100. 1011 1111
(192.168.100.191)이다. 즉, 네트워크 주소와 브로드캐
스트 주소의 범위는 192.168.100.128 ~ 192.168.100.
191이므로 사용가능한 IP 주소는 192.168.100.129 ~
192.168.100.190이다. 따라서 사용 가능한 마지막 IP
주소는 192.168. 100.190이다.

18 Text의 압축, 암호기능은 4계층에서 트랜스포트층에서
지원하는 기능이다.

19 전진 오류 수정은 오류 발생 시 재전송을 요구하지 않
는다. 대표적인 전진 오류 수정 방식은 해밍 코드이다.
반면 후진 오류 수정은 오류 발생 시 재전송을 요구한
다. ARQ 방식들이 후진 오류 방식을 취하고 있다.

20 망에 유입되는 데이터의 양이 많아질수록 전송 속도가
느려진다.

21 ① 링형 구성 : 노드들을 원형으로 연결
③ 버스형 구성 : 모든 노드들은 간선을 공유하며 버스
T자형(Tap) 등으로 연결
④ 트리형 구성 : 노드 사이의 계층적 관계를 나무 형태
로 연결

22 ① Token Ring : 두 가지 토큰(Free Token과 Busy
Token)을 이용하여 데이터 전송 제어
② Token Bus : 토큰 링과 버스 방식의 장점을 포함
하는 방식으로 토큰이 각 단말기를 순차적으로 옮
겨 다니면서 전송을 제어
④ Slotted Ring : 각 슬롯마다 토큰을 사용하여 전송
제어

23 ② 임피던스(Impedance) : 회로에서 전압이 가해졌을
때 전류의 흐름을 방해하는 값
③ 간섭(Interference) : 둘 이상의 빛살(파동)이 겹쳐질
때(중첩) 나타나는 밝기(강도) 변화
④ 진폭(Amplitude) : 주기적으로 진동하는 파의 진동
폭으로 신호의 크기나 세기

24 ① Ethernet : 10Mbps
② Gigabit Ethernet : 1000Mbps(=1Gbps)
③ 10Giga Ethernet : 10000Mbps(=10Gbps)

25 ② IPS(Intrusion Prevention System) : 외/내부 네트
워크로부터 침입하는 네트워크 패킷을 찾아 제어하
는 기능을 가진 시스템(침입 차단 시스템)
③ IDS(Intrusion Detection System) : 네트워크에서
발생하는 비정상적인 사용과 오용, 남용 등의 행위를
실시간으로 탐지하여 경고 메세지를 보내주고 대응
하는 시스템(침입 탐지 시스템)
④ IOS(International Organization for Standardization) :
국제 표준화 기구로 여러 나라의 표준 제정 단체들
의 대표들로 이루어진 국제적인 표준화 기구

26 광대역융합망(BcN ; Broadband convergence
Network)은 유선, 무선 통신, 방송, 인터넷이 하나로 융
합된 품질 보장형의 광대역 멀티미디어 서비스를 언제,
어디서나 끊김없이 안전하게 이용할 수 있게 해 주는
통합 네트워크이며 유비쿼터스 서비스 환경 구현에 있
이시 핵심직 요소이나.

27 계층별 데이터 단위를 PDU(Protocol Data Unit)라 한다.
① 세그먼트 : 4계층 데이터 단위
③ 프레임 : 2계층 데이터 단위
④ 비트 : 1계층 데이터 단위

28 ② SNMP : IP 네트워크상의 장치로부터 정보를 수집
및 관리하며, 또한 정보를 수정하여 장치의 동작을
변경하는 데에 사용되는 인터넷 표준 프로토콜
③ SMTP : 이메일을 보내기 위해 이용되는 프로토콜
④ IGMP : 서브넷 간에 멀티캐스트 패킷의 목적지를
관리하기 위한 프로토콜

29 IIS를 통해 설치 가능한 역할 서비스는 Web 서비스,
WAS(Windows Process Activation Service), FTP 서
비스, Management 서비스 등이 있다.

30 ① ls : 디렉터리에 있는 내용을 확인하는 리눅스 명령어
③ show : 데이터베이스 또는 스위치/라우터와 같은
네트워크 장비에서 목록정보를 확인
④ pwd : 현재 디렉터리 위치를 출력하는 명령어

31 ① A : IP 주소와 도메인 주소를 매핑할 때 사용하는 레
코드
② AAAA : A의 확장형으로 도메인에 IPv6 주소가 매
핑되어 있는 레코드
④ SOA : 영역을 생성할 때 기본적으로 등록으로 레코드

32 디렉터리 /usr은 주로 새로 설치되는 프로그램들이 저장

33 데몬은 시스템이 활성화되어 있는 동안에도 중지 후 재
시작 할 수 있다.

34 ① MBR : 마스터 부트 레코드(Master Boot Recode),
운영체제가 어디에, 어떻게 위치해 있는지를 식별하

여 컴퓨터의 주기억장치에 적재될 수 있도록 하기 위한 정보로서 하드디스크나 디스켓의 첫 번째 섹터에 저장되어 있음
② RAS : 원격접속제어(Remote Access Contro), 원격 워크스테이션에서 LAN의 리소스에 액세스를 가능히게 함
③ NetBEUI : LAN 내 컴퓨터들이 상호 통신할 수 있게 해주는 약속된 규격인 NetBIOS의 보다 향상된 확장판

35 ① 액티브 디렉터리 : 중앙에서 네트워크, 사용자, 그룹 정보를 통합 관리하는 서비스
② 원격 데스크톱 서비스 : : 네트워크가 연결되어 있는 원격 컴퓨터나 가상 머신에 사용자가 제어권을 가질 수 있게 하는 서비스
④ 분산 파일 서비스 : 여러 위치의 공유 폴더를 모아서 하나로 관리할 수 있는 서비스

36 hosts 파일은 hosts 파일은 IP 주소와 도메인을 매핑해주는 리스트이다.

37 ② NTLM(NT LanMan) : Windows NT 제품군의 모든 구성원이 사용하는 인증 절차로 클라이언트의 신원을 확인하기 위해 challenge/response 절차를 사용
③ Encryption : 전송하고, 수신하고, 저장하는 정보를 해독할 수 없도록 정보를 비밀 코드로 변환하는 기술적 프로세스
④ vTPM : TPM(Trusted Platform Module) 기기의 가상화 버전으로, 시스템에 대한 액세스를 인증하는데 사용하는 객체(ⓓ 키 및 인증서)를 보호하는 가상의 기기

38 ① Backup Operators : 파일을 백업하고 복구할 수 있는 권한을 가진 그룹
③ Power Users : 제한된 관리자 권한을 가진 계정
④ Replicator : 도메인에 있는 파일을 복제할 수 있는 권한을 가지고 있는 그룹

39 •500 : 일반적인 서버 에러 메세지로 요청 사항을 이행할 수 없는 상태
•502 : 게이트웨이의 경로를 잘못 지정해서 발생된 경우
•503 : 서버측에서 클라이언트의 요청을 서비스할 준비가 되지 않은 경우, 서버의 일시적인 과부하나 서비스 중단 상태

40 Hyper-V는 한 대의 물리적인 서버에서 여러 개의 게스트 OS를 설치하여 동시에 사용함으로써 서버 가용성을 높인다.

41 init 6은 시스템 재부팅 명령어이다.

42 ① file : 지정된 파일의 종류(타입)을 확인하는 명령어
② stat : 디렉터리나 파일의 상세 정보를 표시하는 명령어
④ lsblk : 리눅스 디바이스 정보를 출력하는 명령어

43 ① mkfs : 리눅스 파일 시스템 생성 명령어
③ sleep : 지정된 시간(초) 동안 실행을 일시 중지하는 명령어
④ last : /var/adm/wtmp 파일에 계속 기록되는 모든 이전 로그인 및 로그아웃을 역시간 순서로 표시하는 명령어

44 파일/etc/resolv.conf은 네임 서버를 지정하는 파일이다. search는 도메인 명을 지정하고, Name Server는 사용할 네임 서버를 지정한다.

45 디렉터리 내용 보기 : 디렉터리 내의 파일이나 이름을 볼 수 있다.

46 Ethernet LAN 카드는 48비트 체계로 24비트는 제조업체를 나타내고, 24비트는 고유 식별 번호이다.

47 리피터는 1계층 장비이다.

48 네트워크에서 다른 네트워크로 이동하기 위하여 거쳐야 하는 지점으로 서로 다른 네트워크(이기종 네트워크)를 연결해 준다.

49 ① NAC : 사용자 PC가 내부 네트워크에 접근하기 전에 보안 정책을 준수했는지 여부를 검사하여 네트워크 접속을 통제하는 기술
③ IPS : 침입 차단 시스템
④ IDS : 침입 탐지 시스템

50 광 케이블은 감쇠율이 적으며 전자기적 누화가 없다.

2022년 네트워크관리사 2급 2회 정답 및 해설

01	③	11	③	21	②	31	④	41	①
02	②	12	③	22	②	32	④	42	②
03	①	13	④	23	③	33	①	43	②
04	③	14	③	24	①	34	①	44	③
05	②	15	①	25	③	35	③	45	③
06	②	16	③	26	③	36	①	46	②
07	①	17	④	27	②	37	④	47	②
08	①	18	③	28	①	38	②	48	④
09	③	19	③	29	③	39	①	49	④
10	④	20	①	30	①	40	②	50	④

01 Class C가 최상위 3비트를 '110'으로 설정한다.

02 서브넷 마스크가 '255.255.255.240'인 경우 호스트 ID 비트 수는 4개이다. 따라서 최대 사용 가능한 호스트 수는 $2^4 - 2 = 14$이다.

03 RIP은 거리 벡터 라우팅 프로토콜로 라우팅 메트릭은 홉 수이다. 최대 홉 수를 15로 제한하여 목적기로 가기 위해 걸쳐 갈 수 있는 라우터의 개수를 제한하고 있다.

04 슬라이딩 윈도우는 수신측에서 설정한 윈도우 크기만큼 송신측에서 확인 응답(ACK) 없이 전송할 수 있게 하여 흐름을 동적으로 조절하는 제어 알고리즘이다.

05 ① Version : 버전을 나타냄
③ Next Header : 확장된 헤더가 있는 값을 표시해 줌
④ Hop Limit : IPv4의 TTL과 같은 역할

06 ① Ethernet 주소를 IP Address로 매핑시키는 것은 RARP이다.
③ ARP 캐시는 송수신지 사이에 전송되는 ARP Request와 Reply를 통해 갱신된다.
④ 중복된 IP가 발견된 경우 ARP 캐시는 오버랩핑된다.

07 타입 8이 Echo Request의 타입 번호이며, 타입 3은 Destination Unreachable (목적지 도달 불가)이다.

08 FTP는 20번과 21번 포트를 사용하고 있다. 20번은 일반 데이터 전송용 포트, 21번은 제어 데이터 전송용 포트이다.

09 TFPT는 UDP 기반의 애플리케이션 프로토콜이다.

10 ① Http는 WWW에서 사용하는 데이터 전송 프로토콜이다.
② SNMP는 네트워크 장비들을 관리하기 위한 프로토콜이다.
③ FTP는 파일 전송을 위한 프로토콜이다.

11 UPD 헤더의 필드는 4개로 송수신지 포트 번호, 전체 길이(Total Length), 체크섬(Checksum)이다.

12 Port Number는 4계층 프로토콜인 TCP와 UDP에 포함된 필드이다.

13 ① ARP : IP 주소를 물리적 네트워크 주소로 변환(bind)하는 프로토콜
② Proxy ARP : 라우터는 호스트에서 보내온 ARP Request 를 보고 목적지 IP가 자기 자신이 아니더라도 자신의 MAC 주소로 ARP 응답을 수행하는 프로토콜
③ Inverse ARP : IP 주소를 DLCI 주소로 변환하는 프로토콜로, DLCI(Data Link Connection Identifier)는 프레임 릴레이 환경의 2계층 주소임

14 TCP 기반의 애플리케이션 프로토콜들로는 SMTP, FTP, Telnet이다.

15 3Way-Handshake의 송수신 플래그는 아래와 같다.

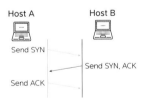

16 IP 네트워크 상의 장치로부터 정보를 수집 및 관리하며, 또한 정보를 수정하여 장치의 동작을 변경하는 데에 사용되는 인터넷 표준 프로토콜이다. SNMP를 지원하는 대표적인 장치에는 라우터, 스위치, 서버, 워크스테이션, 프린터, 모뎀 랙 등이 포함된다.

17 D class의 범위는 224.0.0.0 ∼ 239.255.255.255로 멀티캐스트용으로 사용된다.

18 ① ICMP(3계층), NetBEUI(2계층)
　　② IP(3계층), TCP(4계층)
　　④ NetBEUI(2계층), IP(3계층)

19 ① IEEE 802.4 : 토큰 버스
　　② IEEE 802.5 : 토큰 링
　　④ Iㄴㄷㄷ 802.3 : CSMA/CD

20 사물인터넷(Internet of Things)은 각종 사물에 센서와 통신 기능을 내장하여 인터넷에 연결하는 기술. 즉, 무선 통신을 통해 각종 사물을 연결하는 기술을 의미한다.

21 ① 디지타이징(Digitizing) : 아날로그 신호를 디지털 신호로 변환하는 프로세스
　　③ 클라우드 컴퓨팅(Cloud Computing) : 인터넷 기반의 컴퓨팅으로 인터넷상의 가상화 된 서버에 프로그램을 두고 필요할때마다 컴퓨터를 불러와 사용하는 서비스
　　④ 유비쿼터스 컴퓨팅(Ubiquitous Computing) : 사람을 포함한 현실 공간에 존재하는 모든 대상물들을 연결시켜 사용자에 필요한 정보나 서비스를 즉시 제공할 수 있는 기반 기술

22 에러 제어는 데이터 전송 중 에러를 검출, 정정하는 메커니즘이다. 에러 제어 기능은 4계층과 2계층에서 진행된다. 세션 계층의 에러 복구 기능은 중단된 부분부터 다시 전송을 하는 것으로 이것을 오류 제어 기능이라 볼 수는 없다.

23 ① PPTP : 2계층 보안 프로토콜
　　② L2TP : 2계층 보안 프로토콜
　　④ SSL : 4계층 보안 프로토콜

24 ② Actuator : 시스템을 움직이거나 제어하는 기계 장치
　　③ RFID : 전파를 이용해 원거리에서 정보를 인식하는 기술
　　④ Access Point : 무선 랜을 구성하는 장치중 하나로, 유선 랜과 무선 랜을 연결시켜 주는 장치

25 ① Bar Code : 컴퓨터가 판독할 수 있도록 고안된 굵기가 다른 흑백 막대로 조합시켜 만든 코드
　　② Bluetooth : 휴대폰, 노트북, 이어폰, 헤드폰 등의 휴대기기를 서로 연결하여 정보를 교환하는 근거리 무선 기술(10m 이내)의 표준
　　④ Wi-Fi : 컴퓨터(노트북, 데스크톱), 모바일 디바이스(스마트폰, 웨어러블) 및 기타 장비(프린터, 비디오 카메라) 등의 디바이스가 인터넷과 통신하는 데 사용할 수 있는 무선 네트워킹 기술

26 ① DR : 현재 전력량의 수요에 맞추기 위해 전기 사용자가 사용량을 변화시키는 것
　　② EMS : 에너지가 사용되는 곳과 소비되는 양을 실시간으로 모니터링하고 데이터를 수집

④ TDA : 공장 자동화를 위한 분산 데이터 수집 및 분산 제어 명령 시스템

27 ① Storage : 컴퓨터에 데이터를 저장하는 저장소의 역할을 수행하는 부품
　　③ USB HDD : 보조기억장치인 하드디스크 드라이브(HDD)를 휴대하기 쉽게 만든 것으로 USB 단자를 사용
　　④ Server : 클라이언트에게 네트워크를 통해 정보나 서비스를 제공하는 컴퓨터 시스템

28 ② WINS 서버 : 네트워크에 있는 컴퓨터와 그룹에 대한 NetBIOS 이름에 대응되는 IP 주소를 찾아 주는 서버
　　③ DNS 서버 : 웹 사이트의 IP 주소와 도메인 주소를 이어주는 서버
　　④ 터미널 서버 : 원거리의 동기종 시스템 또는 이기종 시스템 간의 접속을 지원해 주는 서버

29 Shell은 사용자의 명령어를 해석하고 운영체제가 알아들을 수 있게 지시해주는 것으로 사용자와 커널(Kernel)을 이어준다.

30 ② chgrp : 파일 또는 디렉터리의 소유 그룹을 변경하는 명령어
　　③ chmod : 파일, 디렉터리의 권한을 변경하는 명령어
　　④ usermod : 사용자의 셸, 홈 디렉터리, 그룹, UID, GID 등을 사용자 관련하여 대부분의 정보를 변경하는 명령어

31 TTL은 조회(lookup)한 도메인의 정보를 메모리상에 임시 저장하는 시간(캐싱)으로 최대한 길게 잡는 것이 좋다. TTL 값이 길면 DNS 부하가 줄어든다.

32 동일한 그룹에 속한 사용자는 읽기와 실행 권한을 갖는다.

33 ② /bin : 기본적인 명령어가 저장된 디렉터리
　　③ /var : 로그 파일과 같은 가변 길이 데이터를 저장하는 디렉터리
　　④ /dev : 디바이스 드라이버를 저장하는 디렉터리

34 명령어 chown은 파일 소유권을 변경하는 것으로 관리자 권한이 반드시 필요하다. 반면 pwd, ls, rm은 기본 명령어로 일반 사용자들도 사용 가능한 명령어이다.

35 명령어 top은 리눅스 시스템의 CPU 상황을 실시간으로 모니터링하거나 프로세스 관리할 수 있는 유틸리티이다.

36 ② FTP(File Transfer Protocol) : 서버와 클라이언트 사이의 파일 전송을 하기 위한 프로토콜
　　③ DFS(Distribute File System) : 컴퓨터 네트워크를 통해 공유하는 여러 호스트 컴퓨터의 파일에 접근할 수 있게 하는 파일 시스템
　　④ Apache Server : HTTP 웹 서버 소프트웨어

37 ① usadd : 대량 계정 생성 명령어
② dsmod : 개체 속성 수정 명령어
③ dsrm : 개체 삭제 명령어

38 ① NAS : 네트워크에 연결된 기억 장치로 인터넷을 통해 데이터를 주고 받음
③ RAID : 여러 개의 디스크를 묶어 하나의 디스크처럼 사용하는 기술
④ SSD : 비휘발성 반도체 메모를 사용한 대용량 보조 기억 장치

39 ② Heartbeat : 리눅스 운영체제에 고가용성을 제공하는 기술
③ Failover Cluster : 함께 작동하는 독립 컴퓨터의 그룹으로 클러스터 노드 중 하나 이상에 장애가 발생하면 다른 노드에서 서비스를 제공
④ Non-Repudiation : 메시지를 보낸 사람이 보낸 사실을 부인하거나, 받은 사람이 받지 않았다고 부인할 때 증명하는 기술

40 ① 성능 모니터 : 윈도우 서버의 성능을 실시간으로 측성 분석
③ 로컬 보안 정책 : 컴퓨터 보안에 영향을 주는 설정들을 모아놓고 설정하거나 관리하는 도구
④ 그룹 정책 편집기 : 윈도우 시스템 및 소프트웨어 관리 정책을 설정하고 제어

41 ② 삼바(SAMBA) : 리눅스 파티션에 담긴 자료를 윈도우 기반 컴퓨터가 공유하거나 윈도우 파티션에 담긴 자료를 리눅스 기반 컴퓨터가 공유할 수 있도록 제공하는 서비스
③ ODBC : 마이크로소프트가 만든 데이터 베이스에 접근하기 위한 소프트웨어 표준 규격
④ 파일 전송 프로토콜 : 서버와 클라이언트 사이의 파일 전송을 하기 위한 프로토콜

42 FTP는 Active mode와 Passive mode로 나뉜다. Active 모드는 서버와 클라이언트 간 데이터 전송용 포트 20번, 신호용 제어용 포트 21번을 사용하는 방식이다.

43 ① ipconfig /displydns : DNS 캐시 정보를 확인하는 명령어
③ ipconfig /release : 현재 DHCP 구성 해지 및 IP 주소 구성 정보 제거 명령어
④ ipconfig /renew : DHCP로부터 새로운 IP 주소를 부여받기 위한 명령어

44 MBR 파티션 테이블의 경우 하나의 디스크 파티션 크기를 최대 2.2TB로 제한한다. GPT는 최대 디스크 및 파티션 크기를 9.4ZB까지 허용한다. 4TB 이상의 HDD를 사용하기 위해서는 GTP 파티션으로 바꿔주어야 한다.

45 ① ping : IP 네트워크를 통해 특정한 호스트가 도달할 수 있는지의 여부를 테스트하는 명령어
② nbtstat : IP나 컴퓨터 이름을 알고자 할때 많이 사용하며 프로토콜 사용 현황이나 TCP/IP 연결 상태를 검사하기 위한 명령어
④ netstat : 네트워크 접속, 라우팅 테이블, 네트워크 인터페이스의 통계 정보 확인 명령어

46 ① Router : 3계층 장비
③ Bridge : 2계층 장비
④ Gateway : 3계층 장비

47 로드 밸런싱(Load Balancing)은 컴퓨터 네트워크 기술의 일종으로 둘 혹은 셋 이상의 중앙처리장치 혹은 저장장치와 같은 컴퓨터 자원들에게 작업을 나누는 것을 의미한다. 로드 밸런싱을 통해 시스템 부하를 피할 수 있다.

48 OSPF는 Router와 Router 간 인증을 실시하는 Neighbor 인증기능과 해당 Area 내의 모든 Router에서 공통으로 인증기능을 사용하는 Area 인증 기능을 사용할 수 있다. 이와 같은 인증 설정 시 설정 패스워드가 일치해야만 네트워크 정보를 공유하여 확장할 수 있다.

49 VirtualBox, Vmware, Zen은 하이퍼바이저를 기반한 가상화 기술이다.

50 ① Coaxial Cable : 중앙의 절연된 구리선을 관상의 전도체가 둘러싸고 있는 전송 매체
② Twisted Pair : 두 줄의 동선을 꼬아 하나의 도선에 피복한 전송 매체
③ Thin Cable : 10Base2이며 이더넷 방식으로 PC들을 직렬로 접속 시 사용하는 전송 매체

01	①	11	④	21	①	31	③	41	②
02	④	12	①	22	④	32	③	42	②
03	③	13	③	23	③	33	③	43	④
04	④	14	③	24	④	34	④	44	①
05	①	15	②	25	④	35	③	45	②
06	②	16	①	26	③	36	③	46	④
07	③	17	②	27	①	37	②	47	②
08	①	18	④	28	②	38	③	48	②
09	②	19	①	29	④	39	①	49	④
10	①	20	④	30	④	40	③	50	①

01 TTL이 0이 되면 전송하는 IP 패킷은 폐기된다.

02 첫 번째 옥텟 11101011를 10진수로 변환하면 235이다. 이것은 224 ~ 240사이의 포함되므로 D 클래스의 주소이다.

03 서브넷의 개수가 6 일 때,
  ㉠ $2^X ≒ 6$, ∴ X=3
  ㉡ 24+3=27(C class의 네트워크 ID 비트 수는 24개이기 때문)
  ㉢ /27일 경우 서브넷 마스크는 255.255.255.224이다.

04 ① Version : IPv4 또는 IPv6인지를 나타냄
  ② Priority : IP 패킷 마다 서로 다른 서비스 요구사항을 구분하기 위함, 민감한 실시간 응용 및 긴급하지 않은 데이터 패킷 간의 차별적 구분 가능
  ③ Next Header : 기본 헤더 다음에 위치하는 확장 헤더의 종류를 표시

05 IPv6 주소는 128비트 체계를 갖는다.

06 NAT은 공인 IP 주소나 사설 IP 주소, 또는 클래스와 상관없이 주소 변환이 가능하다.

07 양방향 전송을 하며, 종단 간의 흐름 제어를 위해 Dynamic Sliding Window 방식을 갖는 것은 TCP의 특징이다.

08 SMTP는 응용 계층의 프로토콜이다. RARP, ICMP, IGMP는 네트워크 계층의 프로토콜이다.

09 브로드캐스트는 LAN 구간(2계층) 내에서만 전송이 가능하다. 브로드캐스트는 3계층 장비를 통해 외부망으로 전송이 불가하다.

10 ② CMIP : 조직적이고 규모가 큰 망관리를 위한 프로토콜
  ③ SMTP : 메일 송신 프로토콜
  ④ POP : 메일 수신 프로토콜

11 localhost는 컴퓨터에서 사용하는 루프백 호스트 명으로 자신의 컴퓨터를 의미한다.
  IPv4에서의 IP 주소는 127.0.0.1이며, IPv6에서는 ::1로 변환된다.

12 MAC Address를 IP Address로 변환 프로토콜은 RARP이며, IP Address를 MAC address로 변환시키는 프로토콜은 ARP이다.

13 Network ID는 IP address와 subnetmask를 & 연산한 결과로 얻어낸다.
  ```
    1100 1001. 0110 0100. 0000 0101. 0100 0100        201.100.   5.  68
  & 1111 1111. 1111 1111. 1111 1111. 1111 0000      & 255.255.255.240
  ─────────────────────────────────────────        ──────────────────
    1100 1001. 0110 0100. 0000 0101. 0100 0000  →    201.100.   5.  64
  ```

14 IP 수소 충돌은 nbtstat 명령어로 찾을 수 있다. ICMP는 네트워크를 전달되는 데이터의 오류나 상태 정보를 전달해 주는 메시지 프로토콜이다.

15 TFTP는 UDP 기반의 응용 계층 프로토콜이다.

16 캡슐화는 송신측에서 최상위 계층에서 최하위 계층으로 내려가면서 데이터 전송에 필요한 제어정보를 추가하는 반면, 역캡슐화는 수신측에서 최하위 계층에서 최상위 계층으로 올라가면서 부착된 제어정보를 제거하는 것이다.

17 IGMP는 멀티캐스트에 적합한 프로토콜이다.

18 서비스 제공 형태에 따라 Public 클라우드, Private 클라우드 그리고 Hybrid 클라우드로 분류할 수 있다.

19 ② WMN(Wireless Mesh Network) : 무선 인프라를 구축 기술로 네트워크를 구성하는 각 노드들이 다른 노드의 작동 가능/작동 불가능에 상관없이 항상 네트워크를 가동하는 형태의 구조이다.
③ VPN(Virtual Private Network) : 공중망에서 구축되는 논리적인 진용밍이다.
④ CDN(Content Delivery Network) : HTML 페이지, Javascript 파일, 스타일시트, 이미지, 동영상을 비롯한 인터넷 콘텐츠를 신속하게 배포하는 서버 네트워크이다.

20 SAN(Storage Area Network)는 여러 스토리지를 하나의 네트워크에 연결시키고, 이 네트워크에서 서버를 연결해 스토리지에 접속한다는 개념이다. SAN 환경을 구성하기 위해서는 SAN 스위치라는 기기가 필요하다. 각 서버와 스토리지를 광 케이블로 SAN 스위치와 연결해 데이터를 주고 받는다.

21 ② Go back-N ARQ : 에러가 발생한 블록으로 되돌아가 모든 블록을 재전송
③ Selective ARQ : 프레임의 순서에 관계없이 단지 손실된 프레임만을 재전송
④ Stop-and-Wait ARQ : 송신측은 수신측으로부터 ACK를 수신했을 경우에만 다음 프레임을 전송

22 ① NIC : 컴퓨터를 네트워크에 연결하여 통신하기 위해 사용하는 장치
② F/W : 들어오고 나가는 네트워크 트래픽을 제어하는 네트워크 보안 시스템
③ IPS : 외부망으로부터 내부망으로 침입하는 네트워크 패킷을 찾아 제어하는 시스템

23 버스 토폴로지는 노드 수가 증가하면 트래픽이 증가하여 병목 현상이 발생하기 때문에 네트워크 성능 저하 문제가 발생한 노드의 위치를 파악하기 어렵다. 또한 CSMA/CD 방식의 충돌 제어 기술을 사용한다. 중앙 스위치에 연결하는 방식은 스타 토폴로지이다.

24 데이터 링크 계층에서 서브 계층인 LLC는 수신한 데이터의 오류를 검출하는 기능을 갖고 있다.

25 ① IRC : 실시간 채팅 프로토콜
② HEVC/H.265 : 동영상을 손실 압축하여 저장하는 비디오 표준
③ MIME : 전자 우편을 위한 인터넷 표준 포맷

26 망에 유입되는 데이터의 양이 많아질수록 전송 속도가 느려진다.

27 동기식 TDM은 전송 데이터가 없는 채널에 슬롯이 할당되어 타임 슬롯의 낭비 가능성이 높다.

28 기본적으로 디렉터리 검색기능이 해제되어 있어 디렉터리의 내용을 볼 수 없다. 디렉터리 검색 기능이 해제된 상태로 두어 보안을 강화하는 것이 좋다.

29 물리적 컴퓨터만 사용하는 장애 조치 구성에서 필요한 만큼의 물리적 컴퓨터를 사용하지 않아도 되므로 서버 가용성을 향상시킬 수 있다.

30 ① -m 10 : 패스워드 최소 의무 사용일 수를 10일로 지정
② -L 10 : 대문자 L에 대한 옵션은 없음
③ -i 10 : 계정이 비활성화 상태로 전환될 때까지의 유예기간을 10일로 지정

31 ① /var/log/cron : cron이 실행된 것들에 대한 정보 기록
② /var/log/lastlog : 가장 최근 로그인 정보를 기록
④ /var/log/btmp : 사용자의 로그인 실패를 기록

32 IN MX 10 mail
mail IN A 192.168.100.2
→ 해당 도메인의 메일 서버를 지정하는 것으로 서버명은 mail.icqa.or.kr 이며 서버 주소는 192.168.100.2이다.

33 옵션 t는 TCP 프로토콜 정보를 출력한다.

34 명령어 chmod에서 기호 '+, -, ='는 현재 모드에 권한 추가(+), 현재 모드에서 권한 제거(-), 현재 모드로 권한 지정(=)으로 사용한다.

35 TPM(Trusted Platform Module, 신뢰 플랫폼 모듈)은 패스워드나 디지털 인증서, 암호화 키를 저장할 수 있는 공간 RSA와 SHA-1 등의 암호화 기법이 포함된 하드웨어 보안 칩으로 BitLocker을 사용하기 위해서는 TPM 보안 칩과 연동해야 한다.

36 DHCP 서버는 DHCP 클라이언트에게 네트워크 환경 구성 정보(IP 주소, 서브넷 마스크, 게이트웨이 주소, DNS 주소)를 자동으로 할당하는 시스템으로 망 내의 IP 자원을 효율적으로 관리한다.

37 3Way-HandShaking의 상태 변환은 아래와 같다. SYN을 수신한 쪽에서는 SYN_RECEIVED 상태로 변환한다.

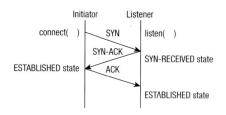

38 • 응용 프로그램 로그 : 윈도우 번들 소프트웨어와 일
반 응용 프로그램의 활성화 여부 기록
• 설치 로그는 없다. 설정 로그 : 애플리케이션 설치 시
발생하는 이벤트 기록
• 시스템 로그 : 윈도우 시스템에서 로그로 서비스 실
행 여부나 파일 시스템 필터, 디바이스 구성요소 기록

39 useradd는 새로운 사용자를 등록하는 명령어로 옵션
'-g 그룹명'은 생성되는 계정을 지정된 그룹명에 포함
시킨다.

40 IIS를 통해 설치 가능한 역할 서비스는 Web 서비스,
WAS(Windows Process Activation Service), FTP 서
비스, Management 서비스 등이 있다.

41 Windows Server 백업은 3가지 방법으로 실행할 수 있다.
• Windows + R을 누른 후 wbadmin.msc 명령실행
• 제어판 〉 시스템 및 보안 〉 관리도구 〉 Windows
Server 백업
• 컴퓨터 관리 〉 저장소 〉 Windows Server 백업

42 ① dd : 커서가 있는 라인 삭제
③ D : 커서 오른쪽 행 삭제
④ dw : 현재 커서에 있는 한 단어 삭제

43 명령어 cd 형식은 cd [디렉터리 경로]이다. 디렉터리 경
로 '.'은 현재 디렉터리로 이동, '~'은 사용자 홈 디렉터
리로 이동하는 명령어이다.

44 디렉터리 /etc는 다양한 환경 설정 파일들을 저장한다.
그중 파일 /etc/passwd와 /etc/shadow에는 사용자
들의 패스워드를 저장하고 있다.

45 명령어 ifconfig 형식은 'ifconfig [interface][option]
[address][up/down]'이다. 특정 인터페이스 카드를 활
성화 시킬 때는 'up' 옵션을 추가한다.

46 ① L3 Switch : 3계층 장비
② Bridge : 2계층 장비
③ Router : 3계층 장비

47 ① 스패닝 트리 프로토콜 : 스위치에서 이더넷 프레임
의 루핑을 방지해 주는 프로토콜
③ TFTP 프로토콜 : UDP 기반의 데이터 전송 프로토
콜
④ 가상 사설망(VPN) : 인터넷을 통해 장치 간 사설 네
트워크 연결을 생성하는 서비스

48 ① RAID 0 : 고장 대비 능력이 없으므로 주요 데이터
저장은 부적합
③ RAID 2 : 기록형 디스크와 데이터 복구용 디스크를
별도로 제공하여 오류 검출
④ RAID 3 : 오류 검출을 위해 패리티 방식 사용

49 OSPF는 대표직인 링크 상태 알고리즘이다. IGRP,
EGP, BGP는 디스턴스 벡터 알고리즘으로 EGP는
BGP나 IDRP로 대체되어 사용되고 있다.

50 라우터는 OSI 3계층 및 4계층을 이용하며 게이트웨이
는 OSI 5계층 이상을 이용한다. 전통적인 개념에서 게
이트 웨이는 세션 계층 이상을 연결하는 네트워크 장비
이다.

네트워크관리사 1·2급 실기 예시 문제

01 OSI 모델 중 Application Layer에서 동작하는 프로토콜을 모두 선택하시오.

❶ SMTP	❷ IP	❸ ARP
❹ FTP	❺ ICMP	❻ Telnet
❼ UDP	❽ HTTP	❾ IGMP

정답 ❶, ❹, ❻, ❽

해설 IP, ARP, ICMP, IGMP는 Network Layer의 프로토콜이며, UDP는 Transport Layer의 프로토콜이다.

02 OSI 모델 중 Network Layer에서 동작하는 프로토콜을 모두 선택하시오.

❶ FTP	❷ ARP	❸ RARP
❹ Telnet	❺ HTTP	❻ TCP
❼ ICMP	❽ UDP	❾ HDLC

정답 ❷, ❸, ❼

해설 Telnet, FTP, HTTP는 애플리케이션 프로토콜이며, HDLC는 WAN 구간에서 작동하는 2계층 프로토콜이다.

03 아래 항목들은 TCP와 UDP의 특징을 기술한 것이다. 해당 항목들 중 TCP 특징에 해당하는 것을 모두 선택하시오.

❶ 연결형 프로토콜이다.	❷ 비연결형 프로토콜이다.
❸ 수신순서는 송신순서와 동일하다.	❹ 수신순서는 송신순서와 다를 수 있다.
❺ 신뢰성이 있다.	❻ 신뢰성이 없다.

정답 ❶, ❸, ❺

해설 TCP는 연결지향, 신뢰성을 제공하는 프로토콜이다.

04 스트리밍 저장 오디오나 실시간 동영상 서비스를 운용할 때 어떤 프로토콜로 동작하는 것이 적당한가? 하나만 선택하시오.

❶ TCP	❷ UDP	❸ RARP
❹ FTP	❺ HTTP	❻ IGMP

정답 UDP

해설 UDP는 비연결지향, 비신뢰성 프로토콜이다. 따라서 신뢰성 있는 업무보다는 빠른 전송을 요구하는 웹상에서의 동영상 전송과 같은 업무에 적합하다.

05 아래 항목들은 서비스와 포트 번호를 연결한 것이다. 옳지 않은 연결 세 개를 선택하시오.

❶ SSH-21	❷ FTP-22	❸ Telnet-23
❹ TFTP-89	❺ www-80	❻ POP3-120

정답 ❶, ❷, ❻

해설 FTP=20, 21, SSH=22, Telnet=23, smtp=25, dns=53, tftp=69 www=80, POP3=110

06 아래 〈보기〉는 Telnet과 SSH를 비교한 것이다. 올바른 것을 두 개만 선택하시오.

❶ Telnet-패킷이 암호화되어 전송, 기본 포트 번호는 20번
❷ Telnet-패킷이 비암호화되어 전송, 기본 포트 번호는 21번
❸ Telnet-패킷이 암호화되어 전송, 기본 포트 번호는 22번
❹ Telnet-패킷이 비암호화되어 전송, 기본 포트 번호는 23번
❺ SSH-패킷이 암호화되어 전송, 기본 포트 번호는 20번
❻ SSH-패킷이 비암호화되어 전송, 기본 포트 번호는 21번
❼ SSH-패킷이 암호화되어 전송, 기본 포트 번호는 22번
❽ SSH-패킷이 비암호화되어 전송, 기본 포트 번호는 23번

정답 Telnet – ❹, SSH – ❼

해설 Telnet과 SSH는 원거리 접속 프로토콜이다. 하지만 Telnet은 Clear Text로 데이터를 전송하는 반면 SSH는 암호화 데이터를 전송한다. Telnet은 23번의 포트 번호를, SSH는 22번의 포트 번호를 각각 할당받아 사용되고 있다.

07 아래 〈설명〉을 보고 (A)에 들어갈 공통된 단어를 쓰시오.

[설명]
- (A)은 네트워크상의 다른 컴퓨터에 로그인하거나 원격 시스템에서 명령을 실행하고 다른 시스템으로 파일을 복사할 수 있도록 해주는 응용 프로그램 또는 프로토콜이다.
- (A)는 기존의 rsh, rlogin, 텔넷 등을 대체하기 위해 설계되었으며, 강력한 인증 방법 및 안전하지 못한 네트워크에서 안전하게 통신을 할 수 있는 기능을 제공한다.
- (A)는 기본적으로 22번 포트를 사용한다.

정답 SSH

해설 SSH는 암호화 기법을 기반한 원격 접속 프로토콜로 전송 데이터가 통신에 노출된다 하더라도 이해할 수 없는 암호화된 문자로 나타나므로 안전한 데이터 전송이 가능하다.

08 〈화면〉과 〈내용〉은 무엇에 관한 설명인지를 쓰시오.

[화면]	[내용]
	• 데이터를 안전하게 주고 받기 위한 업계 표준 프로토콜이다. • 웹 서버뿐만 아니라 FTP 등 다른 TCP/IP 애플리케이션에 적용할 수 있으며, 인증 암호화 기능이 있다. • 웹 서버와 클라이언트 사이에 전달되는 정보가 암호화된다. • URL 부분에서 'HTTP://'가 'HTTPs://'로 변경된다.

정답 SSL(Secure Socket Layer)

해설 SSL은 응용 계층 보안 프로토콜로 인증서를 기반으로 암호화된 데이터를 전송한다.
암호화 알고리즘은 비대칭형 암호화 시스템을 사용한다.

09 아래 그림은 TCP 헤더를 나타낸 것이다. 해당 필드 중 3-way Handshake와 관련된 플래그 필드 두 개를 선택하시오. (플래그 필드는 색 동그라미로 표시하였다.)

Source Port Address	Destination Port Address
Sequence Number	
Acknowledgment Number	
HLEN · Reserved · urg ack psh rst syn fin	Window Size
Checksum	Urgent Pointer
Options & Padding	

❶ urg	❷ ack	❸ psh
❹ rst	❺ syn	❻ fin

정답 ❷, ❺

해설 TCP는 연결성을 보장하는 4계층 프로토콜이다. 3-way Handshake는 서버와 클라이언트 사이의 연결 설정을 위한 초기화 과정이다. 이 과정은 ① '클라이언트 연결 요구' ② '서버 측 응답 및 연결 요구' ③ '서버 연결 요구에 대한 클라이언트측 최종 응답'으로 구성된다.

연결 설정과 관련된 TCP 필드는 Sequence Number, Acknowledgement Number, Flag 필드 중 ACK와 SYN이다. 아래 예제는 3-way Handshake의 2단계인 '서버 측 응답 및 연결 요구' 과정을 헤더에 마킹한 것이다.

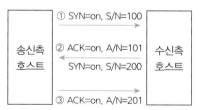

Source Port Address	Destination Port Address
200	
101	
HLEN Reserved 0 1 0 0 1 0	Window Size
Checksum	Urgent Pointer

10 OSI 계층 모델을 기반으로 〈보기〉의 네트워크 장비들이 몇 계층 장비인지를 구분하시오.

[보기]

게이트웨이   리피터   라우터   스위치   허브   브릿지

OSI 계층	장비들
응용 계층 표현 계층 세션 계층 전송 계층	(㉠)
네트워크 계층	(㉡)
데이터링크 계층	(㉢)
물리 계층	(㉣)

정답

OSI 계층	장비들
응용 계층 표현 계층 세션 계층 전송 계층	(㉠ 게이트웨이)
네트워크 계층	(㉡ 라우터)
데이터링크 계층	(㉢ 스위치, 브릿지)
물리 계층	(㉣ 허브, 리피터)

11 아래 〈설명〉은 어떤 장비에 대한 특징인가? 장비명을 쓰시오.

[설명]
- 컴퓨터 네트워크에서 서로 다른 통신망, 프로토콜을 사용하는 네트워크 간의 통신을 가능하게 하는 장비이다.
- 다른 네트워크로 들어가는 입구 역할을 하는 네트워크 포인트이다.
- 이 장비를 지날 때마다 트래픽도 증가하기 때문에 속도가 느려질 수 있다.

정답 게이트웨이

해설 게이트웨이는 응용, 표현, 세션, 전송 계층을 포함하는 장비로 넓은 의미로는 이기종 네트워크 간의 통로의 역할을 하는 장치이다.

12 아래 〈설명〉은 특정 장비에 대한 것이다. 해당 특징을 가진 장비는 무엇인가?

[설명]
• OSI 7 Layer에서 3계층인 네트워크 계층에 속한다.
• LAN과 LAN 또는 LAN과 WAN 등을 연결하는 인터네트 워킹 장치이다.
• 네트워크 계층 간을 연결하여 접속할 호스트의 최적 경로를 설정한다.

정답 라우터(Router)

해설 라우터는 대표적인 3계층 장비로 목적지까지 다수 개의 경로 존재 시 최적의 경로를 선정한다. 또한 스위치가 없을 경우 스위치 대용으로 사용 가능한 포워딩 장비이다.

13 아래 그림은 두 개의 네트워크 연결된 그림이다. ①안의 역할을 수행하는 장비는?

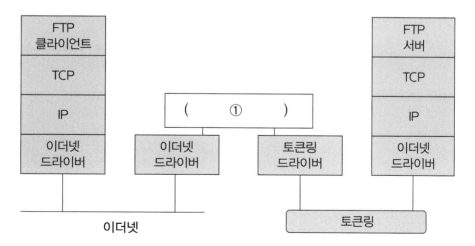

정답 라우터(Router)

해설 이기종 망을 연결하는 3계층 장비는 라우터이다. 해당 그림은 이더넷 LAN 망과 토큰링 LAN을 연결을 하기 위해 라우터가 사용되어야 한다.

14 아래 〈설명〉은 특정 라우팅 프로토콜에 대한 설명이다. 해당 설명과 같은 분류에 포함되는 라우팅 프로토콜들을 2개 이상 쓰시오.

> [설명]
> • 주기적으로 인접한 라우터들 사이에서 라우팅 정보를 교환한다.
> • 전송 받은 정보를 기반으로 경로값을 비교하여 라우팅 테이블을 갱신한다.
> • 네트워크 계층 간을 연결하여 접속할 호스트의 최적 경로를 설정한다.

정답 RIP, IGRP

해설 설명은 디스턴스 벡터(Distance Vector) 라우팅 프로토콜에 관한 설명이다. 해당 프로토콜들로는 RIP, IGRP, BGP 등이 있다.

15 IP 주소 사용의 낭비를 막기 위해 내부 네트워크의 모든 호스트에 인터넷 전체에서 유일한 공인 IP 주소를 설정하지 않고, 내부적으로는 사설 IP 주소를 설정하여 사용하다가 인터넷에 접속할 때만 공인 IP 주소로 변환하는 기술은?

정답 NAT

해설 NAT는 라우터의 일부로서 포함되며, 종종 통합된 방화벽에서도 제공된다. 네트워크 관리자들은 공인 IP 주소에서 사설 IP 주소로, 사설 IP 주소에서 공인 IP 주소로 사상하기 위한 NAT 표를 만든다. NAT 는 라우팅 정책과 함께 사용될 수도 있다.

16 아래 〈설명〉을 보고 (A)에 들어갈 공통된 단어는 무엇인가?

> [설명]
> • (A)란/이란 물리적인 네트워크 구성에 제한을 받지 않고 네트워크 구성요소가 삭제나 변경이 발생했을 경우 논리 네트워크를 구성함으로써 유연하게 대응할 수 있는 LAN 기능
> • (A)은/는 네트워크 자원 액세스를 제한함으로써 보안을 향상시키고, Broadcast Domain의 크기를 줄여서 Broadcast Traffic량을 줄이는 효과가 발생하여, 전체적으로 네트워크 성능을 향상시킴

정답 VLAN

해설 VLAN은 물리적 위치에 상관없이 논리적으로 브로드캐스트 도메인을 나눈다. 하나의 VLAN은 하나의 브로드캐스트 도메인이며 하나의 네트워크이다. 이것은 네트워크 구성을 유연하게 하며, 보안을 강화시킨다.

17 아래 〈설명〉에 해당하는 기술을 쓰시오.

[설명]
- 네트워크 스위치의 어떤 한 포트에서 보이는 모든 네트워크 패킷 혹은 전체 VLAN의 모든 패킷들을 다른 모니터링 포트로 복제하는데 사용된다.
- 네트워크 트래픽을 모니터링해야 하는 네트워크 장비들에서 사용된다.

정답 포트 미러링(Port Mirroring)

해설 포트 미러링은 시스코 스위치에선 일반적으로 '스위치 포트 분석기(SPAN ; Switched Port ANalyzer) 또는 원격 스위치 포트 분석기(RSPAN ; Remote Switched Port ANalyzer)'라 불린다. 다른 제조사들에서는 다른 이름으로 부르기도 하며, 3Com의 경우 로빙 분석 포트(RAP ; Roving Analysis Port)라 부른다.

18 아래는 물리적 주소를 나타낸 것이다. 이 중 OUI(Organizationally Unique Identifier)에 해당 하는 값을 쓰시오.

물리적 주소　**24-F5-AA-D0-D2-AD**

정답 24-F5-AA

해설 Network Interface Card(NIC) 또는 Ethernet Card로 데이터 링크 계층의 MAC 계층에 의해 사용되는 48비트의 하드웨어 주소이다. 물리적 주소는 아래 그림과 같다.

19 아래 그림과 제시된 〈설명〉을 기반으로 (A)로 적합한 장비 명칭을 쓰시오.

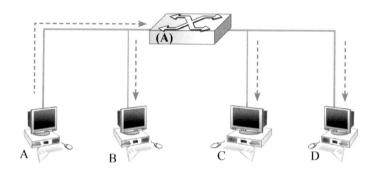

[설명]
각각의 포트에 연결된 컴퓨터의 MAC 주소를 알지 못하기 때문에 A가 B에 신호를 보낼 때 B에만 전송되는 것이 아니라 해당 장비와 연결되어 있는 모든 컴퓨터들에게 신호가 전송된다.

정답 더미 허브

해설 더미 허브는 1계층 장비로 플러딩(Flooding) 방식으로만 데이터 신호를 전송한다. 플러딩은 송신지 포트를 제외한 모든 포트들로 데이터 신호를 전송한다. 1계층 장비들은 주소를 인식하지 못하기 때문에 플러딩 방식으로 신호를 전송한다.

20 아래 그림과 제시된 〈설명〉을 기반으로 (A)로 적합한 장비 명칭을 쓰시오.

[설명]
목적지의 MAC 주소 정보가 경로 데이터베이스인 MAC Address Table에 기록하기 때문에
A가 B에게 전송신호를 보낼 B에게만 데이터 신호를 전송한다.

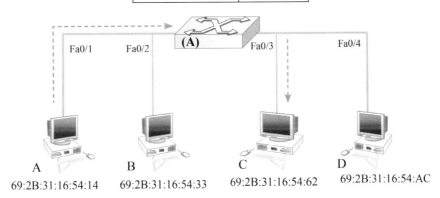

MAC Address Table

Address	Port
69:2B:31:16:54:14	Fa0/1
69:2B:31:16:54:33	Fa0/2
69:2B:31:16:54:62	Fa0/3
69:2B:31:16:54:AC	Fa0/4

정답 스위치

해설 스위치는 포워딩(Forwarding)과 플러딩(Flooding) 방식으로 데이터 신호를 전송한다. 맥 주소 테이블에 목적지 정보가 있으면 포워딩 방식으로, 맥 주소 테이블에 목적지 정보가 없으면 플러딩 방식으로 데이터 신호를 전송한다.

21 PC(A)에서 PC(B)로 데이터 전송을 가능하게 시도하였지만 전송이 불가하다. 아래 그림의 라우팅 테이블을 기반하여 PC(A)에서 PC(B)로의 데이터 전송을 가능하게 해야 한다. 정적 경로 설정 방법을 통해 경로 설정을 완성하라.

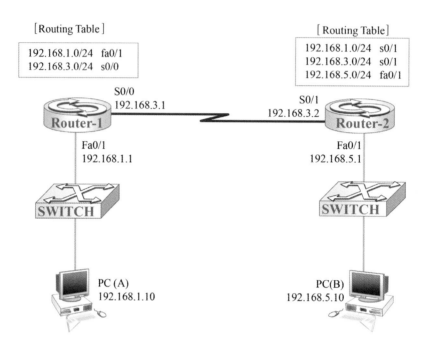

[Routing Table]
192.168.1.0/24 fa0/1
192.168.3.0/24 s0/0

[Routing Table]
192.168.1.0/24 s0/1
192.168.3.0/24 s0/1
192.168.5.0/24 fa0/1

S0/0
192.168.3.1

S0/1
192.168.3.2

Router-1   Router-2

Fa0/1   Fa0/1
192.168.1.1   192.168.5.1

SWITCH   SWITCH

PC (A)   PC(B)
192.168.1.10   192.168.5.10

정답 (Router1-config)#ip route 192.168.5.0 255.255.255.0 192.168.3.2
또는 (Router1-config)#ip route 192.168.5.0 255.255.255.0 s0/0

해설 정적 라우팅 명령어 형식은 다음과 같다.
ip route [목적지 IP 주소][목적지 서브넷 마스크][로컬 인터페이스 또는 Next-hop IP 주소]

22 〈설명〉은 Class별 시작 주소이다. 괄호에 들어갈 IP 주소를 쓰시오.

[설명]
• Class A   0.0.0.0
• Class B   (㉠   ).0.0.0
• Class C   192.0.0.0
• Class D   (㉡   ).0.0.0
• Class E   240.0.0.0

정답   ㉠ 128   ㉡ 224

해설   클래스별 주소 대역은 다음과 같다.
A 클래스 0.0.0.0 ~ 126.255.255.255
B 클래스 128.0.0.0 ~ 191.255.255.255
C 클래스 192.0.0.0 ~ 223.255.255.255
D 클래스 224.0.0.0 ~ 239.255.255.255
E 클래스 240.0.0.0 ~ 255.255.255.255

23 다음 괄호 안에 들어갈 CIDR(Classless Inter-Domain Routing) 표기법 형태의 서브넷 마스크는 무엇인가?

[설명]
• 10.X.X.X / (①   )
• 172.16.X.X / (②   )
• 192.168.X.X / (③   )

정답   ① 8   ② 16   ③ 24

해설   클래스 A의 서브넷 마스크는 255.0.0.0이며 CIDR 표기법으로는 /8이다.
클래스 B의 서브넷 마스크는 255.255.0.0이며 CIDR 표기법으로는 /16이다.
클래스 C의 서브넷 마스크는 255.255.255.0이며 CIDR 표기법으로는 /24이다.

24 IP 주소 172.16.100.10/18의 네트워크 주소를 쓰시오.

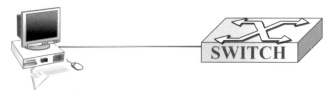

172.16.100.10/18

정답 네트워크 주소 172.16.64.0

해설   IP 주소   1010 1100.0001 0000.0110 0100.0000 1010
& 서브넷 마스크 1111 1111.1111 1111.1100 0000.0000 0000
_____

1010 1100. 0001 0000.0100 0000.0000 0000(172.16.64.0)

25 IP 주소 192.10.10.205/29의 브로드캐스트 주소를 쓰시오.

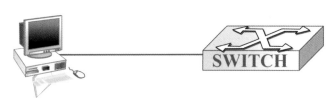

192.10.10.205/29

정답 네트워크 주소 192.10.10.207

해설   IP 주소   1100 0000.0000 1010.0000 1010. 1100 1101
& 서브넷 마스크 1111 1111.1111 1111.1111 1111. 1111 1000
_____

네트워크 주소   1100 0000. 0000 1010.0000 1010.1100 1000(192.10.10.200)
브로드캐스트 주소 1100 0000. 0000 1010.0000 1010.1100 1111(192.10.10.207)

네트워크 주소에서 호스트 비트 모두 1로 전환된 주소가 브로드캐스트 주소이다.

26 〈제시 조건〉을 기반으로 (   )에 들어갈 네트워크 주소를 쓰시오.

[제시 조건]
ICQA 라우터는 하위 라우터들로부터 전달받은 네트워크 정보(172.16.4.0/26, 172.16.64.0/26, 172.16.128.0/26, 172.16.192.0/26)를 (   ) 방향으로 전달해야 한다.
단, 네트워크 정보 전달 시 오버헤드를 줄이기 위해 경로요약(Address Aggregation)을 수행한다.

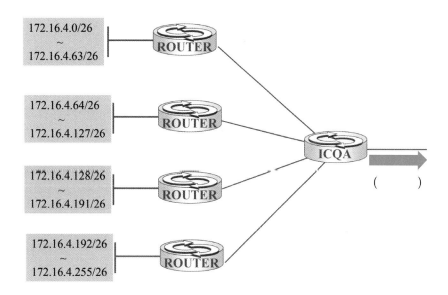

정답 172.16.4.0/24

해설 경로 요약은 여러 네트워크에 할당된 주소 범위를 그룹화시켜 하나로 묶어 표현하는 것이다. 그룹화를 시킬 경우 그룹화할 네트워크들의 공통 부분을 찾아야 한다. 해당 그림에서 4개의 네트워크 주소 (172.16.4.0/26, 172.16.64.0/26, 172.16.128.0/26, 172.16.192.0/26)는 24비트까지만 공통 비트를 가진다.)

172.16.4.0   → 1010 1010. 0001 0000. 0000 0100. 0000 0000
172.16.4.64   → 1010 1010. 0001 0000. 0000 0100. 0100 0000
172.16.4.128 → 1010 1010. 0001 0000. 0000 0100. 1000 0000
172.16.4.192 → 1010 1010. 0001 0000. 0000 0100. 1100 0000

27 〈제시 조건〉을 기반으로 (   )에 들어갈 네트워크 주소의 서브넷 마스크(Subnetmask)를 쓰시오.

[제시 조건]
ICQA 라우터는 하위 라우터들로부터 전달받은 네트워크 정보(192.47.32.0,192.47.33.0,192.47.34.0,192.47.35.0)를 (   ) 방향으로 진달해야 한다.
단, 네트워크 정보 전달 시 오버헤드를 줄이기 위해 경로 요약(Address Aggregation)을 수행한다.

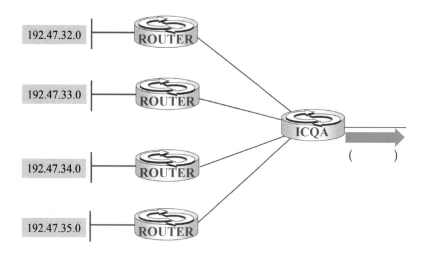

정답 255.255.252.0

해설 경로 요약은 여러 네트워크에 할당된 주소 범위를 그룹화시켜 하나로 묶어 표현하는 것이다. 그룹화를 시킬 경우 그룹할 네트워크들의 공통 부분을 찾아야 한다. 해당 그림에서 4개의 네트워크 주소(192.47.32.0,192.47.33.0, 192.47.34.0,192.47.35.0)는 22비트까지만 공통비트를 가진다.
192.47.32.0 → 1100 0000. 0001 1111. 0001 0000. 0000 0000
192.47.33.0 → 1100 0000. 0001 1111. 0001 0001. 0000 0000
192.47.34.0 → 1100 0000. 0001 1111. 0001 0010. 0000 0000
192.47.35.0 → 1100 0000. 0001 1111. 0001 0011. 0000 0000
경로요약에서 공통 비트 개수는 네트워크 주소 비트를 나타내는 것이다. 22비트를 서브넷 마스크로 표기하면 1111 1111. 1111 1111. 1111 1100. 0000 0000이다. 이것을 10진수 형태의 서브넷 마스크로 표기하면 255.255.252.0이다.

28 IPv4의 3가지 전송 모드는 유니캐스트, 멀티캐스트, (①)이며 IPv6의 3가지 전송 모드는 유니캐스트, 멀티캐스트, (②)이다.

정답 ① 브로드캐스트 ② 애니캐스트

해설 유니캐스트는 1:1 통신방식이고 멀티캐스트는 1:N 통신방식이라고 한다면 애니캐스트는 '1:가장 가까운 1'간의 통신방식이라고 정의할 수 있다. 동일한 주소를 가지는 여러 목적지 장비들 중 출발지 장비와 가장 가까운 장비가 응답을 하는 통신방식이다.

29 IP4는 (①) bit, IPv6는 (②) bit로 구성되어 있다.

정답 ① 32 ② 128

해설 IPv4는 4개의 옥텟(Octec), 옥텟 당 8비트로 구성되어 있기 때문에 4*8=32비트 체계를 가진다.
IPv6는 8개의 필드, 필드 당 16비트로 구성되어 있기 때문에 8*16=128비트 체계를 가진다.

30 IPv4와 IPv6 모두 지원, 동시 처리 가능한 장비를 무엇이라 하는가?

정답 듀얼 스택(Dual Stack)

해설 듀얼 스택은 하나의 시스템(호스트 또는 라우터)에서 IPv4와 IPv6 프로토콜을 모두 처리하는 기술이다.

31 다음 표를 보고 빈칸에 해당하는 내용을 쓰시오.

	IPv4	IPv6
주소체계	32비트	①
주소유형	유니캐스트 멀티캐스트 브로드캐스트	유니캐스트 멀티캐스트 애니캐스트

정답 128비트

해설 IPv6는 8개의 필드, 필드당 16비트로 구성되어 있기 때문에 8*16=128비트 체계를 가진다.

32 아래 〈화면〉을 보고 현재 사용하고 있는 IP Address와 Subnetmask 값을 입력하시오.

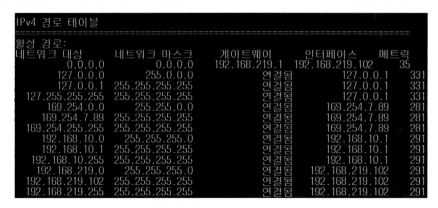

정답 IP Address 192.168.219.102

Subnetmask 255.2555.255.0

해설 Window 운영체제의 라우팅 테이블 확인 명령어는 route print이다. 해당 명령어를 통해 네트워크 대상, 네트워크 마스크, 게이트웨이, 인터페이스, 메트릭 정보 등을 알 수 있다.

33 아래 〈설명〉에 해당하는 기술을 쓰시오.

[설명]
• 서버 한 대 이상이 고장났을 경우에도 서비스 운영이 계속되도록 여러 대의 서버를 서로 연결하여 거대한 하나의 서버를 만드는 기술이다.
• 두 개 이상의 서버를 마치 하나의 서버처럼 작동하도록 서로 연결함으로써 병렬 처리나 부하배분 등에 맞도록 대비하기 위해 사용하는 기술이다.

정답 클러스터링

해설 컴퓨터 클러스터는 여러 대의 컴퓨터들이 연결되어 하나의 시스템처럼 동작하는 컴퓨터들의 집합을 말한다.

34 아래 〈설명〉은 어떤 기술에 대한 것인지 쓰시오.

[설명]
- 하나의 디스크에 데이터를 저장하면 다른 디스크에 동일한 내용이 백업되어 저장된다.
- 동적 디스크 중 볼륨 자체에서 하나의 하드디스크 손상 시 다른 하드디스크의 Data로 손상된 부분을 복구할 수 있는 내결함성을 지원하는 볼륨이다.
- 이 기술을 사용하는 대표 볼륨은 RAID 1이다.

정답 미러링 방식

해설 RAID 1 구성은 '미러링(Mirroring)'이라고 부르는 구성이다. 블럭의 가용성을 위해 복사본을 다른 디스크에 하나 더 저장한다.

35 아래 〈설명〉은 침입 탐지 시스템의 특정 기법에 대한 것이다. 이 기법이 무엇인지 쓰시오.

[설명]
- 'Signature Base 또는 Knowledge Base'으로 불린다.
- 이미 발견되고 정립된 공격패턴을 미리 입력해 두고 거기에 해당하는 패턴을 탐지하였을 때 보고한다.
- 탐지 오류율이 낮고 알려진 공격 이외는 탐지 불가능하다.

정답 오용 탐지(Misuse Detection IDS)

해설 침입 탐지 시스템은 탐지 대상 시스템이나 네트워크를 감시하여 비인가 되거나 비정상적인 해동을 탐지하여 구별한다. IDS의 두 가지 탐지 방법은 오용 탐지(Misuse Detection IDS)와 이상 탐지(Anomaly Detection IDS)이다.

36 아래 〈설명〉은 침입 탐지 시스템의 특정 기법에 대한 것이다. 이 기법이 무엇인지 쓰시오.

[설명]
- 'Behavior 또는 Statistical Detection'으로 불린다.
- 통계적 기반 등 정상에서 벗어나는 행위를 탐지한다.
- 정해진 모델을 벗어나는 경우를 침입으로 간주한다.
- 사전에 특정 지식이 없는 공격에 대한 탐지가 가능하다.

정답 이상 탐지(Anomaly Detection IDS)

해설 IDS는 시스템이나 네트워크를 모니터링, 이벤트 발생 시 관리자에게 통보(Alarm)가 발생한 이벤트를 분석, 저장, 통계 작성 후 보고한다.

37 아래 〈설명〉을 보고 (A)에 들어갈 공통된 단어를 쓰시오.

[설명]
- (A)는 침입자가 알려진 네트워크 인증 정보를 위조하여 컴퓨터 시스템이나 네트워크에 무단으로 액세스하기 위해 사용하는 기술이다.
- (A)는 TCP/IP의 구조적 결함을 이용해 웹 사이트에 접속한 사용자의 시스템 권한을 획득한 뒤 정보를 빼가는 해킹 수법이다.

정답 스푸핑(Spoofing)

해설 스푸핑을 통해 외부 악의적 네트워크 침입자가 임의로 웹 사이트를 구성해 일반 사용자들의 방문을 유도하는 공격 방법이다.

38 무선 환경에서 사용되는 프로토콜 중 채널의 반송파를 감지한 후 충돌이 일어나지 않도록 충돌을 회피하는 프로토콜을 선택하시오.

❶ CSMA/CD	❷ CSMA/CA	❸ Token Ring
❹ Token Bus	❺ FDDI	❻ Token Passing

정답 ❷ CSMA/CA

해설 CSMA/CA는 IEEE 802.11 로 무선 LAN에서의 매체 접근 제어 기술이다.
이것은 네트워크 케이블에 데이터 전송이 없는 경우라도 충돌을 대비하여 확인을 위한 신호를 전송한다. 확인 신호가 충돌 없이 전송된 것을 확인하면 이어서 데이터를 보내기 때문에 데이터 전송 충돌이 발생하지 않는다.

39 아래 〈설명〉은 특정 RAID 레벨의 구성에 대한 설명이다. 해당 RAID 레벨은 무엇인가?

[설명]
- 스트라이핑 저장 방식이다.
- 오류 검출을 위해 패리티 정보를 저장하기 위해 전용 디스크를 사용하기 때문에 최소 3개 이상의 하드디스크가 필요하다.
- 데이터 복구는 패리티 저장 디스크에 기록된 정보의 XOR를 계산하여 수행한다.
- 대형 레코드가 많이 사용되는 단일 사용자 시스템에 적합하다.

정답 RAID 3

해설 RAID(Redundant Array of Independent Disks)는 여러 개의 물리적 디스크를 하나의 논리적 디스크로 인식하여 작동하게 하는 기술이다. 기본 RAID 레벨은 0에서 6까지 있으며, 이 레벨들은 상호 혼합되어 사용한다.

40 아래 〈설명〉은 특정 네트워크 장비에 관한 것이다. 해당 장비는 무엇인가?

[설명]
- (A)은/는 무선 랜을 구성하는 장치 중 하나로써, 유선 랜과 무선 랜을 연결시켜주는 장치이다.
- 대체로 독립형 장치로서 이더넷 허브나 서버에 꽂아 쓸 수 있다.
- 사용자의 위치에 따라 하나의 (A)에 따라 (A)로/으로 핸드 오프(Hand Off)되므로, 사용자가 이동하며, 이동형 무선장치를 사용할 수 있다.

정답 Access Point

해설 Access Point는 기존 유선 랜(HUB나 스위치와 연결)과 무선 랜 연결 시 사용하는 장비로써 Data의 전송 및 Buffering 기능을 제공하며 하나의 Access Point는 수십 명 ~ 수백 명의 사용자를 지원하고 수 Km까지 Cover된다.

41 아래 〈설명〉은 무선 네트워크에서 사용하는 보안 프로토콜에 대한 설명이다. 이 프로토콜이 무엇인지 선택하시오.

[설명]
- 유선 랜에서 기대할 수 있는 것과 같은 보안과 프라이버시 수준의 무선랜의 보안 프로토콜이다.
- 데이터 암호화는 노출되기 쉬운 회선 접속을 보호하고, 비밀번호, 단말 간 암호, 가상 사설 통신망(VPN), 인증 등 전형적인 랜 보안 체계가 프라이버시를 보호하고 있다.
- IEEE Wi-Fi 표준 802.11b에 기술되어 있다.

❶ WEP	❷ CSMA/CD	❸ RMON
❹ LDAP	❺ Ad-Hoc	❻ SNMP

정답 WEP(Wired Equivalent Privacy)

해설 무선 랜 표준을 정의하는 IEEE 802.11 규약의 일부분으로 무선 LAN 운용 간의 보안을 위해 사용되는 알고리즘이다.

42 아래 〈설명〉에 맞는 보안 장비를 쓰시오.

[설명]
- 차세대 능동형 보안 네트워크 솔루션으로서 인터넷 웜과 같은 악성 코드 및 해킹 등에 기인한 유해 트래픽을 차단해 준다.
- 침입 탐지 시스템은 특정 패턴을 기반으로 공격자의 침입을 탐지하는 반면 이 시스템은 실제 피해를 주기 전에 미리 능동적으로 공격을 차단한다.
- 특히 정상적으로 작동하는 네트워크의 트래픽 상태를 기억해 주어 비정상적인 트래픽이 발생할 때 이를 기반으로 알려지지 않은 공격까지 차단할 수 있다.

정답 침입 방지 시스템

해설 침입 방지 시스템은 공격자가 공격을 시도하기 전에 공격을 미리 차단하는 시스템이다.

43 아래 〈설명〉에 해당하는 인터넷 사기 수법을 쓰시오.

[설명]
- (A)은/는 불특정 다수의 이메일 사용자에게 시용카드나 은행 계좌 정보에 문제가 발생해 수정이 필요하다는 거짓 이메일을 발송해 가짜 웹 사이트로 유인하여 관련 금융기관의 신용카드 정보나 계좌 정보 등을 빼내는 해킹 기법이다.
- (A)은/는 점점 더 복잡한 미끼들을 사용해서 사용자의 금융정보와 패스워드를 낚는다는 것에서 유래되었다.

정답 피싱

해설 피싱(Phishing)은 전자 우편 또는 메신저를 사용해서 신뢰할 수 있는 사람 또는 기업이 보낸 메시지인 것처럼 가장함으로써, 비밀번호 및 신용카드 정보와 같이 기밀을 요구하는 정보를 부정하게 얻으려는 Social Engineering의 한 종류이다.

44 아래 〈설명〉을 보고 (A)에 들어갈 공통된 단어를 쓰시오.

[설명]
- (A)은/는 HTTP 프로토콜을 통해 서버나 스크립트가 클라이언트 컴퓨터의 정보를 유지 관리 하는 방법이다.
- (A)은/는 웹 서버가 사용자의 브라우저에 저장하는 작은 텍스트 파일로서, ID 번호, 암호, 웹 사이트에서의 쇼핑 방법, 해당 사이트를 방문한 횟수 등 사용자에 대한 정보를 포함하게 된다.
- 사용자가 웹 서버에 연결할 때마다 웹 서버가 (A) 정보를 액세스할 수 있다.

정답 쿠키

해설 쿠키는 사용자가 웹 사이트를 처음 방문할 때 웹 사이트에서 사용자 컴퓨터의 하드 디스크에 저장해 놓는 작은 파일이다.

45 아래 홈 네트워크 구성도에서 댁내 네트워크와 댁외 네트워크를 연결하는 중계 장치 (A)로 적합한 장비는 무엇인가?

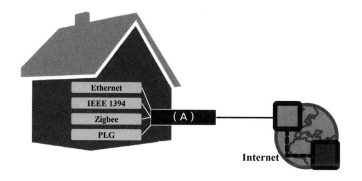

정답 홈 게이트웨이

해설 홈 게이트웨이는 가정 내 어떠한 정보 가전기기 간에도 네트워킹이 가능하고, 원격지로부터 네트워크를 통해 제어 및 관리가 가능한 통신 서비스 환경을 만드는 중심적인 장치이다.

46 아래 〈설명〉은 용어는 무엇인가?

[설명]
- 가정에서 전화선을 이용하여 2대 이상의 컴퓨터들을 서로 공유하는 네트워킹 기술
- 전화선상의 방해 전파를 피할 수 있음
- 신호는 집안에서 전화선을 통해 이동하기 때문에 외부 조건과는 관계없이 신뢰성이 있으며 안전함

정답 Home PNA(Home Phoneline Networking Alliance)

해설 Home PNA는 가정에서 전화선을 이용하여 2대 이상의 컴퓨터 자원들을 서로 공유할 수 있도록 하는 전화 라인 네트워크 솔루션으로, 원래는 유선 기술을 기반으로 한 홈네트워킹 표준화 단체를 말하는 것이다.

47 아래 〈설명〉에 대한 디지털 통신 기술을 무엇인가?

[설명]
가정에 들어오는 50 ~ 60hz의 교류 전기에 1 ~ 30Mhz의 고주파 대역 통신 신호를 함께 실어 보내는 방식으로 공급되는 전력선 위에 데이터를 보내는 기술이다.

정답 PLC(Power Line Communication) 전력선 통신

해설 PLC는 전력선을 이용하여 정보를 주고 받는 홈 네트워킹 기술이다. 가정이나 사무실에 설치된 전력선으로 수십 MHz 이상의 고주파 통신 신호를 고속으로 통신한다.

Chapter 2 케이블 제작

01 업무용 PC와 허브를 연결 가능하게 하는 신규 케이블을 제작하시오.

[작업 시 주의 사항]
- 배선 순서는 반드시 EIA 568B 규격의 Straight 또는 Crossover 케이블로 제작한다.
- Hub와 업무용 PC는 Straight와 Crossover를 자동으로 인식하는 모드를 지원하지 않는다.

해설
- 흠 모든 통신장비는 송신단(Tx)과 수신단(Rx)이 있다. RJ-45 jack의 1과 2번 핀(pin)은 TX, 3번과 6번 핀은 RX이다. 이것을 기반으로 Direct 케이블 또는 Straight 케이블은 양 끝단이 EIA/TIA 568B로 구성된다.
- Direct 케이블은 이기종 간의 장비 연결 시 사용한다.
  - 라우터와 스위치 연결, 스위치와 컴퓨터 연결, 허브와 컴퓨터 연결 시 사용한다.

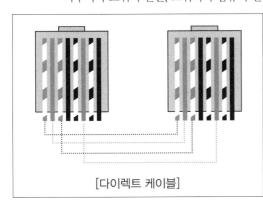

[다이렉트 케이블]

- 양쪽을 EIA/TIA 568-B 표준 연결
- 이기종 간의 장비를 연결할 때 사용
- 컴퓨터-허브/스위치 또는 라우터-허브/스위치

[RJ-45잭 핀과 EIA/TIA 568-B 케이블선 규격]

PIN 번호	1	2	3	4	5	6	7	8
568-B	빗금 주황	주황	빗금 녹색	파랑	빗금 파랑	녹색	빗금 갈색	갈색

02 스위치와 스위치를 연결 가능케 하는 신규 케이블을 제작하시오.

[작업 시 주의 사항]
• 배선 순서는 반드시 EIA 568B 규격의 Straight 또는 Crossover 케이블로 제작한다.
• 각각의 장치에는 Straight와 Crossover를 자동으로 인식하는 모드를 지원하지 않는다.

해설 • 모든 통신장비는 송신단(Tx)과 수신단(Rx)이 있다. RJ-45 jack의 1과 2번 핀(pin)은 TX, 3번과 6번 핀은 RX이다. 이것을 기반으로 Cross 케이블은 한쪽은 EIA/TIA 568B, 다른 한쪽은 EIA/TIA 568A 로 구성된다.
• Cross 케이블은 같은 기종 장비 연결 시 사용한다.
  – 라우터와 라우터 연결, 스위치와 스위치 연결, 허브와 허브연결, 스위치와 허브 연결 시 사용한다.

EIA/TIA 568-B   EIA/TIA 568-A

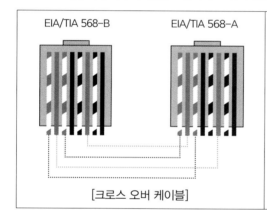

[크로스 오버 케이블]

• 한쪽은 EIA/TIA 568B, 다른 한쪽은 568A 연결
• 같은 기종의 장비를 연결할 때 사용
• 컴퓨터–컴퓨터 또는 스위치–스위치
* 컴퓨터–라우터 (예외)

[RJ-45잭 핀과 EIA/TIA 568-B 케이블선 규격]

PIN 번호	1	2	3	4	5	6	7	8
568-B	빗금 주황	주황	빗금 녹색	파랑	빗금 파랑	녹색	빗금 갈색	갈색
568-A	빗금 녹색	녹색	빗금 주황	파랑	빗금 파랑	주황	빗금 갈색	갈색

Chapter 3 라우터 설정

01 아래 설정 조건에 맞게 라우터를 설정하시오.

[설정 조건]
❶ 호스트명을 ICQA로 설정
❷ Console과 Telnet 접속 패스워드를 ICQApass로 설정
❸ Enable 패스워드는 NETpass, Secret 패스워는 Netadmin으로 설정
❹ 설정된 패스워드는 모두 암호화함
❺ 설정된 모든 내용은 NVRAM에 저장
   (단, Hostname과 패스워드는 대/소문자 구분하며, 저장 명령은 copy run start로 입력하시오.)

정답

```
Router>enable
Router#conf t
Router(config)#hostname ICQA
ICQA(config)#line con 0
ICQA(config-line)#login
ICQA(config-line)#password ICQApass
ICQA(config-line)#line vty 0 4
ICQA(config-line)#password ICQApass
ICQA(config-line)#exit
ICQA(config)#enable password NETpass
ICQA(config)#enable secret NETadmin
ICQA(config)#service password-encryption
ICQA(config)#exit
ICQA#copy run start
Destination filename [startup-config]?
Building configuration...
[OK]
ICQA#
```

해설

명령어	설 명
service password-encryption	현재 및 앞으로 설정된 패스워드들을 모두 암호화
enable password	Clear Text 형태로 관리자 패스워드 지정
enable secret	암호화 형태로 관리자 패스워드 지정
copy run start	RAM에 저장된 환경 설정 파일을 NVRAM 환경 설정 파일인 startup-config 파일에 저장

02 아래 설정 조건에 맞게 라우터를 설정하시오.

[설정 조건]
❶ 호스트명을 Branch로 설정
❷ Secret 패스워는 AdminNet으로 설정
❸ 명령어와 로그 상태 정보가 같은 같은 라인에 나오는 것을 방지 설정
❹ 관리자 모드에서 3분 30초 동안 키보드나 마우스 등 어떠한 입력이 없으면 사용자로 로그아 웃 설정
❺ Telnet 접속 계정은 icqa이며, 접속 시 패스워드는 AdminPass 이다.
  (단, Hostname과 패스워드는 대/소문자 구분하며, 저장 명령은 copy run start로 입력하시오)

정답
```
Router>enable
Router#conf t
Router(config)#hostname Branch
Branch(config)#enable secret AdminNet
Branch(config)#line con 0
Branch(config-line)#logging synchronous
Branch(config-line)#exec-timeout 3 30
Branch(config-line)#exit
Branch(config)#username icqa password AdminPass
Branch(config)#line vty 0 4
Branch(config-line)#login local
Branch(config-line)#exit
Branch(config)#exit
Branch#
Branch#copy run start
Destination filename [startup-config]?
Building configuration...
[OK]
Branch#
```

해설

명령어	설 명
logging synchronous	명령어와 시스템 상태 정보를 구분해 주는 라인 스킨 명령어
exec-timeout 분 초	지정된 시간 안에 명령어 입력이 안 되면 자동 로그아웃
login local	텔넷 접속 시 사용자명과 패스워드 요청 시 사용

03 라우터 Seoul의 Interface Serial 0/0를 아래와 같은 조건으로 설정하시오.

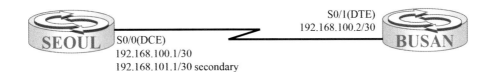

- IP 주소는 192.168.100.1/30와 secondary 주소 192.168.101.1을 갖는다.
- clock rate 640000이며, 대역폭은 512Kbps이다. (단, 저장 명령은 #copy run start 로 입력하시오.)

정답
```
Seoul#conf t
Seoul(config)#int s0/0
Seoul(config-if)#ip add 192.168.100.1 255.255.255.252
Seoul(config-if)#ip add 192.168.101. 1 255.255.255.252 secondary
Seoul(config-if)#bandwidth 512
Seoul(config-if)#clock rate 64000
Seoul(config-if)#no shutdown
Seoul(config-if)#end
Seoul#copy run start
Destination filename [startup-config]?
Building configuration...
[OK]
Seoul#
```

해설 Secondary IP 주소는 한 인터페이스에 한 개 이상의 주소 범위를 지정하는 것이다.
즉, 하나의 인터페이스에 여러 개의 Secondary 주소를 지정하는 것이다.

04 〈화면〉과 같은 결과를 출력하기 위한 명령어는?

```
ICQA#_____
Interface          IP-Address    OK? Method Status           Protocol
FastEthernet0/0    192.168.1.1   YES manual up               up
FastEthernet0/1    unassigned    YES unset  administratively down down
Serial0/0          192.168.2.1   YES manual up               up
Serial0/1          unassigned    YES unset  administratively down down
```

정답 ICQA# sh ip int brief

해설 명령어 sh ip int brief는 IP 주소 체계를 사용하는 인터페이스들의 주소 및 상태 정보를 간단히 확인
할 수 있다.

05 〈화면〉과 같이 메모리 정보를 확인하기 위한 명령어는 무엇인가?

```
ICQA#_____
System flash directory:
File  Length   Name/status
  3   5571584  c2600-i-mz.122-28.bin
  2   28282    sigdef-category.xml
  1   227537   sigdef-default.xml
[5827403 bytes used, 58188981 available, 64016384 total]
63488K bytes of processor board System flash (Read/Write)
```

정답 sh flash:

해설 명령어 'sh flash:'는 flash 메모리 정보를 확인 할 수 있다.

06 〈화면〉과 같이 장비의 인터 페이스 정보를 확인하고 명령어를 쓰시오.

```
ICQA# _____
FastEthernet0/0 is up, line protocol is up (connected)
  Hardware is Lance, address is 0001.43d3.6301 (bia 0001.43d3.6301)
  Internet address is 192.168.10.1/24
  MTU 1500 bytes, BW 100000 Kbit, DLY 100 usec,
    reliability 255/255, txload 1/255, rxload 1/255
  Encapsulation ARPA, loopback not set
  ARP type: ARPA, ARP Timeout 04:00:00,
  Last input 00:00:08, output 00:00:05, output hang never
  Last clearing of "show interface" counters never
  Input queue: 0/75/0 (size/max/drops); Total output drops: 0
  Queueing strategy: fifo
  Output queue :0/40 (size/max)
  5 minute input rate 0 bits/sec, 0 packets/sec
  5 minute output rate 0 bits/sec, 0 packets/sec
    0 packets input, 0 bytes, 0 no buffer
    Received 0 broadcasts, 0 runts, 0 giants, 0 throttles
    0 input errors, 0 CRC, 0 frame, 0 overrun, 0 ignored, 0 abort
    0 input packets with dribble condition detected
    0 packets output, 0 bytes, 0 underruns
    0 output errors, 0 collisions, 1 interface resets
    0 babbles, 0 late collision, 0 deferred
    0 lost carrier, 0 no carrier
    0 output buffer failures, 0 output buffers swapped out
```

정답 show interface 또는 show interfce fa0/0

해설 명령어 'sh interface'는 해당 정비의 모든 인터페이스 정보를 상세히 확인할 수 있다. 반면 특정 인터페이스의 정보를 확인하는 명령어는 'sh interface 인터페이스명'이다.

07 라우터 ICQA가 라우터 ISP을 통해 인터넷을 이용할 수 있도록 라우터 ICQA에 정적 라우팅 (Static Routing)을 설정하고, 현재 상태를 NVRAM으로 저장(#copy run start)하시오.

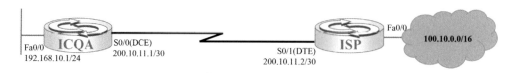

	ICQA	ISP
S0/0	200.10.11.1/30	200.10.11.2/30
fa0/1	192.168.10.1/24	100.10.0.0/16

정답

```
ICQA#
ICQA#conf t
ICQA(config)#int fa0/0
ICQA(config-if)#ip add 192.168.10.1 255.255.255.0
ICQA(config-if)#no shutdown
ICQA(config-if)#int s0/0
ICQA(config-if)#ip add 200.10.11.1  255.255.255.252
ICQA(config-if)#no shutdown
ICQA(config-if)#exit
ICQA(config)#ip route 100.100.0.0 255.255.0.0 200.10.11.2
ICQA(config)#end
ICQA#copy run start
Destination filename [startup-config]?
Building configuration...
[OK]
ICQA#
```

또는

```
ICQA#conf t
ICQA(config)#ip route 100.10.0.0 255.255.0.0  s0/0
ICQA(config)#end
ICQA#
```

해설 정적 라우팅 명령어 형식

router(config)#ip route 목적지 네트워크 서브넷 마스크 넥스트 홉 IP 주소

또는 router(config)#ip route 목적지 네트워크 서브넷 마스크 로컬 인터 페이스

08 라우터 ICQA가 라우터 ISP을 통해 인터넷에 접속할 때 라우터 ICQA에 동적 라우팅을 설정하시오.(라우팅 프로토콜은 RIP이며 현재 상태를 NVRAM으로 저장한다.)

	ICQA	ISP
S0/0	192.168.2.1/30	192.168.2.2/30
fa0/1	192.168.1.1/24	192.168.3.1/24

정답

```
ICQA#
ICQA#conf t
ICQA(config)#int fa0/0
ICQA(config-if)#ip add 192.168.1.1 255.255.255.0
ICQA(config-if)#no shutdown
ICQA(config-if)#int s0/0
ICQA(config-if)#ip add 192.168.2.1 255.255.255.252
ICQA(config-if)#no shutdown
ICQA(config-if)#exit
ICQA(config)#router rip
ICQA(config-router)#network 192.168.1.0
ICQA(config-router)#network 192.168.2.0
ICQA(config-router)#end
ICQA#copy run start
Destination filename [startup-config]?
Building configuration...
[OK]
ICQA#
```

해설 라우팅 프로토콜 RIP 설정 형식

router(config)#router rip

router(config-router)#network 메이저 네트워크

* 메이저 네트워크는 현재 로컬 라우터가 설정한 네트워크를 지정한다.

09 라우터 ICQA가 라우터 ISP을 통해 인터넷에 접속할 때 라우터 ICQA에 동적 라우팅을 설정하시오.(라우팅 프로토콜은 OSPF이며 영역(area) 번호는 0이다. 현재 상태를 NVRAM으로 저장한다.)

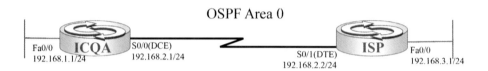

OSPF Area 0

Fa0/0
192.168.1.1/24   ICQA   S0/0(DCE)
192.168.2.1/24

S0/1(DTE)   ISP   Fa0/0
192.168.2.2/24   192.168.3.1/24

	ICQA	ISP
S0/0	192.168.2.1/24	192.168.2.2/24
fa0/1	192.168.1.1/24	192.168.3.1/24

정답

```
ICQA#
ICQA#conf t
ICQA(config)#int fa0/0
ICQA(config-if)#ip add 192.168.1.1 255.255.255.0
ICQA(config-if)#no shutdown
ICQA(config-if)#int s0/0
ICQA(config-if)#ip add 192.168.2.1 255.255.255.0
ICQA(config-if)#no shutdown
ICQA(config-if)#exit
ICQA(config)#router ospf 1
ICQA(config-router)#network 192.168.1.0 0.0.0.255 area 0
ICQA(config-router)#network 192.168.2.0 0.0.0.255 area 0
ICQA(config-router)#end
ICQA#
```

해설 라우팅 프로토콜 OSPF 설정 형식

router(config)#router ospf 프로세스 번호

router(config-router)#network 네트워크 와일드 카드 마스크 area 영역번호

* 프로세스 번호 : 1 ~ 65535 사이의 적당한 값을 사용
* 와일드 카드 마스크 : 와일드 카드 마스크에서 0은 필터링할 때 반드시 일치하고, 1은 일치하지 않는 비트이다. 이것은 세밀하게 트래픽 대상을 지정할 때 사용한다.

10 〈화면〉과 같은 결과를 출력하기 위한 명령어는 무엇인가?

```
ICQA#_____
Codes: C - connected, S - static, I - IGRP, R - RIP, M - mobile, B - BGP
       D - EIGRP, EX - EIGRP external, O - OSPF, IA - OSPF inter area
       N1 - OSPF NSSA external type 1, N2 - OSPF NSSA external type 2
       E1 - OSPF external type 1, E2 - OSPF external type 2, E - EGP
       i - IS-IS, L1 - IS-IS level-1, L2 - IS-IS level-2, ia - IS-IS inter area
       * - candidate default, U - per-user static route, o - ODR
       P - periodic downloaded static route

Gateway of last resort is not set

O    192.168.1.0/24 [110/65] via 192.168.2.1, 00:03:02, Serial0/1
C    192.168.2.0/24 is directly connected, Serial0/1
C    192.168.3.0/24 is directly connected, FastEthernet0/0
ICQA#
```

정답 ICQA 〉 en

ICQA# sh ip route

해설 명령어 sh ip route는 라우팅 테이블을 확인한다.

11 라우터 ICQA의 기본적인 정보(Software 버전, Interface 종류, IOS 부팅)를 보여주고 있다. 〈화면〉이 나오도록 라우터 ICQA에 명령을 입력하고, NVRAM에 저장하시오.

```
ICQA#_____
Cisco Internetwork Operating System Software
IOS (tm) C2600 Software (C2600-I-M), Version 12.2(28), RELEASE SOFTWARE (fc5)
Technical Support: http://www.cisco.com/techsupport
Copyright (c) 1986-2005 by cisco Systems, Inc.
Compiled Wed 27-Apr-04 19:01 by miwang
Image text-base: 0x8000808C, data-base: 0x80A1FECC
ROM: System Bootstrap, Version 12.1(3r)T2, RELEASE SOFTWARE (fc1)
Copyright (c) 2000 by cisco Systems, Inc.
ROM: C2600 Software (C2600-I-M), Version 12.2(28), RELEASE SOFTWARE (fc5)
System returned to ROM by reload
System image file is "flash:c2600-i-mz.122-28.bin"

Cisco 2621 (MPC860) processor (revision 0x200) with 253952K/8192K bytes of memory

Processor board ID JAD05190MTZ (4292891495)
M860 processor: part number 0, mask 49
Bridging software.
X.25 software, Version 3.0.0.
2 FastEthernet/IEEE 802.3 interface(s)
2 Low-speed serial(sync/async) network interface(s)
32K bytes of non-volatile configuration memory.
63488K bytes of ATA CompactFlash (Read/Write)

Configuration register is 0x2102
```

정답 ICQA# sh version

해설 명령어 sh version 현재 시스템의 IOS 버전, Interface 종류, IOS 부팅정보를 나타내는 레지스터 값을 확인할 수 있다.

12 〈화면〉과 같이 현재 라우터에 접속한 사용자의 정보를 확인할 수 있는 명령어는 무엇인가?

```
ICQA#_____
   Line    User   Host(s)      Idle      Location
*  0 con 0          idle     00:00:00
   67 vty 0         idle     00:07:58 192.168.1.10
   68 vty 1         idle     00:00:14 192.168.3.10
```

정답 sh users

해설 위 화면을 통해 알 수 있는 것은 현재 라우터에 3명의 사용자가 접속한 것을 알 수 있다. 콘솔 라인으로 한 명, 텔넷 라인으로 두 명이다. 특히 텔넷으로 접속한 사용자명, 접속 시간, 접속 IP 주소를 확인할 수 있다.

13 컴퓨터 192.168.1.10/24가 웹 서버 192.168.2.10/24으로의 접속을 차단하도록 〈화면〉과 같이 라우터 ICQA에서 설정하고자 한다. 아래 빈칸을 채워 설정을 완성하시오.

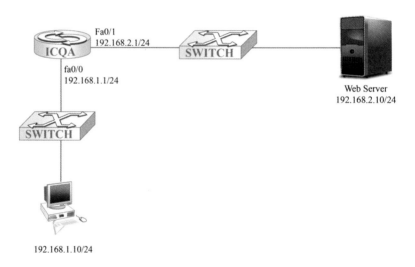

Fa0/1
192.168.2.1/24

ICQA

fa0/0
192.168.1.1/24

SWITCH

Web Server
192.168.2.10/24

192.168.1.10/24

```
ICQA#
ICQA#conf t
ICQA(config)#access-list 100 deny tcp host 192.168.1.10 host 192.168.2.10 eq www
ICQA(config)#access-list 100 permit ip any any
ICQA(config)#int fa0/1
ICQA(config-if)#_____
ICQA(config-if)#end
ICQA#_____
```

정답 ip access-group 100 out

copy run start

해설 위 설정은 확장 ACL(Access Control List)을 이용하여 호스트가 웹 서버로의 접속을 차단한 설정이다. 기본적인 명령어 형식은 아래와 같다.

❶ 전역(global) 설정 모드에서 ACL 설정

Router(config) access-list {access-list-number} {permit | deny} {portocol}
{source-address} {source-mask} {destination-address} {destination-mask} {Protocol-options}

❷ 설정된 ACL을 인터페이스에 적용

설정된 ACL은 인터페이스에 반드시 적용해야 한다. 인터페이스 설정 시 트래픽 방향에 따라 in와 out을 결정해야 한다.

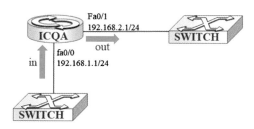

인터페이스 fa0/0에 ACL 설정을 적용 시에는 'ip access-group 100 in'으로, 인터페이스 fa0/1에 ACL 설성 석봉 시에는 'ip access-group 100 out'으로 설정한다.

네트워크관리사 1·2급 실기 예시 문제 389

Chapter 4 리눅스

01 아래 화면은 Linux에서 사용자가 'cat'에 대한 정보를 알고 싶을 때 사용하는 명령어로 도움말에 해당하는 명령어를 쓰시오.

```
CAT(1)                          User Commands                          CAT(1)

NAME
       cat - concatenate files and print on the standard output

SYNOPSIS
       cat [OPTION]... [FILE]...

DESCRIPTION
       Concatenate FILE(s), or standard input, to standard output.

       -A, --show-all
               equivalent to -vET

       -b, --number-nonblank
               number nonempty output lines, overrides -n

       -e      equivalent to -vE

       -E, --show-ends
               display $ at end of each line

       -n, --number
               number all output lines

       -s, --squeeze-blank
               suppress repeated empty output lines

       -t      equivalent to -vT

       -T, --show-tabs
               display TAB characters as ^I
```

정답 man cat

해설 man은 리눅스에서 사용되는 명령어들의 도움말을 확인 할 수 있는 명령어이다.

02 아래 〈화면〉은 Linux에서 네트워크 인터페이스를 점검하고, 연결을 정하거나 해제하고, 적당한 주소를 할당할 때 사용하는 명령어이다. Windows 2008 Server 명령 'ipconfig'와 유사한 이 명령어 무엇인지 쓰시오.

```
[root@localhost ~]# _____
ens33: flags=4163<UP,BROADCAST,RUNNING,MULTICAST>  mtu 1500
        inet 192.168.10.40  netmask 255.255.255.0  broadcast 192.168.10.255
        inet6 fe80::20c:29ff:fe3d:faf  prefixlen 64  scopeid 0x20<link>
        ether 00:0c:29:3d:0f:af  txqueuelen 1000  (Ethernet)
        RX packets 54  bytes 5135 (5.0 KiB)
        RX errors 0  dropped 0  overruns 0  frame 0
        TX packets 72  bytes 5936 (5.7 KiB)
        TX errors 0  dropped 0 overruns 0  carrier 0  collisions 0

lo: flags=73<UP,LOOPBACK,RUNNING>  mtu 65536
        inet 127.0.0.1  netmask 255.0.0.0
        inet6 ::1  prefixlen 128  scopeid 0x10<host>
        loop  txqueuelen 0  (Local Loopback)
        RX packets 20  bytes 1708 (1.6 KiB)
        RX errors 0  dropped 0  overruns 0  frame 0
        TX packets 20  bytes 1708 (1.6 KiB)
        TX errors 0  dropped 0 overruns 0  carrier 0  collisions 0
```

정답 ifconfig

해설 명령어 ifconfig는 네트워크 인터페이스 카드에 할당된 IP 주소, 서브넷 마스크, 브로드캐스트 등의 정보를 출력한다.

03 아래 〈화면〉은 Linux의 /home/ICQA 디렉터리의 text.txt 파일의 권한을 변경한 것이다. 이와 같은 파일 권한 변경을 위한 적당한 명령어는 무엇인가?

```
[root@localhost ICQA]# pwd
/home/ICQA
[root@localhost ICQA]# ls -al
합계 16
drwx------. 3 ICQA ICQA  89 10월 15 22:56 .
drwxr-xr-x. 4 root root  28 10월 15 22:55 ..
-rw-r--r--. 1 ICQA ICQA  18 11월 20  2015 .bash_logout
-rw-r--r--. 1 ICQA ICQA 193 11월 20  2015 .bash_profile
-rw-r--r--. 1 ICQA ICQA 231 11월 20  2015 .bashrc
drwxr-xr-x. 4 ICQA ICQA  37 10월 31  2016 .mozilla
-rw-rw-r--. 1 root root  24 10월 15 22:56 test.txt
[root@localhost ICQA]#
[root@localhost ICQA]#_____
[root@localhost ICQA]# ls -al
합계 16
drwx------. 3 ICQA ICQA  89 10월 15 22:56 .
drwxr-xr-x. 4 root root  28 10월 15 22:55 ..
-rw-r--r--. 1 ICQA ICQA  18 11월 20  2015 .bash_logout
-rw-r--r--. 1 ICQA ICQA 193 11월 20  2015 .bash_profile
-rw-r--r--. 1 ICQA ICQA 231 11월 20  2015 .bashrc
drwxr-xr-x. 4 ICQA ICQA  37 10월 31  2016 .mozilla
-rwxr-xr-x. 1 root root  24 10월 15 22:56 test.txt
[root@localhost ICQA]#
```

정답 chmod 755 text.txt

해설 명령어 chmod는 디렉터리나 파일의 사용 권한을 변경 시 사용한다. 〈화면〉의 변경된 파일의 권한은 drwxr_xr_x는 가중치로 755와 같다.

$$\underset{7}{\underline{\text{d}}}\quad \underset{7}{\underline{\text{rwx}}}\quad \underset{5}{\underline{\text{r-x}}}\quad \underset{5}{\underline{\text{r-x}}}$$

❶	파일 종류	– 일반파일 d 디렉터리
❷	User 권한	r 쓰기 가능(4)
❸	Group 권한	w 읽기 가능(2) X 실행가능(1)
❹	Other 권한	– 권한 없음(0)

04 〈화면〉은 linux 시스템에서 umask 값을 확인 결과이다. umask 값이 022일 경우 디렉터리 TST와 파일 file의 기본 권한은 어떻게 설정되는가?

```
[root@localhost TEST]# umask
0022
[root@localhost TEST]# mkdir TST
[root@localhost TEST]# touch file
[root@localhost TEST]# ls -l
합계 0
━━━━━━━━━ 2 root root 6 10월  15 23:03 TST
━━━━━━━━━ 1 root root 0 10월  15 23:03 file
```

정답 TST의 생성 권한 : drwxr-xr-x

파일 file의 생성 권한 : -rw-r--r--

해설 umask가 022라면 파일 생성 시 기본 퍼미션은 666 - 022이므로 644가 된다.
디렉터리는 777 - 022이므로 755가 된다.

05 아래 〈화면〉은 Linux 시스템에서 계정 'icqa'을 생성하는 과정이다. 빈칸에 들어갈 명령어를 입력하시오.(단, 계정 'icqa'의 패스워드는 'ICQApass'이다.)

```
[root@localhost /]#_____icqa
[root@localhost /]#_____icqa
icqa 사용자의 비밀 번호 변경 중
새  암호 :
새  암호 재입력 :
passwd: 모든 인증 토큰이 성공적으로 업데이트 되었습니다.
[root@localhost /]#
```

정답 useradd, passwd

해설 계정 추가 및 해당 계정의 패스워드 지정 명령어는 useradd와 passwd이다.

06 아래 〈화면1〉과 같이 각 파일시스템의 파티션 정보와 디스크의 이용 상태 정보를 확인하는 명령어와 〈화면2〉와 같이 디렉터리별 디스크의 사용 정보를 확인하는 명령어를 각각 구분하여 쓰시오.

[화면 1]

```
[root@localhost /]#_____
25312     ./home/test/.local/share
25312     ./home/test/.local
0         ./home/test/.redhat/esc
0         ./home/test/.redhat
580       ./home/test/.gstreamer-0.10
180       ./home/test/.thumbnails/normal
180       ./home/test/.thumbnails
27280     ./home/test
```

[화면 2]

```
[root@localhost /]#_____
Filesystem              1K-blocks      Used Available Use% Mounted on
/dev/mapper/centos-root  49746196   4287324  45458872   9% /
devtmpfs                   485344         0    485344   0% /dev
tmpfs                      500664        92    500572   1% /dev/shm
tmpfs                      500664      7149    493516   2% /run
tmpfs                      500664         0    500664   0% /sys/fs/cgroup
/dev/sda1                  508588    160440    348148  32% /boot
tmpfs                      100136        48    100088   1% /run/user/1000
```

정답 화면 1 : du, 화면 2 : df

해설
- 명령어 du는 파일 및 디렉터리 별 디스크 사용량을 확인 할 수 있다.
- 명령어 df는 현재 사용 중인 파일 시스템의 전체 용량, 사용한 용량, 사용 가능한 용량, 사용률, 마운트 정보 등을 보여준다.

07 그림과 같이 시스템 서비스 목록을 담고 있는 파일은?

```
candrp          42509/tcp          # CA discovery response
candrp          42509/udp          # CA discovery response
caerpc          42510/tcp          # CA eTrust RPC
caerpc          42510/udp          # CA eTrust RPC
recvr-rc        43000/tcp          # Receiver Remote Control
recvr-rc-disc   43000/udp          # Receiver Remote Control Discovery
reachout        43188/tcp          # REACHOUT
reachout        43188/udp          # REACHOUT
ndm-agent-port  43189/tcp          # NDM-AGENT-PORT
ndm-agent-port  43189/udp          # NDM-AGENT-PORT
ip-provision    43190/tcp          # IP-PROVISION
ip-provision    43190/udp          # IP-PROVISION
```

정답 /etc/services

해설 /etc/services 파일은 리눅스 서버에서 사용하는 모든 포트들에 대한 정의가 설정되어 있다. 보안을 위하여 이 파일을 적절이 조절하면 기본 사용 포트를 변경하여 사용할 수 있다.

08 아래 〈화면〉은 Linux의 /etc/inittab 파일의 내용이다. 현재 설정되어 있는 Default RunLevel 번호와 그 기능에 대해 기술하시오.

```
# inittab is no longer used when using systemd.
#
# ADDING CONFIGURATION HERE WILL HAVE NO EFFECT ON YOUR SYSTEM.
#
# Ctrl-Alt-Delete is handled by /usr/lib/systemd/system/ctrl-alt-del.target
#
# systemd uses 'targets' instead of runlevels. By default, there are two main targets:
#
# multi-user.target: analogous to runlevel 3
# graphical.target: analogous to runlevel 5
#
# To view current default target, run:
# systemctl get-default
#
# To set a default target, run:
# systemctl set-default TARGET.target
#
id:5:initdefault:
```

정답 설정된 runlevel은 5다. 레벨 5는 X 윈도우로 시스템을 부팅시킨다.

해설 실행 레벨은 부팅과 셧다운되는 동안 어떤 데몬과 서비스들이 시작될 것인지를 결정한다.
runlevel 0은 시스템 종료
runlevel 1은 단일 사용자 모드
runlevel 3은 멀티 유저 모드(텍스트)
runlevel 5는 X-Windows 모드 (그래픽)
runlevel은 reboot

09 Linux는 패스워드 파일의 보안을 강화하기 위해 '암호화된 패스워드 파일'만 따로 보관을 하며, root만이 읽어 볼 수 있도록 퍼미션을 조정해 두는 패스워드 정책을 사용한다. '암호화된 패스워드 파일'의 경로와 파일명을 쓰시오.

```
root:x:0:0:root:/root:/bin/bash
bin:x:1:1:bin:/bin:/sbin/nologin
daemon:x:2:2:daemon:/sbin:/sbin/nologin
adm:x:3:4:adm:/var/adm:/sbin/nologin
lp:x:4:7:lp:/var/spool/lpd:/sbin/nologin
sync:x:5:0:sync:/sbin:/bin/sync
shutdown:x:6:0:shutdown:/sbin:/sbin/shutdown
halt:x:7:0:halt:/sbin:/sbin/halt
mail:x:8:12:mail:/var/spool/mail:/sbin/nologin
operator:x:11:0:operator:/root:/sbin/nologin
games:x:12:100:games:/usr/games:/sbin/nologin
ftp:x:14:50:FTP User:/var/ftp:/sbin/nologin
nobody:x:99:99:Nobody:/:/sbin/nologin
avahi-autoipd:x:170:170:Avahi IPv4LL Stack:/var/lib/avahi-autoipd:/sbin/nologin
systemd-bus-proxy:x:999:997:systemd Bus Proxy:/:/sbin/nologin
systemd-network:x:998:996:systemd Network Management:/:/sbin/nologin
dbus:x:81:81:System message bus:/:/sbin/nologin
polkitd:x:997:995:User for polkitd:/:/sbin/nologin
colord:x:996:994:User for colord:/var/lib/colord:/sbin/nologin
abrt:x:173:173::/etc/abrt:/sbin/nologin
libstoragemgmt:x:995:992:daemon account for libstoragemgmt:/var/run/lsm:/sbin/nologin
rpc:x:32:32:Rpcbind Daemon:/var/lib/rpcbind:/sbin/nologin
setroubleshoot:x:994:991::/var/lib/setroubleshoot:/sbin/nologin
```

정답 /etc/passwd

해설 passwd 파일은 사용자 계정에 대한 정보를 나타내는 파일이다.

10 아래 〈화면〉은 Linux 시스템 부팅 시 자동으로 마운트 되는 파티션이 나열된 파일이다. 이 파일명을 쓰시오. (예 /etc/passwd)

```
#
# /etc/fstab
# Created by anaconda on Mon Oct 31 06:41:21 2016
#
# Accessible filesystems, by reference, are maintained under '/dev/disk'
# See man pages fstab(5), findfs(8), mount(8) and/or blkid(8) for more info
#
/dev/mapper/centos-root /                   xfs    defaults    0 0
UUID=b988bb88-2690-41fe-a3c2-0997d2a3645a /boot        xfs    defaults    0 0
/dev/mapper/centos-swap swap                swap   defaults    0 0
```

정답 /etc/fstab

해설 파일 fstab은 리눅스가 부팅되면서 어떤 파티션들을 어디에 자동으로 마운트하고, 외부 장치들에 대한 마운트를 어떻게 설정할 것인지, 그리고 사용권한 및 복구 등과 관련하여 옵션을 어떻게 지정할 것인지에 대한 설정이 되어 있다.

11 아래 〈화면〉은 /etc/passwd 파일의 내용을 vi로 보여주고 있다. 각 라인별 번호를 나타내는 명령어를 입력하시오.

```
 1 root:x:0:0:root:/root:/bin/bash
 2 bin:x:1:1:bin:/bin:/sbin/nologin
 3 daemon:x:2:2:daemon:/sbin:/sbin/nologin
 4 adm:x:3:4:adm:/var/adm:/sbin/nologin
 5 lp:x:4:7:lp:/var/spool/lpd:/sbin/nologin
 6 sync:x:5:0:sync:/sbin:/bin/sync
 7 shutdown:x:6:0:shutdown:/sbin:/sbin/shutdown
 8 halt:x:7:0:halt:/sbin:/sbin/halt
 9 mail:x:8:12:mail:/var/spool/mail:/sbin/nologin
10 operator:x:11:0:operator:/root:/sbin/nologin
11 games:x:12:100:games:/usr/games:/sbin/nologin
12 ftp:x:14:50:FTP User:/var/ftp:/sbin/nologin
13 nobody:x:99:99:Nobody:/:/sbin/nologin
14 avahi-autoipd:x:170:170:Avahi IPv4LL Stack:/var/lib/avahi-autoipd:/sbin/nologin
15 systemd-bus-proxy:x:999:997:systemd Bus Proxy:/:/sbin/nologin
16 systemd-network:x:998:996:systemd Network Management:/:/sbin/nologin
17 dbus:x:81:81:System message bus:/:/sbin/nologin
18 polkitd:x:997:995:User for polkitd:/:/sbin/nologin
19 colord:x:996:994:User for colord:/var/lib/colord:/sbin/nologin
20 abrt:x:173:173::/etc/abrt:/sbin/nologin
21 libstoragemgmt:x:995:992:daemon account for libstoragemgmt:/var/run/lsm:/sbin/nologin
```

정답 vi를 실행하고 :set nu라 명령한다.

해설 vi의 편집모드 명령어 set nu는 문서의 라인마다 번호를 나타낸다.

12 아래 〈화면〉과 같이 나타나게 해주는 명령어는?

```
top - 23:32:51 up 46 min,  3 users,  load average: 0.00, 0.01, 0.05
Tasks: 427 total,   2 running, 423 sleeping,   2 stopped,   0 zombie
%Cpu(s):  0.7 us,  0.0 sy,  0.0 ni, 99.3 id,  0.0 wa,  0.0 hi,  0.0 si,  0.0 st
KiB Mem :  1001332 total,    67552 free,   512860 used,   420920 buff/cache
KiB Swap:  2097148 total,  2053748 free,    43400 used.   219344 avail Mem

   PID USER      PR  NI    VIRT    RES    SHR S %CPU %MEM     TIME+ COMMAND
  1679 root      20   0  227692  41104  12996 S  1.0  4.1   0:11.02 Xorg
  4376 root      20   0  146420   2368   1428 R  0.7  0.2   0:00.08 top
   970 root      20   0  317916   1904   1428 S  0.3  0.2   0:01.76 vmtoolsd
  3803 test      20   0  755516  34552  16324 S  0.3  3.5   0:12.13 konsole
     1 root      20   0  125932   4308   2372 S  0.0  0.4   0:02.20 systemd
     2 root      20   0       0      0      0 S  0.0  0.0   0:00.02 kthreadd
     3 root      20   0       0      0      0 S  0.0  0.0   0:00.00 ksoftirqd/0
     6 root      20   0       0      0      0 S  0.0  0.0   0:00.01 kworker/u256:0
     7 root      rt   0       0      0      0 S  0.0  0.0   0:00.00 migration/0
     8 root      20   0       0      0      0 S  0.0  0.0   0:00.00 rcu_bh
     9 root      20   0       0      0      0 S  0.0  0.0   0:00.00 rcuob/0
    10 root      20   0       0      0      0 S  0.0  0.0   0:00.00 rcuob/1
    11 root      20   0       0      0      0 S  0.0  0.0   0:00.00 rcuob/2
    12 root      20   0       0      0      0 S  0.0  0.0   0:00.00 rcuob/3
    13 root      20   0       0      0      0 S  0.0  0.0   0:00.00 rcuob/4
    14 root      20   0       0      0      0 S  0.0  0.0   0:00.00 rcuob/5
    15 root      20   0       0      0      0 S  0.0  0.0   0:00.00 rcuob/6
```

정답 top

해설 명령어 top은 메모리 소비율과 CPU 점유율 등을 실시간 모니터링하기 위한 명령어로, CPU와 메모리 소비율을 20개 내외의 표로 나타내 주며, '-q' 옵션을 이용해 지연시간 없이 실시간으로 정보를 확인할 수 있다.

13 아래 〈화면〉의 밑줄에 적당한 명령어를 입력하시오. 또한 명령어 rpm −qa에서 옵션 −qa의 기능에 대해 간단히 쓰시오.

```
[root@localhost /]# rpm -qa telnet-server
[root@localhost /]#_____-y install telnet-server
Loaded plugins: fastestmirror, langpacks
Repodata is over 2 weeks old. Install yum-cron? Or run: yum makecache fast
base                                                    | 3.6 kB  00:00:00
extras                                                  | 2.9 kB  00:00:00
updates                                                 | 2.9 kB  00:00:00
(1/4): base/7/x86_64/group_gz                           | 153 kB  00:00:00
(2/4): extras/7/x86_64/primary_db                       | 249 kB  00:00:00
(3/4): base/7/x86_64/primary_db                         | 6.1 MB  00:00:01
(4/4): updates/7/x86_64/primary_db                      |  17 MB  00:00:01
Determining fastest mirrors
 * base: mirror.navercorp.com
 * extras: mirror.navercorp.com
 * updates: mirror.navercorp.com
Resolving Dependencies
--> Running transaction check
---> Package telnet-server.x86_64 1:0.17-66.el7 will be installed
--> Finished Dependency Resolution
```

정답 yum , −qa는 'telnet−server'라는 이름의 패키지가 설치되었는지를 확인하는 옵션이다.

해설 • yum은 rpm의 패키지 의존성 문제를 해결한 RPM 패키지를 설치하는 편리한 툴이다.
특히 명령어 'yum −y install 설치 파일명'에서 옵션 − y는 설치 과정에서 묻는 질문에 모두 yes로 응답처리 시킴으로써 좀더 설치를 용이하게 한다.
• rpm -qa 〈패키지 이름〉으로 시스템에 패키지가 설치되었는지를 확인한다.

14 아래 〈화면〉과 같이 나타나게 해주는 명령어는?

```
[root@localhost /]# ps
   PID TTY          TIME CMD
  3948 pts/1    00:00:00 sudo
  3952 pts/1    00:00:00 su
  3955 pts/1    00:00:00 bash
  4442 pts/1    00:00:00 ps
```

정답 ps

해설 명령어 ps는 현재 시스템에서 실행되는 프로세스들을 확인하는 명령어이다.

15 각 계정들의 최근 접속 정보를 확인하는 명령어로 주로 서버의 보안점검을 위하여 필수적으로 사용한다. 아래 〈화면〉과 같이 출력되는 명령어를 입력하라.

```
[root@localhost /]#
reboot    system boot  3.10.0-327.el7.x Wed Mar 29 00:28 - 10:36 (162+10:07)
test      pts/2        :0               Tue Mar 28 23:52 - 23:52  (00:00)
test      pts/1        :0               Tue Mar 28 23:52 - crash  (00:36)
test      pts/0        :0               Tue Mar 28 23:47 - crash  (00:40)
test      :0           :0               Tue Mar 28 23:47 - crash  (00:41)

wtmp begins Mon Oct 31 15:08:17 2016
```

정답 last

해설 명령어 last는 모든 계정들의 서버 접속 정보를 확인할 수 있다.

16 아래 〈화면〉은 특정 서비스를 종료시키는 과정을 보여주고 있다. 빈칸에 해당하는 명령어를 입력하시오.

```
[test@localhost ~]$ ps
    PID TTY          TIME CMD
   3008 pts/1    00:00:00 bash
   3883 pts/1    00:00:00 man
   3894 pts/1    00:00:00 less
   4541 pts/1    00:00:00 ps
[test@localhost ~]$
[test@localhost ~]$_____-9 3883
[test@localhost ~]$ ps
    PID TTY          TIME CMD
   3808 pts/1    00:00:00 bash
   4542 pts/1    00:00:00 ps
[1]+  죽었음                    man cat
[test@localhost ~]$
```

정답 kill

해설 명령어 kill은 프로세스 수행을 종료시킨다. 실행하는 프로세스를 종료시키는 명령어 형식은 'kill -9 프로세스 ID'이다.

17 〈화면〉과 같이 기존에 사용한 명령어 히스토리를 모두 지우는 명령어와 옵션을 쓰시오.

```
[root@localhost ~]# history
    1 cd /usr
    2 ls
    3 cd lib
    4 ls
    5 cd ..
    6 ls
    7 cd lib64
    8 ls
    9 ls libnghttp2*
   10 cat /etc/xinetd.d
   11 clear
   12 ifconfig
   13 reboot
[root@localhost ~]#_____
[root@localhost ~]# history
    1 history
[root@localhost ~]#
```

정답 history −c

해설 명령어 history의 옵션 −c는 clean의 약자로 기존 history 버퍼에 저장되어 있는 내용을 지운다.

Windows Server 2016

Chapter **5**

01 아래 제시 문제와 같이 계정을 추가 설정하시오.

[설정 조건]
① 계정추가
  • ID : icqa, 암호 : p@ssw0rd
  • 전체이름 : 한국통신자격협회
  • 설명 : 네트워크 관리사
② 다음 로그인 할 때 반드시 암호 변경
③ 소속 그룹 : Administrator만 소속
④ 홈 폴더 경로 : c:/home/icqa

정답 [설정 과정]

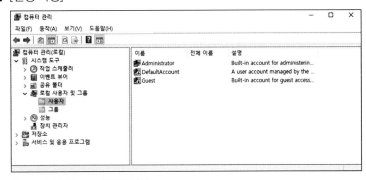

❶ 시작 〉 관리도구 〉 컴퓨터 관리

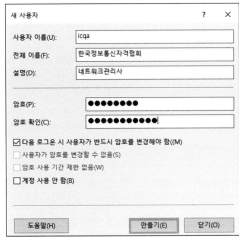

❷ 사용자 오른쪽 버튼 클릭 〉 새 사용자 〉 만들기

❸ 사용자 폴더 > icaq 오른쪽 버튼 클릭 > 속성

❹ icqa 속성 > 소속그룹 탭 선택 > 소속그룹 Users 제거

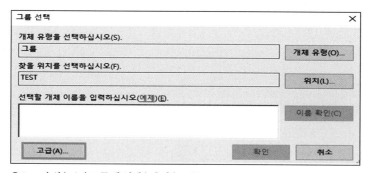

❺ icqa 속성 > 소속그룹 탭 선택 > 추가 > 고급

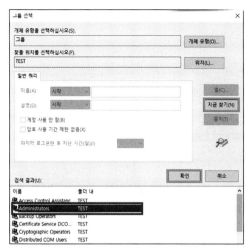

❻ 지금찾기 〉 검색결과 〉 adminstrators 선택

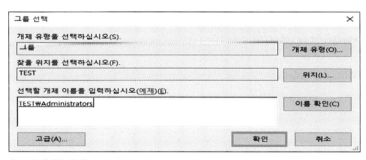

❼ 그룹선택 〉 확인

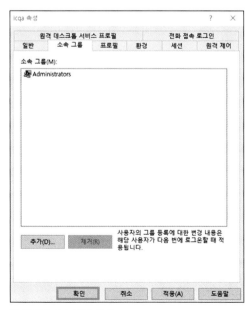

❽ 추가된 소속 그룹 확인

❾ icqa 속성 〉프로필 탭 〉로컬 경로

02 아래 설정 조건과 같이 로컬 보안 정책을 설정하시오.

[설정 조건]
① '1234'와 같은 간단한 암호 형식은 생성이 불가능 설정
② 최소 암호기간 5일, 최대 암호 사용 기간을 30일로 제한

정답 [설정 과정]

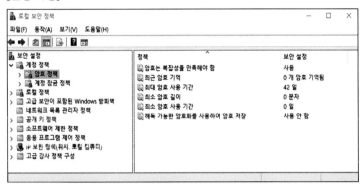

❶ 시작 〉 관리도구 〉 로컬 보안 정책

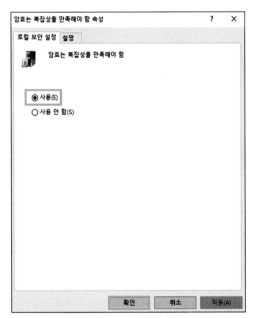

❷ 계정정책 〉 암호정책 〉 복잡성 속성

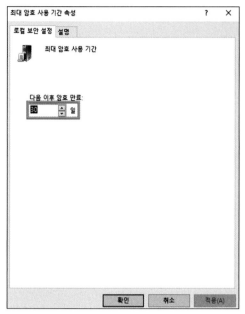

❸ 계정정책 〉 암호정책 〉 최대 암호 기간 속성

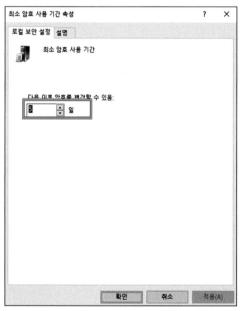

❹ 계정정책 〉 암호정책 〉 최소 암호 기간 속성

03 아래 제시조건과 같이 로컬 보안 정책을 설정하시오.

[설정 조건]
① 로컬 사용자 인증시도는 다섯 번까지 가능하며 한번 인증을 실패한 계정에 대해서는 1시간 동안 잠금 상태를 유지하도록 설정
② 시스템 종료는 Administrators만 가능하게 설정

정답 [설정 과정]

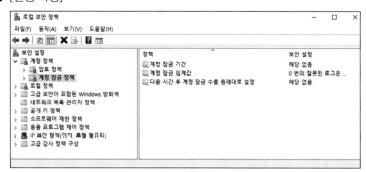

❶ 시작 〉 관리도구 〉 로컬 보안 정책

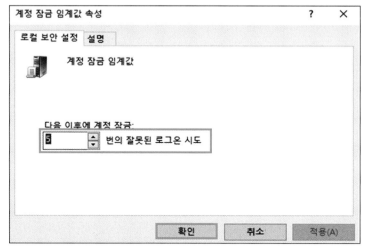

❷ 계정 잠금 정책 〉 계정 잠금 임계값 속성

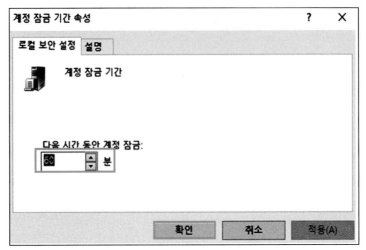

❸ 계정 잠금 정책 〉 계정 잠금 기간 속성

04 제시 문제와 같이 IP를 할당할 수 있는 DHCP를 구성하시오.

[설정 조건]
① 이름 : ICQA, 설명 : 시험대비용
② 분배할 주소 범위 : 192.168.1.1 ~ 254, 제외할 주소 범위 : 192.168.1.1 ~ 10
③ 서브넷 마스크 : 255.255.255.0
④ 게이트 웨이 주소 : 192.168.1.1, DNS 서버 주소 : 192.168.1.2
⑤ 임대 기간 : 8시간 30분

정답 [설정 과정]

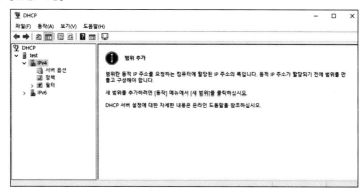

❶ 시작 〉 관리도구 〉 DHCP 〉 IPv4 오른쪽 버튼 클릭

❷ 범위 추가 선택 〉 새범위 마법사 시작 〉 다음

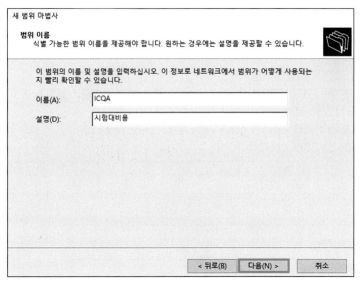

❸ 새 범위 마법사 〉 다음

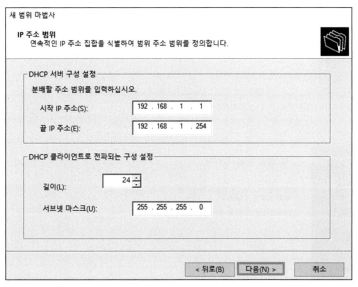

❹ IP 주소범위 〉 다음

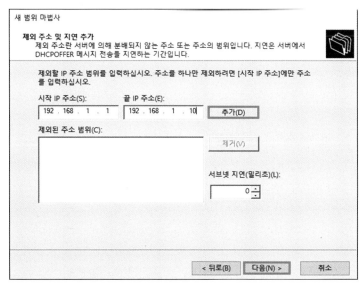

❺ 제외주소 및 지연추가 〉 다음

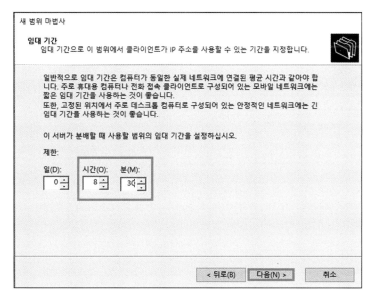

❻ 임대기간 〉 다음

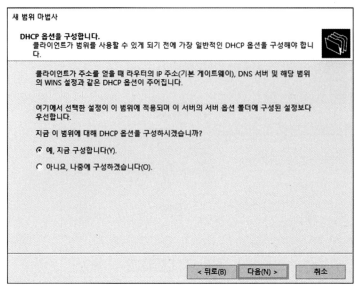

❼ DHCP 옵션 구성 〉 다음

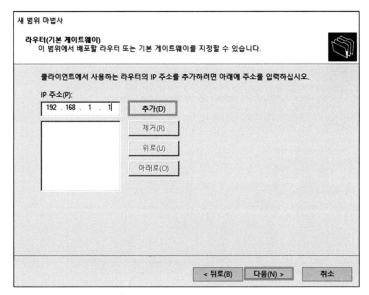

❽ 라우터(기본게이트웨이) 〉 다음

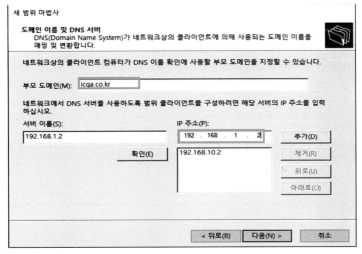

❾ 도메인 이름 및 DNS 서버 〉 다음

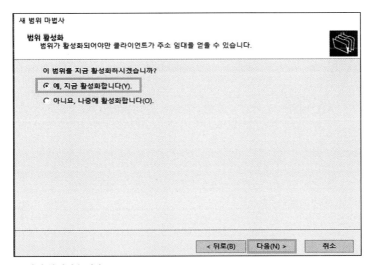

❿ 범위 활성화 〉 다음

⓫ 새 범위 마법사 완료 〉마침

⓬ 시작 〉관리도구 〉DHCP 범위 추가확인

05 제시 문제와 같이 DNS를 설정하시오.

[설정 조건]
① 이름 : icqa.or.kr
② Zone 파일 : icqa.or.kr.dns
③ 책임자 E-mail 주소 : network.icqa.or.kr
④ SOA 레코드 설정 환경
  • 일련번호 : 10
  • 주서버 : ns.icqa.or.kr
  • 새로 고침 간격 : 1200초
  • 다시 시도 간격 : 900초
  • 다음 날짜 이후에 만료 : 20 시간 이후에 만료
  • 최소 TTL : 1시간 30분
⑤ 새 호스트 레코드 추가
  • 이름 : www
  • IP 주소 : 209.101.11.120
⑥ CNAME 레코드 등록
  • 별칭 : web
  • 대상 호스트의 정식 이름 : www.icqa.or.kr
⑦ MX 레코드 등록
  • 메일 서버 : 209.101.11.130
  • 메일 서버 우선 순위 : 10

정답 [설정 과정]

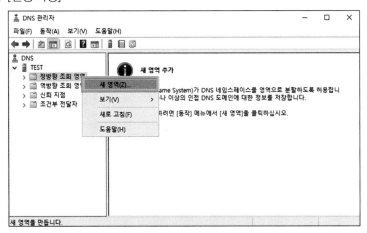

❶ 시작 〉 관리도구 〉 DNS 〉 정방향조회영역 〉 새영역

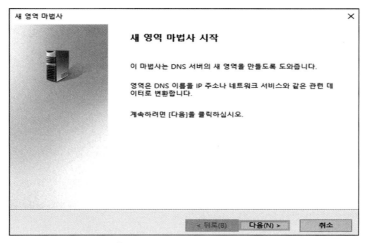

❷ 새 영역 마법사 시작 〉 다음

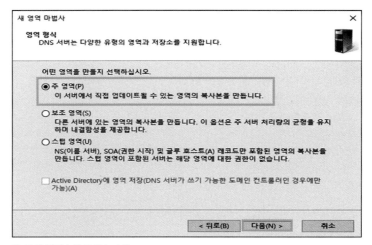

❸ 영역 형식 〉 주영역 〉 다음

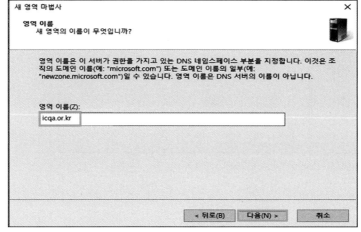

❹ 이름 icqa.or.kr 입력 〉 다음

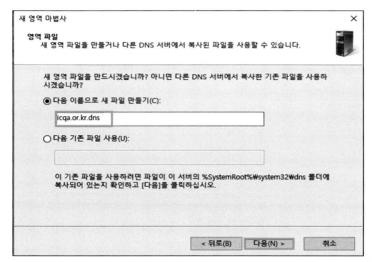

❺ 다른 이름으로 새 파일 만들기 〉 다음

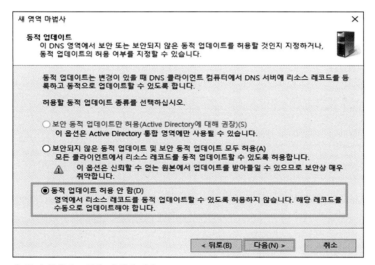

❻ 동적 업데이트 허용 안 함 〉 다음

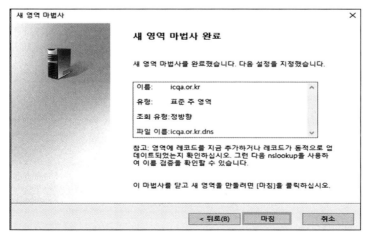

❼ 새 영역 마법사 완료 〉 마침

❽ '정방향 조회 영역' 더블 클릭 〉 'icqa.or.kr' 폴더 클릭

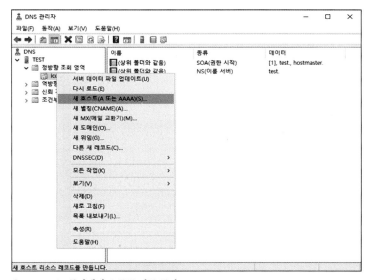

❾ icqa.or.kr 폴더에서 오른쪽 버튼 클릭

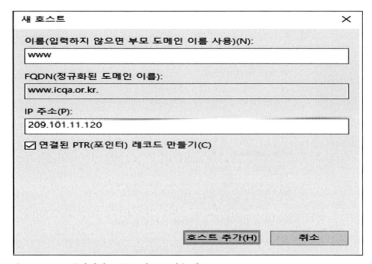

❿ icqa.or.kr 폴더에서 오른쪽 버튼 클릭 〉 새 호스트

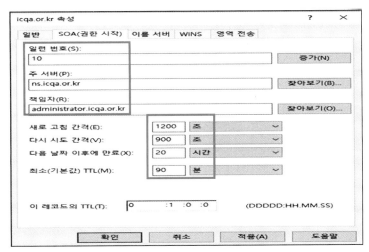

❶ icqa.or.kr 폴더 〉 SOA 오른쪽 버튼 클릭 〉 등록 정보

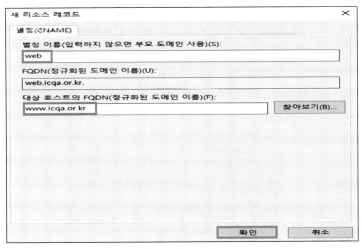

❷ icqa.or.kr 폴더에서 오른쪽 버튼 클릭 〉 새 별칭

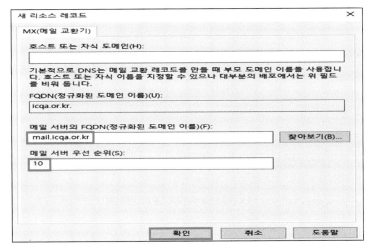

❸ icqa.or.kr 폴더에서 오른쪽 버튼 클릭 〉 새 MX

06 아래 조건에 맞춰 웹 사이트를 구성하시오.

[설정 조건]
① 웹 사이트 이름 ICQA_WebServer
② 실제 경로 c:\IIS\webroot
③ 웹 서버 IP 주소 : 192.168.10.100
④ 활성화 포트 번호 : 80번
⑤ 웹 사이트 URL http : //www.icqa.co.kr
⑥ 접근 허용 IP 주소 범위 192.168.10.0/24

정답 [설정 과정]

❶ 인터넷 정보 서비스 관리자(IIS) 선택 〉 사이트 〉 웹 사이트 추가

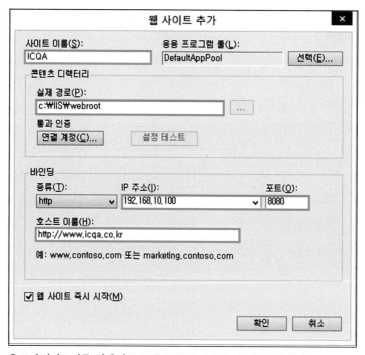

❷ 조건 사이트 이름, 실제 경로, IP 주소, 포트, 호스트 이름(①~⑤) 입력

❸ '확인' 버튼 입력 후 설정 내용 확인

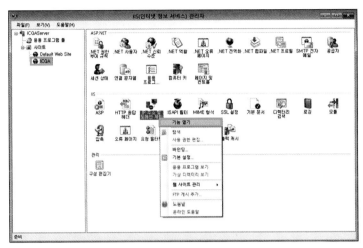

❹ 사이트 〉 ICQA 〉 IP주소 및 도메일 제한 〉 기능 열기

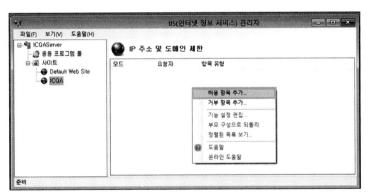

❺ 오른쪽 마우스 포인트 클릭 〉 허용 항목 추가

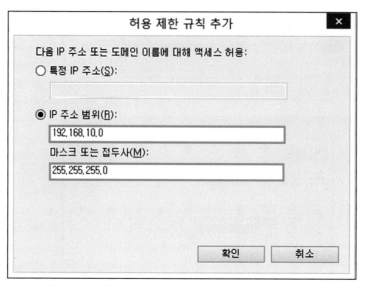

⑥ 접근 허용 IP 주소 범위 192.168.10.0/24 입력
　- IP 주소 범위 192.168.10.10
　- 마스크 또는 접두사 255.255.255.0

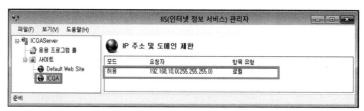

⑦ 설정 확인

07 아래 조건에 맞춰 FTP 사이트를 구성하시오.

[설정 조건]
① FTP 사이트 이름 : ICQA_FTP
② 실제 경로 : c:\IIS\ftproot
③ FTP 서버 IP 주소 : 192.168.10.100
④ 활성화 포트 번호 : 8080번
⑤ 액세스 허용 : 익명 사용자 t
⑥ 사용권한 : 읽기
⑦ 액세스 거부 주소 200.10.10.0/24
⑧ 최대 연결 수 메시지 : 접속 인원수 초과 되었습니다.

정답 [설정 과정]

❶ 인터넷 정보 서비스 관리자(IIS) 선택 〉 사이트 〉 FTP 사이트 추가

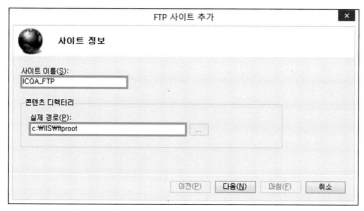

❷ 사이트 이름(①)과 실제 경로(②) 입력 〉 다음

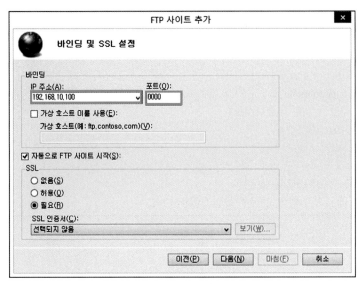

❸ IP 주소 192.168.10.100 와 포트 번호 8080 입력 〉 다음

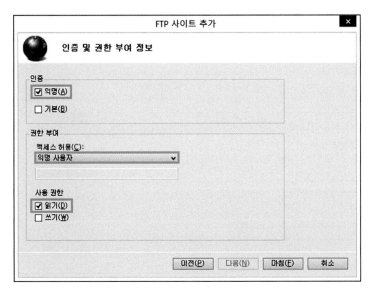

❹ 익명 접속자 허용, 사용 권한 읽기 체크 〉 마침

❺ 설정 확인

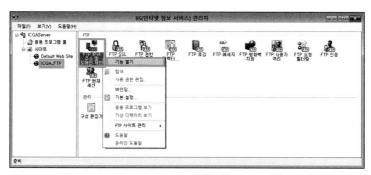

❻ ICQA_FTP 〉 FTP IPv4 주소 및 도메인 제한 〉 기능 열기

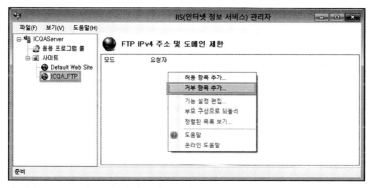

❼ 마우스 오른쪽 버튼 클릭 〉 거부 항목 추가

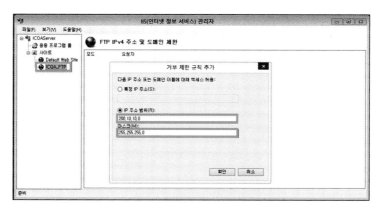

❽ 거부 제한 규칙 〉 IP 주소 200.10.10.10, 마스크 255.255.255.0 〉 확인

네트워크관리사 1·2급 실기 예시 문제 423

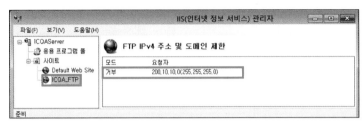

❾ 설정 확인

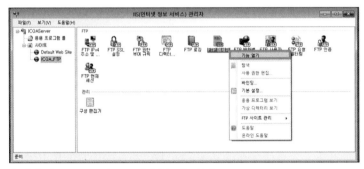

❿ 사이트 〉 ICQA_FTP 〉 FTP 메시지 〉 기능 열기

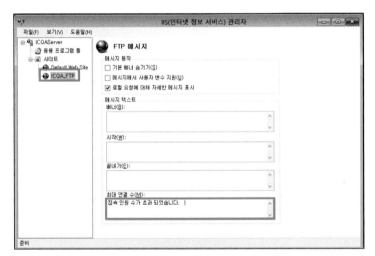

⑪ 사이트 〉 ICQA_FTP 〉 최대 연결 수
- 메시지 '접속 인원 수가 초과 되었습니다.' 입력

08 아래 조건에 맞춰 서버의 TCP/IP 네트워크 속성을 구성하시오.

[설정 조건]
① IP주소 11000 1000, 0000 1101, 0000 1010, 0110 0100(200.13.10.100)
② 서브넷 마스크 28bit(255.255.255.240)
③ 디폴트 게이트웨이 200.13.10.1
④ 추가 게이트웨이 200.13.10.254
⑤ 기본 설정 DNS 서버 200.13.10.2
⑥ 보조 DNS 서버 192.168.10.53

정답 [설정 과정]

❶ Internet Protocol Version 4 (TCP/IP v4) 〉 '속성' 클릭

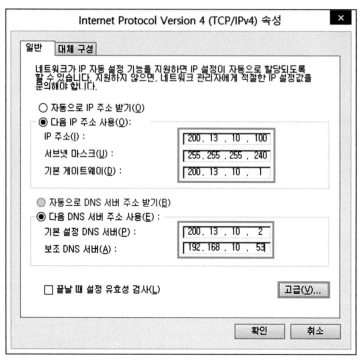

❷ IP 주소 입력

IP주소	11001000.00001101.00001010.01100100	200.13.10.100
서브넷 마스크	28bit 11111111.11111111.11111111.1110000	255.255.255.240
디폴트 게이트웨이	200.13.10.1	
기본 설정 DNS 서버	200.13.10.2	
보조 DNS 서버	192.168.10.53	

❸ '고급' 클릭

❹ 'IP 주소'와 '기본 게이트웨이' 확인 〉 기본 게이트웨이 '추가' 클릭

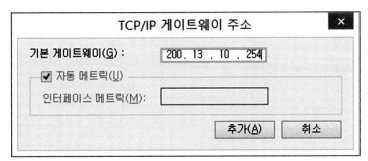

❺ 기본 게이트웨이 '200.13.10.254' 입력 〉 추가

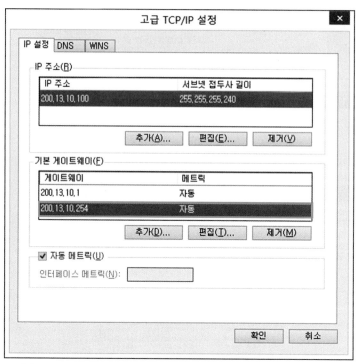

❻ 설정 확인

메모

메모

메모

메모